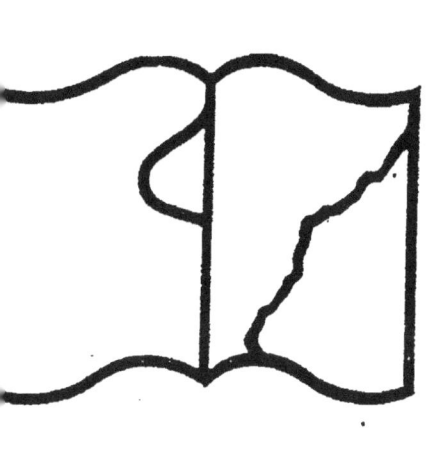

Texte détérioré — reliure défectueuse
NF Z 43-120-11

Original filisible
NF Z 43-120-10

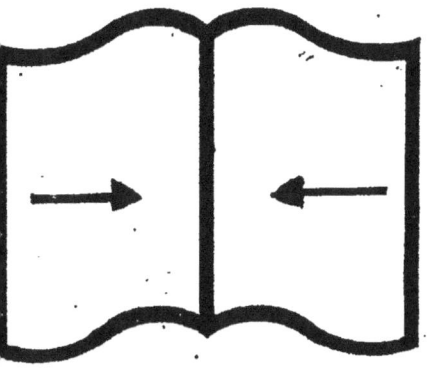

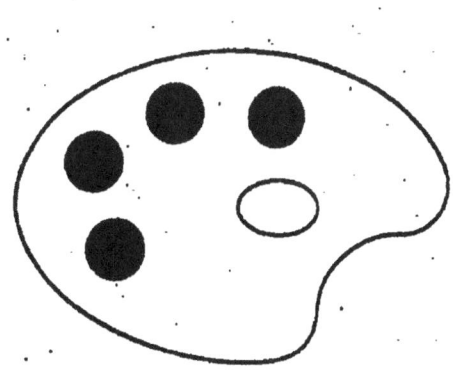

Original en couleur
NF Z 43-120-8

"VALABLE POUR TOUT OU PARTIE
DU DOCUMENT REPRODUIT".

L 27/143

GUIDES-ITINÉRAIRES

DE PARIS
A BORDEAUX

Les éditeurs de cet ouvrage se réservent le droit de le faire traduire dans toutes les langues. Ils poursuivront, en vertu des lois, décrets et traités internationaux, toutes contrefaçons et toutes traductions faites au mépris de leurs droits.

Le dépôt légal de cet ouvrage a été fait à Paris dans le cours du mois de décembre 1854, et toutes les formalités prescrites par les traités ont été remplies dans les divers États avec lesquels la France a conclu des conventions littéraires.

Ch. Lahure, imprimeur du Sénat et de la Cour de Cassation
(ancienne maison Crapelet), rue de Vaugirard, 9.

PARIS

GUIDES-ITINÉRAIRES

DE PARIS A BORDEAUX

Ouvrage illustré de 110 vignettes et accompagné de 3 cartes

CONTENANT

1° DE PARIS A CORBEIL ET A ORLÉANS

PAR MOLÉRI

2° D'ORLÉANS A TOURS

PAR AMÉDÉE ACHARD

3° ET DE TOURS A BORDEAUX

PAR JULES DE PEYSSONNEL

PARIS

LIBRAIRIE DE L. HACHETTE ET Cie

RUE PIERRE-SARRAZIN, N° 14

1855

Extérieur de la gare du chemin de fer d'Orléans.

AVANT-PROPOS.

Si l'on cherchait à comparer ce qui existait autrefois avec ce que nous voyons aujourd'hui, on serait tenté de croire que le commerce et l'industrie, ces deux puissances qui se partagent l'empire du monde, sont des inventions d'origine toute récente. Quelques voies mal tracées, mal entretenues, indignes du nom de routes, suffisaient jadis au lent passage de rares voyageurs, à l'interminable transport de marchandises plus rares encore; et cela dura jusqu'à la fin du dix-huitième siècle. Mais quand la révolution de 1789 eut balayé le vieux monde et donné l'essor à la civilisation, quand, avec celle-ci, grandit chaque jour et s'élargit le cercle des besoins, des relations, des échanges, il fallut bien améliorer, multiplier les moyens de communication, aplanir des routes, jeter des ponts, creuser des canaux. Il y eut alors ceci de remarquable, que les améliorations, à peine exécutées, ne répondaient déjà plus aux nécessités du moment; les transactions allaient toujours croissant en nombre et en importance; des produits nouveaux, des produits jusqu'alors négligés ou consommés sur place, demandaient incessamment à entrer dans le grand mouvement commercial;

Une route au xv° siècle.

c'était partout un immense déploiement de forces vitales. Malheureusement ces forces venaient se briser contre deux obstacles : l'éloignement et la lenteur des transports; si bien que, là où devait briller la santé, la pléthore devenait imminente. Il y avait donc à résoudre une question grave autant que difficile, une question de vie ou de mort : la vapeur fut trouvée.

Nous n'avons point à faire ici une histoire des chemins

de fer; nous nous bornerons à dire que la France n'a point accepté à demi un progrès dont elle peut à juste titre revendiquer l'idée mère; nous ajouterons que, de toutes les lignes importantes qui sillonnent son territoire, celle d'Orléans a été la première entreprise et la première exécutée. C'était de toute justice : d'Orléans comme centre devaient diverger deux lignes dont l'une allait encore se bifurquer un peu plus loin. La première traverse le centre de la France; la seconde ou plutôt les deux autres vont aboutir à Nantes et à Bordeaux, ces deux stations principales de notre commerce d'outre-mer. Ces trois grandes voies, dans leur trajet, rencontrent et desservent en outre une foule de villes remarquables par leur beauté, leur importance, leurs souvenirs historiques : Nevers, Moulins, Poitiers, Angoulême, Blois, Tours, Angers, Saumur; elles parcourent les contrées les plus fertiles et les plus pittoresques : le Berry, la Beauce, la Touraine, les bords de la Loire. Le chemin d'Orléans avait donc à jouer un beau rôle dans ce vaste réseau de railways, qui couvre aujourd'hui le sol français; disons, à la louange de la compagnie concessionnaire, qu'elle n'a rien négligé, rien épargné pour le mettre à la hauteur de ce rôle; les travaux d'art ne s'y distinguent pas seulement par le nombre, mais encore par la solidité, par l'élégance, par la difficulté vaincue.

Autorisé par la loi du 7 juillet 1838, le chemin de fer de Paris à Orléans fut concédé à la compagnie Casimir Lecomte pour une durée de 72 ans, que les lois du 1er août 1839 et du 15 juillet 1840 portèrent à 99 ans.

Les travaux, commencés le 30 août 1838, furent poussés avec activité; le 17 septembre 1840, on livrait déjà au public la partie de la ligne qui va de Paris à Corbeil, et la ligne entière était inaugurée le 2 mai 1843.

Situé à l'entrée du boulevard de l'Hôpital, l'embarcadère est d'une architecture simple qui n'exclut point l'élégance; deux vastes cours l'environnent; à l'intérieur, il est divisé en salles spacieuses et commodes. Un beau bâtiment renferme les bureaux de l'administration. Au delà du mur d'enceinte est une gare où s'opère le déchargement des convois de marchandises. Un peu plus loin se trouvent la pompe et la remise polygonale. On compte sur les deux lignes de Corbeil et d'Orléans cent quatre passages à niveau et deux cent vingt-sept ouvrages d'art, qui font tous le plus grand honneur au talent de l'architecte de la compagnie.

Pont en fonte, près du mur d'enceinte.

TABLEAU DES STATIONS

DE PARIS A BORDEAUX,

indiquant :

LA DISTANCE DU POINT DE DÉPART, CELLE DU POINT D'ARRIVÉE, LES BUFFETS, LES VOITURES PUBLIQUES, LA POPULATION.

I.

DE PARIS A BORDEAUX.

1re station.

Choisy. — Distance de Paris : 10 kilomètres. — Distance d'Orléans : 112 kilomètres. — Distance de Tours : 226 kilomètres. — Distance de Bordeaux : 573 kilomètres. — Population : 3075 habitants.

2e station.

Ablon. — Distance de Paris : 15 kilomètres. — Distance d'Orléans : 106 kilomètres. — Distance de Tours : 221 kilomètres. — Distance de Bordeaux : 568 kilomètres. — Population : 224 habitants.

3e station.

Juvisy. — Distance de Paris : 20 kilomètres. — Distance d'Orléans : 101 kilomètres. — Distance de Tours : 216 kilomètres. — Distance de Bordeaux : 563 kilomètres. — Population : 371 habitants.

4e station.

Savigny. — Distance de Paris : 22 kilomètres. — Distance d'Orléans : 99 kilomètres. — Distance de Tours : 214 kilomètres. — Distance de Bordeaux : 561 kilomètres. — Population : 925 habitants.

5e station.

Épinay. — Distance de Paris : 24 kilomètres. — Distance d'Orléans : 97 kilomètres. — Distance de Tours : 212 kilomètres. — Distance de Bordeaux : 559 kilomètres. — Voitures pour Longjumeau, Balézy. — Population : 544 habitants.

6ᵉ station.

Saint-Michel. — Distance de Paris : 29 kilomètres. — Distance d'Orléans : 92 kilomètres. — Distance de Tours : 207 kilomètres. — Distance de Bordeaux : 554 kilomètres. — Voitures pour Marcoussis, Linas, Montlhéry. — Population : 576 habitants.

7ᵉ station.

Bretigny. — Distance de Paris : 31 kilomètres. — Distance d'Orléans : 90 kilomètres. — Distance de Tours : 205 kilomètres. — Distance de Bordeaux : 552 kilomètres. — Population : 781 habitants.

8ᵉ station.

Marolles. — Distance de Paris : 37 kilomètres. — Distance d'Orléans : 84 kilomètres. — Distance de Tours : 199 kilomètres. — Distance de Bordeaux : 546 kilomètres. — Voitures pour Boissy, Saint-Chéron, Arpajon. — Population : 234 habitants.

9ᵉ station.

Bouray. — Distance de Paris : 40 kilomètres. — Distance d'Orléans : 81 kilomètres. — Distance de Tours : 196 kilomètres. — Distance de Bordeaux : 543 kilomètres. — Voitures pour la Ferté-Alais, Vaires, Malesherbes. — Population : 592 habitants.

10ᵉ station.

Lardy. — Distance de Paris : 43 kilomètres. — Distance d'Orléans : 78 kilomètres. — Distance de Tours : 193 kilomètres. — Distance de Bordeaux : 540 kilomètres. — Population : 604 habitants.

11ᵉ station.

Étrechy. — Distance de Paris : 49 kilomètres. — Distance d'Orléans : 72 kilomètres. — Distance de Tours : 187 kilomètres. — Distance de Bordeaux : 534 kilomètres. — Population : 1171 habitants.

12ᵉ station.

Étampes. — Distance de Paris : 56 kilomètres. — Distance d'Orléans : 65 kilomètres. — Distance de Tours : 180 kilomètres. — Distance de Bordeaux : 527 kilomètres. — Buffet. — Voitures pour Auneau, Dourdan, Pithiviers, Juville, Sermaine, Méréville. — Population : 8157 habitants.

13ᵉ station.

Monnerville. — Distance de Paris : 70 kilomètres. — Distance d'Orléans

léans : 51 kilomètres. — Distance de Tours : 166 kilomètres. — Distance de Bordeaux : 513 kilomètres. — Voitures pour Méréville. — Population 409 habitants.

14ᵉ station.

Angerville. — Distance de Paris : 75 kilomètres. — Distance d'Orléans : 46 kilomètres. — Distance de Tours : 161 kilomètres. — Distance de Bordeaux : 508 kilomètres. — Voitures pour Chartres. — Population : 1690 habitants.

15ᵉ station.

Toury. — Distance de Paris : 89 kilomètres. — Distance d'Orléans : 32 kilomètres. — Distance de Tours : 147 kilomètres. — Distance de Bordeaux : 494 kilomètres. — Voitures pour Jeanville, Châteaudun, Courtalain, Droué, Mondoubleau, Saint-Calais, Chartres. — Population : 300 habitants.

16ᵉ station.

Artenay. — Distance de Paris : 102 kilomètres. — Distance d'Orléans : 19 kilomètres. — Distance de Tours : 134 kilomètres. — Distance de Bordeaux : 481 kilomètres. — Population : 1200 habitants.

17ᵉ station.

Chevilly. — Distance de Paris : 108 kilomètres. — Distance d'Orléans : 13 kilomètres. — Distance de Tours : 128 kilomètres. — Distance de Bordeaux : 475 kilomètres. — Population : 1281 habitants.

18ᵉ station.

Cercottes. — Distance de Paris : 113 kilomètres. — Distance d'Orléans : 8 kilomètres. — Distance de Tours : 123 kilomètres. — Distance de Bordeaux : 470 kilomètres. — Population : 270 habitants.

19ᵉ station.

Orléans. — Distance de Paris : 121 kilomètres. — Distance de Tours : 115 kilomètres. — Distance de Bordeaux : 462 kilomètres. — Buffet. — Voitures pour Cosne, Briare, Gien, Châteauneuf, Bellegarde, Saint-Benoist, Montargis, Lorris, Pithiviers, Chartres, Châteaudun, Boiscommun, Fay, Vitry, Sully, Jeargeau, Saint-Denis de l'Autel, Ingré, Ormes, Olivet, Saint-Loup, Saint-Jean, Bionne, Chécy, les Aydes et tous les environs. — Population : 42 562 habitants.

20ᵉ station.

La Chapelle. — Distance de Paris : 129 kilomètres. — Distance d'Orléans : 8 kilomètres. — Distance de Tours : 107 kilomètres. — Distance de Bordeaux : 454 kilomètres. — Population : 1452 habitants.

TABLEAU DES STATIONS.

21ᵉ station.

Saint-Ay. — Distance de Paris : 135 kilomètres. — Distance d'Orléans : 14 kilomètres. — Distance de Tours : 101 kilomètres. — Distance de Bordeaux : 448 kilomètres. — Population : 1199 habitants.

22ᵉ station.

Meung. — Distance de Paris : 141 kilomètres. — Distance d'Orléans : 20 kilomètres. — Distance de Tours : 95 kilomètres. — Distance de Bordeaux : 442 kilomètres. — Population : 4646 habitants.

23ᵉ station.

Beaugency. — Distance de Paris : 149 kilomètres. — Distance d'Orléans : 28 kilomètres. — Distance de Tours : 87 kilomètres. — Distance de Bordeaux : 434 kilomètres. — Population : 5258 habitants.

24ᵉ station.

Mer. — Distance de Paris : 161 kilomètres. — Distance d'Orléans : 40 kilomètres. — Distance de Tours : 75 kilomètres. — Distance de Bordeaux : 422 kilomètres. — Population : 4233 habitants.

25ᵉ station.

Ménars, — Distance de Paris : 171 kilomètres. — Distance d'Orléans : 50 kilomètres. — Distance de Tours : 65 kilomètres. — Distance de Bordeaux : 412 kilomètres. — Population : 605 habitants.

26ᵉ station.

Blois. — Distance de Paris : 180 kilomètres. — Distance d'Orléans : 59 kilomètres. — Distance de Tours : 56 kilomètres. — Distance de Bordeaux : 403 kilomètres. — Buffet. — Voitures pour Bracieux, Châteaurenaud, le Mans par Vendôme, Montaichard par Pont-Levoy, Oucques, Romorantin, Saint-Aignan par Contres, Vendôme. — Population : 17 749 habitants.

27ᵉ station.

Chousy. — Distance de Paris : 190 kilomètres. — Distance d'Orléans : 6. kilomètres. — Distance de Tours : 46 kilomètres. — Distance de Bordeaux : 393 kilomètres. — Population : 1469 habitants.

28ᵉ station.

Onzain. — Distance de Paris : 195 kilomètres. — Distance d'Orléans : 74 kilomètres. — Distance de Tours : 41 kilomètres. — Distance de Bordeaux : 388 kilomètres. — Population : 2178 habitants.

TABLEAU DES STATIONS.

29ᵉ station.

Limeray. — Distance de Paris : 207 kilomètres. — Distance d'Orléans : 86 kilomètres. — Distance de Tours : 29 kilomètres. — Distance de Bordeaux : 376 kilomètres. — Population : 1161 habitants.

30ᵉ station.

Amboise. — Distance de Paris : 213 kilomètres. — Distance d'Orléans : 92 kilomètres. — Distance de Tours : 23 kilomètres. — Distance de Bordeaux : 370 kilomètres. — Voitures pour Bléré, Châteaurenaud, Loches. — Population : 4770 habitants.

31ᵉ station.

Noisay. — Distance de Paris : 219 kilomètres. — Distance d'Orléans : 98 kilomètres. — Distance de Tours : 17 kilomètres. — Distance de Bordeaux : 364 kilomètres. — Population : 1149 habitants.

32ᵉ station.

Vernon. — Distance de Paris : 222 kilomètres. — Distance d'Orléans : 101 kilomètres. — Distance de Tours : 14 kilomètres. — Distance de Bordeaux : 361 kilomètres. — Population : 1847 habitants.

33ᵉ station.

Vouvray. — Distance de Paris : 225 kilomètres. — Distance d'Orléans : 104 kilomètres. — Distance de Tours : 11 kilomètres. — Distance de Bordeaux : 358 kilomètres. — Population : 2418 habitants.

34ᵉ station.

Montlouis. — Distance de Paris : 226 kilomètres. — Distance d'Orléans : 105 kilomètres. — Distance de Tours : 10 kilomètres. — Distance de Bordeaux : 357 kilomètres. — Population : 2361 habitants.

35ᵉ station.

Tours. — Distance de Paris : 236 kilomètres. — Distance d'Orléans : 115 kilomètres. — Distance de Bordeaux : 347 kilomètres. — Buffet. — Voitures pour la Flèche, le Mans, Loches. — Population : 29 746 habitants.

36ᵉ station.

Monts. — Distance de Paris : 250 kilomètres. — Distance d'Orléans : 129 kilomètres. — Distance de Tours : 14 kilomètres. — Distance de Bordeaux : 333 kilomètres. — Voitures pour Montbazon, Artannes. — Population : 700 habitants.

37ᵉ station.

Villeperdue. — Distance de Paris : 259 kilomètres. — Distance d'Orlans : 138 kilomètres. — Distance de Tours : 23 kilomètres. — Distance de Bordeaux : 324 kilomètres. — Voitures pour Sainte-Catherine. — Population : 839 habitants.

38e *station.*

Sainte-Maure. — Distance de Paris : 270 kilomètres. — Distance d'Orléans : 149 kilomètres. — Distance de Tours : 34 kilomètres. — Distance de Bordeaux : 313 kilomètres.. — Voitures pour Richelieu, Ligueil, l'Ile-Bouchard, Chinon, Saint-Épain. — Population : 2534 habitants.

39e *station.*

Port-de-Piles. — Distance de Paris : 282 kilomètres. — Distance d'Orléans : 161 kilomètres. — Distance de Tours : 46 kilomètres. — Distance de Bordeaux : 301 kilomètres. — Voitures pour Preuilly, Le Blanc. — Population : 200 habitants.

40e *station.*

Les Ormes. — Distance de Paris : 286 kilomètres. — Distance d'Orléans : 165 kilomètres. — Distance de Tours : 50 kilomètres. — Distance de Bordeaux : 297 kilomètres. — Population : 1715 habitants.

41e *station.*

Dangé. — Distance de Paris : 290 kilomètres. — Distance d'Orléans : 169 kilomètres. — Distance de Tours : 54 kilomètres. — Distance de Bordeaux : 293 kilomètres. — Population : 700 habitants.

42e *station.*

Ingrandes-sur-Vienne. — Distance de Paris : 297 kilomètres. — Distance d'Orléans : 176 kilomètres. — Distance de Tours : 61 kilomètres. — Distance de Bordeaux : 286 kilomètres. — Population : 889 habitants.

43e *station.*

Châtellerault. — Distance de Paris : 304 kilomètres. — Distance d'Orléans : 183 kilomètres. — Distance de Tours : 68 kilomètres. — Distance de Bordeaux : 279 kilomètres. — Buffet. — Voitures pour Le Blanc, Angles, Mirebeau, Montmorillon. — Population : 9980 habitants.

44e *station.*

Les Barres. — Distance de Paris : 312 kilomètres. — Distance d'Orléans : 191 kilomètres. — Distance de Tours : 76 kilomètres. — Distance de Bordeaux : 271 kilomètres. — Population : 60 habitants.

45e *station.*

La Tricherie. — Distance de Paris : 318 kilomètres. — Distance

TABLEAU DES STATIONS.

d'Orléans : 197 kilomètres. — Distance de Tours : 82 kilomètres. — Distance de Bordeaux : 265 kilomètres. — Population : 220 habitants.

46ᵉ *station.*

Dissais. — Distance de Paris : 321 kilomètres. — Distance d'Orléans : 200 kilomètres. — Distance de Tours : 85 kilomètres. — Distance de Bordaux : 202 kilomètres. — Population : 1156 habitants.

47ᵉ *station.*

Clan. — Distance de Paris : 325 kilomètres. — Distance d'Orléans : 204 kilomètres. — Distance de Tours : 89 kilomètres. — Distance de Bordeaux : 258 kilomètres — Population : 100 habitants.

48ᵉ *station.*

Chasseneuil. — Distance de Paris : 329 kilomètres. — Distance d'Orléans : 208 kilomètres. — Distance de Tours : 93 kilomètres. — Distance de Bordeaux : 254 kilomètres. — Population : 1600 habitants.

49ᵉ *station.*

Poitiers. — Distance de Paris : 337 kilomètres. — Distance d'Orléans : 216 kilomètres — Distance de Tours : 101 kilomètres. — Distance de Bordeaux : 246 kilomètres. — Buffet. — Voitures pour Rochefort, la Rochelle, Saintes, Limoges, le Blanc. — Population : 24495 habitants.

50ᵉ *station.*

Ligugé. — Distance de Paris : 344 kilomètres. — Distance d'Orléans : 223 kilomètres. — Distance de Tours : 108 kilomètres. — Distance de Bordeaux : 239 kilomètres. — Population : 636 habitants.

51ᵉ *station.*

Vivonne. — Distance de Paris : 356 kilomètres. — Distance d'Orléans : 235 kilomètres. — Distance de Tours : 120 kilomètres. — Distance de Bordeaux : 227 kilomètres. — Population : 2708 habitants.

52ᵉ *station.*

Couhé-Vérac. — Distance de Paris : 371 kilomètres. — Distance d'Orléans : 250 kilomètres. — Distance de Tours : 135 kilomètres. — Distance de Bordeaux : 212 kilomètres. — Population : 1400 habitants.

53ᵉ *station.*

Civray. — Distance de Paris : 388 kilomètres. — Distance d'Orléans : 267 kilomètres. — Distance de Tours : 152 kilomètres. — Distance de Bordeaux : 195 kilomètres. — Voitures pour Niort, Confolens. — Population : 1500 habitants.

TABLEAU DES STATATIONS.

54ᵉ station.

Ruffec. — Distance de Paris : 403 kilomètres. — Distance d'Orléans : 282 kilomètres. — Distance de Tours : 167 kilomètres. — Distance de Bordeaux : 180 kilomètres. — Population : 2859 habitants.

55ᵉ station.

Moussac. — Distance de Paris : 412 kilomètres. — Distance d'Orléans : 291 kilomètres. — Distance de Tours : 176 kilomètres. — Distance de Bordeaux : 171 kilomètres. — Population : 905 habitants.

56ᵉ station.

Luxé. — Distance de Paris : 421 kilomètres. — Distance d'Orléans : 300 kilomètres. — Distance de Tours : 185 kilomètres. — Distance de Bordeaux : 162 kilomètres. — Voitures pour Aigre, Mansle. — Population : 913 habitants.

57ᵉ station.

Vars. — Distance de Paris : 436 kilomètres. — Distance d'Orléans : 315 kilomètres. — Distance de Tours : 200 kilomètres. — Distance de Bordeaux : 147 kilomètres. — Population : 1987 habitants.

58ᵉ station.

Angoulême. — Distance de Paris : 450 kilomètres. — Distance d'Orléans : 329 kilomètres. — Distance de Tours : 214 kilomètres. — Distance de Bordeaux : 133 kilomètres. — Buffet. — Voitures pour la Rochelle, Rochefort, Cognac, Périgueux, Nontron, Limoges. — Population : 18 892 habitants.

59ᵉ station.

La Couronne. — Distance de Paris : 457 kilomètres. — Distance d'Orléans : 336 kilomètres. — Distance de Tours : 221 kilomètres. — Distance de Bordeaux : 126 kilomètres. — Population : 2000 habitants.

60ᵉ station.

Mouthiers. — Distance de Paris : 464 kilomètres. — Distance d'Orléans : 343 kilomètres. — Distance de Tours : 228 kilomètres. — Distance de Bordeaux : 119 kilomètres. — Population : 1485 habitants.

61ᵉ station.

Charmant. — Distance de Paris : 471 kilomètres. — Distance d'Orléans : 350 kilomètres. — Distance de Tours : 235 kilomètres. — Distance de Bordeaux : 112 kilomètres. — Voitures pour Lavalette. — Population : 401 habitants.

TABLEAU DES STATIONS.

62ᵉ station.

Montmoreau. — Distance de Paris : 481 kilomètres. — Distance d'Orléans : 360 kilomètres. — Distance de Tours : 245 kilomètres. — Distance de Bordeaux : 102 kilomètres. — Voitures pour Riberac. — Population : 500 habitants.

63ᵉ station.

Chalais. — Distance de Paris : 500 kilomètres. — Distance d'Orléans : 379 kilomètres. — Distance de Tours : 264 kilomètres. — Distance de Bordeaux : 83 kilomètres. — Voitures pour Barbezieux, Aubeterre. — Population : 549 habitants.

64ᵉ station.

Laroche-Chalais. — Distance de Paris : 514 kilomètres. — Distance d'Orléans : 393 kilomètres. — Distance de Tours : 278 kilomètres. — Distance de Bordeaux : 69 kilomètres. — Voitures pour Jonzac, Périgueux, Riberac, Saint-Aulaye. — Population : 1100 habitants.

65ᵉ station.

Coutras. — Distance de Paris : 531 kilomètres. — Distance d'Orléans : 410 kilomètres. — Distance de Tours : 295 kilomètres. — Distance de Bordeaux : 52 kilomètres. — Population : 3172 habitants.

66ᵉ station.

Saint-Denis. — Distance de Paris : 540 kilomètres. — Distance d'Orléans : 419 kilomètres. — Distance de Tours : 304 kilomètres. — Distance de Bordeaux : 43 kilomètres. — Population : 2525 habitants.

67ᵉ station.

Libourne. — Distance de Paris : 548 kilomètres. — Distance d'Orléans : 427 kilomètres. — Distance de Tours : 312 kilomètres. — Distance de Bordeaux : 35 kilomètres. — Buffet. — Voitures pour Périgueux, Bergerac, Sauveterre, Castillon, Branne, Guitre, Saint-Émilion, Blaye. — Population : 9315 habitants.

68ᵉ station.

Arveyres. — Distance de Paris : 553 kilomètres. — Distance d'Orléans : 432 kilomètres. — Distance de Tours : 317 kilomètres. — Distance de Bordeaux : 30 kilomètres. — Voitures pour Branne. — Population : 1377 habitants.

69ᵉ station.

Vayres. — Distance de Paris : 557 kilomètres. — Distance d'Orléans : 436 kilomètres. — Distance de Tours : 321 kilomètres. — Distance de Bordeaux : 26 kilomètres. — Population : 1167 habitants.

TABLEAU DES STATIONS.

70e station.

Saint-Sulpice. — Distance de Paris : 562 kilomètres. — Distance d'Orléans : 441 kilomètres. — Distance de Tours : 326 kilomètres. — Distance de Bordeaux : 21 kilomètres. — Population : 1076 habitants.

71e station.

Saint-Loubès. — Distance de Paris : 566 kilomètres. — Distance d'Orléans : 445 kilomètres. — Distance de Tours : 330 kilomètres. — Distance de Bordeaux : 17 kilomètres. — Population : 1090 habitants.

72e station.

La Grave d'Ambarès. — Distance de Paris : 569 kilomètres. — Distance d'Orléans : 448 kilomètres. — Distance de Tours : 333 kilomètres. — Distance de Bordeaux : 14 kilomètres. — Voitures pour Saint-André de Cubzac. — Population : 882 habitants.

73e station.

Lormont. — Distance de Paris : 578 kilomètres. — Distance d'Orléans : 457 kilomètres. — Distance de Tours : 342 kilomètres. — Distance de Bordeaux : 5 kilomètres. — Population : 2310 habitants.

74e station.

Bordeaux. — Distance de Paris : 583 kilomètres. — Distance d'Orléans : 462 kilomètres. — Distance de Tours : 347 kilomètres. — Voitures pour Toulouse, Bayonne, Albi, Aurillac, Ax, Bagnères de Bigorre, Bagnères de Luchon, Barréges, Saint-Girons, Madrid, Marseille, Nismes, Oloron, Orthez, Pau, Perpignan, Tarbes. — Bateaux à vapeur pour Blaye, Pauillac, Royan, La Réole. — Population : 122 622 habitants.

II.

DE PARIS A CORBEIL.

1re station.

Choisy. — Distance de Paris : 10 kilomètres. — Distance de Corbeil : 21 kilomètres. — Population : 3075 habitants.

2e station.

Villeneuve. — Distance de Paris : 14 kilomètres. — Distance de Corbeil : 17 kilomètres. — Population : 419 habitants.

3e station.

Athis-Mons. — Distance de Paris : 17 kilomètres. — Distance de Corbeil : 14 kilomètres. — Population : 690 habitants.

TABLEAU DES STATIONS.

4ᵉ station.

Juvisy. — Distance de Paris : 20 kilomètres. — Distance de Corbeil : 11 kilomètres. — Population : 371 habitants.

5ᵉ station.

Ris. — Distance de Paris : 24 kilomètres. — Distance de Corbeil : 7 kilomètres. — Population : 590 habitants.

6ᵉ station.

Évry. — Distance de Paris : 28 kilomètres. — Distance de Corbeil : 3 kilomètres. — Population : 518 habitants.

7ᵉ station.

Corbeil. — Distance de Paris : 31 kilomètres. — Voitures pour Milly, Malesherbes, Puiseaux, Beaumont, Mennecy, Ponthierry, Melun. — Population : environ 4800 habitants.

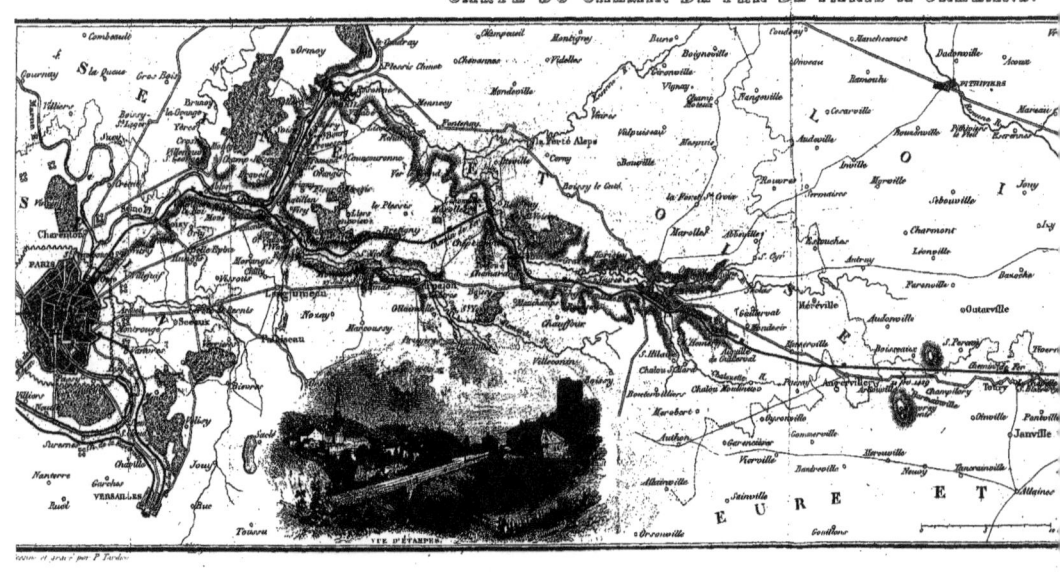

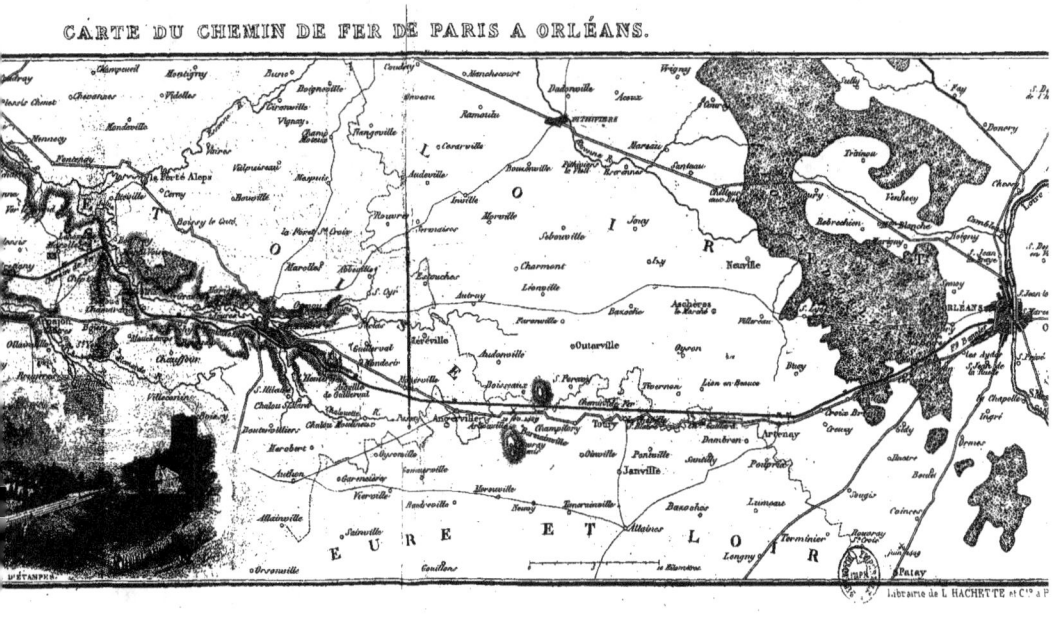

CARTE DU CHEMIN DE FER DE PARIS A ORLÉANS.

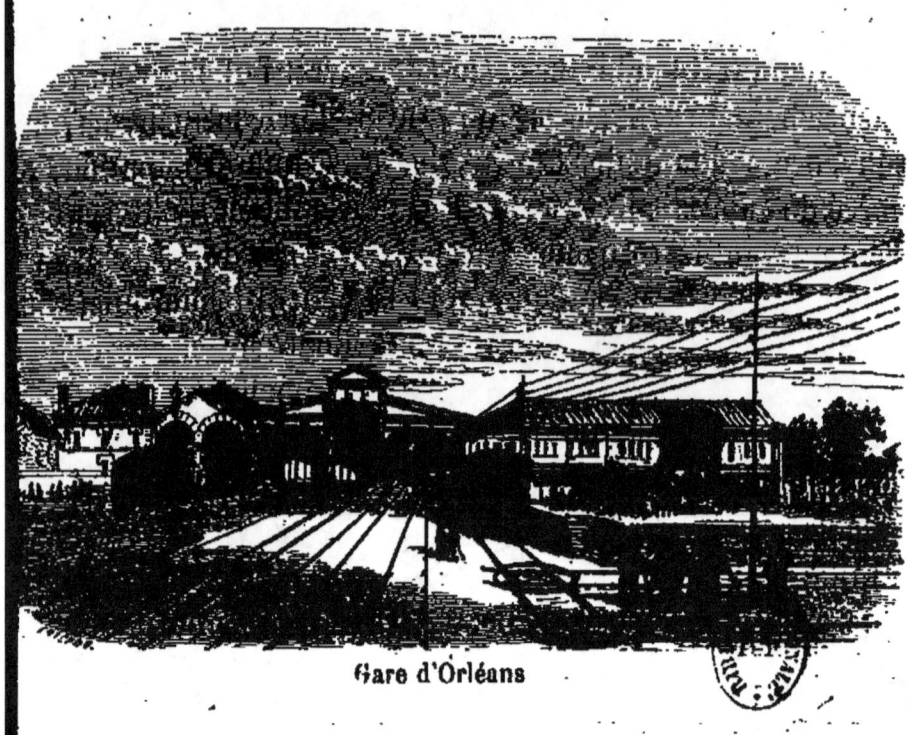

Gare d'Orléans

1.

DE PARIS A JUVISY.

Le mur d'enceinte est dépassé; le convoi s'élance au mieu d'une plaine verdoyante qu'arrose la Seine, et sur aquelle, d'espace en espace, se dresse le clocher d'une glise ou se laisse deviner la façade d'un château à demi aché derrière un massif d'arbres séculaires. Ce village, uspendu aux flancs d'une colline, est Ivry, dont les chartes e 936 constatent l'ancienneté, et qui possède une église du iiie siècle. Ivry ne fut pas toujours, comme aujourd'hui, érissé de fabriques, de filatures et de raffineries. Des guerers, des poëtes, des artistes allaient chercher le calme et a solitude sous les frais ombrages de ses maisons de plaisance. Le marquis d'Uxelles aimait à s'y reposer des fatigues de la guerre dans un magnifique château que le prévôt des marchands, Claude Bosc Dubois, avait fait bâtir au commencement du xviie siècle. Après avoir glorieusement défendu Mayence pendant deux mois, le brave maréchal s'était vu forcé de capituler; ce ne fut qu'en tremblant qu'il se présenta devant le roi pour lui rendre compte de sa conduite; Louis XIV le rassura d'un mot : « Monsieur le marquis, vous avez défendu la place en homme de cœur et capitulé en homme d'esprit. » D'Uxelles avait commencé par porter le petit collet; la mort de son frère le jeta dans la carrière des armes; il fit partie du conseil de régence en 1710; mais ses talents en administration ne répondaient point à son mérite militaire; Villars disait de lui : « J'ai toujours entendu dire que c'était une bonne caboche; mais personne n'a jamais osé dire que ce fût une bonne tête. »

Parny, poëte plein de grâce et de naturel, rima dans les bosquets d'Ivry quelques-uns de ses vers à Éléonore. L'inimitable Contat vint plus d'une fois y chercher les inspirations si chaleureusement applaudies par le public parisien. Quelques vieillards se rappellent encore avec reconnaissance les bienfaits de la mère de Louis-Philippe Ier, Mme la duchesse d'Orléans, qui possédait dans ce village une maison de plaisance appelée le Petit-Château.

Mais au début du chemin que nous parcourons, les châteaux, les clochers, les villages se succèdent rapidement; à peine a-t-on eu le temps de jeter un coup d'œil sur Ivry, que déjà Vitry montre avec orgueil ses nombreuses et riches pépinières, la tour élégante de son église du xiiie siècle, et le beau domaine qui compta parmi ses possesseurs le populaire ministre du roi Dagobert. Après Vitry vient le petit village de Thiais, si bien situé dans une plaine charmante, au bas de coteaux couverts de vignes, et dont l'église renferme deux statues remarquables; puis Rungis, qui envoie ses eaux limpides aux fontaines des quartiers élevés de Paris, sur la rive gauche de la Seine. Un aqueduc de vingt-quatre arches leur fait franchir la vallée d'Arcueil. Construit en 1618, par les ordres de Marie de Médicis, sur les dessins de l'architecte Desbrosses, cet aqueduc, dont la hauteur atteint 24 mètres, s'étend sur une longueur de 400 ; il remplace une autre construction que les Romains avaient élevée au commencement du IV° siècle, et dont on retrouve encore quelques vestiges.

Source à Rungis.

Rungis est un des plus jolis villages qui soient aux environs de Paris. Le poëte Colletet y posséda quelque temps une maison de campagne, présent du cardinal de Richelieu. Cependant il ne payait pas les bienfaits de son protecteur d'une complaisance aussi servile que celle de l'abbé Boisrobert, autre poëte favori de l'impérieux ministre; il osait même lui résister en matière de goût. Un jour il lui fit lecture d'une comédie intitulée : *Les Tuileries;* dans un monologue se trouvait ce vers :

La cane s'humectant dans la bourbe de l'eau,

suivi de six autres, les plus mauvais peut-être de tout l'ouvrage. Richelieu prétendit qu'il fallait mettre :

La cane barbotant dans la bourbe de l'eau.

Colletet repoussa énergiquement la correction, non-seulement séance tenante, mais encore dans une lettre où il détaillait longuement les motifs de sa résistance. Le cardinal, quoique surpris d'une opposition à laquelle il n'était pas habitué, ne se fâcha point ; et comme il avait trouvé fort beaux les six vers qui suivaient, *si beaux que le roi n'était pas assez riche pour les payer !* il fit au poëte un présent de six cents livres. Cette générosité inspira sur-le-champ à Colletet ce distique :

Armand, qui pour six vers m'as donné six cents livres,
Que ne puis-je à ce prix te vendre tous mes livres !

Rungis a disparu ; le train s'arrête ; on arrive à *Choisy*. Quelques cabanes de pêcheurs et de bateliers formaient, au commencement du XIIIe siècle, un hameau qui dépendait du village de Thiais. En 1207, une chapelle y fut bâtie sur un terrain donné aux habitants par l'abbé de Saint-Germain des Prés, et mise sous l'invocation de saint Nicolas, patron des mariniers. Cependant Choisy commençait à prendre de l'importance, et dix-sept années s'étaient à peine écoulées que sa chapelle devenait paroissiale. Sous Louis XIV, Mlle de Montpensier y fit construire un château qui reçut le nom de Choisy-Mademoiselle, et devint successivement la propriété du Dauphin, aïeul de Louis XV, de Mme de Louvois, de la princesse de Conti et du duc de La Vallière. Enfin il passa aux mains de Louis XV, ce qui fit donner au pays le nom de Choisy-le-Roi. Dans cette résidence favorite, pour laquelle il dépensa des sommes énormes, Louis XV venait souvent oublier sa royauté et la faire oublier aux autres. Là le roi s'efforçait de n'être plus roi, et les courtisans, pour se conformer au caprice du maître, feignaient de n'être plus courtisans, et déguisaient la flatterie sous une apparence de bonhomie ou de familiarité. On avait trouvé le moyen d'écarter jusqu'aux valets, pour laisser plus de liberté au roi, à ses amis et à ses maîtresses : la table de la salle à manger, œuvre d'un habile mécanicien, s'abaissait à volonté jusqu'à l'étage inférieur où étaient les offices, et remontait toute servie.

Dans ce séjour consacré au plaisir, il y avait une bibliothèque. Se composait-elle d'ouvrages bien sérieux? On l'ignore; le nom seul du bibliothécaire est connu; c'était le chantre de *l'Art d'aimer*, Gentil Bernard.

Châteaux, fêtes, bibliothèque, tout cela n'existe plus qu'à l'état de souvenirs; à peine se douterait-on aujourd'hui qu'il y ait eu là une maison royale; mais Choisy n'en a pas moins continué de grandir et de prospérer; c'est une petite ville de 4 à 5000 âmes, ayant un port et un pont sur la Seine, et signalant son industrie par l'épaisse et noire fumée qui s'échappe des cheminées de ses fabriques.

Nous voici sur les limites du département de la Seine, à Orly, dont l'ancienneté est constatée par les chartes de l'évêché de Paris, où il en est question sous le nom d'*Aureliacum*. Orly est fier de la tour écrasée de sa vieille église; elle lui rappelle un glorieux souvenir. En 1360, les Anglais avaient leur camp à Montlhéry, d'où ils se répandaient dans les pays environnants, semant partout la mort et la dévastation. Ils arrivèrent devant Orly; 200 habitants des plus résolus s'étaient renfermés dans la tour; ils avaient juré d'arrêter l'ennemi ou de mourir. Les Anglais s'arrêtèrent en effet, et durant trois mois ils s'épuisèrent en efforts inutiles devant cette petite forteresse que défendait une poignée d'hommes; mais ce qu'ils ne purent faire, la famine le fit. Les assiégés, mourant de faim, se virent enfin obligés de se rendre à discrétion. Quelques centaines d'années plus tard, l'ennemi lui-même les eût admirés à leur sortie de la tour; on était au xive siècle, ils furent égorgés sans pitié.

La première station dans le département de Seine-et-Oise est *Villeneuve-le-Roi*, en face du chemin qui conduit au pont de Villeneuve-Saint-Georges. On aperçoit le village sur une hauteur, à droite et à quelque distance de la Seine, dont le séparent des champs et des prairies. Villeneuve-le-Roi a de grandes prétentions, et fait remonter son histoire à Louis le Jeune et à Louis le Gros. En 1337, la seigneurie de ce village appartenait à Philippe Auguste; on

Station de Villeneuve-le-Roi.

la donna ensuite aux chartreux, qui se chargèrent de nourrir les chiens du roi. Le prévôt des marchands, Marcel, en devint plus tard propriétaire; puis elle passa à Guillaume du Vair, ce chancelier évêque qui resta, dit Dupleix, trois ans sans dire la messe. On voit encore un pavillon du château que le ministre Claude Le Peltier y fit construire en 1697. Le vin de Villeneuve a été célèbre, comme celui de Suresnes. Le roi Charles VIII n'en buvait pas d'autre. Les vins ont aussi leurs destinées. Il n'y a pas fort longtemps que le bordeaux est *découvert*.

On ne s'arrête plus devant Ablon, dont la station a été supprimée. Jusqu'à la révocation de l'édit de Nantes, Ablon a été la ville sainte des protestants; c'est là qu'ils allaient, sous Henri IV, entendre le prêche et chanter les vieux cantiques des réformés, que le roi ne voulait pas faire retentir de plus près aux oreilles des ligueurs parisiens.

Un peu plus loin, sur une colline, se dresse la flèche élancée de l'église d'*Athis*. Situé sur la rive gauche de la Seine, près du confluent de l'Orge, ce village existait au XIIe siècle; on le connaissait sous le nom d'*Athægia*. Son église reçut, pendant quelque temps, la châsse de sainte Geneviève, que Paris y envoya pour la soustraire aux déprédations des Normands. Louis XI et Philippe le Bel séjournèrent à Athis, le premier en 1230, le second en 1305, ce qui donne lieu de supposer qu'il s'y trouvait alors quelque résidence royale.

De charmantes maisons de plaisance décorent ce délicieux endroit; il en est que recommande le souvenir de leurs anciens propriétaires; l'une d'elles vit mourir, à l'âge de quatre-vingt-quatorze ans, Mlle de Scudéri, qui vécut et écrivit pendant presque toute la durée de notre grand siècle. Une autre servit de retraite au vieux duc de Roquelaure, lorsqu'il se sentit dégoûté du monde qui ne voulait plus de ses épigrammes. Chose étrange! pour faire un nom au duc de Roquelaure, la postérité a recueilli une foule de bons mots dont la plupart ne sont pas de lui, tandis qu'elle semble avoir oublié qu'il se signala dans plusieurs guerres, et qu'il fut un des généraux les plus distingués de son temps.

Séparé d'Athis par une courbe remarquable que décrit le chemin, et dont le rayon n'a pas plus de 1500 mètres, Juvisy occupe la pente d'une montagne; on y admire une route creusée dans les rochers, et formée, dans la vallée où passe l'Orge, de deux ponts superposés. Au milieu du pont supérieur, sont, en face l'une de l'autre, deux fontaines ornées de génies et de trophées; de là lui vient le nom de pont des Belles-Fontaines. Il est décoré d'inscriptions latines;

Pont des Belles-Fontaines.

en voici une qui résume les travaux exécutés pour la construction de la route :

>Ludovicus XV, rex christianissimus,
>Viam hanc difficilem, arduam ac pene inviam,
>Scissis dijectisque rupibus,
>Explanato colle, ponte et aggeribus constructis, planam,
>Rotabilem et amœnam fieri curavit, 1728.

« Louis XV, roi très-chrétien, en faisant fendre et briser

des rochers, aplanir la colline, construire un pont et des chaussées, a transformé cette voie difficile, escarpée et presque impraticable, en une route unie, carrossable et agréable, 1728. »

Juvisy possède encore un beau château et un parc de cent arpents dessiné par Le Nôtre.

Ici le chemin de fer se bifurque et forme deux lignes dont l'une poursuit, à travers les terres, son tracé jusqu'à Orléans, tandis que l'autre, côtoyant la Seine, se dirige sur Corbeil où elle s'arrête.

Parcourir cette dernière ligne, qui offre de beaux points de vue, visiter la jolie ville de Corbeil, qui n'est pas indigne de fixer les regards pendant quelques instants, revenir, au point de jonction, attendre le passage du train qui doit conduire le voyageur à Orléans : tout cela est l'affaire de deux heures.

Une guérite de cantonnier.

Viry-Châtillon.

II.

DE JUVISY A CORBEIL.

Ce beau château qui s'élève à droite sur la pente d'une montagne appartient à Viry-Châtillon. Au pied de la montagne serpente la rivière de l'Orge. Non loin du château se cache, au milieu de frais ombrages, une maison moins fastueuse, mais plus riante; là fut composé plus d'un de ces jolis contes de fées qui, dans notre enfance, firent le charme de nos veillées ; là notre bon ami, Perrault d'Armancourt, écrivit *Cendrillon*, *Peau-d'Ane*, et cette odyssée du *Petit Poucet* devenue si populaire.

A Viry finissait autrefois le royaume d'Orléans; le pont Godot en marquait la limite.

Quelques secondes d'arrêt à la station de *Ris* laissent entrevoir, à gauche, un beau pont suspendu qui porte le nom d'Aguado, et, à droite, un magnifique château entouré de vastes jardins, qu'on appelle le château de Fromond. Plus d'un nom célèbre se rattache à l'histoire

Château de Fromond.

de ce domaine. Avant que Philippe le Bel eût fait dresser le bûcher de Jacques Molay, Fromond appartenait aux Templiers; il devint la propriété du roi de France. Il fut plus tard celle de l'historien Jacques-Auguste de Thou. L'illustre président venait s'y distraire de ses graves travaux, en composant d'élégantes poésies latines où il chantait la fauconnerie, le chou, la violette, le lis. Il y médita aussi plus d'un chapitre de l'*Histoire de mon temps*. Peut-être était-il sous quelque riant bosquet de cette retraite favorite, lorsque sa main, traçant l'arrêt de mort du fils qui allait lui naître, écrivit cette phrase sur l'un des oncles du cardinal de Richelieu : *Antonius Plessiacus Richelius, vulgo dictus Monachus, quod eam vitam professus fuisset, dein voto ejurato, omni licentiæ ac libidinis genere contaminasset.* (Antoine du Plessis-Richelieu, surnommé le Moine, parce qu'il avait embrassé la profession monacale, y avait renoncé plus tard pour se livrer à toute sorte de licence et de débauche.) Le ministre de Louis XIII, à la lecture de ce passage, s'écria : « De Thou a mis mon nom dans son histoire ; je mettrai son nom dans la mienne. » Et ne pouvant plus se venger du père, mort en 1617, il fit tomber la tête du fils en 1642.

La plus belle ferme de Ris avait pour propriétaire, sous Louis XIV, un homme qui fut en même temps pendu à Paris en effigie et envoyé du roi en Allemagne. Cet homme était Gourville, qui, après avoir servi le duc de La Rochefoucauld en qualité de valet de chambre, devint son ami, gagna les bonnes grâces du grand Condé, mérita la confiance de Fouquet, dont il partagea un instant la disgrâce, et fut proposé pour succéder à Colbert. Boileau fit pour lui cette épitaphe :

> Ci-gît, justement regretté,
> Un savant homme sans science,
> Un gentilhomme sans naissance,
> Un très-bon homme sans bonté.

Cependant ce bon homme sans bonté vint au secours de Mme Fouquet, qu'abandonnaient les autres amis de son mari ; et, après lui avoir avancé pour sa subsistance plus de cent mille livres, il fit don de cette somme à son fils Fouquet de Vaux.

Mais Ris est déjà loin ; après Ris a disparu le château de Trousseau, dont on traverse le parc, et qui fut autrefois une seigneurie considérable, et l'on arrive devant le château de Petit-Bourg, à Évry.

Les premiers propriétaires de ce château furent des hommes d'Église : l'abbé Cochin planta les quatre rangées d'arbres qui forment l'avenue; les jardins furent dessinés par l'abbé de La Rivière. Plus tard, une grande dame, Mme de Montespan, y vécut : honorée d'abord de tous ceux qui l'entouraient, comme un rare modèle de vertu et de modestie; puis adulée, fêtée par une foule de brillants seigneurs qui faisaient leur cour au grand roi dans la personne de sa maîtresse ; enfin délaissée, n'ayant plus que des larmes pour regretter tantôt le bruit et l'éclat de ses jours de grandeur, tantôt le calme et la pureté de sa conscience de jeune fille.

Cependant Louis XIV retourna sous ces ombrages, où il avait soupiré aux pieds de la belle Athénaïs de Mortemart; mais il était vieux alors, et la douleur avait tué depuis longtemps celle qu'il avait si brusquement quittée; il venait simplement, fatigué de la longueur du trajet de Paris à Fontainebleau, se reposer et reprendre haleine; et, pour reconnaître une si précieuse faveur, le fils de Mme de Montespan, le duc d'Antin, prodiguait ses revenus à lui faire une réception pleine de magnificence.

Dix ans plus tard, dans le même château, le même duc donnait encore sa fastueuse hospitalité à un autre grand monarque, Pierre, czar de Russie.

Le duc de Saint-Simon raconte ainsi, dans ses *Mémoires*, cette visite, ou plutôt ces deux visites du monarque du nord :

« Dimanche 30 mai, il partit avec Bellegarde, fils et survivancier de d'Antin pour les bâtiments, et beaucoup de relais pour aller dîner chez d'Antin, à Petit-Bourg, qui l'y reçut et le mena l'après-dînée voir Fontainebleau où il coucha, et le lendemain à une chasse du cerf, de laquelle le comte de Toulouse lui fit les honneurs. Le lieu lui plut médiocrement, et point du tout la chasse, où il pensa tomber de cheval : il trouva cet exercice trop violent, qu'il ne connaissait point. Il voulut manger seul avec ses gens au retour dans l'île de l'Étang de la cour des Fontaines. Ils s'y dédommagèrent de leurs fatigues. Il revint à Petit-Bourg seul dans un carrosse, avec trois de ses gens. Il parut dans ce carrosse qu'ils avaient largement bu et mangé.... »

Château de Petit-Bourg.

« Le mardi 15 juin, il alla de bonne heure chez d'Antin, à Paris. Travaillant ce jour-là avec M. le duc d'Orléans, je finis en une demi-heure ; il en fut surpris et voulut me retenir. Je lui dis que j'aurais toujours l'honneur de le trouver, mais non le czar, qui s'en allait, que je ne l'avais point vu, et que je m'en allais chez d'Antin bayer tout à mon aise. Personne n'y entrait que les conviés et quelques dames avec Madame la duchesse et les princesses ses filles, qui voulaient bayer aussi. J'entrai dans le jardin où le czar se promenait. Le maréchal de Tessé, qui me vit de loin, vint à moi, comptant me présenter au czar. Je le priai de s'en bien garder et de ne point s'apercevoir de moi en sa présence, parce que je voulais le regarder tout à mon aise.... Je le trouvai assez parlant, mais toujours comme étant partout le maître.... Rentrant dans le jardin, d'Antin lui fit raser l'appartement bas, et l'avertit que Madame la duchesse y était avec des dames qui avaient grande envie de le voir. Il ne répondit rien et se laissa conduire. Il marcha plus doucement, tourna la tête vers l'appartement où tout était debout et sous les armes, mais en voyeuses. Il les regarda bien toutes et ne fit qu'une très-légère inclination de la tête à toutes à la fois, sans la tourner le long d'elles, et passa fièrement ; je pense, à la façon dont il avait reçu d'autres dames, qu'il aurait montré plus de politesse à celles-ci, si Madame la duchesse n'y eût pas été, à cause de la prétention de la visite. Il affecta même de ne s'informer pas laquelle c'était, ni du nom d'aucune des autres.... Comme il allait rentrer, je passai, en m'en allant, dans la salle où le couvert était mis. D'Antin, toujours le même, avait trouvé moyen d'avoir un portrait très-ressemblant de la czarine, qu'il avait mis sur la cheminée de cette salle, avec des vers à sa louange, ce qui plut fort au czar dans sa surprise. Lui et sa suite trouvèrent le portrait fort ressemblant. »

Petit-Bourg, parmi les noms de ses hôtes, peut inscrire deux autres noms de rois : Louis XV aimait à s'y arrêter, lorsqu'il chassait dans la forêt de Sénart, et Louis XVI y séjourna quelque temps avec toute sa maison, dans la première année de son mariage. En 1814, le général autrichien Schwartzemberg y reçut le maréchal Ney et le duc de Vicence, qui venaient traiter avec lui de l'abdication de Napoléon.

Dans ces derniers temps, M. Aguado possédait ce domaine, qu'il avait agrandi, réparé, embelli, lorsque le chemin de fer vint envahir une partie de son beau parc de 100 arpents. Parc et château furent aussitôt vendus. De ce moment, il n'y eut plus à Petit-Bourg ni meubles somptueux, ni statues de grands maîtres, ni tableaux précieux, ni fêtes éblouissantes. On n'y voit que des couches modestes et des instruments de travail, des habitants simplement vêtus et des convives assis à des tables frugalement servies ; le château de la maîtresse de Louis XIV, après avoir reçu, en 1843, une colonie d'enfants pauvres que l'on formait aux travaux de l'agriculture, a été transformé, par arrêté ministériel du 29 avril 1848, en une maison d'éducation correctionnelle de jeunes détenus.

L'église d'Évry est remarquable par son ancienneté ; le chevalier Ermenfred en fit don, au commencement du XIe siècle, à l'abbaye de Saint-Maur-les-Fossés.

Assez sur Évry et les vicissitudes de Petit-Bourg ; nous entrons dans la gare de *Corbeil*.

Station de Ris.

Corbeil.

III.

CORBEIL.

Il se forma, dans le courant du ixe siècle, au confluent de la Seine et de la Juine, un petit hameau comptant à peine une vingtaine de cabanes de pêcheurs. Ce hameau reçut le nom de Corbeil, en latin *Corbolium* et *Metiodesum;* sa position sur la Seine lui donnait une certaine importance ; au siècle suivant, on y bâtit un château destiné à repousser les invasions des Normands. Hugues le Grand, qui possédait ce domaine, le donna au fils d'Osmond le Danois, Haimon, qui fut le premier comte de Corbeil, et y bâtit la première église. Dans ces temps-là, une église et un château avaient bientôt fait une ville importante du hameau le plus insignifiant; aussi Corbeil prit-il un rapide accroissement; dès le XIe siècle, ses constructions s'étendaient sur les deux rives de la Seine, et on le divisait déjà en vieille et en nouvelle ville, lorsqu'un incendie considérable vint, en 1019, arrêter ses progrès.

Parmi les anciens comtes de Corbeil figure un Burchard, que l'abbé Suger appelle le comte *Superbissime*. Suivant le ministre historien, un jour que ce Burchard, aspirant au trône, prenait les armes contre le roi, il refusa de recevoir son épée des mains du serviteur qui la lui présentait ; et, d'un ton de jactance, dit à la comtesse, son épouse : « Noble comtesse, donnez avec joie au noble comte votre époux cette riche épée ; il la reçoit de vous comme comte, ce matin ; c'est comme roi qu'il vous la rendra ce soir. » Un coup de lance du comte Étienne, qui combattait pour le roi, l'empêcha de réaliser cette audacieuse prédiction. Burchard eut un fils, le comte Odon, qui mit sa gloire à ne lui point ressembler; loin de se révolter contre son roi, il se distingua par une fidélité à toute épreuve. Comme il refusait de seconder la rébellion de son frère, Gui de Troussel, celui-ci le surprit au milieu d'une chasse, le chargea de fers et l'enferma dans le château de son fils, Hugues de Crécy, *jeune audacieux propre aux rapines comme aux incendies, et,* ajoute Suger, *perturbateur actif de tout le royaume.* Instruits de cette perfidie, les barons de Corbeil vont se jeter aux genoux du roi, et, les larmes aux yeux, le supplient de délivrer leur comte. Louis le Gros, à la tête d'une troupe d'hommes armés, se rend en toute diligence sous les murs du château de Hugues de Crécy. Là, il ordonne à son sénéchal, Anselle de Garlande, d'aller reconnaître la place. Hugues était absent ;

ses gens s'emparent du sénéchal, qu'ils enferment prisonnier avec le comte Odon. Le roi, courroucé, s'approche; mais les portes sont closes; du haut des tours on fait pleuvoir autour de lui une grêle de pierres et de flèches. Louis veut tirer sur-le-champ vengeance de cette insulte; les frères et les parents du sénéchal, craignant qu'un échec ne soit le résultat de tant de précipitation, s'écrient : « Ayez pitié de nous, glorieux roi ; car, si ce Hugues de Crécy, cet impie, cet homme perdu, ce monstre altéré de sang humain, arrive et réussit à pénétrer dans ce château ou à en faire sortir son oncle, il le fera pendre certainement. » Le roi, frappé de ces raisons, ordonna de couper toute communication, et, pour empêcher Hugues de pénétrer dans la place, fit construire cinq tours. Hugues se présenta, en effet, plusieurs fois, et sous divers déguisements; on dit qu'il employa même celui de jongleuse : il échoua dans toutes ses tentatives. Le roi finit par se rendre maître du château, et les prisonniers, délivrés, échappèrent à la cruauté de Hugues de Crécy.

Le comté de Corbeil fut alors donné à Philippe, fils naturel de Philippe Ier et de Bertrade. Mais, sous prétexte que le nouveau comte conspirait, Louis le Gros le fit jeter en prison, exila ses héritiers mâles, força ses filles à prendre le voile, et le dépouilla de son fief, qu'il réunit définitivement à la couronne.

Corbeil devint donc châtellenie royale : on y voit séjourner, en 1119, le pape Calixte II avec Louis le Gros et la reine Adélaïde. Vers cette même époque, Abeilard y transporta son école; mais il n'y resta pas longtemps; les travaux et la persécution avaient épuisé ses forces : il tomba malade, et retourna dans son pays natal.

A la mort de Philippe Auguste, Corbeil fut donné en douaire à la malheureuse reine Ingelburge, presque aussitôt répudiée qu'épousée. Il est difficile de comprendre l'aversion subite qu'inspira cette princesse danoise au roi de France, lorsqu'on a sous les yeux son portrait ainsi tracé par le pieux évêque de Tournai, Étienne : « Elle égale Sara en prudence, Rebecca en sagesse, Rachel en grâces, Anne en dévotion, Hélène en beauté, et son port est aussi noble que celui de Polyxène.... » Une charte de Philippe Auguste, datée de 1222, reconnaît que le château devait à l'archevêque de Paris un cierge du prix de 20 sous, et, le jour de son installation, deux chevaliers pour le porter sur leurs épaules.

Ce château, situé au bout du pont, sur la rive de la Seine, était vaste et bien fortifié. Dans les guerres du XIVe et du XVe siècle, il fut plusieurs fois pris et repris.

En 1487, le roi Charles VIII y fit enfermer dans la grosse tour Georges d'Amboise, alors évêque de Montauban, qui conspirait contre lui avec le duc d'Orléans.

Corbeil ouvrit volontairement ses portes à Henri IV, en 1590. Au mois de septembre de la même année, le duc de Parme vint se présenter devant ses murs, dans l'espoir qu'il lui suffirait d'un coup de main pour s'en emparer ; mais la garnison fit une si belle résistance, que le vingt-quatrième jour il n'était pas plus avancé que le premier. Dans son dépit, le duc ne regarda plus au nombre d'hommes qu'il allait sacrifier ; il ordonna un assaut général, à la suite duquel la ville fut livrée à toutes les horreurs du pillage. Le 10 novembre suivant, les troupes d'Henri IV, commandées par M. de Givry, reprenaient Corbeil par escalade, dans l'espace d'une heure.

Il y avait autrefois dans cette ville cinq églises : Saint-Spire, Saint-Guénaut, Saint-Jean en l'Ile, Saint-Jean de l'Ermitage et Notre-Dame. Les deux premières étaient collégiales.

Soit que quelques-unes de ces églises eussent changé de nom, soit qu'il en eût été établi de nouvelles, une inscription, placée dans l'église de Saint-Spire, porte qu'en 1793 cinq paroisses furent supprimées, et que ces paroisses étaient Notre-Dame, Saint-Martin, Saint-Léonard, Saint-Jacques, Saint-Guénaut.

Saint-Jean de l'Ermitage, ainsi nommé pour le distinguer de Saint-Jean en l'Ile, était un prieuré fondé au xı^e siècle par un vicomte de Corbeil; le curé de Saint-Port, au diocèse de Sens, était tenu, chaque année, de fournir au prieur, le jou

Cloître et église Saint-Spire, à Corbeil.

de la Saint-Jean-Baptiste, trois chapeaux ornés de roses vermeilles et trois paires de gants rouges, et de les lui apporter lui-même pendant son dîner, sous peine de payer une amende de 5 sous.

L'église de Notre-Dame, qui existait à la fin du xı^e siècle, avait un chapitre de douze chanoines, présidé par un abbé.

La collégiale de Saint-Guénaut est mentionnée en 1125.

Ingelburge fonda plus tard l'église de Saint-Jean en

l'Ile, près de laquelle elle établit sa résidence. Cette église, desservie par douze prêtres de la règle de Saint-Augustin, selon l'ordre des chevaliers de Saint-Jean de Jérusalem, devint ensuite commanderie, et fut le siége du grand trésorier de l'ordre de Malte. Villiers de l'Isle-Adam, grand maître, y tint un chapitre de son ordre. Le palais d'Ingelburge et l'église des chevaliers de Malte sont aujourd'hui remplacés par une poudrerie.

L'église seule de Saint-Exupère ou Saint-Spire est encore debout, et l'on a même conservé la porte du cloître.

Bâtie en 950 par le comte Haimon, en l'honneur de saint Spire et des douze apôtres, cette église fut brûlée en 1138, réédifiée en 1144, et consacrée seulement en 1437. Elle avait un chapitre composé d'un abbé séculier, de douze chanoines et de six chapelains. Son clocher est une tour carrée, massive. A l'intérieur, les chapiteaux des colonnettes de la nef attestent son ancienneté. Le chœur est vaste et d'un bon effet. Une chapelle à droite renferme deux tombeaux : celui du comte Haimon, mort et inhumé en 957, et celui de Jacques de Bourgoin, fondateur du collége de Corbeil, mort en 1661.

La ville est aujourd'hui, comme avant l'incendie du xi° siècle, partagée en deux par la Seine. Sur la rive droite, elle s'étend au pied d'un coteau qui porte à son sommet le village de Saint-Germain, avec une église ornée d'un joli portail gothique. De ce côté, les maisons ont presque toutes un jardin qui s'avance dans le fleuve, et qui est protégé par une muraille contre les inondations. Un joli château moderne occupe la pente du coteau, un peu au-dessus de l'église de Saint-Germain.

Ce quartier de Corbeil est peu commerçant; il est traversé par la rue du 14 Juillet, longue, propre et bien bâtie.

Un quai bordé de jolies maisons, une promenade plantée d'arbres, une halle construite en 1780 sous la direction de l'architecte Viel, un immense magasin pour les farines destinées à l'approvisionnement de la capitale, des rues étroites et peuplées, de nombreux magasins, beaucoup de mouvement les jours de marché, voilà pour la rive gauche.

Les deux quartiers sont réunis par un pont de cinq arches, dont quatre sont en pierre, tandis que la cinquième, appuyée sur le quai, est en fonte.

A un kilomètre de Corbeil, au fond d'un vallon, sur la Juine, est assise ou plutôt se meut et travaille l'industrieuse petite ville d'Essonne ; vous irez, vous qui avez gardé un souvenir de la *Chaumière indienne*, vous qui avez pleuré sur les naïves amours de Paul et de Virginie, vous irez y faire un pieux pèlerinage à la maison de Bernardin de Saint-Pierre.

Maison de Bernardin de Saint-Pierre.

Château de Savigny.

IV.

DE JUVISY A ÉTAMPES.

C'est à Juvisy que l'on vient reprendre la route d'Orléans. Là se dessinent de ravissants paysages : à droite, des coteaux et des vignes; à gauche, des prairies, des peupliers, une petite rivière qui serpente, de jolies villas et un riant village : *Savigny-sur-Orge*, fier encore de son château gothique, entouré de fossés et flanqué de quatre tours. La belle Agnès Sorel y reçut plus d'une visite de son royal amant Charles VII. Les ligueurs y soutinrent un siége en 1592. Plus tard, il prêta les ombrages de ses jardins aux rêveries de trois sœurs, toutes trois, l'une après l'autre, maîtresses de Louis XV : Mme de Mailly, Mme de Vintimille et Mme la duchesse de Châteauroux. Enfin il abrita les derniers jours d'un des plus illustres capitaines de l'empire, le maréchal Davoust, prince d'Eckmülh. Il appartient maintenant à la maréchale.

Sur la pente d'une colline, au milieu d'un hameau qui dépend de Savigny, et qu'on nomme Grand-Vaux, s'é-

Château de Grand-Vaux.

lève une belle habitation dont le chemin de fer longe le parc ; ce domaine, dont l'existence ne remonte guère qu'à une soixantaine d'années, appartient à M. Vigier. En cet endroit, de quelque côté que se portent les yeux, quel que soit le cadre que les regards embrassent, tout est digne d'admiration : ici, dominant la jolie vallée de l'Yvette, un viaduc élégant dont les trois arches, élevées de 14 mètres au-dessus de l'eau, ont chacune 8 mètres d'ouverture ; là, le village de *Morsan*, dont les riches pâturages sont couverts de moutons mérinos; plus loin, Villemoisson, baigné par l'Orge et par la Remarde, et sur la première de ces deux rivières, un peu avant d'arriver à Villemoisson, un autre viaduc de cinq arches ayant 8 mètres d'ouverture et 15 mètres de hauteur. Ce viaduc, bâti sur pilotis, est un des plus intéressants travaux du chemin de fer d'Orléans.

Viaducs, châteaux, villages et souvenirs, pressés sur le chemin, s'enfuient à peine entrevus; quelques minutes ont suffi pour atteindre *Épinay*, village situé dans une vallée profonde, au confluent de l'Orge et de l'Yvette. A droite, une colline verdoyante derrière laquelle se cachent l'ancienne route d'Orléans et le bourg de Longjumeau; au bord de l'Orge, un parc avec un beau château que son propriétaire, M. de Crussol, se désespérait d'appeler la *Gilquillière*, et que Louis XVIII, alors comte de Provence, baptisa du nom de *Vaucluse;* au bas de la colline, du côté qui regarde Longjumeau, une charmante maison de campagne à laquelle ont été adaptés, d'une manière très-heureuse, divers ornements provenant de l'église de Notre-Dame de Corbeil.

L'église d'Épinay, ancienne et belle, est surtout remarquable parce qu'elle possède un chef-d'œuvre, un *saint Jean-Baptiste*, attribué par quelques-uns au Guide, par d'autres à Murillo.

A gauche s'étend la forêt de Sainte-Geneviève, aujourd'hui silencieuse, jadis animée par les fanfares des piqueurs, le galop des chevaux et les aboiements de la meute du grand roi.

Louis XIV y chassait un jour; parmi les personnes invitées, une fille d'honneur de Madame, Marie de Fontanges, brillait par sa beauté, sinon par son esprit : car elle était, au dire de l'abbé de Choisy, « belle comme un ange, mais sotte comme un panier. » Cependant la sotte, dont un coup de vent avait emporté la coiffure, eut la présence d'esprit de la remplacer aussitôt par un nœud de ruban; et ce nœud de ruban était si joli, si gracieux, il faisait si bien ressortir la beauté de celle qui venait de l'imaginer, que Mme de Montespan fut détrônée du coup dans le cœur du galant monarque. La nouvelle favorite ne jouit pas longtemps de son triomphe; elle mourut à vingt ans, moins heureuse que sa coiffure, dont la vogue fut durable en France et s'étendit jusque dans toute l'Europe.

Berthier de Sauvigny, intendant de Paris, voulut remplacer par un château moderne celui qu'avaient habité, à Sainte-Geneviève, Louis XIII et Louis XIV; il n'eut que le temps d'en faire construire un pavillon. Le parc est d'environ 300 arpents; on y arrive par une magnifique avenue.

L'église du village, surmontée d'un clocher en pyramide, est très-ancienne. On y fonda, en 1671, en l'honneur de sainte Geneviève, une confrérie dont l'installation fut faite par Guillaume de Harlay, archevêque de Paris.

Après le petit village de Villiers-sur-Orge, dont la seigneurie appartint à la fameuse marquise de Brinvilliers, voilà Longpont, ainsi nommé parce qu'on y arrive par une longue chaussée percée de plusieurs arches.

Il y avait à Longpont une chapelle renommée où se rendaient de nombreux pèlerins. Grâce à la générosité de Guy de Montlhéry, fils de Thibaud File-Étoupe, la chapelle devint monastère, en 1061. Hodierne, épouse de ce seigneur, combla les nouveaux religieux de largesses; elle alla même, trouvant que la construction de leur église ne se terminait pas assez vite, jusqu'à y travailler de ses propres mains. Un jour qu'elle revenait d'une fontaine éloignée, avec deux seaux remplis d'eau, elle s'arrêta, épuisée de lassitude, devant la forge d'un maréchal ferrant, et elle pria cet homme de lui enseigner le moyen de porter ses seaux avec moins de fatigue. Pour toute réponse à une demande si modeste de la part d'une si grande et si pieuse dame, le brutal lui jeta à la figure un fer encore rouge qu'il était en train de forger. Mais, au lieu de blesser Hodierne, le fer tomba à ses pieds, et elle marcha dessus en le brisant comme du verre. Peu de temps après, le forgeron mourut; la tradition ajoute qu'il n'eut point de successeur, et que mal arrivait à quiconque essayait de s'établir à Longpont comme maréchal ferrant.

Le monastère devint plus tard un prieuré célèbre.

L'église, une des plus anciennes des environs de Paris, est aussi l'une des plus remarquables par ses sculptures.

Longpont s'enorgueillissait autrefois d'un célèbre recueil de chartes et de titres ecclésiastiques cité par les historiens sous le titre de *Cartulaire de Longpont*.

Ce château d'une architecture simple et d'un dessin régulier, qui fuit à son tour pour faire place à la station de *Saint-Michel*, c'est Villebousin; on y remarque un parc entouré de fossés, une belle orangerie, et, dans la cour, deux pavillons dont l'un est une chapelle et l'autre une salle de spectacle.

Saint-Michel ne se recommande par aucun monument; mais il occupe le centre d'un magnifique paysage, et l'on y trouve un omnibus pour franchir la courte distance qui le sépare de Montlhéry et de sa tour en ruine, encore si imposante.

Sur le sommet d'une montagne dont la pente est occupée par la petite ville de Montlhéry, se dressent les restes de cette tour qui, encore aujourd'hui, a 32 mètres d'élévation, et à laquelle est accolée une autre tour de moindre dimension, renfermant l'escalier.

On lit dans un procès-verbal de 1547 : « Par dedans œuvre, les murs ont 9 pieds par bas, 6, 5, 4 par haut d'épaisseur. Les premier et deuxième étages de ladite tour ou donjon sont voûtés en dedans, et dans le premier étage est un moulin à bras ; trois enrayures de charpente par le haut ; le comble de charpenterie couvert en ardoises et en plomb, et garni de mardelles et allées au pourtour. »

Cette tour, qui était le donjon du château des seigneurs de Montlhéry, avait pour défense cinq enceintes et trois terrasses élevées les unes au-dessus des autres; on n'y arrivait qu'après avoir ouvert cinq portes. La montagne est semée de débris de murailles, et l'on voit, à quelque distance du donjon, les ruines d'une tour qui s'élève encore à 10 mètres au-dessus du sol.

Tour de Montlhéry.

Quelques savants prétendent que Montlhéry fut fondé, sous Clotaire II, par un certain Létheric, fils de Salvart, comte de Dijon, et que de là lui venait le nom *Mons-Lethericus;* d'autres, se fondant sur ce que Montlhéry est aussi appelé *Monsel-Hericus*, font dériver ce nom de mots celtiques qui signifient une montée difficile.

Hugues Capet donna, en 991, cette seigneurie à Théobald ou Thibaud, surnommé File-Étoupe, qui la fortifia en 999. Ce Thibaud File-Étoupe et ses successeurs sont représentés dans l'histoire comme de véritables chefs de bandits, dont l'unique occupation était de piller, de violer et de tuer, et qui mettaient leur gloire à dresser habilement une embuscade pour surprendre sur les routes les voyageurs et les marchands. Ces détrousseurs de grands chemins étaient le fléau, non-seulement des contrées voisines, mais encore de leurs propres vassaux, jusqu'au jour où quelque grave circonstance venait les avertir qu'il était temps de compter avec le ciel; alors ils convertissaient en fondations pieuses une partie de leurs richesses mal acquises et se croyaient l'âme parfaitement purifiée.

Un des plus remarquables, parmi ces seigneurs de Montlhéry, fut Guy de Trousselle, homme remuant, troublant le royaume par ses brigandages et par ses rapines, et répandant la terreur jusque dans le palais des rois de France. Philippe Ier le redoutait à un tel point que, pour tirer Montlhéry de ses mains et en faire une propriété royale, il n'hésita point à contracter une alliance avec lui, en lui donnant pour gendre son fils naturel Philippe. Ce fut alors que, confiant à Louis son fils légitime, la garde d'un château si chèrement payé, Philippe Ier prononça ces paroles rapportées par Suger :

« Mon fils, garde bien cette tour qui m'a causé tant de peines et de tourments; car, par la perfidie et la méchanceté de son seigneur, j'ai passé ma vie entière à me défendre contre lui, et je suis arrivé à un état de vieillesse sans avoir pu obtenir de lui ni paix ni repos. »

Louis le Gros se vit bientôt troublé dans la possession que son père croyait lui avoir si bien assurée; on revendiqua la propriété du château; il y eut des guerres et des siéges; enfin le roi consentit à se dessaisir de Montlhéry en faveur de Milon de Braie, vicomte de Troyes. Celui-ci avait pour cousin Hugues de Crécy, qui affichait aussi des prétentions sur cette seigneurie, et les soutenait les armes à la main. Hugues surprend Milon dans une embuscade, le saisit, le fait garrotter, le conduit prisonnier de château en château jusqu'à Montlhéry, dont il s'empare; et là, pendant une nuit, il le précipite par une fenêtre, après l'avoir étranglé de ses propres mains. Le bruit de ce forfait se répand et soulève partout la plus vive indignation. Hugues est cité devant la cour de son suzerain pour répondre de sa conduite et se purger par le duel de l'accusation portée contre lui. Il se présente au jour dit : le roi de France, le roi d'Angleterre, une foule de barons et de chevaliers siégent autour du champ clos. Hugues s'est avancé d'abord avec assurance; mais tout à coup il se trouble, pâlit, et déclare qu'il ne peut accepter le combat; puis il fait l'aveu de son crime, abandonne au roi de France la forteresse de Montlhéry, et va dans un monastère cacher sous une robe de moine sa honte et ses remords.

Pendant la minorité de Louis IX, une révolte des principaux seigneurs de France força la reine régente Blanche à chercher un refuge à Montlhéry. Elle y resta en sûreté avec son fils jusqu'au moment où le secours de Thibaut, comte de Champagne, eut fait avorter la révolte et raffermi son autorité chancelante.

En 1645 eut lieu sur le territoire de Montlhéry, entre Louis XI et son frère le duc de Berry, la fameuse bataille qui eut pour résultat le traité de Conflans.

Ce que n'avaient pu faire les rois, les guerres de la Ligue le firent : elles renversèrent le château; la tour du donjon échappa seule à la destruction. Si l'on ne voit pas de plus grands débris des autres tours et des murs d'enceinte, c'est qu'un sieur de Belle-Jambe demanda et obtint, en 1605, l'autorisation de les démolir pour s'en faire construire une habitation.

Châtellenie du vicomté de Paris, Montlhéry étendait sa juridiction sur 300 paroisses et sur 133 fiefs. On qualifiait de *chevaliers de Mont-le-Héry* plusieurs seigneurs qui étaient tenus de pourvoir pendant deux mois, chaque année, à la garde du château.

Sur une porte située à l'extrémité de la ville, on lit l'inscription suivante :

« Cette porte, bâtie, dès l'an 1015, par Thibaud File-Étoupe, fut rebâtie, en 1589, sous Henri III, et restaurée sous le consulat de Bonaparte, l'an VIII de la république, par Goudron du Tilloy, maire. »

Les curieux iront voir la *Motte de Montlhéry*, tombeau gaulois; ils donneront un regard à la ville, dont les rues sont larges, droites et bien bâties ; puis, retournant à la station de Saint-Michel, ils laisseront derrière eux la ville, le tombeau et la tour, dont les murs, ainsi que l'a dit notre célèbre poëte satirique,

> Sur la cime d'un mont s'allongent dans la nue,
> Et, présentant de loin leur objet ennuyeux,
> Du passant qui les fuit semblent suivre les yeux.

A la place de cette belle maison bâtie à l'italienne que l'on voit près de Saint-Michel, il y avait en 1290 un manoir féodal, le château de Lormois, dont le seigneur, Robert de Varennes, reçut la visite du roi Philippe le Bel. Sur la liste des propriétaires du château de Lormois figure le meurtrier involontaire d'Henri II, le comte de Montgommery.

Pourquoi faut-il qu'au plaisir de contempler cette belle prairie coupée de frais ruisseaux vienne se mêler le souvenir d'une honte? Là, dans le village de *Brétigny*, fut signé, le 19 décembre 1360, le traité qui enlevait à la France ses plus belles provinces, pour les donner à l'Angleterre; là, le Poitou, la Guienne, la Saintonge, le Limousin devenaient le prix de la rançon du roi Jean.

L'amiral d'Estaing, dont le nom était redouté des Anglais,

et qui périt sur l'échafaud en 1794, avait reçu le jour dans le château de Brétigny.

Marolles est un petit village qui n'a rien à offrir que son église du XVᵉ siècle, la laine de ses mérinos, le souvenir de l'abbé de Marolles, le plus infatigable des traducteurs, et un chemin vicinal au bout duquel est Arpajon.

Arpajon portait autrefois le nom de Châtres; en 1720, le seigneur de cette petite ville, Louis de Severac, obtint qu'elle fût érigée en marquisat et qu'elle reçût le nom sous lequel on la connaît aujourd'hui; mais, emportés par l'habitude, vassaux et voyageurs ne pouvaient se familiariser avec ce nouveau nom et continuaient d'employer l'ancien, qui se trouvait tout naturellement sur leurs lèvres. C'était pour le marquis un grand sujet de dépit et de colère; comment obliger ces manants à dire Arpajon pour Châtres? Il n'en dormait ni jour ni nuit. Enfin il imagina un moyen qui lui réussit à merveille. Tous les jours, armé d'un excellent gourdin, il descendait dès le matin sur la route : « Le nom de ce pays? » demandait-il à chaque passant. « Châtres, » lui répondait-on; et aussitôt coups de pleuvoir comme grêle sur les épaules du maladroit. Mais à ceux qui, mieux avisés, disaient Arpajon, Louis de Severac prodiguait au contraire force caresses et récompenses.

Située dans une belle vallée, au confluent de l'Orge et de la Remarde, la ville d'Arpajon est aujourd'hui chef-lieu d'un canton de l'arrondissement de Corbeil; elle a de belles rues, bien bâties, de jolies promenades, une vaste halle couverte en charpente.

Le château royal de Chanteloup, maison de plaisance de Philippe le Bel, dépendait de la seigneurie de Châtres. François Iᵉʳ l'échangea, en 1518, contre le jardin des Tuileries. Sur son emplacement s'est élevée une construction moderne très-élégante, qu'entourent des jardins dessinés avec goût et un magnifique parc de 150 arpents.

Marolles, Arpajon, Chanteloup sont déjà loin; à peine est-il permis, à *Bouray*, de donner un coup d'œil au château de Frémigny, dont l'architecture est si remarquable; nous entrons dans un beau parc où la locomotive se promène comme un seigneur dans son domaine. Ce parc dépend du château de Mesnil-Voisin, appelé Mesnil-Cornuel au XVIe siècle, avant que le chancelier Voisin lui eût donné son nom en le faisant rebâtir.

Tout près de là se trouve le château de Vignay, où mourut en 1753 le chancelier de Lhospital.

« Parmi les salles basses de Vignay[1], on retrouve cette salle à manger témoin de la frugalité du chancelier, où le maréchal de Strozzi et Brantôme, qui raconte le fait, le trouvèrent dînant avec *du bouilli seulement;* car, dit l'historien, c'était *son ordinaire pour les disners....*

« A l'entrée du deuxième jardin est un if près duquel le chancelier aimait à se reposer sur un banc de bois; cet if, aujourd'hui monumental par le développement extraordinaire qu'il a pris pendant près de trois siècles, forme à lui seul un cabinet entier; on l'appelle encore *l'if du chancelier.*

« La femme de Lhospital était douée d'un dévouement parfait pour son illustre époux; il était trop occupé pour se mêler de ses affaires domestiques; elle seule en avait pris le soin. Le vieux Vignay était tombé en ruine; elle fit rebâtir l'habitation nouvelle; elle avait ménagé dans l'intérieur une galerie ouverte à la manière des Italiens, chez qui Lhospital avait passé les années de son exil. Elle seule avait dirigé les plantations : lui-même a légué ces détails à la postérité.

« Ma maison, écrit-il à l'un de ses amis, est assez vaste

---

[1]. Discours de rentrée de la Cour de cassation, par M. Dupin, le 8 novembre 1836.

« pour loger son maître avec trois et même quatre amis en-
« semble ; vous verrez à deux pas ce plant d'ormes si sage-
« ment imaginé pour nous défendre du soleil. C'était un
« champ sous l'ancien propriétaire ; on y moissonnait ; *ma
« femme* a changé sa destination en arrivant ici ; elle a con-
« tinué le bois jusqu'à la maison ; *c'est une prolongation
« d'ombrage qu'elle a voulu me ménager.* Là, je m'égare au
« retour de l'aurore, je fais des vers, j'y compose des baga-
« telles ; je m'y promène tout seul jusqu'au moment où *la
« voix de ma femme* m'invite au souper préparé de sa
« main.... »

« Dans le salon, pièce assez vaste, est toujours demeuré
(chose bien rare après plus de deux siècles et demi d'intervalle, et quand une maison est sortie de la famille pour aller à des étrangers) le portrait original de Michel Lhospital,
en robe noire, la main droite appuyée sur une boîte fleurde-
lisée contenant les sceaux de l'État. Le vertueux Malesherbes,
dont le château est peu éloigné, et qui, chaque année, venait
à pied au Vignay *pour rendre sa visite au chancelier de
Lhospital*, reconnut cette boîte et dit que c'était encore la
même qui servait au même usage en 1789. »

De l'autre côté de la vallée, sur un petit ruisseau affluent
de l'Essonne, est situé le village de Cerny, qui fut jadis une
ville et obtint, en 1448, une charte de commune.

Le château de Villiers, à Cerny, fut habité par maître
Olivier, ce barbier que Louis XI fit comte, que les courtisans saluèrent du nom d'Olivier Ledain, et que le peuple,
dans la franchise de sa haine, appelait Olivier le Diable.

Là se voient encore les ruines d'une abbaye où se trouvait,
en 1682, suivant Claude-François Ménestrier, le tombeau
d'Agnès, femme d'Henri Ier, roi de France, et fille de Ladis-
las Ier, empereur de Russie.

Parmi les objets précieux qui composaient le trésor de
l'abbaye, on remarquait l'anneau de saint Louis, sur lequel

étaient gravés ces mots : *Dieu, France et Marguerite*. Cet anneau y avait été déposé après la mort du pieux monarque, par son épouse, la reine Marguerite de Provence.

La route qu'on voit près de Cerny conduit à la Ferté-Alais, gros bourg sur l'Essonne, qui s'appelait, au XII° siècle, la Ferté-Baudoin. Il appartenait aux Montmorency et reçut son nouveau nom d'Adélaïde, *Alaïs, Alaïs*, femme de Guy le Rouge, qui fit reconstruire le château. Au XVI° siècle, ce château était devenu une prison d'État; plus tard, il fut la propriété du duc de Vendôme.

Nous arrivons à *Lardy*, l'avant-dernière des stations qui précèdent Étampes.

L'auteur du *Miroir de l'Ame pécheresse* et des *Contes de la reine de Navarre*, la sœur de François Ier, Marguerite de Valois, vint chercher dans ce village plus d'une inspiration sous les ombrages de la charmante retraite qu'elle s'y était fait bâtir.

Ce fut de là qu'elle adressa le dizain suivant à Marot, en réponse à une épigramme dans laquelle il avait douloureusement énuméré ses créanciers :

> Si ceux à qui devez comme vous dites
> Vous connoissoient comme je vous connois,
> Quitte seriez des dettes que vous fîtes
> Au temps passé, tant grandes que petites;
> En leur payant un dizain toutefois,
> Tel que le vôtr' qui vaut mieux mille fois
> Que l'argent dû par vous en conscience :
> Car estimer on peut l'argent au poids;
> Mais on ne peut (et j'en donne ma voix)
> Assez priser votre belle science.

Lardy se souvient encore du marquis de Dangeau, auteur des Mémoires sur le règne de Louis XIV et sur la régence, qui y naquit en 1638, et de son dernier seigneur, le maréchal duc de Broglie, qui termina une vie glorieuse de combats et de victoires dans l'exil, à Munster, en 1804. On vit longtemps sur la porte du château de Lardy les quatre canons dont le roi avait fait présent au brave maréchal, en souvenir de ses batailles.

En face de Lardy, nous apercevons le petit village de Lahouville, dont le château le disputait pour la finesse et la beauté du travail aux bijoux fabriqués pour la cour de Louis XIV par son riche propriétaire, le joaillier Alvarez.

Le chemin, en s'éloignant de Lardy, décrit une courbe dont le rayon n'est que de 1000 mètres; c'est la courbe la plus rapide de la ligne. Elle court entre deux paysages d'un aspect bien différent : à droite, un coteau semé de rochers; à gauche, la fraîche et riante vallée de la Juine.

Au fond de cette vallée se mirent dans les eaux de la petite rivière le château de Gravelle, qui appartient au beau-père du maréchal Marmont, et le château de Gille-Voisin, qu'habita, sous Charles IX, le traducteur de Plutarque, Jacques Amyot. Toutes les biographies des enfants célèbres ont donné sur les commencements de cet homme illustre des détails plus ou moins authentiques. Ce qu'il y a de vrai, c'est qu'il naquit dans une humble condition, et que, par son savoir, il fit une fortune aussi brillante que rapide. On prétend même que son élève Charles IX voulait le faire arriver d'échelon en échelon jusqu'à la papauté. Catherine de Médicis était outrée de voir les faveurs royales s'accumuler sur la tête d'Amyot; apprenant un jour qu'il venait d'être revêtu de la charge de grand aumônier, qu'elle avait sollicitée pour un autre, elle ne put contenir son indignation : « Quoi! s'écria-t-elle, j'ai fait bouquer les Guise et les Châtillon, les connétables et les chanceliers, et les rois de Navarre et les princes de Condé, et il faut qu'un petit prestolet me fasse la loi! » Cette colère de Catherine valut au protégé de Charles IX une abbaye, et peu de temps après un évêché. Jusqu'alors Amyot n'avait rien sollicité; mais le voilà tout à coup qui demande encore une abbaye : « Ne m'aviez-vous pas assuré autrefois, lui dit le roi, que vous borniez votre ambition à mille écus de rente? — Oui, sire, répondit Amyot, mais l'appétit vient en mangeant. »

Château de Chamarande.

Chamarande, dont le convoi coupe en passant la belle avenue, est un château d'une physionomie imposante, construit au XVIIe siècle par Mansard, et situé dans une vallée étroite arrosée par la Juine. Les murs sont en grès d'Étrechy et en briques. Une eau vive circule dans les fossés qui l'entourent. Une magnifique futaie décore le parc planté par Le Nôtre, qui a semé tant de chefs-d'œuvre dans toute cette partie du département de Seine-et-Oise.

A la sortie de Chamarande, les regards se portent avec plaisir sur le plus frais et le plus joli des paysages.

Une autre vallée succède à celle qu'on vient de traverser ; elle tire son nom du petit village de Torfou, dont les religieuses de Montmartre possédèrent autrefois la seigneurie.

Sortie du village de Chamarande.

Ici le paysage change d'aspect ; sur les collines au pied desquelles glisse la locomotive se mêlent aux arbres ces énormes grès qui font la richesse des habitants d'*Étrechy*.

A ce nom d'Étrechy, nos pères avaient joint une épithète : ils disaient Étrechy le Larron; et l'auteur des *Antiquités des villes de France*, André Duchesne, ajoutait que c'était un « lieu duquel un long bois de hestres et futeaux s'estendoit jusques en cette vallée de Tourfour (Torfou), vraye retraite de voleurs et recommandable à si longues années par les pilleries et les meurtres qui s'y sont faits aux siècles passés. »

Outre ses grès et les chevaux dont il fait commerce, Étrechy n'a par lui-même rien de bien curieux à montrer; mais si l'on cherche à sa droite, on trouvera, au fond d'un vallon sauvage et entourées de bois, les ruines d'un

Montée de Fontaine-Livault.

ancien château fort flanqué de hautes tours et environné de fossés profonds; c'est le château de Roussay, construit par les Templiers. La colline hérissée de rochers et d'arbres, au bas de laquelle il est situé, se nomme la montée de Fontaine-Livault.

Le convoi, en sortant d'Étrechy, traverse la grande route

de Paris à Orléans sur un pont en biais, élevé de 7 mètres et demi, long de 20, et dont les arches ont 8 mètres d'ouverture ; puis fuyant rapidement le long d'une montagne de sable, il décrit une première courbe, une seconde.... Mais avant de descendre à Étampes, où on lui accordera dix minutes de repos, juste le temps d'aller faire une visite au buffet, le voyageur doit jeter un coup d'œil sur Morigny, l'un des plus agréables villages assis sur les bords de la Juine.

Il existait en cet endroit, au xie siècle, une abbaye d'hommes de l'ordre de Saint-Benoît, dont il ne reste qu'une petite chapelle remarquable par son clocher gothique. Cette abbaye compta parmi ses bienfaiteurs plusieurs rois de France; le plus généreux fut sans contredit Philippe Ier : il était tout naturel que les moines eussent le désir de posséder le fief qui avoisinait leur couvent; Philippe l'acheta 100 livres, et la seigneurie de Morigny devint une dépendance de l'abbaye bénédictine. Plus tard, Philippe, par une largesse non moins royale, lui fit don de toutes les églises du vieil Étampes, fondées du temps du roi Robert. Puis, afin d'assurer à ses protégés la tranquille jouissance des biens dont il les avait comblés, il voulut que son fils Louis le Gros, en présence du chapitre assemblé, approuvât toutes ses donations, et en déposât lui-même publiquement les lettres patentes sur l'autel de l'abbaye.

La dédicace de l'église fut faite, le 3 octobre 1119, par le pape Calixte II. Un autre pape, Innocent II, y consacra un autel le 20 janvier 1131, en présence d'Abeilard et du célèbre abbé de Clairvaux, saint Bernard.

Près du village, sur une petite éminence au milieu d'un parc, étaient les ruines d'un château qui fut habité par la reine Brunehaut; sur leur emplacement, l'architecte Charles Viart a élevé un nouvel édifice qui a la forme d'une forteresse isolée.

A Champigny, petit hameau qui dépend de Morigny, Diane de Poitiers s'était fait bâtir un château; ce fut là que, déchue de son pouvoir, elle alla, résignée, chercher dans l'ombre l'oubli de sa grandeur et de sa disgrâce. Henri n'avait pas encore rendu le dernier soupir, lorsque Catherine de Médicis lui envoya l'ordre de restituer les pierreries de la cou-

Château de Champigny.

ronne et de s'éloigner de la cour. « Le roi est-il mort? demanda-t-elle au messager de la reine. — Non, madame; mais il ne passera pas la journée. — Eh bien, je n'ai donc point encore de maître, et je veux que mes ennemis sachent que, quand ce prince ne sera plus, je ne les crains point. Si j'ai le malheur de lui survivre longtemps, mon cœur sera trop occupé de la douleur de sa perte pour que je puisse être sensible aux chagrins qu'on voudra me donner. »

Mais ce n'est pas seulement par ses souvenirs que Morigny se recommande à l'attention du curieux; il lui présente encore avec orgueil ses charmantes promenades, but privilégié des excursions des habitants d'Étampes, les belles maisons de campagne répandues çà et là sur son territoire, et son château de Ieures, dont le parc est si pittoresque. Ce parc, entouré de canaux où court une eau vive, et qui ne compte pas moins de 75 arpents, était un marais; pour le dessécher on a construit un bel aqueduc souterrain sur lequel passe la Juine.

Vue générale d'Étampes.

V.

ÉTAMPES.

La ville d'*Étampes*, *Estampes*, en latin *Stampæ*, figure dans l'histoire des rois de la première race. Elle est citée dans le traité de paix que conclurent, en 587, les rois Gontran et Childebert. Sur son territoire, le roi Thierry remporta, en 604, une victoire complète sur son oncle Clotaire, dont il fit prisonnier le fils Mérovée. En 911, elle fut prise, pillée et brûlée par les Normands, sous la conduite de leur duc Rollon.

Constance, épouse en secondes noces du roi Robert, y fit bâtir un château vers le commencement du xie siècle; lorsque les ouvriers y eurent mis la dernière main, Robert, pour en faire l'inauguration, y vint dîner avec sa cour, et, voulant que rien ne manquât à la fête, ou plutôt que la fête en fût une pour tout le monde, il invita tous les pauvres des environs à venir en prendre leur part. Pendant le repas, un des convives, placé sous la table aux pieds de Robert, aperçut un riche bijou qui pendait au vêtement royal. Il se sentit pris soudain d'un violent désir de s'en emparer, et succomba à la tentation. Le repas fini, lorsque les pauvres se furent retirés, le roi se leva de table, et la reine remarqua sur-le-champ que le bijou avait disparu. « Ah! bon seigneur, s'écria-t-elle, quel est l'ennemi de Dieu qui a déshonoré ainsi votre costume royal en le dépouillant de ce qu'il avait de plus précieux? — Personne ne m'a déshonoré, répondit le roi; celui qui m'a enlevé cet ornement en avait plus besoin que moi; ce vol, grâce à Dieu, lui profitera. » Et trouvant un motif de joie dans ce qui excitait si fort l'affliction de la reine, il entra dans l'oratoire du château pour y remercier le ciel de cette heureuse journée.

Le château bâti par Constance portait le nom de palais des *Quatre tours*; parmi les rois de France qui le visitèrent, on cite surtout Philippe Ier, Louis le Gros et Louis VII.

Robert marqua, par un grand nombre de fondations pieuses, la prédilection qu'il avait pour le séjour de sa bonne ville d'Étampes. Notre-Dame, Saint-Basile, en sont des preuves encore existantes.

A cette époque, la ville était déjà divisée en deux parties: l'une, du côté de Paris, s'appelait Étampes-Neuf ou Étampes-le-Châtel, parce que le château y était situé; l'autre, nommée le Vieil-Étampes, comprenait, du côté d'Orléans, le bourg Saint-Martin.

Dans ce bourg Saint-Martin était une ancienne abbaye du même nom. Pendant trente ans, la possession de la collégiale de Saint-Martin excita et entretint, entre les chanoines de cette abbaye et ceux de l'abbaye de Morigny, une guerre d'intrigues et de ruses dans laquelle intervinrent des rois et des papes.

Le château d'Étampes fut deux fois, dans le XIIe siècle, choisi pour la réunion d'augustes assemblées. La première, qui eut lieu en 1130, était un concile de tous les prélats du royaume, appelés à prononcer entre les papes Anaclet II et Innocent III. Dans la seconde, les principaux seigneurs du royaume, convoqués en 1147 par Louis le Jeune, qui se préparait à partir pour la terre sainte, décidèrent que, pendant l'absence du roi, le pouvoir serait confié aux mains habiles de l'abbé Suger.

Vers la fin du même siècle, une persécution éclata contre les juifs d'Étampes, moins à cause de leur religion que parce qu'ils possédaient de grandes richesses, et de leur synagogue on fit une église catholique.

En 1200, la reine Ingelburge, répudiée dès 1193 par Philippe Auguste, fut reléguée dans le château d'Étampes, après avoir vécu sept années chez les moines de l'abbaye de Cision, réduite à vendre ses meubles et ses vêtements, et même à *tendre la main*, dit Étienne, évêque de Tournay. Elle passa treize années à Étampes, dans un dénûment presque aussi déplorable, jusqu'au jour où Philippe Auguste la rappela près de lui, par un caprice non moins inexplicable que celui qui l'avait porté à divorcer.

Après la mort de ce roi, le château d'Étampes, qui avait été pour ainsi dire une prison pour la malheureuse Ingelburge, devint définitivement prison d'État.

Pendant le XIVe siècle, la ville d'Étampes fut possédée tantôt par la couronne, tantôt par les ducs de Bourgogne, et tantôt par les ducs de Bretagne.

En 1411, elle était au pouvoir de la faction d'Orléans; Louis de Bosredon y commandait. Le Dauphin, duc de Guienne, se présente devant les murs de la ville; il avait avec lui le duc de Bourgogne, les comtes de Nevers, de La

Marche, de Penthièvre, de Vaudemont, le maréchal de Boucicaut, etc. Cette expédition était, pour le jeune prince, d'une haute importance; il y faisait ses premières armes, et son honneur, suivant les idées de l'époque, était attaché au succès.

A la première sommation, la ville ouvre ses portes sans résistance; mais il n'en est pas de même du château. Bosredon a juré au duc de Berry de ne le rendre à personne, pas même au roi, et il s'est mis en mesure de faire honneur à son serment.

Le Dauphin ordonne le siége, et fait venir de Paris des machines de guerre qui lancent contre la forteresse des pierres énormes et ruinent les entrées.

Bosredon ne se rebute point; il se retire, avec la garnison et les dames de sa compagnie, dans une tour fort élevée, et que son éloignement des batteries rend plus facile à défendre. Là, il regarde tranquillement l'ennemi s'épuiser en efforts inutiles, et, dit la chronique, les dames, en manière de bravade, tendent leurs tabliers, comme pour y recevoir les pierres qui ne peuvent les atteindre.

Le découragement se met parmi les seigneurs qui accompagnent le Dauphin; on tient un conseil de guerre; on considère que l'armée assiégeante va chaque jour s'affaiblissant et se démoralisant, tandis que les assiégés semblent au contraire redoubler de force et de confiance; on propose enfin de lever le siége, et la proposition va être adoptée, au grand dommage de l'honneur du Dauphin, lorsque demande à être introduit dans le conseil un bourgeois de Paris, nommé André Roussel. Il s'engage à prendre la place, à la seule condition qu'on lui fournira les matériaux dont il a besoin, et qu'on récompensera les hommes qui doivent l'assister dans ses travaux. Son offre est acceptée; il se met à l'œuvre. De gros madriers de chêne sont, par ses ordres, voiturés au pied de la tour, et appuyés au mur de façon à former une sorte de toit très-incliné. Sous ce toit, trente hommes, armés de pics et de hoyaux, sont nuit et jour occupés à faire une brèche à la tour, et bravent les projectiles des assiégés qui, tombant sur un plan incliné, s'écartent et perdent la plus grande partie de leur force. Après cinq jours de travail, le mur, épais de 10 pieds, est percé; la brèche est praticable. Les assiégés, pour la boucher, y entassent des piles de pièces de bois. Ce n'est plus le fer, c'est le feu que les assiégeants emploient pour détruire ce nouvel obstacle. Alors le Dauphin envoie de nouveau sommer le commandant, et le menace, s'il ne se rend, de l'étouffer lui et les siens par la fumée.

La défense est devenue impossible; la garnison met bas les armes. Bosredon va au-devant du Dauphin, se jette à ses genoux et lui demande la vie. Le Dauphin se contenta de l'envoyer prisonnier en Flandre. On rendit à leurs familles les dames et demoiselles de la compagnie de Bosredon. Quant aux pauvres soldats, ils furent tous égorgés, à l'exception de trente que l'on conduisit à Paris les mains garrottées derrière le dos.

Six ans plus tard, ce même Bosredon, devenu l'amant d'Isabeau de Bavière, était lié dans un sac et jeté à la Seine, par ordre de Charles VI.

Les fusées d'artifice paraissent avoir été inventées à Étampes, dans le XVe siècle : deux jours après la bataille de Montlhéry, en 1465, le duc de Berry, Charles de France, était venu joindre à Étampes le comte de Charolais, qui s'y reposait avec ses troupes. « Comme tous eussent souppé, et qu'il y avoit largement gens qui se pourmenoient par les rues, Mgr Charles de France et Mgr de Charolois estoient à une fenestre et parloient eux deux de très-grande affection. En la compagnie des Bretons, y avoit un pauvre homme qui prenoit plaisir à jeter en l'air des fusées qui courent parmi les gens quand elles sont tombées, et rendent un peu de flambe;

et s'appelloit maistre Jean Boutefeu, ou maistre Jean des Serpens, je ne sçay lequel. Ce follastre estant caché en quelque maison, afin que les gens ne l'apperceussent, en jetta deux ou trois en l'air, d'un lieu haut où il estoit; tellement qu'une vint donner contre la croisée de la fenestre où ces deux princes dessusdits avoient les testes, et si près l'un de l'autre qu'il n'y avoit pas un pied entre deux. Tous deux se dressèrent et furent esbahis, et se regardoient chacun l'un l'autre. Si eurent suspicion que cela n'eust été fait expressément pour leur mal faire. Le seigneur de Contay vint parler à Mgr de Charolois, son maître; et dès qu'il lui eust dit un mot en l'oreille, il descendit en bas et alla faire armer tous les gens d'armes de sa maison, et les archers de son corps et autres. Incontinent ledit seigneur de Charolois dit au duc de Berry que semblablement il fist armer les archers de son corps; et y eut incontinent deux ou trois cens hommes d'armes armez devant la porte, à pied, et grand nombre d'archers; et cherchoit l'on partout dont pouvoit venir ce feu. Ce pauvre homme qui l'avoit fait se vint jetter à genoux devant eux et leur dit que ç'avoit esté luy, et en jetta trois ou quatre autres; et en ce faisant, il osta beaucoup de gens hors de suspicion que l'on avoit les uns sur les autres; et s'en prit l'on à rire; et s'en alla chacun désarmer et coucher. » (*Mémoires de Philippe de Commines.*)

Au commencement du XVIᵉ siècle, François Iᵉʳ fit de la ville d'Étampes un duché, en faveur de Jean de Brosses, à qui il fit épouser Anne de Pisseleu, sa maîtresse. Vaincue, sous Henri II, par Diane de Poitiers, Anne se retira dans un cloître, cédant à sa rivale, avec l'amour du roi, le titre de duchesse d'Étampes.

A demi ruinée par le séjour de six semaines que les troupes allemandes y firent en 1562, pendant les guerres de religion; prise d'assaut en 1567 par le capitaine Saint-Jean, frère du comte de Montgommery; rendez-vous des troupes

de la Ligue en 1589; tombée enfin au pouvoir d'Henri I[V]
dans la même année, la ville d'Étampes vit, en 1590, s[es]
fortifications rasées par ordre d'Henri IV.

Pendant les troubles de la Fronde, elle n'eut guère moin[s]
à souffrir. Riche en blé, elle était pour le soldat un pays d[e]
ressource; l'armée du prince de Condé, et jusqu'à ses pro[-]
pres seigneurs, sous prétexte de la garantir du pillage, l[a]
rançonnèrent et l'épuisèrent. Pour comble de malheur, ell[e]
eut à soutenir un siége contre l'armée de Turenne.

Louis XIV, encore enfant, amené à ce siége par Mazarin,
fit un jour preuve de courage, en passant d'un quartier [à]
l'autre sous le feu d'une canonnade assez vive. Comme [on]
demandait, le soir, à Laporte, son valet de chambre, si l[e]
canon lui avait fait peur, celui-ci, qui était ce jour-là créan[-]
cier du roi et aurait bien voulu cesser de l'être, répondit[:]
« Ordinairement on n'a point peur, quand on n'a point d'a[r]-
gent. » Laporte ajoute dans ses Mémoires : « Il m'entend[it]
et se prit à sourire; mais personne n'en devina la cause. L[e]
roi voyait quantité de malades et estropiés qui couraient apr[ès]
lui, demandant de quoi soulager leur misère, sans qu'il e[ût]
un seul douzain à leur donner : de quoi tout le monde s'éton[-]
nait fort. » Il y avait toutefois un homme qui n'avait pa[s]
lieu de s'en étonner : c'était le cardinal Mazarin, qui vena[it]
d'enlever au jeune roi les cent louis d'or que lui avait compt[és]
le surintendant des finances, pour qu'il en fît une distribu[-]
tion aux soldats blessés.

Le siége fut levé, mais les habitants étaient ruinés; u[n]
fléau terrible, la peste, vint mettre le comble à leurs désas[-]
tres. Alors accourut pour les secourir, pour leur rendre l[e]
courage et les rappeler à la vie, au bien-être, cet homme ex[-]
traordinaire qui fut toute sa vie un infatigable modèle d[e]
dévouement et de générosité. « Vincent de Paul, dit M. d[e]
Mont-Rond dans ses *Essais historiques sur la ville d'Étam[-]
pes*, suivi de quelques-uns de ses compagnons, vole au se[-]

cours des habitants de cette contrée.... Ils commencent par ensevelir avec soin les cadavres qu'ils trouvent entassés et abandonnés en divers lieux de la ville. Les habitants découragés étaient loin de les seconder dans ce triste devoir ; les missionnaires ne se rebutent point ; ils font chercher au loin des hommes forts et vigoureux, et, de concert avec eux, ils enlèvent du milieu des rues les restes hideux du carnage et de la destruction. Alors, mêlant leurs pleurs à ceux des infortunés qu'ils venaient secourir, ils rendent à la terre le corps de leurs parents, de leurs amis, et, après ce premier bienfait envers leurs frères morts, ils cherchent à consoler ceux qui ont survécu. Grâce à leurs soins, on vit bientôt s'établir quatre hospices où les pauvres, les malades étaient reçus et servis chaque jour par Vincent de Paul lui-même, à la tête de ses généreux compagnons....

« Les enfants orphelins ne furent point délaissés par celui dont le zèle ingénieux avait su donner des mères tendres aux jeunes infortunés qui en étaient privés. Il les recueillit dans une vaste maison, à Étampes, où ils furent nourris, entretenus et surveillés avec le soin le plus paternel. Le vénérable prêtre appela à son aide des sœurs de la charité, qui, dociles à la voix de leur père, vinrent en hâte seconder ses touchants travaux ; cinq d'entre elles, dit-on, ainsi que cinq missionnaires, furent victimes de leur généreux dévouement....

« De si nobles travaux portèrent d'heureux fruits ; l'ordre et la paix se rétablirent par degrés dans les cantons où venaient de régner le trouble et la misère. »

Notre-Dame d'Étampes conserve religieusement quelques parcelles du corps de Vincent de Paul enfermées dans une modeste châsse, et les habitants reconnaissants vont encore, chaque année, contempler une fois ces précieuses reliques, et bénir la mémoire de leur bienfaiteur.

Après tant d'agitations et de malheurs, il était trop juste

qu'Étampes jouit de quelques instants de repos et de prospérité ; son histoire est muette jusqu'à la révolution.

En 1792, des attroupements se formaient dans les campagnes, se portaient sur les communes où se tenaient des marchés, et y faisaient taxer le blé.

Le 3 mars, dit Dulaure dans son *Histoire des environs de Paris*, un de ces attroupements, venu du côté d'Étrechy et de la Ferté, et composé d'environ huit cents hommes armés de fusils, de sabres, fondit sur le marché d'Étampes, y taxa le prix du blé et en acheta d'après cette taxe. Henri Simonneau, maire de cette ville, s'oppose de tout son pouvoir à cette violence. Voyant ses remontrances inutiles et ses ordres méprisés, il annonça qu'il allait faire proclamer la loi martiale ; à ces mots, les séditieux se précipitent sur ce magistrat, et le percent de plusieurs coups de baïonnette. Avant d'expirer, il dit à ses assassins : « Ma vie est à vous, vous pouvez me tuer ; mais je ne manquerai pas à mon devoir, la loi me le défend. »

L'église Saint-Martin n'est pas seulement la plus ancienne des églises que possède aujourd'hui la ville d'Étampes, elle est encore le premier temple chrétien élevé dans cette cité. Fondée sous Clovis, elle fut rebâtie dans la première moitié du XIIe siècle. Sa forme régulière, ses fenêtres étroites et à plein-cintre, la présence de l'ogive, des chapiteaux composés de larges feuillages, des bas côtés qui se prolongent autour de l'abside, et sur lesquels s'ouvrent trois chapelles placées hors d'œuvre et rayonnant derrière le chœur, font de cette église un monument curieux à étudier, et digne d'être conservé soigneusement. Le clocher actuel ne date que du XVIe siècle ; il est isolé de l'église, mais placé de manière à en masquer l'ancien portail. Ornée de jolies sculptures, cette tour n'a contre elle que sa position et une inclinaison assez forte produite par un tassement dont on ignore l'époque.

Notre-Dame est située à peu près au centre de cette partie

de la ville qui regarde Paris, et qu'on appelait Étampes-le-Châtel ; c'est la plus belle des églises et le principal ornement d'Étampes. Elle fut élevée par le roi Robert sur les ruines d'une petite chapelle consacrée à saint Serin.

Tour penchée de Saint-Martin.

A l'extérieur, ce monument est remarquable par l'ancienneté et la singularité de son architecture. Ses murs sont, en grande partie, couronnés d'un rang de créneaux, comme ceux d'une forteresse. Tout porte à croire que cette église complétait un système de fortifications déjà composé du palais et du château. La tour du clocher, d'une forme élégante, est surmontée d'une flèche octogone qu'entourent à sa base quatre clochetons percés à jour ; cette partie de l'édifice est d'un travail plein de délicatesse et de légèreté. Mais ce qui mérite le plus de fixer l'attention de l'observateur, c'est le portail latéral qui ouvre sur la place du marché; il est construit en ogive

Notre-Dame d'Étampes.

et riche en sculptures. De chaque côté de la porte, on voit appuyés à autant de colonnes trois longs personnages vêtus de robes, et surmontés chacun d'un élégant baldaquin. Au-dessus des colonnes règne une suite de chapiteaux dont ce monument offre peut-être le seul exemple : ils n'ont ni feuillages, ni rinceaux, ni têtes de Chimères; ils se composent de groupes de figurines sculptées avec beaucoup de soin et d'art, représentant des scènes entières du Nouveau Testament : l'*Annonciation*, la *Naissance de Jésus-Christ*, la *Fuite en Égypte*, la *Présentation au temple*, etc., etc. De ces chapiteaux et de chaque côté s'élancent, pour former l'ogive, trois rangées de personnages assis les uns au-dessus des autres, vêtus de robes, et tenant en main des lyres ou autres instruments à cordes. D'autres figures complètent la décoration de ce portail, qui a malheureusement subi de nombreuses et regrettables mutilations.

L'intérieur présente un mélange de styles qui indique les diverses époques de la fondation, de l'agrandissement ou de la réparation de l'édifice. La nef principale, à colonnes grosses, courtes, surmontées de chapiteaux à figures bizarres et symboliques, est d'architecture romane, et date du commencement du xie siècle. Le chœur et les croisées appartiennent, par leur élégance, à la seconde moitié du xiie. On y remarque deux jolies rosaces, un grand vitrail peint, malheureusement très-dégradé, deux statues en pierre du xiie siècle, dont l'une représente saint Pierre, la chapelle du sépulcre, construction du xve siècle, la chapelle souterraine, où se trouvent des peintures à fresque bien conservées, un bénitier qui date de la fondation du monument, et un enfant Jésus contemplant une couronne d'épines, sculpture moderne d'une touchante expression et d'une exécution distinguée.

Notre-Dame d'Étampes, depuis son origine, possède les reliques des martyrs Can, Cantien et Cantienne, qui furent données, dit-on, au roi Robert par le pape Benoît VII.

On s'occupe en ce moment de la restauration de cet édifice trop longtemps oublié, et digne pourtant de figurer avec distinction parmi les monuments religieux de la France.

Ce fut encore le roi Robert qui dota Étampes de l'église de

Saint-Basile, dont le portail principal est en style roman pur; les sculptures, les pilastres et le portail du côté de la rue Sainte-Croix sont de la renaissance. Ce monument est resté inachevé, et l'on voit à la façade extérieure du chœur un médaillon au milieu duquel sont gravés ces mots: *Faxit Deus perficiar. Anno* 1559.

Hôtel de ville d'Étampes.

Saint-Gilles, paroisse de ce quartier de la ville qui joint le Vieil-Étampes à Étampes-le-Châtel, date du xie siècle; son clocher octogone est du xiie. On remarque à la porte principale des sculptures assez fines.

Il existait à Étampes une cinquième église, celle de Sainte-Croix, qui était, dit-on, un très-beau monument, mais dont on chercherait en vain aujourd'hui le moindre vestige.

Parmi les édifices civils d'Étampes, le plus remarquable est l'hôtel de ville, ancienne et charmante construction à tourelles qu'on répare et qu'on agrandit, mais qui aura toujours une façade sans symétrie et l'inconvénient de se présenter de côté sur une petite place non moins irrégulière.

Le tribunal, bâti sur l'emplacement du palais des Quatre-Tours, n'a guère d'autre mérite que d'être voisin de la prison, et flanqué de deux maisons destinées à loger la gendarmerie.

L'Hôtel-Dieu, fondé vers la fin du XIIe siècle, dans la cour attenante à la collégiale de Notre-Dame, s'appela d'abord Aumônerie de Notre-Dame; les lits des malades n'avaient eu jusque-là de place que dans l'église même. Il fut bâti et agrandi à l'aide des aumônes des habitants d'Étampes et des environs. Une inscription placée au-dessus de la porte de la chapelle indique qu'elle fut construite en 1559. Un legs de M. Baugin a permis de compléter cette œuvre de bienfaisance en y établissant un asile pour les pauvres vieillards. Le soin des malades est confié à des religieuses hospitalières de l'ordre de Saint-Augustin.

Sous François Ier, une somme considérable avait été accordée aux habitants d'Étampes pour la réparation de leurs murailles; ils demandèrent et obtinrent la permission de bâtir un *collége* avec une partie de cet argent, « estimant, dit le barnabite dom Basile Fleureau, auteur des *Antiquités de la ville et du duché d'Étampes*, que leur ville serait mieux défendue par des citoyens bien instruits aux bonnes lettres, avec la connaissance desquelles l'on acquiert aussi la prudence, que par des murailles et autres fortifications. » Charles IX contribua à l'accroissement de cet établissement. Vers l'an 1629, les barnabites de la congrégation de Saint-Paul y furent appelés à diriger l'enseignement. C'est aujourd'hui un collége communal dépendant de l'Université.

A ces établissements il faut ajouter un vaste et beau grenier de réserve pouvant contenir 14 000 quintaux métriques de blé, et une jolie salle de spectacle tout récemment construite.

On rencontre à Étampes quelques maisons qui ne sont pas dénuées d'intérêt : les unes sont flanquées de tourelles ; les autres conservent des restes de sculptures qui font déplorer de barbares dégradations, ou des réparations maladroites et inintelligentes. Il en est deux cependant qui, si elles ne se présentent plus dans leur intégrité, ont du moins des restes de beauté soigneusement entretenus : ce sont les maisons habitées autrefois par les duchesses d'Étampes. Toutes deux sont situées dans la rue Sainte-Croix, qui longe le côté méridional de Saint-Basile ; peut-être même, et c'est l'opinion de quelques-uns, n'étaient-elles que deux parties extrêmes d'une vaste construction dont le milieu est aujourd'hui remplacé par quelques bâtiments modernes. Sur les fenêtres de celle qui est le plus rapprochée de l'église, on voit encore sculptées les lettres H et D entrelacées; la date 1554 est gravée sur la principale porte d'entrée, ce qui porterait à croire que cette partie de l'édifice a été bâtie ou réparée par Diane de Poitiers, à qui Henri II donna le duché d'Étampes en 1553. On admire autour de la cour d'élégants détails d'architecture ; des figurines et des arabesques d'un travail délicat décorent les corniches et les chambranles des portes et des croisées. Un bas-relief d'un beau travail, représentant la descente du Saint-Esprit, surmonte une porte qui devait être l'entrée de la chapelle. De charmantes sculptures décorent également l'autre maison, dont la porte intérieure est aussi surmontée d'un bas-relief; ce bas-relief, qui ne le cède point au premier en perfection, a pour sujet une danse de génies. A l'un des angles de la cour, on voit, dans un médaillon, les débris très-reconnaissables d'un buste en relief de François Ier, et tout auprès, sur un cartouche, la date de 1538. Cette autre partie de l'édifice semble avoir eu pour destination de loger la belle Anne de Pisseleu, dont on croit reconnaître le portrait dans une tête en pierre qui se détache de l'un des murs, au-dessus du buste de François Ier.

Sur une colline qui domine Étampes et toute la vallée, se dressent encore les ruines gigantesques de la tour *Guinette*, seul reste de ce château formidable si souvent assiégé, pris et repris, et qui avait aussi, dit-on, été construit par le fils de Hugues Capet. Quelques étymologistes font venir le nom de Guinette du vieux mot français *gui-*

La tour Guinette.

gner, voir de loin, observer, parce qu'en effet sa situation et son élévation la rendaient singulièrement propre à cet usage.

Étampes, « lieu notable pour ce petit fleuve de son nom, auquel abonde si grande fourmilière d'écrevisses, délices des Parisiens, que l'en vouloir désenger (épuiser) ce seroit faire l'impossible » (André Duchesne, *Antiquités des villes de France*), Étampes est située dans une longue vallée qui se rétrécit du côté d'Orléans, et se divise en deux vallons, l'un au midi, l'autre au couchant.

C'était au sujet de cette vallée que le poëte Clément Marot, s'adressant à la duchesse d'Étampes, Anne de Pisseleu, et adoptant l'opinion de certains savants qui voulaient voir dans *Tempé* l'étymologie du mot Étampes, disait :

> Ce plaisant val que l'on nommoit Tempé
> (Dont mainte histoire est encore embellie),
> Arrousé d'eaux, si doux, si attrempé,
> Sachez que plus il n'est en Thessalie :
> Jupiter roi, qui les cœurs gaigne et lie,
> L'ha de Thessale en France remué,
> Et quelque peu son nom propre mué,
> Car pour Tempé veut qu'Estampes s'appelle.
> Ainsi lui plaît, ainsi l'a situé,
> Pour y loger de France la plus belle.

La vallée d'Étampes est arrosée par trois cours d'eau qui fécondent de nombreuses prairies, et font tourner, à Étampes seulement, près de quarante moulins; ces trois cours d'eau sont la Juine, la Chalouette et la Louette. Les deux derniers, réunis au Ponceau, forment ce qu'on appelle la rivière d'Étampes.

La ville a, dans son développement, suivi la forme et la direction de la vallée; étroite du côté d'Orléans où elle ne se compose, pour ainsi dire, que d'une seule rue, elle s'élargit du côté de Paris. Les places sont en général petites et irrégulières. Les rues sont propres, bien pavées et bordées de jolies maisons, pour la plupart à un seul étage. Une de ces rues, qui s'étend de la porte de Paris jusqu'à l'extrémité du faubourg Saint-Martin, ne compte pas moins de 3 kilomètres de longueur.

On a donné le nom singulier d'*Ecce Homo* à un quartier, qui du reste n'a rien de remarquable; seulement les habitants racontent qu'un ouvrier y vit un jour un homme aiguiser un poignard sur la pierre qui supportait alors une croix, au milieu de la place, et que cet homme, interrogé par lui sur ce qu'il faisait, répondit : « J'aiguise un poignard qui fera longtemps parler de moi. » En effet, ce fut sous les coups de ce poignard que succomba Henri IV, et le nom de Ravaillac n'est pas près d'être effacé de l'histoire.

Étampes est riche en promenades. Le chemin de fer s'y

Les Portereaux.

dessine entre deux beaux et longs boulevards qui, à leurs extrémités, communiquent l'un à l'autre par d'élégantes passerelles. On aime surtout les Portereaux, les bords de la Juine, de la Louette et de la Chalouette; les prairies sont entrecoupées de longues allées de peupliers; et les charmants sentiers du bois qui couvre le flanc de la colline, au sud-est de la ville, conduisent sur des hauteurs d'où l'on a des points de vue magnifiques. Enfin, près de la porte de Paris, se trouve une autre promenade ombragée par de grands ormes et tapissée d'un beau gazon. Elle est appelée Promenade du port, parce que là fut établi, vers la fin du xv⁰ siècle, un port destiné à l'embarquement des blés de la Beauce, dont le transport à Corbeil et à Paris se faisait sur un canal formé par les rivières de la vallée d'Étampes; il n'existe aujourd'hui aucune trace du canal ni du port. A l'un des côtés de cette promenade, on voit quelques restes d'une tour et des murailles d'Étampes.

Sur la route de Paris exista jadis, en faveur des pauvres lépreux, un asile nommé maladrerie de Saint-Lazare, et dont l'église était sous l'invocation de saint Michel. Louis VII, pénétré d'admiration pour cette institution charitable, ordonna que tous les ans, à la fête de Saint-Michel, il y eût une foire de huit jours, faisant abandon à la maladrerie de tous les droits du marché attribués au roi. C'est sur la Promenade du port que se tient cette foire instituée il y a sept siècles, et qui maintenant encore attire dans la ville une grande affluence de marchands et d'acheteurs.

A Étampes vivait naguère encore une famille dont la noblesse et les priviléges avaient une singulière origine. Le chef de cette famille fut Eudes dit le Maire, Challo-Saint-Mard, qui vivait à la fin du xi⁰ siècle. Philippe I⁰ʳ avait fait vœu d'aller visiter le tombeau du Christ à Jérusalem; il devait exécuter ce pèlerinage à pied, armé de toutes pièces, et suspendre ses armes dans le temple. Mais les seigneurs et les prélats qui formaient son conseil lui représentèrent vivement les désordres et les malheurs que pourrait occasionner son absence. Le roi se rendit à leurs raisons, et consentit à se laisser remplacer par un de ses serviteurs, Eudes le Maire, né à Étampes. Celui-ci partit donc à pied, armé de toutes pièces, comme devait être Philippe, et portant un cierge qu'il allumait à de certains intervalles; il laissait sous la protection du roi son fils Ansoldé et cinq filles. Son voyage, accompli au milieu de difficultés sans nombre, dura deux années. A son retour,

Philippe lui octroya pour récompense une charte qui anoblissait lui et les siens ; cette même charte établissait en sa faveur et transmettait à toute sa race une exemption entière de péages, tributs et autres droits, de quelque nature qu'ils fussent. Ce privilége subsista jusqu'à Henri IV.

N'oublions pas qu'Étampes est la patrie du célèbre naturaliste Étienne Geoffroy de Saint-Hilaire.

L'église Saint-Martin.

La grande rampe.

VI.

D'ÉTAMPES A ORLÉANS.

La route parcourue jusqu'ici, bordée de villages et de hameaux, de parcs et de jardins, de châteaux et de maisons de campagne, n'a été, pour ainsi dire, qu'une seule rue diversement accidentée d'un même village; les stations y ont été fréquentes, rapprochées les unes des autres. Mais à peine a-t-on, en sortant d'Étampes, franchi la grande rampe de 8 millimètres qui élève le voyageur à 110 mètres au-dessus de Paris, qu'on voit s'ouvrir un pays d'un aspect tout différent; on y parcourt, sans reprendre haleine, des distances de 12 et 14 kilomètres, pendant lesquelles on a constamment la même perspective devant les yeux; aussi la locomotive semble-t-elle, en doublant de vitesse, céder à l'impatience d'arriver.

Cependant, presque en face de l'insignifiante station de

Le château de Méréville.

Monnerville, voici, à gauche, l'entrée de Méréville. Si ce village doit appeler les regards, ce n'est pas pour son importance comme chef-lieu de canton, ni pour la rivière qui le baigne, chose rare dans le pays, mais parce qu'on y voit une de ces belles et grandes habitations qu'on ne rencontrera plus, un véritable palais, où l'art et la nature se sont plu à réunir toutes leurs magnificences. La famille de La Tour du Pin fit bâtir ce château sous le règne de Louis XIV. Le banquier Delaborde l'acheta sous Louis XVI, et dépensa, dit-on, pour l'embellir, plus de 14 millions. Construit sur les dessins du célèbre architecte Bellanger, il est situé à mi-côte et flanqué de quatre tourelles. Au-dessous d'une vaste terrasse règnent des salles immenses où l'on a disposé la chapelle, l'office et les cuisines. Le grand salon renferme de beaux tableaux peints par Robert. Le parc, dont l'étendue est de 100 arpents, a été dessiné par Robert et par Joseph Vernet : la Juine y serpente à travers les gazons et les massifs ; elle y forme des îles ; elle y épanche en cascades ses eaux qui vont ensuite se perdre sous des grottes où l'on arrive par des ponts rustiques. On y rencontre à chaque pas des tours, des châteaux gothiques, des monuments dont plusieurs excitent un puissant intérêt : telle est la belle colonne rostrale érigée en mémoire de deux des fils de M. Delaborde, qui partagèrent le sort de l'infortuné Lapeyrouse ; tels sont encore le sarcophage dédié au capitaine Cook, et, au milieu de la forêt, cette superbe colonne trajane, au sommet de laquelle on arrive par un escalier de quatre-vingt-dix-neuf marches.

De Méréville à *Angerville* la distance est courte ; c'est le dernier village à traverser dans le département de Seine-et-Oise, puis on suit, au milieu des angles rentrants et saillants qui dessinent les limites des départements d'Eure-et-Loir et du Loiret, une ligne droite de 25 à 30 kilomètres, passant tantôt dans l'un, tantôt dans l'autre de ces deux départements.

Plus on avance et plus change la physionomie du pays. Ces terres grasses et riches, ces champs ensemencés de céréales, ces vastes plaines qui s'étendent jusqu'à l'horizon, tout indique que l'on voyage en pleine Beauce, dans ce pays que la France peut à juste titre appeler son grenier d'abondance.

Ici les villages sont rares ; on ne rencontre plus, à chaque pas, des châteaux, des parcs, des villas, des jardins; mais la maisonnette du cultivateur beauceron a bien aussi son côté curieux à étudier.

La Beauce était appelée autrefois *Belsia*, *Belsa*, *Bella*.

Belsia, dit un poëte du vi° siècle, Fortunat Venance, évêque de Poitiers,

> Belsia, triste solum, cui desunt bis tria solum :
> Fontes, prata, nemus, lapides, arbusta, racemus....

« Beauce, triste pays, auquel il ne manque que six choses : des sources, des prés, des bois, des pierres, des arbres à fruits et des vignes.... »

Sous la domination romaine, cette contrée était occupée par les Carnutes; elle comprend une partie des départements de Seine-et-Oise, du Loiret, de Loir-et-Cher et d'Eure-et-Loir. On la divise en haute Beauce, basse Beauce et Beauce pouilleuse; c'est dans la haute Beauce que nous sommes en ce moment.

Si ce pays manque de bois, ce n'est pas que le sol y soit défavorable à la culture des arbres; au temps des druides, il était couvert de forêts. Mais le paysan beauceron, qui met sa richesse dans son blé, craindrait trop, en ombrageant ses terres par des plantations, d'amoindrir sa récolte; et si parfois il se décide à border un champ de quelques arbres à fruits, ce n'est qu'isolément qu'il les plante, et assez distants les uns des autres pour ne point nuire à la belle venue de son grain.

Dans les champs, le Beauceron est un travailleur actif, intelligent, ami du progrès; chez lui, il règne en despote sur sa femme, sur ses enfants, sur ses domestiques; il est sobre, économe, ce qui ne l'empêche pas de se montrer à l'occasion bienfaisant et hospitalier; sur le marché, il est franc et loyal dans ses transactions.

« Toutes les acquisitions ont lieu au comptant. L'ordre

et l'activité qui règnent dans les ventes et dans les livraisons sont dignes d'admiration. Le grain est toujours mesuré, livré et payé sur la place même, dans le courant de la journée : des femmes organisées en société, et divisées en quinze bandes, sont seules occupées à surveiller le mesurage et la livraison. Le peuple les nomme assez grossièrement *leveuses de culs-de-poche* (dans le dialecte beauceron, une poche veut dire un sac). La probité de ces femmes, dont la corporation existe depuis plusieurs siècles, est justement renommée ; elles sont chargées, moyennant une rétribution légère, de recevoir les grains, de lever le sac, de le vider dans la mesure, d'en recevoir le prix et de le compter aux vendeurs. Ceux-ci se fient sans réserve à leur bonne foi. Après leur avoir remis leur blé, ils renvoient leurs chevaux et leurs voitures, et vont paisiblement faire leurs affaires, payer leurs fermages ou renouveler leurs baux ; le soir, ils reviennent toucher leur argent des mains de celle qui a été chargée de vendre pour eux ; et jamais, dit-on, il n'y a confusion ni mécompte[1]. »

Les familles, dans la Beauce, sont très-étendues ; pour ne point laisser se relâcher et s'affaiblir le lien qui les unit, tous les membres d'une même famille, quelquefois très-éloignés les uns des autres, ont l'habitude de se visiter chaque année, à un certain moment qu'ils appellent la *saison morte*; c'est ordinairement dans ces réunions que se débat la grande affaire des mariages et qu'on fait les accordailles ; quant aux noces, elles n'ont lieu qu'après la moisson.

L'intérieur d'une habitation beauceronne se fait remarquer par un air tout à fait séduisant d'aisance et de propreté ; le luxe de la laine et de la plume y est poussé à un tel point que, du moindre lit de la Beauce, on en ferait, à Paris, au moins deux, et qui passeraient pour très-bien garnis. Les

1. *France pittoresque.*

meubles sont parfaitement cirés et frottés; les ferrures et les cuivres sont polis avec le soin le plus minutieux. La table est presque toujours frugalement, mais abondamment servie. Du bon pain, un peu de viande, des légumes, du laitage, quelques fruits, telle est la base de la nourriture. Maîtres et domestiques mangent à la même table.

Le Beauceron est glorieux de la contrée qui l'a vu naître; point de pays qui puisse égaler le sien; point de paysage, point de perspective qui lui paraisse comparable à son immense plaine, surtout lorsque le soleil de juillet en a doré le tapis onduleux.

Dans sa course rapide à travers ce pays si riche, mais d'une richesse un peu monotone, le voyageur voit passer devant ses yeux Barmainville, Boisseaux, Saint-Péravy-Épreux, Outarville, villages ou hameaux dont il n'y a rien à dire. Il est entré dans le département d'Eure-et-Loir; il s'arrête à *Toury*. Ce bourg, tout positif, a pourtant dans ses annales une page pour la poésie. Philippe Desportes y vécut, et Mathurin Régnier y aiguisa les premiers traits de sa muse satirique.

L'étonnante fortune de Desportes nous prouve que, dès ce temps-là, tous les poëtes n'étaient pas condamnés à mourir de faim dans un grenier. Charles IX lui donna pour son *Rodomont* une gratification de 800 écus d'or. Un sonnet qui excita l'admiration de l'amiral de Joyeuse lui valut une abbaye. Henri III réunit sur sa tête plusieurs bénéfices dont les revenus atteignaient près de 12 000 écus, et lui fit don d'une somme de 10 000 écus pour l'aider dans la publication de ses œuvres. Cependant une telle prospérité n'enfla point l'orgueil de Desportes. Son cœur demeura bon et secourable à ses confrères. Ami de la belle nature, il préférait les solitaires ombrages de Toury au faste bruyant de la cour. On lui offrit plusieurs évêchés; on voulut même le faire archevêque de Bordeaux; il refusa. La simplicité de ses goûts allait jusqu'à une complète négligence de sa toilette; un jour, Henri III lui dit : « Je double votre pension, afin que vous ne vous présentiez point devant moi que vous ne soyez plus propre. »

Le poëte satirique Mathurin Régnier était neveu de Desportes; comme son oncle, il eut des bénéfices et des pensions; mais, moins sage, il usa sa vie dans le plaisir, et déjà vieux à trente ans, il mourut de décrépitude à quarante. Il s'était fait cette épitaphe :

> J'ai vécu sans nul pensement,
> Me laissant aller doucement
> A la bonne loi naturelle;
> Et je m'étonne fort pourquoi
> La mort daigna songer à moi,
> Qui ne songeai jamais à elle.

A quelque distance de Toury, dans un autre village qu'on nomme Janville, naquit un autre poëte, Colardeau, dont le nom serait aujourd'hui oublié, s'il n'avait, dans un moment d'inspiration, rimé l'épître d'Héloïse à Abeilard.

Colardeau avait entrepris une traduction de la *Jérusalem délivrée*; plusieurs chants étaient même terminés lorsqu'il vint à savoir que Watelet s'occupait de traduire le même poëme. Aussitôt il prit la résolution de discontinuer son travail. Quelque temps après, étant tombé dangereusement malade, il eut le courage de se lever, d'aller prendre dans un tiroir les chants qu'il avait traduits, et de les jeter au feu. Modeste ou généreuse, les poëtes de nos jours trouveraient peu de confrères disposés à imiter l'action de Colardeau.

13 kilomètres séparent la station de Toury de celle d'*Artenay*; ils sont franchis en vingt minutes; ce court espace de temps a suffi pour laisser entrevoir les clochers de Tillay-le-Gaudin, de Chaussy, de Painville, de Tivernon, de Santilly, de Dambron, de Lion-en-Beauce, de Ruan, qui du reste n'avaient rien de mieux à offrir.

Artenay, en latin *Artheniacum*, est chef-lieu d'un canton. Toute son importance lui vient du passage actuel de la route de Paris. Ce n'était auparavant qu'un très-petit village; il avait autrefois appartenu au chapitre de Saint-Aignan. On trouve dans ses environs des restes d'habitations romaines, des médailles et de nombreux fragments d'ouvrages gallo-romains en poterie et en bronze.

Artenay.

Chevilly et *Cercottes* sont situés sur la lisière de la forêt d'Orléans; c'étaient autrefois de tout petits villages dont le nom était à peine connu dans l'arrondissement; le passage du chemin de fer commence à leur donner de l'importance.

Enfin apparaissent successivement cette forêt d'Orléans, qui prêta son ombre et son silence aux mystérieuses cér-monies des druides, le village de Saran, les taillis d'Ingré, les mille habitations semées de tous côtés sur ce riant pays, et cette longue file de maisons qu'on appelle le faubourg Bannier; puis on arrive au terme de la course, on entre dans la gare d'Orléans.

Hutte de charbonniers dans la forêt d'Orléans.

La gare d'Orléans.

VII.

ORLÉANS.

L'origine d'Orléans se perd dans la nuit des temps; quelques savants prétendent reconnaître cette ville dans une vieille cité gauloise, nommée *Genabum*, qui fut bâtie par les Carnutes et brûlée par Jules César; d'autres veulent que ce nom de *Genabum* s'applique à la petite ville de Gien. Les opinions sont également divergentes sur l'étymologie du nom d'Orléans : suivant les uns, il faut la chercher dans le nom de l'empereur Marc-Aurèle, qui fit, en 161, reconstruire les murailles de cette ville; les autres la voient dans le nom de l'empereur Aurélien, et affirment que ce fut ce dernier qui restaura *Genabum*, en 274. *Aurelianum*, dont on a fait, par contraction, *Aurliens*, *Orliens*, puis Orléans, semble en effet pouvoir dériver indifféremment du nom de l'un ou de l'autre de ces deux empereurs romains. Cependant il est juste d'ajouter que, dans les démolitions des murs de la première enceinte d'Orléans, on a trouvé, à différentes fois, des médailles de Marc-Aurèle, ce qui fait évidemment pencher la balance en faveur de ce dernier.

Ce fut, selon Grégoire de Tours, vers l'an 250 que sept évêques vinrent dans les Gaules prêcher et propager la religion chrétienne ; la ville d'Orléans ne fut pas des dernières à abandonner le culte druidique ; Saint-Euverte, un de ses évêques les plus remarquables, vivait au commencement du iv° siècle.

Lorsque Attila envahit les Gaules, en 451, Orléans avait Sangisban pour gouverneur, et pour évêque saint Aignan ; la ville était mal fortifiée ; 500 000 barbares suivaient le farouche roi des Huns ; cependant, animés par les discours de leur courageux évêque, les Orléanais se préparent à faire une vigoureuse résistance, et la persévérance de leurs efforts donne au général romain Aétius le temps d'arriver, de vaincre Attila et de délivrer la ville.

Vingt ans plus tard, un nouvel ennemi menaçait Orléans ; c'était le duc des Saxons, Odoacre ; mais la proie qu'il convoitait lui fut enlevée par un autre chef de barbares, Childéric, roi des Francs, qui le battit et le poursuivit jusqu'à Angers. Clovis Ier, fils de Childéric, après avoir vaincu les Allemands et reçu le baptême, s'empara définitivement de l'Orléanais, qu'il réunit au royaume des Francs. Ce prince convoqua en 511 un concile national à Orléans ; trente-trois évêques y assistèrent ; on y discuta une espèce de code chrétien, et le droit d'asile y fut réglé.

Les enfants de Clovis partagèrent entre eux le royaume

paternel : Clodomir eut la Sologne, la Beauce, le Blaisois, le Gâtinais, l'Anjou et le Maine; il fit d'Orléans la capitale de son royaume. Ligué avec deux de ses frères, Childebert et Clotaire, contre son troisième frère, Sigismond, roi de Bourgogne, il s'empare de celui-ci, le conduit prisonnier à Coulommiers, le fait précipiter dans un puits, et va recevoir la mort en combattant les Bourguignons accourus pour venger et délivrer leur souverain.

De 522 à 613, Orléans eut successivement pour maîtres : Childebert, roi de Paris, qui ordonna par une charte la destruction des monuments druidiques dans toute l'étendue de ses États; Clotaire devenu enfin seul possesseur du royaume démembré de Clovis; Gontran, nommé roi de Bourgogne par suite d'un nouveau partage; Childebert II, mort empoisonné en 596; Thierry II, dont le maire du palais, Bertheau, défit, dans une grande bataille, près d'Étampes, Landry envoyé par Clotaire, roi de Paris, pour s'emparer d'Orléans et des autres villes situées entre la Seine et la Loire.

L'Orléanais était alors gouverné par des comtes héréditaires qui prenaient aussi le titre de ducs, et qui remettaient l'administration entre les mains de vicomtes révocables à leur volonté.

Réunie à la France, pour ne plus en être séparée, en 613, sous le règne de Clotaire II, la ville d'Orléans continua de jouer un rôle important dans la monarchie : des conciles s'y réunirent; Louis le Débonnaire y convoqua les états en 832, dans l'espoir de mettre fin à la rébellion de ses fils; Charles le Chauve y fut sacré en 841, et ce prince y établit, quelques années plus tard, une chambre des monnaies.

Deux fois, en 855 et en 865, les Normands la prirent et la dévastèrent.

Hugues Capet, lorsqu'il parvint au trône et fonda la troisième dynastie, était comte d'Orléans; ce fut dans cette ville que, pour affermir son usurpation, il fit couronner son fils

Robert, et enfermer Charles de Lorraine, héritier du roi légitime.

En 1097, une partie de l'armée des croisés, mise en déroute près de Nicée, était commandée par Foucher, gentilhomme orléanais qui périt sur le champ de bataille.

Plus tard, Orléans vit le couronnement de Louis le Gros, en 1108 ; le mariage de Louis le Jeune, en 1152, avec Constance, fille d'Alphonse VIII, roi de Castille ; la mort d'Ingelburge, femme de Philippe Auguste, en 1237 ; enfin, sous ses murs, en 1428, vinrent s'arrêter les progrès de l'Anglais victorieux, déjà maître de Paris et de la plus belle partie de la France.

Salisbury, Warwick et Suffolk étaient à la tête des assiégeants ; Raoul de Gaucourt commandait les assiégés. Après six mois d'une défense opiniâtre, Orléans allait céder au nombre et à la force, lorsque le 14 avril 1429, par la vieille porte de Bourgogne, entrèrent Dunois, La Hire, Boussac, et à leur tête, Jeanne d'Arc ; l'humble vierge de Domremy avait promis à Charles VII de lui rendre Orléans et de le conduire à Reims pour y être sacré : chacun sait comment elle tint parole, et de quelle honte se couvrirent ses vindicatifs adversaires en la faisant brûler à Rouen comme magicienne.

En 1539, Orléans déploya une grande magnificence dans la réception que fit François Ier à Charles-Quint.

La Ligue devint pour cette ville, en 1562, la cause d'un nouveau siége pendant lequel le duc de Guise fut assassiné par Poltrot de Méré. En 1567, les calvinistes y entraient en vainqueurs et la livraient au pillage ; cinq ans après, sur l'ordre de Charles IX, de terribles représailles y étaient exercées par les catholiques dont Sorbin, prédicateur du roi, excitait la fureur par la violence de ses discours. Après la Ligue vint la Fronde : le peuple d'Orléans sympathisait avec les frondeurs ; mais la ville avait décidé qu'elle resterait neutre. Mlle de Montpensier, envoyée par le duc d'Orléans, son frère, se présente vainement à la porte de Bourgogne, puis à la porte Bannier ; elle arrive enfin à la porte de Faux ; le gouverneur et le maire lui refusent l'entrée ; alors, sur un signal qu'elle donne, des mariniers, qui l'escortent, lèvent leurs haches, en frappent la porte, font voler deux planches en éclats ; et par cette brèche un valet de pied introduit la princesse, au bruit des tambours qui battent aux champs, et des acclamations du peuple qui la porte en triomphe.

Sous Louis XIV, malgré la révocation de l'édit de Nantes, un certain nombre de protestants s'étaient obstinés à ne point quitter Orléans, et cette ville allait être livrée comme tant d'autres au fléau des *dragonnades* ; son digne évêque, de Coislin, l'en préserva en distribuant de l'argent aux dragons, dont il hébergea les officiers dans son propre palais : bel exemple de tolérance et de charité, sur lequel on aime à reposer sa pensée au milieu de toutes les horreurs enfantées par le fanatisme et par l'esprit de parti.

Depuis cette époque, Orléans présente peu de faits intéressants qui lui soient particuliers ; son histoire se confond avec celle de la France.

Au milieu du vaste labyrinthe de rues étroites et de maisons à pignon, qui constitue la ville d'Orléans et lui conserve presque intacte sa physionomie d'un autre âge, s'ouvrent çà et là, sans transition, quelques rues spacieuses, tirées au cordeau, bâties avec la régularité élégante, mais un peu monotone, de notre époque. C'est en face de l'une de ces rues nouvelles, baptisée du nom de Jeanne d'Arc, que s'élève le plus important des vieux monuments d'Orléans : la cathédrale.

Suivant l'opinion la plus accréditée, la fondation de cette basilique remonte à saint Euverte, sixième évêque d'Orléans, qui la fit commencer vers la fin du règne de Constantin, au IVe siècle. La chronique raconte que, le jour de la dédicace, pendant qu'il célébrait le saint sacrifice, le pieux prélat aperçut une main qui bénissait la nouvelle église, et qu'en souvenir de ce miracle il lui donna le nom de Sainte-Croix, qu'elle porte encore aujourd'hui. Saint Aignan termina et augmenta l'œuvre de saint Euverte, qui disparut en partie, pillée et brûlée par les Normands, en 865. Carloman la fit reconstruire en 883; mais, à la fin du x° siècle, elle fut de nouveau détruite par un vaste incendie qui dévora presque toute la ville. Réédifiée par l'évêque Arnould, enrichie, augmentée, conservée par les successeurs de ce prélat, Sainte-Croix devait subir une troisième dévastation : en 1567, les calvinistes étaient maîtres dans Orléans; rebelles à l'ordre de Condé, leur chef, des soldats s'introduisirent dans la cathédrale, par les fenêtres, au milieu de la nuit, creusèrent des mines sous les piliers du clocher, et y mirent le feu; l'édifice s'écroula; il ne resta debout que les anciennes tours, le portail, le chœur, onze chapelles et quelques piliers de la nef. Les premières réparations furent ordonnées par Charles IX et Catherine de Médicis, en 1580, mais on ne s'occupa qu'en 1601 d'une reconstruction sérieuse du monument : une inscription placée sous le portique nous apprend que, le 18 avril 1601, Henri IV vint avec la reine poser la première pierre de l'église actuelle : il remplissait ainsi l'obligation que lui avait imposée le pape Clément VIII pour l'absoudre de l'excommunication lancée contre lui.

Cette reconstruction, poursuivie par Louis XIII, Louis XIV et Louis XV, s'est prolongée jusqu'à nos jours. Les architectes Barbet, Mansard, Decoste, Gabriel Trouard, Legrand, Paris, en ont successivement dirigé les travaux. Gabriel fit abattre en 1726 les vieilles tours, qu'il remplaça par celles qui existent aujourd'hui; Trouard, intendant des bâtiments du roi, termina le portail en 1766. En 1829 seulement, on achevait la première voûte des tours, et l'ouverture des grandes portes était inaugurée, le 8 mai, par la procession commémorative de la délivrance d'Orléans. Tous ces travaux, exécutés à plusieurs reprises et en plusieurs siècles, ont été conduits par des mains si intelligentes et si habiles, qu'on dirait le monument jeté d'une seule pièce, et qu'une seule pensée semble avoir présidé à sa création.

Cathédrale d'Orléans.

Sainte-Croix est une des plus belles églises que possède la France; c'est un chef-d'œuvre du style saxo-gothique; on admire, à l'extérieur, l'élégance du portail, la grâce et la hardiesse des deux tours surmontées d'un couronnement délicatement travaillé, la légèreté du clocher, les belles sculptures de la porte de l'évêque, les portails latéraux et l'abside.

A l'intérieur, ce qui frappe d'abord le regard, c'est la majesté du portique, c'est l'élévation imposante des voûtes de la nef, où vont se joindre d'un seul jet les lignes prismatiques parties de la base des piliers, c'est l'élégance exquise de la galerie. On regrette la suppression d'un jubé dessiné par François Mansard. La plus remarquable des chapelles de l'abside est celle de la Vierge, qui orne le chevet de l'église. Le pavé, les lambris, le retable sont revêtus de marbres noirs et blancs qui avaient eu pour première destination de décorer le caveau sépulcral de la famille de Longueville. Michel Bourdin sculpta la belle statue de marbre blanc qu'on admire sur l'autel. Cet habile artiste fut pendu pour avoir volé une lampe d'argent dans l'église de Cléry, où il travaillait au tombeau de Louis XI. Une toile de Bonnet, élève de Lebrun, représentant Jésus au jardin des Oliviers, figure dans une chapelle qu'on nomme chapelle de l'Agonie. On remarque encore un orgue qui appartint autrefois au couvent de Saint-Benoît-sur-Loire; une chaire sculptée par M. Romagnési; en face de la chaire, un beau Christ en bois attribué au sculpteur Tuby; les deux roses des portails latéraux, dont les vitraux, exécutés par Guillaume le Vieil, datent de la fin du xviie siècle; l'autel principal, formé de marbres précieux donnés par Louis XV.

Mais à l'admiration que fait naître l'aspect de ce magnifique monument vient se mêler une désagréable impression : on voit avec peine la nudité du chœur, que décoraient de belles boiseries transportées depuis quelques années dans la chapelle du séminaire; on se demande aussi pourquoi des espaces destinés à être transformés en chapelles restent vides, n'offrant à l'œil que des murs salis et de misérables cloisons en brique. Dans un de ces enfoncements, on lit l'épitaphe du célèbre jurisconsulte Pothier, dont les restes y ont été transportés en 1823. D'autres inscriptions indiquent les tombes de plusieurs évêques d'Orléans : Pierre du Cambout de Coislin, grand aumônier de Louis XIV et cardinal, Pierre Fleurian d'Armenonville, Nicolas de Netz, qui fit bâtir le palais épiscopal, Alphonse d'Elbène, le premier qui écrivit ses mandements en français. Les calvinistes firent disparaître en 1567 les restes de Philippe, fils de Philippe de Valois, premier duc apanagiste d'Orléans, inhumé au milieu du chœur en 1373 ; le cœur de Blanche de France, sa femme, déposé dans la chapelle des ducs vingt ans plus tard, et celui du roi François II, que recouvrait une dalle du sanctuaire.

Le trésor de Sainte-Croix, qui fut autrefois l'un des plus riches de France, qui posséda l'étendard de Charlemagne, la bannière du roi Robert, la myrrhe offerte par l'un des trois mages, quelques-unes des branches de palmier et d'olivier jetées sur le passage de Jésus, à son entrée dans Jérusalem ; un morceau de la vraie croix, des reliques de saint Jean le Précurseur, et un portrait de la Vierge sur cuivre doré, n'offre plus aujourd'hui à la vénération des fidèles qu'une parcelle de la vraie croix, une épine de la couronne de Jésus-Christ, et le corps du martyr Gémellinus, qui a été apporté de Rome par un des derniers évêques d'Orléans, M. Fayet.

Le chapitre de Sainte-Croix date du VIIIe siècle ; il se composait, en 1789, de 58 membres ; il ne compte plus aujourd'hui que 10 chanoines titulaires avec traitement, 9 chanoines dignitaires, 2 chanoines d'honneur, et 4 chanoines honoraires résidants.

La longueur totale de l'édifice est de 148 mètres 30 centimètres, hors œuvre, en y comprenant la saillie des quatre degrés du perron ; sa largeur, aux croisillons, en y comprenant les perrons et les marches, est de 73 mètres 82 centimètres ; la grande nef a 33 mètres d'élévation ; le comble en a 48 ; le portail est large de 51 mètres ; la hauteur des tours, y compris les anges, est de 87 mètres.

Les abords de Sainte-Croix ont été, depuis quelques années, complétement dégagés ; devant sa façade est une vaste place coupée au milieu par la belle rue qui porte le nom de l'héroïne d'Orléans.

On compte dans la ville d'Orléans et dans ses faubourgs un grand nombre de paroisses et de succursales ; mais, parmi les 23 édifices consacrés au culte, il s'en trouve très-peu qui méritent par des beautés réelles de fixer l'attention du voyageur.

L'un des plus anciens et des plus curieux, aujourd'hui délaissé, tombe en ruine ; c'est l'église de Saint-Euverte, remarquable par son architecture où règne l'ogive dans toute sa pureté, et dont la fondation remonte au ive siècle. Un Romain idolâtre, converti par saint Martin de Tours, la fit construire et lui donna le nom de Notre-Dame du Mont, auquel les Orléanais firent succéder celui de Saint-Euverte, lorsqu'on y déposa, quelques annnées après, les restes du prélat qui leur avait été si cher. Détruite par l'incendie de 999, elle fut rebâtie par l'abbé Étienne de Tournay. A l'église de Saint-Euverte se rattache, comme souvenir, la cérémonie de l'entrée solennelle des évêques, ainsi décrite par M. D.-T. Emmanuel, dans un ouvrage intitulé *Quatre jours à Orléans* :

« La surveille, le prélat allait coucher à l'abbaye de la Cour-Dieu, fondée par Jean II, évêque d'Orléans. La veille, il se rendait à celle de Saint-Euverte, était reçu par l'abbé ou le prieur et ses religieux, et, après une harangue qui lui était faite en latin, il entrait dans l'église, où l'on chantait un *Te Deum*. Les religieux lui devaient la table et une chambre pour la nuit. Le lendemain, de l'église de Saint-Euverte il allait à celle de Saint-Aignan, revêtu de l'aube et de l'étole, la mitre blanche sur la tête, les pieds nus, précédé de sa crosse couverte d'un voile blanc.

« Avant de se mettre en marche, sur le seuil de l'église, il était salué par le maire et les échevins, en robe écarlate doublée de velours noir, par le recteur et les régents de l'Université, aussi en robe écarlate. Deux harangues latines lui étaient adressées par un officier civil et le recteur.

« Cette première cérémonie terminée, le chapitre de Sainte-Croix, les autres chapitres, le clergé paroissial, les ordres religieux, les enfants des hospices, après avoir salué le pontife, s'avançaient vers Saint-Aignan ; l'évêque les suivait nu-pieds, entouré de ses officiers, promoteur, chevecier, syndic, aumônier, secrétaire. Les membres de l'université, le maire et les échevins fermaient la procession. On parcourait la rue de l'Étalon, la rue de Bourgogne, jusqu'à la chapelle de Saint-Michel, où l'on faisait une station, puis on entrait dans l'étroite rue de l'Oriflamme; à l'extrémité se trouvait une des portes du cloître. Là, nouvelle cérémonie : le chapitre royal de Saint-Aignan, fier de ses priviléges, avant de laisser pénétrer l'évêque dans son cloître, lui demandait la confirmation de ses droits. La harangue latine, les cérémonies ecclésiastiques usitées dans ces circonstances, rien n'était omis. La porte du cloître ouverte, le doyen et le sous-doyen, tenant le pontife chacun par une main, l'introduisaient dans l'église.

« Une offrande de quarante sous était faite aux marguilliers qui lui lavaient les pieds, et alors, au costume simple, aux habits blancs, succédaient la tunique incarnat, la chape et l'étole de velours rouge, la mitre enrichie de pierreries, l'anneau épiscopal; les pieds recevaient des souliers, la crosse était découverte; puis, une main sur l'autel, l'autre sur les saints Évangiles, l'évêque jurait de conserver les priviléges et libertés de l'église Saint-Aignan.... L'installation suivait le serment; de la stalle on se rendait à la porte du chœur, où attendait le chapitre de Sainte-Croix. L'évêque, qui était arrivé nu-pieds, s'en retournait porté sur un fauteuil par les quatre premiers dignitaires du chapitre de Saint-Aignan jusqu'à la porte du cloître qui ouvrait sur la rue des Quatre-Degrés.

« Là, station. Les barons de Yèvre-le-Châtel, de Sully, d'Aschères, du Cheray-lez-Meung, de Mont-Pipeau et de Rougemont sont appelés à haute voix par les bailli et sergent de la justice de l'évêque; ils enlèvent sur leurs épaules le prélat assis dans un fauteuil, et le portent par la rue Saint-Côme, la rue de Bourgogne, jusqu'à la vieille porte de ce nom.

« A cette porte sont réunis les officiers du bailliage, de la prévôté et des eaux-forêts, le bailli de la justice épiscopale et tous les détenus des prisons. Nouvelles harangues latines; puis continuation de la marche, augmentée des prisonniers s'avançant deux à deux.... On arrive à la grande porte de Sainte-Croix.... » Réception faite par le chapitre, harangue, serments, installation, *Te Deum*, messe pontificale; enfin on se rend au palais épiscopal. « Un festin splendide est donné aux ecclésiastiques, barons, gentilshommes, fonctionnaires, notables, etc.; les prisonniers obtiennent un repas composé des mets desservis de la première table; puis se fait la cérémonie de la délivrance. Les détenus sont sur un échafaud. Le théologal, d'une fenêtre du palais, les exhorte au repentir et au bon propos, les avertit de demander grâce à l'évêque; ce qu'ils font bien volontiers; au cri *miséricorde*, proféré par eux, l'évêque leur donne sa bénédiction, et fait rémission des peines corporelles, à la charge d'aller se présenter devant le pénitencier pour se confesser et recevoir l'absolution, puis de satisfaire aux parties civiles qui ont reçu dommage. Ce droit de grâce datait de l'épiscopat de saint Aignan, qui l'obtint pour avoir guéri miraculeusement Agrippin, gouverneur romain d'Orléans. Il a existé jusqu'au règne de Louis XV. »

Saint-Aignan, dont on remarque le portail latéral, la verrière du chevet représentant une croix aux côtés de laquelle sont la sainte Vierge, saint Jean et Madeleine, et la chapelle souterraine, est une église pauvre d'ornements intérieurs, mais riche en reliques et en souvenirs historiques. On y conserve quelques restes de saint Euverte et des ossements de saint Aignan. Sur la liste des chanoines qui composèrent

Église Saint-Aignan.

le chapitre de cette collégiale, on voit figurer Philippe de France, fils de Louis le Gros, l'historien de Thou, des évêques, des membres du parlement. Sous ces voûtes, entre ces murailles, aujourd'hui si nues, d'illustres personnages vinrent se prosterner devant les restes du patron d'Orléans, et l'on célébra de brillantes cérémonies. Clovis y vint en 504 ; sainte Geneviève y fit des miracles ; le roi Robert y chanta au lutrin des hymnes qu'il avait composées ; François I*er* y reçut la décoration de l'ordre de la Toison d'Or des mains de l'évêque de Nice, ambassadeur de l'empereur ; François II y toucha les écrouelles. La châsse où était renfermé le corps de saint Aignan y fut transférée en 1029 par le pieux roi Robert, qui la porta lui-même sur ses épaules, et cette cérémonie fut renouvelée par saint Louis et deux de ses fils, en 1259. De tous ces imposants spectacles, de toutes ces royales visites, il ne reste aujourd'hui nulle trace, nul souvenir, si ce n'est dans les chroniques.

A Saint-Paul, vieille église dont le chœur est assez beau, on visite la chapelle de Sainte-Marie égyptienne, ou Notre-Dame des Miracles.

Dans le temps où le bourg d'*Avenum*, au milieu duquel se trouvait cette église, n'était pas encore réuni à la ville d'Orléans, il y avait sur l'autel de cette chapelle une statue de la vierge, que l'artiste avait faite noire pour se conformer au texte du cantique des cantiques : « Je suis noire, mais je suis belle. » Il arriva qu'une armée ennemie vint mettre le siége devant Avenum ; les habitants, pleins de confiance dans la protection de la vierge noire, placèrent sa statue sur la porte principale, comme un palladium. L'attaque commença avec vigueur ; plus vigoureuse encore fut la défense. Un des assiégés, caché derrière la statue, se faisait surtout remarquer par le nombre des traits qu'il décochait et par celui non moins considérable des ennemis auxquels il faisait mordre la poussière. Les assiégeants l'ayant découvert réunissent contre lui tous leurs efforts ; l'adroit archer se trouve assailli tout à coup par une grêle de flèches ; une d'elles va l'atteindre, lorsque la statue, s'animant, avance le genou et y reçoit le fer meurtrier. Ce miracle redouble le courage des assiégés et porte la terreur dans l'âme des assiégeants ; Avenum est délivré. Les habitants reconnaissants vont en procession reporter sur son autel la vierge noire ayant toujours la flèche au genou, et donnent à la chapelle le nom de Notre-Dame des Miracles. Jeanne d'Arc, à la tête des Orléanais, y fit un pèlerinage d'actions de grâces, après la victoire qu'elle remporta sur les Anglais.

La vierge que l'on voit aujourd'hui, encore entourée d'*ex-voto*, n'est point celle qui protégea le bourg d'Avenum; les calvinistes, en 1567, la livrèrent aux flammes d'un bûcher, sur le lieu même qui avait été témoin du miracle.

Quand on a examiné le vieux portail et les vitraux de Notre-Dame-de-Recouvrance, Saint-Pierre-le-Puellier, le portail de Saint-Jacques, et la chapelle du séminaire où l'on a transporté les belles sculptures en bois du chœur de la cathédrale, on a passé en revue à peu près tout ce que les monuments religieux d'Orléans peuvent offrir d'intéressant et de curieux.

Sur la place de l'Étape, tout près de la place de la cathédrale, s'élève un vieil hôtel qu'on restaure; les murs construits en brique, et la forme des deux pavillons terminés en pyramides le font tout d'abord reconnaître; ce fut l'hôtel du secrétaire de Jeanne d'Albret, le bailli Jacques Groslot, qui le fit construire en 1530; on y a, depuis 1790, installé les bureaux de l'administration municipale.

François II mourut, le 5 décembre 1560, dans cet hôtel, dont il venait de faire condamner à mort le propriétaire, Jérôme Groslot, bailli d'Orléans. Les états généraux, convoqués alors dans cette ville pour s'opposer aux progrès du protestantisme, tenaient leurs séances dans une salle en charpente qu'on avait élevée provisoirement sur la place de l'Étape; à la tête de cette assemblée figuraient Marie Stuart, Catherine de Médicis, les Guises, le grand inquisiteur, le légat du pape, le connétable de Montmorency, le chancelier de l'Hospital ; le roi de Navarre, Condé, l'amiral de Coligny représentaient les protestants. Catherine de Médicis, qui entendait n'user d'aucun ménagement, avait commencé par faire arrêter le prince de Condé; condamné à perdre la tête, il attendait la mort dans une maison qu'on voit encore à l'angle formé par l'Étape et par la rue Pavée; mais les conseils du chancelier de l'Hospital ébranlèrent la résolution de Catherine; elle n'osa faire exécuter la sentence.

Les cariatides du perron, la grande salle, une vue d'Orléans peinte sur bois, des portraits d'échevins, un portrait

Mairie d'Orléans.

de Jeanne d'Arc, copié en 1581 sur un tableau plus ancien, un buste qu'on croit être celui de Marie Stuart, tels sont les objets que l'ancien hôtel Groslot présente à la curiosité des visiteurs. Dans la cour, au pied du perron, est la statue de Jeanne d'Arc, œuvre de la princesse Marie, donnée par le roi Louis-Philippe à la ville d'Orléans, en 1841.

Avant d'être transférée dans cet hôtel, la mairie occupait, dans la rue des Hôtelleries, un bâtiment remarquable par la délicatesse, l'élégance et le nombre des sculptures qui décorent sa façade. Acheté en 1442 par les procureurs de ville, cet édifice, qu'on appelait alors l'hôtel des Carneaux ou Créneaux, fut confié aux mains habiles de Viart, qui en fit un chef-d'œuvre d'architecture. Le corps de ville s'y installa en 1498, et l'année suivante, les élèves de l'université y donnèrent, en présence d'Anne de Bretagne, la représentation d'un mystère que l'un d'eux avait composé. Abandonné en 1790 par le corps municipal, occupé ensuite par le conseil du district, puis par le tribunal de première instance, il a été, en 1825, transformé en musée ; on y trouve une collection de tableaux et de dessins, une collection de sculptures et d'antiquités, un musée d'histoire naturelle.

Les salles consacrées à la peinture ne renferment pas un grand nombre de tableaux ; mais l'ensemble témoigne du goût de ceux qui ont présidé à la création de cet établissement, et l'on y trouve à citer plusieurs toiles qui représentent dignement les diverses écoles.

École italienne : *Le prophète Nathan disant à David : tu es ille vir*, par le Bustini ; une *Madeleine pénitente*, de Lanfranc ; deux peintures sur agate de Donato-Tempestino : le *Passage de la mer Rouge* et les *Envoyés de Joseph retrouvant la coupe dans le sac de Benjamin* ; un beau tableau d'Andrea Sacchi : la *Résurrection de Lazare* ; le *Baptême du Christ*, par Andrea Vacaro ; une *Bataille*, de Filippo Degli-Angeli, dit le Napolitain ; un *Cabaret italien*, par Lucatelli ; *la charité romaine*, par Lucas Giordano ; une *Annonciation aux bergers de la venue du Christ*, par Rintz ; une magnifique toile du Cangiage : *les Israélites aux pieds du serpent d'airain* ; le *Ravissement des Sabines*, de Bassan ; des *Poissons de la Méditerranée*, tableau précieux de Recco.

École allemande : Deux tableaux de Leisik, dit Germanicus : *Jésus guérissant la belle-mère de Simon, et le prophète Élisée invoquant le Seigneur pour la résurrection du fils de la Sunamite.*

École flamande : *Diane et Apollon*, par Pierre Eykens,

Musée d'Orléans.

surnommé le vieux ; une *Tête de vieillard*, par Jacques Van Oost ; *l'Écureuse et le Jardinier*, par David Téniers le jeune, un *Paysage* de Jacques Van Artois.

École hollandaise : Un *Paysage*, de Jean Van Romyn; des *Patineurs*, de Jean Van Goyen; un *Paysage* de Breughel dit de Velours ; un *Bivouac hollandais* de Jacques Diest; un *Jeune homme jouant de la flûte*, de Gérard Hoet; un *Portrait d'une vieille femme occupée à lire*, par Ferdinand Bol; un *Choc de cavalerie*, par Bernard Gaal; une *Mer couverte de vaisseaux*, par Henri Van Antem.

École française : *Saint Charles Borromée à genoux devant un autel*, magnifique tableau de Philippe de Champaigne; la *Présentation de Jésus au temple*, par Laurent Lahyre; un *Paysage* du même peintre; une *Fileuse*, de Lépicié; un *Portrait de Marie Leczinska*, par Carle Vanloo; une *Vue des Cascatelles*, de Joseph Vernet; trois toiles de Joseph-Marie Vien : *les disciples d'Emmaüs reconnaissant Jésus-Christ à la fraction du pain*; la *Résurrection de notre Seigneur Jésus-Christ;* et une étude de la tête d'*Ermite endormi*, de son tableau du Louvre; un *Portrait en pied de Jeanne d'Arc*, par Simon Vouet; deux *Intérieurs*, de Martin Drolling, et plusieurs tableaux recommandables d'artistes vivants.

Nous citerons parmi les dessins : deux *Scaramouches*, de Jacques Callot; une *Tête de sainte Geneviève* et une *Vénus animant la statue de Pygmalion*, de Carle Vanloo; deux dessins à la sépia, de Géricault, représentant des *Chiens* et un *Amour jouant de la guitare;* deux dessins du Guerchin, et plusieurs autres de Jordaens, de Joseph Cesari, de Biscaino, de Julien de Parme, de Panini, d'Antoine Pellegrini, dit Tibaldi, de Van der Meulen, de Volea, de Bronckorst, de Jean Quellinus, de Charles-Nicolas Cochin, de Charles Lebrun, de Girodet, etc.

Parmi les statues se fait remarquer une œuvre de Pradier, datée de 1829; c'est une *Vénus surprise au bain*, ayant le pied appuyé sur la tortue, symbole de la pudeur.

Dans le cabinet des antiquités, on distingue, au milieu d'une foule d'objets intéressants : un bas-relief en marbre, du XVI° siècle, entouré de cuivre et d'ébène, représentant *Jésus montant au calvaire;* une meule entière de moulin à bras en usage chez les Romains, trouvée lors des fouilles faites à Orléans pour la construction des halles; un calvaire dont toutes les figures sont en ambre jaune et en ivoire, don précieux d'une reine au couvent de la Madeleine d'Orléans; une cheminée en pierre admirablement sculptée, provenant d'une vieille maison de la rue Pierre-Percée, à Orléans; le cœur d'Henri II, roi d'Angleterre, inhumé au monastère de Fontevrault, sauvé de la destruction, pendant la révolution de 1793, par un maître d'écriture d'Orléans; deux burettes et deux épiçoires de Bernard de Palissy; un bas-relief en bois, représentant une bataille, par Burgmayr d'Augsbourg; une belle statue en bois de la sainte Vierge tenant l'enfant Jésus : cette statue, peinte et dorée, était placée dans une niche au-dessus de la porte Bannier, que Charles VIII fit construire en 1486, et qui fut détruite en 1754.

Des verrières, des potiches, des meubles, des bahuts, des armes, des bas-reliefs, des inscriptions composent cette curieuse collection, qui est, sur une petite échelle, la reproduction du musée de Cluny, à Paris.

Les salles du musée d'histoire naturelle renferment quelques animaux bien conservés et de beaux échantillons de minéralogie.

La bibliothèque publique est située rue Pavée, près de la place de l'Étape, et à quelques pas de la cathédrale. Le bâtiment qu'elle occupe était, avant la Révolution, une maison de refuge pour les filles repenties. En 1807, on y réunit les 6000 volumes donnés en 1714 par Guillaume Prousteau, docteur régent de l'université d'Orléans, et confiés aux Bénédictins, un grand nombre d'ouvrages dus à la générosité de quelques particuliers, parmi lesquels figure le célèbre

Pothier, et 20 000 volumes accordés par l'État à la ville d'Orléans ; cette collection, remise aux soins d'un bibliothécaire et d'un sous-bibliothécaire, possède un médaillier, plusieurs manuscrits précieux sur vélin, ornés de miniatures et de lettres capitales coloriées et rehaussées d'or, et des manuscrits des VIIe, VIIIe, X^e, XIe, XIIe, XIIIe et XVe siècles, provenant pour la plupart de l'abbaye de Saint-Benoît-sur-Loire.

Pour arriver au jardin botanique, il faut passer le pont et sortir de la ville ; créé, vers 1640, sous le nom de jardin des apothicaires, enrichi en 1818 par l'acquisition des plantes que possédait Mlle Raucourt dans les serres de son château de la Chapelle, cet établissement, bien soigné par le jardinier qui y réside, est administré par deux conservateurs.

Le lycée n'est point, à Orléans comme dans beaucoup d'autres localités, perdu dans quelque coin ignoré de la ville ; il est situé dans la plus belle rue, la rue Jeanne d'Arc, et y présente une façade monumentale ; aux deux côtés de la porte principale sont les statues de Charlemagne et de François Ier. A la place de cet édifice moderne, il y eut autrefois une abbaye d'hommes formée par le roi Gontran ; cette abbaye devint, en 930, une collégiale ; en 1617, les jésuites y établirent un collége qui fut bientôt très-florissant ; aux jésuites succédèrent, en 1762, des prêtres séculiers, et la maison prit alors le nom de collége royal. L'église, connue d'abord sous le nom de Saint-Symphronien, puis sous celui de Saint-Samson, était un des plus beaux édifices d'Orléans ; on y admirait une *Annonciation* d'Hallay, des tableaux de Vigneron et de Simon Vouet, des peintures à fresque de Coypel, des sculptures exécutées par un jésuite, frère Martel-Ange ; de toutes ces richesses, 1793 n'avait laissé debout que des murailles nues et demi-ruinées.

Le théâtre, établi dans le local d'une ancienne église, mérite à peine une mention ; ce qu'il offre de plus remarquable, c'est sa façade, pour la décoration de laquelle on avait transformé en muses quatorze statues de saintes, jadis sculptées par Hubert pour une tout autre destination : on a eu le bon goût de les faire disparaître.

Vers le milieu de la rue de la Bretonnerie, qui tire son nom d'un hôtel longtemps habité par des Bretons, est un monument d'une ordonnance sévère, dont le portique est orné de colonnes cannelées et de deux sphinx : c'est le palais de justice, construit par M. Pagot, architecte, de 1821 à 1824. Près du palais sont la gendarmerie et la prison, qui est regardée comme une des plus sûres et des plus saines de France. Ces trois constructions sont élevées sur l'emplacement qu'occupaient autrefois la maison de l'Oratoire, où l'on conservait un chapeau de velours bleu, brodé en or, qui avait appartenu à Jeanne d'Arc, et la maison des Ursulines, fondée en 1624 pour l'éducation gratuite de jeunes filles.

On regrette à Orléans l'absence d'un monument spécial pour la bourse ; les négociants se rassemblent dans l'ancienne église des Minimes, qui a successivement été couvent, lieu de réunion pour l'ordre de la noblesse, siége de la haute cour nationale, prison politique, filature de coton, fabrique de couvertures, salle de spectacle consacrée aux exercices d'équitation de Franconi, et pensionnat.

Les marchés n'ont rien qui appelle l'attention ; beaucoup de villes d'une bien moindre importance sont, sous ce rapport, mieux pourvues qu'Orléans ; la halle aux blés mérite seule d'être citée, non pour la beauté de sa construction, mais parce qu'elle a été, comme le marché des Innocents de Paris, élevée sur l'emplacement d'un *charnier*, dont il reste un fronton décoré de quelques sculptures intéressantes. Pothier avait été inhumé dans ce cimetière. On y remarquait aussi une tombe avec une épitaphe latine et française, composée par Théodore de Bèze ; cette tombe était celle de Marie de l'Étoile, que le célèbre calviniste avait aimée à l'époque où il n'était qu'étudiant à l'université d'Orléans.

Depuis 1821 seulement, les tueries ont été supprimées à Orléans ; sur un terrain élevé, à droite du boulevard des Princes et près de la Loire, on a construit un abattoir, bâtiment carré, divisé en plusieurs compartiments, et pourvu d'étables, de fondoirs pour les suifs et de rafraîchissoirs pour la viande.

La ville possède deux hôpitaux : l'Hôpital-Général et l'Hôtel-Dieu.

Le premier est situé dans la rue de la Porte-Madeleine ; sa fondation remonte à 1675 ; il fut construit sur l'emplacement de l'ancien arsenal, cédé par le grand maître de l'artillerie.

L'Hôtel-Dieu, qui était situé dans la rue de l'Évêché, vient d'être réuni à l'Hôpital-Général ; cette réunion, ou plutôt ce rapprochement, a donné lieu à des constructions vastes et belles, dont la dépense est évaluée à près de 2 millions.

Ainsi se trouvent aujourd'hui réunis dans la même enceinte l'hospice des vieillards, l'hospice des orphelins, l'hospice des aliénés, l'hôpital, la maternité, l'école des sages-femmes et l'école préparatoire de médecine et de pharmacie.

Cet établissement, dont on admire les préaux, les salles et les galeries, est compté parmi les plus beaux de ce genre qui soient en France.

Il existe à Orléans plusieurs édifices que les voyageurs aiment à visiter, soit pour les souvenirs intéressants qu'ils rappellent, soit pour la beauté ou la singularité de leur architecture ; malheureusement il disparaît chaque jour quelqu'un de ces précieux restes de nos vieilles époques, et la plupart de ceux qui subsistent accusent, par de déplorables dégradations ou par de tristes badigeonnages, l'insouciance ou la maladresse de leurs propriétaires.

Un des plus remarquables, et aussi l'un de ceux dont on prend le moins de soin, est une maison de la rue de Recouvrance, charmante construction de la renaissance, que François Ier fit faire pour un valet de chambre du dauphin. Toute mutilée qu'elle est, on admire encore ses sculptures, sa tourelle, la double colonnade de ses galeries superposées.

Maison d'Agnès Sorel.

Rue du Tabourg, on voit, au n° 35, l'ancien hôtel de Jacques Boucher, trésorier du duc d'Orléans. Jeanne d'Arc, à son arrivée dans la ville assiégée, reçut l'hospitalité dans cette maison, et y partagea la chambre de la femme et de la fille du trésorier. On y logea près d'elle ses pages, son écuyer, son aumônier, son frère et deux hérauts d'armes. Les appartements n'y sont malheureusement plus ce qu'ils étaient à cette époque ; de nouvelles distributions ont été faites, et ces changements sont attestés par des ornements d'un style postérieur au séjour de la Pucelle.

Dans la même rue, au n° 15, est une maison qui porte le nom d'Agnès Sorel, quoique son architecture, également postérieure au XVe siècle, semble démontrer suffisamment qu'elle n'a pu être habitée par la belle maîtresse de Char-

Maison de Diane de Poitiers.

les VII. Il n'en faut pas moins admirer l'encadrement des fenêtres, le relief presque plein de la porte d'entrée, les colonnes et le plafond de la galerie, et l'escalier de pierre en spirale.

La maîtresse d'Henri II, Diane de Poitiers, a laissé son nom à un hôtel de la rue Neuve, où elle fut longtems retenue par une luxation de la jambe, à la suite d'une chute de cheval. On regarde comme un chef-d'œuvre la façade qui donne sur la cour.

Encore un souvenir de Jeanne d'Arc. Quoique la maison

Maison de Jeanne d'Arc.

n° 14 de la rue des Pastoureaux ait été reconstruite, les

Orléanais se rappellent avec plaisir que la famille de leur libératrice y reçut l'hospitalité.

Le bûcher de Jeanne d'Arc était à peine éteint, qu'une femme ayant les mêmes traits, la même taille, se présente à la mère de la victime et lui annonce qu'elle a été miraculeusement sauvée des flammes. Isabeau Romé (c'est le nom de la mère de Jeanne) se rend aussitôt à Orléans avec ses deux fils, Jean et Pierre, et la prétendue Jeanne d'Arc. Mais l'imposture est bientôt reconnue, et l'aventurière prend la fuite. Cependant les Orléanais ne veulent point qu'Isabeau les quitte; ils la logent avec les siens; ils lui font une rente et donnent à ses fils l'île de la Madeleine et la terre de Villiers, en Sologne.

Deux maisons, l'une au n° 62 de la rue des Hôtelleries, l'autre, au n° 15 de la rue Sainte-Anne, portent le cachet du talent de l'architecte orléanais, Jacques Androuet-Ducerceau, qui commença le Pont-Neuf, à Paris, et travailla à la galerie du Louvre.

D'autres encore appellent l'attention du visiteur; ce sont: deux maisons de la rue Pierre-Percée, citées pour l'élégance de leurs façades et pour leurs ornements à l'intérieur; le n° 34 de la rue de l'Aiguillerie, qui reçut saint François de Paule allant visiter Louis XI; le n° 1 de la rue de l'Ormerie, les n° 13 et 19 de la rue de l'Huis-de-Fer, les n°s 13 et 16 de la rue de l'Empereur, les maisons de la place du Vieux-Marché, presque toutes remarquables par l'ancienneté de leur architecture et par la beauté de leurs ornements, l'hôtel de la Vieille-Intendance, grande construction en briques, avec deux pavillons à haute toiture, qui fut une maison royale avant de servir d'habitation aux intendants de la province; plusieurs maisons de la rue de la Bretonnerie, le bel hôtel de la rue de Gourville, et le n° 7 de la rue de la Vieille-Poterie, maison qui appartint à Marie Touchet, la maîtresse de Charles IX.

On disait d'Orléans, il y a une trentaine d'années, que c'était une ville triste, mal bâtie et mal percée : de grands embellissements ont, depuis cette époque, changé sa physionomie ; les étrangers peuvent y trouver aujourd'hui de belles rues et de jolies constructions ; une seule chose y manque toujours : la gaieté. A l'exception d'une place et de deux ou trois rues, c'est un pays sans mouvement, sans bruit ; on croirait la ville abandonnée, déserte ; il y a même des rues, la rue de Gourville, par exemple, où l'herbe croît entre les pavés.

La place la plus grande et la plus animée d'Orléans est celle du Martroi ; les voitures y descendent ; les omnibus, les fiacres, les cabriolets y stationnent ; toutes les maisons y sont occupées par des cafés, des restaurants, des hôtels et des bureaux de messageries ou de factage du chemin de fer. On ne pourrait énumérer ce que cette place a vu d'exécutions criminelles, de réjouissances publiques, d'émeutes et de revues, depuis son origine qui date de Louis XII. Une croix en occupait jadis le milieu ; l'intendant Legros fut forcé par les frondeurs de s'agenouiller devant elle en criant : *Mort à Mazarin !* Plus tard, on y élevait l'autel de la Patrie, et l'on y célébrait la fête de la Fédération ; aujourd'hui on y voit le monument de Jeanne d'Arc, peu digne de l'héroïne dont il est destiné à perpétuer la mémoire.

La place du Martroi est vaste, mais irrégulière, et n'offre de construction remarquable qu'un assez beau bâtiment où furent transportés, en 1756, le personnel de la chancellerie et les archives de la maison des ducs d'Orléans.

Devant la façade, aujourd'hui dégagée, de la cathédrale, règne une place assez grande et régulièrement bâtie, qu'on termine en ce moment, et s'ouvre une belle rue tirée au cordeau, à laquelle on a donné le nom de Jeanne d'Arc.

La rue Royale, également tirée au cordeau et bâtie avec une régularité parfaite, se distingue par le nombre et par la richesse de ses magasins.

Deux ou trois autres rues encore, quoique moins belles, méritent d'être citées : ce sont les rues Bannier, d'Illiers, des Carmes ; le reste, et le nombre en est grand (on compte à Orléans 344 rues, sans compter les faubourgs), le reste se compose de longues ruelles inégales, anguleuses, mal pavées, au milieu desquelles on se croirait en plein xve siècle ; il est juste d'ajouter que les noms qu'elles portent contribueraient singulièrement à prolonger l'erreur : comment penser au xixe siècle, en marchant dans les rues des Aides, de l'Ane qui veille, de la Main qui file, des Bahutiers, du Bœuf-Saint-Paterne, des Bons-États, du Chat qui pêche, de la Chèvre qui danse, du Pied de grouille, etc.?

Au bout de la rue Royale est le pont d'Orléans, un des plus beaux ponts en pierre qui aient été jetés sur la Loire. Commencé en 1751 par les ingénieurs Hupeau et Peyronnet, il fut achevé en 1760. Mme de Pompadour y passa en voiture, le jour même où l'on terminait les travaux. Il se compose de neuf arches inégales, dont la plus large a 33 mètres d'ouverture, et la plus petite 30 mètres 50 centimètres ; sa longueur totale est de 333 mètres, et sa largeur de 15 mètres 50 centimètres ; il est bordé de deux trottoirs, et terminé sur la rive gauche par une grille en fer, entre deux pavillons. A droite et à gauche du pont, s'étendent, du côté de la ville, deux beaux quais aboutissant à des promenades plantées d'arbres.

Fermée par huit portes que rien ne distingue, la ville d'Orléans est entourée de boulevards intérieurs et extérieurs qui forment d'agréables promenades et se prolongent, au delà de son mur d'enceinte et de la Loire, par huit faubourgs, dont les plus considérables sont le faubourg Bannier et celui de Saint-Marceau, qui est sur la rive gauche du fleuve. Ce dernier est aussi le plus riche en souvenirs : Clovis, Clotaire III, Pepin le Bref y réunirent les états généraux ; la Pucelle y vainquit les Anglais ; il fut un des théâtres des guerres de la Ligue ; et l'armée de la Loire y trouva l'hospitalité en 1815.

Sur le rempart intérieur, entre le faubourg de la Madeleine et le faubourg Saint-Jean, une butte comprise dans l'enclos de l'hôpital rappelle l'institution des compagnies d'arbalétriers, d'archers et d'arquebusiers, dont Louis XIII ne dédaignait pas de venir partager les exercices. Chaque année, à la Pentecôte, ces compagnies, commandées par un capitaine, plaçaient un oiseau, d'abord sur la tour de Saint-Aignan, plus tard sur les tourelles de l'ancien pont ; l'adroit tireur qui abattait cet oiseau était proclamé roi des Buttes ; on le promenait en triomphe par toute la ville, et il recevait le prix, qui consistait en 50 écus et un émail d'or, appelé *cœur de lis*.

Outre ses remparts, Orléans possède quelques places plantées d'arbres, et, au bout du pont, la route de Toulouse, dont les beaux ombrages attirent, pendant l'été, un grand nombre de promeneurs.

On ne saurait rester quelques jours à Orléans sans visiter les sites pittoresques, les beaux châteaux, les vieux monuments qui donnent aux environs de cette ville une physionomie si curieuse et un attrait si puissant. Comme premier but d'excursion, se présente le bourg d'Olivet avec son vieux pont jeté sur le Loiret, dont les bords sont vraiment enchantés. Mais il faut pousser plus loin et aller jusqu'au château de la Source. Là, dans un basssin circulaire entouré de gazon, vous voyez une pièce d'eau dont le centre bouillonne ; c'est la source du Loiret qui, dès sa naissance, prend les dimensions d'une large rivière navigable, et serpente entre deux rives bordées de riantes prairies, de beaux ombrages et de délicieuses villas.

Ce fut dans ce château qu'un célèbre ministre de la reine Anne d'Angleterre, lord Bolingbroke, accusé de trahison par le parlement pour avoir conclu la paix avec la France, vint mettre à l'abri sa tête menacée, et se consoler de l'injustice et de l'animosité des partis. Près d'un siècle plus tard, le

Pont d'Olivet.

prince d'Eckmulh y signait le licenciement de l'armée de la Loire, après le désastre de Waterloo.

A quelque distance de la Source, le long du jardin potager, est un gouffre qu'on appelle l'*Abîme* ou le *Gèvre*. Les eaux du Loiret et du Duis s'y réunissent, mais sans se mêler; on les suit dans leur tournoiement, les premières toujours limpides, les secondes toujours troubles, jusqu'au centre où elles s'engouffrent. Le long des parois de l'abîme règnent des retraites caverneuses où se réfugient les poissons, ce qui rend la pêche presque impossible. On évalue à 15 mètres environ la profondeur du Gèvre.

Du même côté de la Loire, mais en descendant le fleuve, et en face du pittoresque village de la chapelle Saint-Mesmin, assis sur la rive droite, exista jadis l'abbaye de Saint-Mesmin. On peut encore parcourir les jardins et voir l'église,

Source du Loiret.

transformée en pressoir, du vieux monastère que fonda Clovis au commencement du vi⁰ siècle, et dont le nom se trouve à chaque page de l'histoire d'Orléans.

Une autre église située à quelques lieues de la ville n'est pas moins intéressante à visiter : c'est celle du monastère de Saint-Benoît. Fondé vers l'an 640, devenu célèbre par la possession des restes de saint Benoît, qu'un moine alla chercher au mont Cassin, ravagé par les Normands, puis restauré, ce monastère avait acquis, par sa précieuse collection de manuscrits et par ses écoles, une si grande célébrité, qu'on y comptait en 1500 plus de 5000 élèves. On ne voit plus de traces du monastère; l'église seule a survécu, remarquable encore par les bizarres chapiteaux des colonnes de son

Les moulins Saint-Mesmin.

péristyle, par les statues et les bas-reliefs de son portail latéral du nord, par sa belle nef et par ses stalles sculptées avec autant d'originalité que de talent. Dans la sacristie, on montre le beau chapelet de Mme de Montespan, et un reliquaire en bois, couvert de cuivre doré, qu'un des premiers abbés, Mummole, portait au cou en guise de croix pastorale.

Un peu au delà de Saint-Benoît, la petite ville de Sully, située sur la rive gauche de la Loire, possède un château qui appartint d'abord aux sires de la Trémoille, et que fit reconstruire le sévère ministre d'Henri IV. La tour de Béthune, où s'imprima, sous les yeux de Sully, la première édition des *OEconomies royales*, la chambre où coucha Henri IV, quelques tableaux et une belle statue en marbre de

Sully, appellent le touriste dans ce beau domaine, où Voltaire écrivit plusieurs chants de *la Henriade*.

Sur la rive gauche du Cosson, à 5 lieues d'Orléans, on voit les restes d'un camp romain et un château en partie gothique et du xii° siècle, en partie construit sur les dessins de Mansard. Ce château a eu deux maréchaux de France pour propriétaires : le maréchal de La Ferté et le maréchal Masséna.

A Caubrai, au-dessus de la porte d'une maison, une inscription en vers latins rappelle la mort du duc de Guise, le séjour de Catherine et la paix conclue par Charles IX.

Enfin il faut aller chercher dans les taillis d'Ingré les ruines du vieux château de Montpipeau; près de Jargeau, le joli château de Chenaille, l'orangerie et les restes du beau château de Châteauneuf : dans le voisinage de Cléry, un vaste tombeau gallo-romain, nommé Butte de Mézières, où l'on a trouvé des ossements, des armes et des médailles; à côté de Saint-Cyr, le château de la Jonchère et quelques *tumulus;* un peu plus loin, le château de la Porte; puis, en revenant à Orléans par le village de Sandillon et le vignoble de Saint-Denis-en-Val, deux châteaux en ruine, celui de Cornet, que décora le cardinal Briçonnet, et celui de l'Ile, bâti par le bailli Jérôme de Groslot.

Les habitants du Loiret sont trop voisins de Paris pour offrir une grande singularité de costume, de caractère et de mœurs. Cependant certaines localités présentent avec le reste du département des différences assez tranchées : « On est surpris, dit M. Vergnaud-Romagnési, dans un petit ouvrage intitulé *Orléans et ses environs*, de la différence qui existe entre un paysan du Val et un paysan de Sologne, qui ne sont pourtant séparés l'un de l'autre que par un coteau et quelques champs.... Les habitants de la Sologne, appelés *Solognots*, sont, comme ils le disent eux-mêmes, d'une *chétive race*.... A peine ont-ils atteint l'âge de deux ou trois ans, que l'usage d'une eau malsaine leur fait enfler le ventre, et qu'ils contractent la maladie appelée *carreau*, dont ils ne guérissent jamais dans leur pays, mais qui disparaît lorsqu'ils cessent de l'habiter ou changent de boisson. Dès l'âge de douze ans, leurs cheveux deviennent très-noirs et leur teint plombé; leur bouche se garnit de dents larges, très-espacées et mal rangées; elles leur occasionnent de fréquentes douleurs, et elles tombent avant leur vieillesse, qui est presque toujours prématurée. Leur voix est grêle, leur taille petite et courbée, leur démarche lente et insouciante.... Leurs demeures sont à peu près toutes construites en bois dont les interstices sont remplis de terre glaise mêlée avec du foin.... Malgré leur mauvaise santé et leur air insouciant, les paysans de Sologne trouvent de la ruse et de la finesse quand il s'agit de leurs intérêts ou d'argent; aussi appelle-t-on, dans les environs et ailleurs, un homme apathique, irrésolu et niais en apparence, mais fin et adroit en réalité, un *niais de Sologne*.... Ils ont une tendance extraordinaire à toutes les superstitions; de telle sorte qu'ils ont travesti les noms des saints pour leur attribuer des *vertus* ou *mérites*, comme ils disent, inconnus dans d'autres pays. Ainsi saint Sulpice devient saint *Supplice* et les soulage du *supplice* de leurs douleurs. Sainte Corneille, par analogie avec le nom de la corneille, les empêche de devenir maigres, mais les fait devenir noirs. Des saints sont invoqués pour leurs bestiaux : Saint Yves devient saint *Yvre* et empêche les moutons de devenir *lourds*; saint Firmin est saint *Frémin* et guérit les bestiaux qui *frémissent* (tremblent), etc. »

Les paysans solonais ont conservé quelques usages assez curieux : le premier dimanche de carême, ils allument des flambeaux et se mettent à courir à travers les champs ensemencés en se poursuivant et en chantant :

  Sortez, sortez d'ici, mulots!
  Ou je vais vous brûler les crocs!
   Quittez, quittez ces blés,

Allez, vous trouverez
Dans la cave du curé
Plus à boire qu'à manger.

Puis des réunions ont lieu le soir ; on y mange de la bouillie de millet, et il est d'obligation pour chaque convive d'apporter un pied d'une plante nuisible au blé, qu'on appelle *nielle*, et qu'il a dû cueillir dans sa course.

On trouve dans la *France pittoresque* cette description exacte d'un mariage en Sologne :

« Le paysan solonais ne laisse pas sa femme, le jour de ses noces, passer l'anneau nuptial à son doigt ; il a le soin de le placer lui-même et de l'enfoncer jusqu'à la troisième phalange, dans la persuasion, s'il agissait autrement, que sa femme seule serait maîtresse au logis.

« Chacun des deux époux tient, pendant la cérémonie, un cierge allumé, et l'on croit que celui qui a porté le cierge dont la cire a brûlé plus vite (ce qui se reconnaît à l'inégalité des grandeurs) doit mourir le premier.

« On a l'usage de piquer par derrière, et jusqu'au sang, le marié et la mariée, pendant la célébration de la messe de mariage, afin de savoir lequel des deux sera le plus jaloux.

« Les noces sont pour les Solonais l'occasion de réunions très-nombreuses ; la fête dure plusieurs jours qui se passent en danses, en jeux et en festins. On y invite non-seulement le maître et la maîtresse de chaque maison voisine, mais les domestiques, les journaliers, les infirmes et même les enfants ; chacun des invités peut y faire même convier d'autres personnes.

« Le premier jour, au repas de noces, où des mets grossiers, mais abondants, sont offerts à l'appétit des convives, et où les paysans étalent tout le luxe qui leur est possible, succède une quête pour les mariés. Cette quête se fait de diverses façons : tantôt la mariée remet aux filles d'honneur son bouquet de noce; celles-ci exécutent, au son de l'aigre violon du ménétrier, diverses danses rustiques en se passant le bouquet de main en main, et, se rapprochant successivement de chacun des convives, font un appel à sa générosité; tantôt une procession, composée de cinq paysannes, se charge

Une ferme en Sologne.

de la quête; la première, vêtue de ses plus beaux habits, tient à la main une quenouille et un fuseau qu'elle présente en chantant ce refrain, en vieux langage :

> L'épousée a bien quenouille et fuseau,
> Mais de chanvre, hélas! pas un écheveau.
> Pourra-t-elle donc filer son trousseau?

« La seconde reçoit les offrandes dans un gobelet de la mariée; la troisième verse à boire aux convives généreux; la quatrième essuie avec une serviette la bouche de chaque buveur, que la dernière, ordinairement la plus jolie, embrasse en signe de remercîment.

« Le dernier jour des noces est marqué par une cérémonie assez burlesque. Un pot de grès est placé au bout d'une perche : chacun des conviés, armé d'un bâton, s'avance successivement et les yeux bandés vers le pot, qu'il doit briser d'un seul coup ; lorsque le pot est en débris, le vainqueur a le droit d'embrasser la mariée ; s'il n'y réussit pas assez vite, on l'assied sur un trône de feuillage, on lui verse à boire, et chacun feint de trinquer avec lui. Il est ainsi condamné à boire jusqu'à ce qu'il ait touché le verre d'un autre convive qui le remplace et qui est de même remplacé à son tour.

« Le premier dimanche qui suit les noces, le sacristain apporte à la mariée une quenouille qu'elle entoure de lin filé pour en faire ensuite offrande à l'église.

« Le parrain ou la marraine d'un Solonais qui se marie font à leur filleul un cadeau nommé *cochelin* ; c'est ordinairement une cuiller à café, un pot à eau, ou même quelque autre vase non moins nécessaire. »

A trois ou quatre lieues d'Orléans, dans le Val-de-Loire, on trouve deux villages, Saint-André et Mareau, dont les habitants se distinguent par leur costume de forme et d'étoffe invariables, par le caractère particulier de leurs danses, par des habitudes qui ne se rencontrent dans aucune autre localité du département, et par leur langage, dont plusieurs expressions tiennent de la langue romane.

Orléans, où l'on voit tant de constructions d'une autre époque, a conservé aussi quelques anciens usages. Les *assemblées* y sont nombreuses, et la plupart des villages qui l'avoisinent ont aussi la leur ; ces assemblées sont nommées *pardons*, *corps saints*, *valteries* ; elles ont même, depuis quelques années, emprunté à la Belgique le nom de *kermesses*.

Une des premières de l'année, le *pardon des carmes*, se tient à Orléans, dans la rue des Carmes ; le couvent a cessé d'exister, et l'on n'en voit plus sortir cette belle procession que des princes honorèrent quelquefois de leur présence ; mais on y observe encore le précepte contenu dans ce quatrain qui ne sortira jamais de la mémoire des paysans du Loiret :

> Pour vivre sans envie,
> Et qu'on ait bien son lot,
> Il faut que la *Marie*
> Prenne ici son *Pierrot*.

On entend par *Marie* toute jeune fille à marier, et par *Pierrot* le garçon qui doit la conduire à toutes les assemblées suivantes. La dernière de ces réunions qui soit animée et nombreuse est celle de Cléry, qui a lieu le 8 septembre ; c'est là qu'on voit danser entre eux les paysans de Mareau et de Saint-André, les hommes vêtus de culottes courtes, de deux vestes et d'un habit lie de vin foncé, coiffés de chapeaux à grands bords relevés, et chaussés de souliers à grandes boucles ; les femmes avec des cornettes plates, de grands corsets et de quadruples jupons. C'est là aussi que le *Pierrot* achète le bouquet qu'il donne à sa *Marie* en lui faisant ses adieux. Ce bouquet est composé de fleurs artificielles, d'une forme étrange, ayant pour calice une perle de verre étamée ; parmi les fleurs sont disposés de petits miroirs convexes qui ont, à ce qu'on suppose, la propriété de se ternir si le *Pierrot* devient infidèle. Ce talisman, gage ordinaire d'un mariage projeté pour la Toussaint ou pour Noël, est précieusement conservé par la *Marie*, qui l'attache à la quenouille de son lit et le consulte souvent.

C'est le 8 mai qu'Orléans célèbre, chaque année, sa délivrance. Instituée en 1431 par Guillaume Charrier, évêque d'Orléans, cette cérémonie, interrompue pendant les troubles religieux, ainsi que de 1792 à 1804, a réuni presque toujours les ordres ecclésiastiques, civils et militaires ; en 1792, et de 1830 à 1840, elle se borna à une simple promenade militaire.

Les Orléanais donnèrent, dès le principe, un grand éclat à ce témoignage de leur reconnaissance pour Jeanne d'Arc. Un jeune varlet, vêtu de satin jaune et rouge, chaussé de drap rouge et coiffé d'une toque rouge ornée d'un panache blanc, était chargé d'y porter un trophée des vêtements et de l'étendard de la Pucelle. On donnait au varlet le nom de Puceau. L'étendard était d'étoffe blanche semée de fleurs de lis. Un côté portait cette inscription : *Jhesus Maria*. Sur l'autre, on voyait, entre deux anges en adoration, le Sauveur assis sur un tribunal, au milieu des nuées.

Le 7, les autorités se rendaient avec le puceau à l'église de Saint-Aignan, où l'on chantait solennellement les vêpres, au bruit des cloches et de l'artillerie. Puis le jeune représentant de Jeanne, en mémoire de la captivité de l'héroïne dont il devait porter la bannière, était renfermé jusqu'au lendemain dans la loge du portier du cloître. Les salves d'artillerie commençaient, le 8, avec le jour, et les cloches sonnaient à grande volée ; le chœur et la nef de Saint-Aignan retentissaient de chants religieux ; après l'office était prononcé un éloge de Jeanne d'Arc ; enfin la procession se mettait en marche. On voyait alors défiler en chantant, entre deux haies de soldats du guet et de cinquanteniers, les orphelins de l'hôpital, les corps de métiers, les confréries, les communautés religieuses, le clergé des paroisses, celui des chapitres, les régents et les élèves de l'université, les étudiants des différentes écoles, la bourgeoisie, la noblesse, la magistrature, les autorités civiles et militaires. On arrivait à l'emplacement des tourelles du vieux pont, où le cortége rendait hommage à la libératrice d'Orléans dans la personne du puceau qui la représentait. Pendant le défilé, le peuple faisait entendre des hymnes patriotiques, et des chants satiriques contre les *godons*, c'était le nom donné aux Anglais. Des jeux et des divertissements remplissaient le reste de la journée. En 1438, la fête fut embellie d'un simulacre de

ORLÉANS.

l'assaut donné aux tourelles. En 1446, on joua sur des tréteaux les mystères de saint Étienne.

Nous avons, dans un parcours de 121 kilomètres, passé à travers quatre départements : Seine, Seine-et-Oise, Eure-et-Loir, Loiret; nous avons visité de ravissants paysages et une foule de châteaux remarquables par leur situation, par leur architecture, par les personnages qui les ont possédés ou habités; nous nous sommes arrêtés à Étampes, à Orléans, cités riches en souvenirs et en monuments. Si nous n'avons point réussi à instruire, à intéresser, à distraire le voyageur, c'est à nous certainement qu'en doit être attribuée la faute, et non au sujet; nous aurons toutefois un motif de consolation dans la pensée que ceux de nos lecteurs qui poursuivront leur course au delà d'Orléans, et leur lecture au delà de notre itinéraire, trouveront d'amples dédommagements sur les lignes de Tours, de Nantes, de Moulins et de Bordeaux.

Le pont de la Bourée.

D'ORLÉANS A TOURS

PAR

AMÉDÉE ACHARD

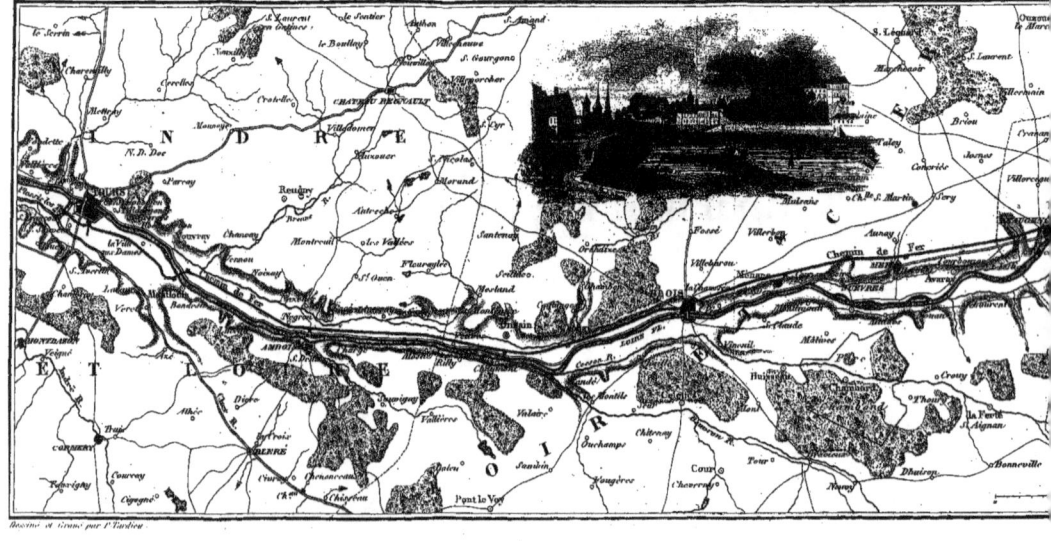

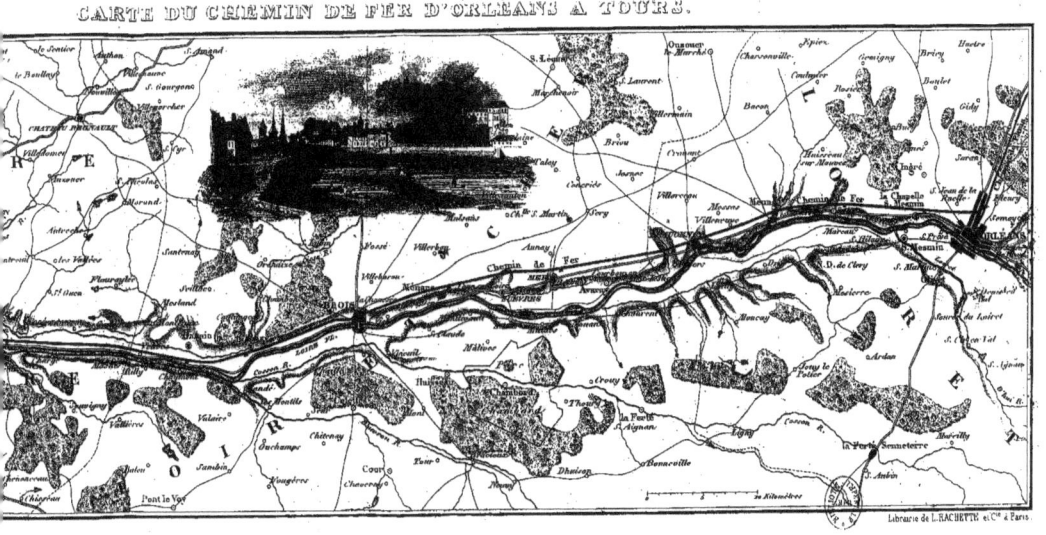

D'ORLÉANS A TOURS.

AVANT-PROPOS.

Notes statistiques sur la concession et la construction du chemin.

On sait que la loi du 11 juin 1842 décida l'établissement d'un réseau de chemins de fer destinés à relier entre elles les diverses contrées du royaume en passant par les grandes villes. La loi du 26 juillet 1844 sanctionna spécialement, pour la ligne d'Orléans à Bordeaux, les dispositions générales de la loi du 11 juin 1842, et porta l'état des sommes à affecter à la construction de cette ligne à 71 millions pour la part afférente au ministère des Travaux publics, en déterminant que, dans aucun cas, la concession ne pourrait dépasser le terme de 41 ans 16 jours.

Ensuite de cette loi, quatre compagnies se présentèrent à l'adjudication du 9 octobre 1844, et l'adjudication fut prononcée en faveur de la compagnie formée sous la présidence de M. le duc de Mouchy, qui réduisait la concession au terme de 27 ans 278 jours.

Le capital social de la compagnie, arrêté au chiffre de 65 millions, fut souscrit: en Angleterre, pour 70 000 actions, par 715 actionnaires; en France, pour 60 000 actions, par 1845 actionnaires.

Après l'acceptation de sa soumission, la compagnie fut définitivement constituée le 17 mai 1845, l'adjudication du 9 octobre 1844 ayant été approuvée par ordonnance royale du 24 octobre suivant.

La livraison des travaux mis à la charge de l'État par la loi du 11 juin 1842 a commencé le 12 juillet 1845, et s'est continuée au fur et à mesure de leur achèvement. Ces travaux, menés avec une grande activité, présentent, dans leur ensemble et dans leurs détails, cette perfection qui signale les ouvrages des ingénieurs de l'État.

Les travaux laissés à la charge de la compagnie ont été conduits avec une célérité qu'aucun obstacle n'a pu ralentir. La pose des rails a commencé dans la seconde quinzaine de juillet 1845. Le 30 octobre, une première voie unissait sans interruption les villes d'Orléans et de Tours. Le 26 mars, la ligne était inaugurée; le 2 avril elle était livrée à l'exploitation.

La voie entre Orléans et Tours est d'une étendue de 114 kilomètres 500 mètres.

Elle comprend 92 ponts, passerelles, ponceaux et aqueducs; 103 passages à niveau, dont 92 ouvrent une circulation aux voitures, et 11 aux piétons et aux bêtes de somme; 92 de ces passages sont munis de maisons de garde.

Parmi les travaux d'art les plus remarquables, il faut signaler les viaducs de Tours et de Beaugency, et le pont jeté sur la Loire à Mont-Louis.

La distance totale de 114 kilomètres 500 mètres se subdivise ainsi :

D'Orléans à Blois, 58 kilomètres 350 mètres ;
De Blois à Amboise, 32 kilomètres 520 mètres ;
D'Amboise à Tours, 23 kilomètres 630 mètres.

Les stations d'Orléans à Tours, sans compter celle d'Orléans, sont au nombre de 16, savoir: La Chapelle, Saint-Ay, Meung, Beaugency, Mer, Ménars, Blois, Chouzy,

Onzain, Limeray, Amboise, Noizay, Vernon, Vouvray, Mont-Louis et Tours.

Ces seize stations se partagent en trois classes, graduées d'après leur importance : trois dans la première : Orléans, Blois, Tours ; quatre dans la seconde : Meung, Beaugency, Mer, Amboise ; et dans la troisième, les neuf autres.

Aux termes du traité passé, le 26 décembre 1844, avec MM. Mackenzie et Brassey pour la construction des travaux laissés à la charge de la compagnie, et en prenant pour base du calcul le chiffre du forfait fixé à 61 857 443 fr., ce chiffre, divisé par 475 kilomètres, longueur totale de la ligne d'Orléans à Bordeaux, porte le kilomètre complet à 130 226 fr.

Dans la partie livrée à la circulation, d'Orléans à Tours, les entrepreneurs ont employé 16 000 tonnes de rails tirés des usines de Decazeville, d'Alais, du Creuzot, de Fourchambault, de Vierzon et de Pont-Audemer ; 3574 tonnes de coussinets produits par les usines de Fourchambault, de Vierzon et du Creuzot ; 198 526 traverses soumises à une préparation employée dans tous les railways anglais, et adoptées par plusieurs chemins français, notamment par celui de Rouen ; 794 104 chevilles.

Le ballast employé comprend une quantité de 489 077 mètres cubes de sable tiré de la Loire ou de sablières ouvertes aux environs de la voie ; 46 plaques tournantes ont été posées dans les diverses stations ; enfin la ligne est fermée par une double haie de treillage présentant une longueur de 427 290 mètres.

Les principaux travaux d'art sur la ligne d'Orléans à Tours sont : le pont sur la Loire à Mont-Louis, 383 mètres de longueur, 12 arches de 24 mètres 80 centimètres ;

Le pont sur le canal de Berry :

64 mètres de longueur, 1 arche, avec de petites arches latérales ;

Le viaduc de Beaugency :
290 mètres de longueur, 25 arches ;
Le viaduc de Tavers :
165 mètres de longueur, 12 arches;
Le viaduc de Mer :
60 mètres de longueur, 3 arches ;
On compte en outre :
44 ponts de 15 à 20 mètres de long, 1 arche, pour routes, chemins en dessous et ruisseaux ;
4 passerelles en dessus ;
4 ponceaux ;
et 27 aqueducs.

Aspect général du chemin d'Orléans à Tours.

Qui n'a parcouru le chemin d'Orléans, cette ligne qui s'élance comme une flèche tout au travers de la France? Voilà huit ou dix ans déjà qu'il relie comme un trait d'union l'Ile-de-France à l'Orléanais : tout le monde le connaît et il connaît tout le monde. Les bœufs tranquilles laissent bondir la machine sur le rail sans même relever la tête ; le laboureur paisible qui trace son sillon ne se détourne plus pour savoir d'où viennent ce bruit et cet éclat ; les chiens vigilants ne frémissent plus au passage de cette foudre civilisée, de ce météore organisé ; l'alouette reste tapie dans le chaume, et les enfants couchés au pied des saules ouvrent un œil paresseux que le sommeil referme avant même que la chaudière ait franchi l'horizon.

Mais à peine a-t-on dépassé la ville héroïque où vainquit la Pucelle, que le chemin entre dans un pays d'un aspect nouveau.

La locomotive glisse aux flancs des coteaux, franchit le vallon d'un élan, coupe des plaines, côtoie la rivière et va toujours, laissant derrière elle des clochers pointus et des tours branlantes. Parfois elle touche à la Loire comme une hirondelle qui effleure les eaux du bout de ses ailes; puis, comme un chevreuil qui bondit, elle s'enfonce dans les forêts et disparaît sous les arbres verts. Et toujours, où qu'elle flotte, un paysage féerique se déroule sous l'effort de la vapeur.

Ce sont des horizons dorés où se découpe le profil de forteresses en ruine, où brillent les silhouettes dentelées de vieilles cités; sur les collines sont assis des châteaux curieux qui regardent passer le phénomène obéissant; au fond des ravins se cachent des hameaux ignorés qui ne comprennent rien à tout ce bruit; et sur les rocs se dressent des tours féodales qui semblent se réveiller pour saluer la civilisation au passage.

Maintenant il faut cinq heures pour franchir une distance que Mme de Sévigné parcourut en quatre jours, s'étonnant qu'on pût courir aussi vite sans mourir. Aujourd'hui, elle trouverait peut-être qu'on va trop lentement. Et quel pays! une terre où les chroniques germent avec les épis, où les légendes s'épanouissent avec les fleurs, où chaque pierre a son histoire; une contrée toute pleine de châteaux célèbres, et qu'ont illustrée cent hommes fameux et cent femmes non moins fameuses; un pays splendide et doux, qui, pour nous servir de l'expression d'un Turc qui aurait été journaliste s'il n'avait été musulman, est semblable à un petit coin de l'Orient enchâssé dans la France.

Là, les souvenirs sont partout : ils peuplent la campagne féconde et la ruine solitaire, la ville tortueuse et le hameau silencieux, les grandes forêts et les champs pacifiques; les échos ont gardé mille noms doux ou superbes, formidables ou charmants : Charles Martel et Gabrielle d'Estrées, Louis XI et Mme de Pompadour.

La poussière qui vole avec le vent est de la poussière historique, foulée par de grands hommes, ensanglantée par vingt batailles, et toute pétrie par les événements et les révolutions.

D'Orléans à Tours, quelle épopée et quel roman ! quels drames et quelles comédies ! que de siéges et que de ba-batailles ! que de guerres et que d'amours ! Les Celtes, les Romains, les Visigoths, les Francs, les Sarrasins, les Normands, les Anglais ont foulé ce coin de terre. Et que de grands personnages partout ! Pieux évêques, rois vaillants, illustres capitaines, braves chevaliers, ministres fameux, reines, grandes dames, vierges et courtisanes ! Depuis César jusqu'à Napoléon, depuis Frédégonde jusqu'à Mme de Pompadour, depuis du Guesclin jusqu'au maréchal de Saxe, depuis le duc de Guise jusqu'à Blücher, depuis saint Louis jusqu'au cardinal de Richelieu, depuis Richard Cœur de Lion jusqu'à Charles-Quint, depuis Agnès Sorel jusqu'à Louis XIV ! et mille autres encore, dont les noms volaient avec la brise et chantaient avec les eaux. Partout des donjons, partout des cathédrales, partout des abbayes, des tourelles et des châteaux ! partout et sur chaque lambeau de terre un grand fait historique ! Et, plus forte que toutes les révolutions et tous les désastres, éternelle comme la beauté, la nature souriante couvre de ses merveilles ce pays, si doux qu'il fait rêver de l'Éden ! Les grands hommes ont passé, et les lilas fleurissent !

A présent je dois vous dire et les noms des lieux au travers desquels nous emporte la Chimère de fer et de feu, et les souvenirs qu'ils rappellent ; il faudrait un livre pour tout raconter ; mais nous sommes en wagon, notre plume ira comme un wagon, et nous verrons ensemble l'Orléanais et la Touraine à vol d'oiseau.

La moisson est partout ; nous glanerons des épis, ne pouvant récolter toutes les gerbes.

Gare d'Orléans.

I.

D'ORLÉANS A BLOIS.

La machine qui est entrée à Orléans revient sur ses pas et court, dans la direction de Paris, l'espace d'un demi-kilomètre environ ; puis les rails quittent la ligne du nord, et, traçant une courbe, passent sous les faubourgs Bannier et Saint-Jean ; on franchit la route de Chartres sur un pont et on gagne les fertiles campagnes de l'Orléanais.

La traversée des deux faubourgs a coûté des sommes énormes à la compagnie ; à peine sont-ils franchis qu'on se trouve dans des champs qui ont tout à fait l'apparence de jardins.

La première station est *la Chapelle-Saint-Mesmin*, petit village que nos lecteurs connaissent déjà. On laisse le hameau de Chavigny sur la droite, et l'on arrive au gros bourg de *Saint-Ay*, dont les toits rustiques disparaissent à l'ombre des arbres. On est déjà à 13 kilomètres d'Orléans. C'est là que le bienheureux saint Ay ou Agilius se bâtit un ermitage loin du monde. Plus tard, une abbaye de filles de l'ordre de Cîteaux s'éleva sur l'emplacement de la chapelle.

La locomotive s'arrête une minute à peine et repart. En quelques bonds elle atteint *Meung*, patrie de Jehan Clopinel, continuateur du *Roman de la Rose*.

Meung est à 19 kilomètres d'Orléans.

Meung a gardé de son passé une église placée sous l'invocation de saint Liphard, et tout entourée, comme Notre-Dame d'Étampes, d'une muraille crénelée qui faisait, en temps de guerre, du temple une forteresse ; et avec l'église un vieux château, qui servait de villa d'été aux évêques d'Orléans, et dont la terrasse domine le cours de la Loire. A vos pieds s'allonge le pont suspendu que l'industrie moderne a jeté sur le fleuve, et sur la rive opposée jaillit dans l'air le clocher de Notre-Dame de Cléry.

Les Mauves, trois petites rivières, sœurs jumelles qui arrosent le territoire de Meung, font travailler des tanneries et des moulins sans nombre dispersés sur leurs bords.

Meung a commencé par un château fort, qui fut détruit au Ve siècle par les Vandales ; plus tard, vers 550, saint Liphard s'y retira en compagnie de quelques ermites, qui fondèrent un petit monastère dont le bienheureux avait la direction. Ce monastère fut le berceau de la collégiale de Meung.

En 1429, la Pucelle, dont les pieds libérateurs ont partout foulé cette terre de l'Orléanais, passa à Meung, y attaqua les Anglais, qui s'y étaient fortifiés après la levée du siége d'Orléans, et leur tua six cents hommes. Ce qui restait de la garnison se rendit.

Au XVIIIe siècle, ce fut une jolie femme, une marquise, presque une reine, qui devint la providence de Meung, mais, à vrai dire, la providence sans y penser. Cette reine ou cette favorite, comme on voudra, Mme de Pompadour enfin, avait un pied-à-terre près de Ménars-le-Château. Or,

Meung.

un jour qu'elle s'y reposait, il arriva que l'architecte Hupeau lui rendit visite. Cet architecte était fort triste ce jour-là ; il venait de terminer le pont d'Orléans, et les jaloux faisaient courir mille bruits défavorables sur la solidité de cette œuvre de pierre. Hupeau trouva tout simple, pour fermer la bouche aux médisances, de proposer à la favorite de traverser le pont dans son carrosse à six chevaux. Mme de Pompadour, qui était bonne fille au fond, accepta, et, l'épreuve ayant réussi, on dut se taire ; mais les badauds, ne pouvant plus parler, rimèrent. Trois jours après on colportait par tous les cafés et toutes les ruelles de la ville ce sixain épigrammatique :

> Censeurs de notre pont, vous dont l'impertinence
> Va jusqu'à la témérité,
> Hupeau, par un seul fait vous réduit au silence.
> Bien solide est ce pont; ce jour il a porté
> Le plus lourd fardeau de la France.

Mme de Pompadour lut l'épigramme, et, afin de ne plus repasser sur ce pont, elle fit changer la direction de la route.

Meung eut tout le profit de la poésie.

Mais Notre-Dame de Cléry en eut tout le désagrément.

Le caprice quasi-royal qui enrichit la petite ville ruina le village. Louis XI n'était plus là pour protéger Notre-Dame de Cléry. La sainte église, pillée par le comte de Salisbury, relevée par Louis XI, visitée par Charles-Quint et François I*er*, qui gardait le corps du vaillant comte de Dunois, saccagée par les calvinistes, restaurée par Louis XIII, ravagée par les iconoclastes de 93, est maintenant classée parmi les monuments historiques. L'art l'a prise sous sa protection au moment où la religion l'abandonnait.

Cette église de Cléry, située au milieu d'un bourg dont il est fait mention déjà dans une charte du temps de Childebert, en 550, doit son origine à une statue païenne que des paysans ramassèrent dans un champ, vers 1280, et qu'ils prirent naïvement pour une vierge chrétienne. On éleva un oratoire pour la statue tirée d'un *sacellum* voisin, et l'oratoire acquit, grâce aux dons des fidèles, l'importance et l'étendue d'une église. Après le passage du comte de Salisbury, qui détruisit, en 1428, les trésors entassés durant quatre siècles dans la collégiale fondée par Simon de Melun, seigneur de La Salle et compagnon de saint Louis, Louis XI, qui traversait souvent Cléry en allant de Paris en Touraine, voulut réparer lès désastres de la guerre, et confia à Gabriel Maurin, chanoine de Notre-Dame de Cléry, le soin de la réédifier. Mais la collégiale devait essuyer de nouveaux malheurs ; un incendie détruisit les parties achevées en 1472, et ce fut Antoine Beaume, secrétaire de Gabriel Maurin, qui termina Notre-Dame sur les plans du chanoine.

C'est à Notre-Dame de Cléry que Louis XI voulut être

Tombeau de Louis XI à Notre-Dame de Cléry.

enseveli ; il y fit faire un caveau, dans lequel il lui prit fantaisie de se coucher souvent pour voir s'il était bien taillé à la mesure de son corps. Le mausolée était en bronze ; mais, les calvinistes l'ayant mis en pièces, Louis XIII le fit rétablir en marbre blanc par Michel Bourdin, sculpteur orléanais.

Ce mausolée a survécu aux splendeurs religieuses de Notre-Dame de Cléry.

On laisse sur la droite les villages de Messas et de Villeneuve, et tout à coup un amas de cheminées, de toits pointus et de clochers nous annonce *Beaugency*.

C'est une de ces villes qui ont conservé les rues étroites et sombres du moyen âge; mais, si beaucoup de vieilles maisons enjolivées de sculptures sont restées debout, il ne reste plus du château qui étendait ses fortifications jusqu'au pont

Beaugency.

qu'une tour massive soutenue par d'énormes contre-forts. Quant à l'hôtel de ville, il rappelle par son style architectonique et son ornementation celui d'Orléans.

Le pont de Beaugency compte vingt-six arches; jadis il en avait trente-neuf. Sur ces vingt-six arches dont se compose ce pittoresque pont, l'une, dite *marinière*, est construite en pont suspendu; huit sont en bois; neuf datent du xiv⁰ siècle; le reste est d'une construction beaucoup plus récente.

En face de Beaugency, sur la rive gauche de la Loire, dort, dans le cimetière de Lailly, Étienne Bonnet de Condillac, abbé de Mureaux, mort dans la terre de Flux en 1780.

On raconte que Beaugency doit son origine à une colonie de Belges, qui donnèrent à la cité naissante le nom de *Belgiacum* ou *Belgenciacum*. Rien ne démontre, mais rien ne dément l'authenticité de cette origine.

L'antique cité, dont il nous reste encore un denier d'argent battu sous Charles le Chauve, fut tour à tour assiégée et prise par les Huns, les Saxons, les Normands en 854, par les Anglais en 1367, en 1411 et en 1418. En 1429, la Pucelle, aidée par Dunois et par le duc d'Alençon, l'arracha aux Anglais.

Les catholiques et les huguenots se disputèrent Beaugency durant les guerres de religion.

L'abbé Louis, qui fut ministre des finances sous Louis XVIII, après avoir été prieur de l'église de Saint-Étienne, est né à Beaugency.

Mais la chaudière agite ses pieds d'airain et voilà le département du Loiret franchi. On entre par la commune de Saint-Laurent dans le département de Loir-et-Cher.

Avant d'aller plus loin, jetons un regard sur le viaduc de Beaugency, qui s'appuie sur deux collines, et dont les vingt-cinq arches en plein cintre soutiennent le tablier à une hauteur considérable.

Cet ouvrage d'art est, avec le pont de Mont-Louis que nous rencontrerons plus tard, un des plus beaux que l'État ait entrepris. Il précède de peu d'instants le viaduc de Tavers, qui, d'une moindre étendue, se compose de quinze arches de la même forme et de la même dimension que celles du viaduc de Beaugency.

Le viaduc monumental de Beaugency, jeté sur le val des Marais, est d'une longueur de 290 mètres sur une largeur de

7 mètres 50 centimètres entre parapets. Les vingt-cinq voûtes ont chacune 8 mètres 40 centimètres d'ouverture, et s'appuient sur des culées qui se raccordent par des fossés avec les terrassements de la ligne. L'une des culées, celle de l'est, a 16 mètres 87 centimètres de longueur, l'autre a seulement 8 mètres 37 centimètres.

Le tablier du viaduc est à 17 mètres au-dessus du niveau du sol. On a employé pour la construction un cube total de 5366 mètres de béton.

Le chemin, assis sur des remblais, passe devant le château d'Avaray, voilé par un massif d'arbres gigantesques, traverse les coteaux de Guignes, fameux par leurs vignobles, les plus riches de l'Orléanais, laisse sur la droite le village d'Aunay, ceux de Courbouson et d'Herbilly sur la gauche, et arrive à Mer au travers de paysages comme les aime le pinceau de Dupré.

On remarque aux environs de Tavers la pierre tournante de la vallée des Buis et les dolmens de Ver et de Feularde. Ces dolmens faisaient partie d'une chaîne de monuments celtiques élevés par les druides depuis Chartres jusqu'à la Loire. Les gens du pays, qui ne se souviennent plus des druides, connaissent ces sortes d'autels sous le nom de pierres plates, pierres des fées, pierres de Gargantua.

Ici le chemin rencontre un nouveau viaduc, le viaduc de Tavers, d'une longueur totale de 165 mètres, porté par douze arches.

Le château d'Avaray, que nous venons de dépasser, appartenait, aux xve et xvie siècles, à la famille des Mineray, plus généralement connus sous le nom de d'Avaray.

L'un des ducs d'Avaray suivit Louis XVIII dans son exil. La mort seule put séparer le gentilhomme du roi.

Une longue avenue de peupliers descend à la Loire, dont la ville de Mer est distante d'une lieue, et meurt au pont suspendu dont l'interminable tablier relie la petite ville de Mer au village de Muides et au bourg important de Saint-Die, qui commença par être un ermitage du temps de Clovis.

Quelques lambeaux de l'art gothique ornent partout ce pays semé de chefs-d'œuvre croulants. A Mer, c'est un clocher du style gothique dit flamboyant, dernière aspiration de l'architecture ogivale, déjà combattue par la renaissance, qui ramenait le plein-cintre.

On traverse plus vite que l'hirondelle le territoire du hameau des Landes, d'où la vue s'étend sur le parc de Chambord ; on côtoie le château seigneurial de Dizier, dont les hautes tours, reliées par des constructions d'époques et de styles différents, se mirent dans l'eau courante des fossés ; on dépasse le bourg de Suèvres, riche d'une église romane abandonnée et du château de Forges, dont la grosse tour semble dater du temps de Philippe Auguste ; on laisse sur la gauche Cau-sur-Loire et son gracieux château, et l'on touche enfin à *Ménars*, dont le château royal tourne sa façade du côté du chemin de fer, et qui fut la résidence favorite de Mme de Pompadour.

Ce château a eu l'existence d'un favori. D'abord manoir gothique et habité par Jean Duthier, secrétaire d'État sous Henri II, il fut, sous Louis XIII, érigé en vicomté en faveur de Guillaume Charron, conseiller du roi ; sous Louis XIV, la vicomté se transforma en marquisat au profit du neveu du conseiller Charron ; au marquis succéda un duc, et le roi vint après en la personne de Stanislas de Pologne.

Ce château, qui avait été grandi tour à tour à mesure qu'il croissait en dignité, finit enfin par être démoli tout d'un coup quand il passa aux mains délicates de Mme de Pompadour. Une favorite régnante ne pouvait se contenter de ce qui avait suffi à un roi détrôné.

On en fit un château royal, le Versailles du Blésois. Mme de Pompadour elle-même rectifia, dit-on, quelques parties du plan qui lui avait été soumis.

A Mme de Pompadour a succédé le prince de Chimay. Plus de boudoir, mais des classes d'études : où il y avait de petites maîtresses, il y a des écoliers. Le château est aujourd'hui un collége. Les fortunes d'à présent ne sont plus de taille à soutenir l'éclat de ces demeures royales. M. le prince de Chimay a donc fait du château un établissement destiné à l'éducation de la jeunesse, où toutes les familles riches du pays envoient leurs enfants. Où l'on riait jadis, on étudie maintenant.

Les jardins de cette magnifique habitation descendent de terrasses en terrasses jusqu'aux bords de la Loire. Mais de ses rails impitoyables le chemin de fer a coupé le parc en deux.

Pendant la Restauration, le maréchal duc de Bellune posséda le château de Ménars.

Blois.

II.

BLOIS.

Mais voilà que tout à coup une ville apparaît assise sur une colline, comme ces nymphes de la Fable qui laissaient pendre leurs pieds indolents dans l'eau. C'est un fouillis charmant de toits bruns et de feuillage vert, de clochers et de grands arbres, un amas de constructions piquées de rameaux ; coupoles et peupliers, tout se mêle, et la ville, à demi couchée sur sa colline, tournée du côté du soleil, descend vers la Loire, et couronne sa tête d'un ample et beau château, tout à la fois forteresse et palais. C'est *Blois*.

L'histoire de la ville, c'est l'histoire du château. Entre tous ceux de France, il a joué un rôle immense, et, pour illustrer ses vieilles pierres grises, rien n'a manqué, ni les guerres, ni les amours, ni les crimes, ni les arts.

Blois est une de ces villes dont l'origine se noie dans les ténèbres des annales gauloises. Les Romains avaient assis un de ces châteaux dont ils armèrent les Gaules au confluent de la Loire et d'un ruisseau, sur l'emplacement actuel du château et de la place du Château. Au temps des rois mérovingiens, on connaissait des pièces d'or, aujourd'hui très-rares, portant d'un côté *Bleso Castro* autour d'un buste diadémé, de l'autre une croix et un nom de monétaire.

Grégoire de Tours fait mention des comtes de Blois dès l'an 584 ; mais le premier dont l'histoire ait conservé le nom fut un certain Guillaume qui mourut en 834, lors de la querelle survenue entre Louis le Débonnaire et son fils Lothaire.

Eudes lui succéda, et le comté de Blois resta aux mains de comtes de Blois de la maison de France jusqu'en 924, où il passa, on ne sait comment, au pouvoir de Thibaut le *Tricheur*, comte de Champagne, chef de la seconde dynastie des comtes de Blois, alors que l'héritier naturel de ce domaine aurait dû être, par l'ordre de succession reconnu dès ce temps-là, Hugues le Grand, frère de Robert, mort sans enfant.

Ce Thibaut, qui était un terrible et puissant baron, brave, entreprenant, guerroyeur, avide et pillard, vécut près de cent ans, et laissa pour lui succéder, en 978, son fils aîné, Eudes Ier.

Un des successeurs de Thibaut fut cet Étienne de Blois, qui mourut en terre sainte lors de la grande croisade chantée par le Tasse.

En 1230, Hugues de Châtillon, comte de Saint-Pol, devint, par son mariage avec Marie de Blois, chef de la troisième dynastie des comtes de Blois.

La seconde dynastie avait eu trois de ses chefs morts en Palestine ; la troisième perdit Louis, comte de Blois, à la bataille de Crécy. Son frère, le fameux Charles de Châtillon, compétiteur de Simon de Montfort au duché de Bretagne, fut tué à la bataille d'Auray, en 1364.

L'épée, en ce temps-là, finissait presque toujours ce que l'épée avait commencé.

En 1387, le comte Guy avait auprès de lui, comme chapelain, l'illustre Froissart, lorsqu'il reçut dans son château Jehanne d'Armagnac, duchesse de Berry, et Catherine de France, sa belle-sœur.

L'année suivante, le célèbre chroniqueur raconte comment furent reçus les ducs de Bretagne, de Bourgogne et de Berry au château de Blois, qui était, dit-il, dans son naïf langage, *bel, grand, fort et plantureux, et un des beaux du royaume de France.*

Il s'agissait, dans ce parlement de grands seigneurs, de régler le différend survenu entre le duc de Bretagne et Olivier de Clisson, connétable de France.

En 1391, Louis de Châtillon, fils unique de Guy, étant mort sans postérité, le comte Guy, déjà vieux et accablé de dettes, vendit ses domaines à Louis d'Orléans pour une somme de 200 000 écus d'or.

En 1394, à la mort de Guy, Louis d'Orléans entra en possession de ses domaines, et devint le chef de la quatrième dynastie des comtes de Blois, *et une grande bannière couleur de fin azur, à grans fleurs de lis d'or painte à huile par Johan Bersejan, paintre à Blois, fut mise ès portes du chastel.*

Louis commença la bibliothèque du château de Blois, qui fut composée, à l'origine, de cinq volumes donnés par le roi son père, Charles V; c'étaient : deux Bibles, un missel, un livre intitulé *le Gouvernement des rois*, et les *Voyages* du Vénitien Marco Polo.

Après que, par l'ordre de Jean de Bourgogne, le duc d'Orléans eut été assassiné, en 1407, la reine Valentine de

Milan, la femme la plus accomplie de son temps, se retira au château de Blois, où ayant pris pour emblème une chantepleure (arrosoir) entre deux S, initiales de *soupir* et *soucy*, et la devise

> Rien ne m'est plus,
> Plus ne m'est rien,

elle mourut le 4 décembre de l'année suivante, et, comme dit Juvénal des Ursins, *de courroux et de deuil*, après avoir fait jurer à ses enfants de venger la mort de leur père. Parmi eux se trouvait *un bastard nommé Jean, lequel elle voyoit volontiers en disant: qu'il lui avoit esté emblé* (volé), *et que il n'y avoit aucun des enfans qui fust si bien taillé de venger la mort de son père.*

Ce Jean, qui avait alors sept ans, devint le fameux comte de Dunois.

En 1415, Charles d'Orléans, comte de Blois, fut pris à la bataille d'Azincourt. En ce temps-là, le château de Blois était devenu une place formidable et une ville frontière de ce royaume de Bourges, auquel les Anglais avaient réduit Charles VII.

Au mois d'avril 1429, la vierge qui devait sauver la France, Jeanne d'Arc, qui n'était pas encore la Pucelle d'Orléans, fit son entrée solennelle à Blois. Elle en sortit le 28 à la tête de six mille hommes, parmi lesquels étaient le maréchal de Boussac, l'amiral de Culant, le sire de Gaucour, La Hire, Xaintrailles. L'inspirée était armée tout en blanc, sauf la tête, et montée sur un grand cheval noir.

Un peu plus tard, en 1431, le premier homme de guerre du siècle, le grand bâtard d'Orléans, prit le commandement du château de Blois. Il touchait deux cents livres par an pour cette charge.

Après vingt-cinq ans de captivité, en 1440, Charles d'Orléans, rendu à la liberté, rentra au château de Blois, où il se livra à son goût pour la poésie.

C'est alors qu'il écrivit ce rondel, un des plus charmants de ce charmant recueil :

> Le temps a laissié son manteau
> De vent, de froidure et de pluye,
> Et s'est vestu de broderye,
> De soleil raiant cler et beau.
>
> Il n'y a beste ne oiseau
> Qui en son jargon ne chante et crie :
> Le temps a laissié son manteau
> De vent, de froidure et de pluye.
>
> Rivière, fontaine et ruisseau
> Portent, en livrée jolie,
> Gouttes d'argent d'orfévrerie,
> Chacun s'habille de nouveau :
> Le temps a laissié son manteau
> De vent, de froidure et de pluye.

Vingt ans plus tard, en 1462, le 27 juin, Marie de Clèves accoucha, au château de Blois, d'un enfant qui devait être Louis XII.

Un homme célèbre alors et célèbre encore aujourd'hui, Machiavel, un de ces hommes dont le nom a créé un adjectif nouveau, passa au château de Blois en 1510, après y être venu une première fois en 1501. Il était alors ambassadeur de la république florentine, alliée du roi de France.

Prêt à lutter contre Charles-Quint, François Ier laissa à Claude de France l'administration du comté de Blois, et ce fut au château de Blois que l'on réunit les sommes stipulées pour la rançon du roi dans le traité de Madrid.

Le comté de Blois s'éteignit à Henri II, qui, le tenant de sa mère Claude de France, le réunit à la couronne à son avénement, en 1547.

Nous entrons maintenant dans la période la plus sinistre de l'histoire du château de Blois, celle qui touche aux Guises, ces maîtres de la Ligue. Complots, duels, assassinats, tous les crimes et tous les malheurs s'agitent entre ces vieilles murailles qui ont déjà vu passer tant de princes et d'événements. C'est le temps de Catherine de Médicis, de Charles IX, d'Henri III, de Coligny et du grand Balafré.

Château de Blois.

A cette époque, où la galanterie était comme une distraction entre le meurtre et la bataille, Henri III, qui déjà frémissait sous le joug des Guises, appelait à Blois les premiers comiques italiens qu'on eût encore vus en France. Ils arrivèrent de Venise au château au mois de février 1577, et donnèrent leurs représentations à la salle des États. On les appelait les *Gelosi*.

L'Étoile raconte dans ses *Mémoires* qu'Henri III se trouvait souvent aux représentations, *habillé en femme, ouvrant son pourpoint, descouvrant sa gorge, y portant un collier de perles et trois collets de toile, deux à fraise et un renversé, ainsi que le portoient les dames de la cour.*

Mais aux états de 1576 succédèrent les états de 1588. Ces derniers firent de l'édit de l'Union une loi d'État, et appelèrent le duc de Guise au pouvoir suprême. De ce moment la mort du duc de Guise fut résolue.

On était alors au mois de décembre. L'approche de Noël avait redoublé la dévotion du roi, qui semblait tout entier concentré dans les pratiques de la religion. Il avait annoncé qu'il irait le vendredi 23 en pèlerinage à Notre-Dame de Cléry; mais déjà la pensée et les moyens de l'assassinat étaient arrêtés dans son esprit.

Cependant le duc de Guise, le cardinal son frère, archevêque de Lyon, ainsi que quelques autres seigneurs, avaient été prévenus que le roi les attendait à six heures du matin dans son cabinet pour expédier quelques affaires pressantes avant son départ.

A quatre heures, du Halde, premier valet de chambre, réveille le roi sur l'ordre qu'il en avait reçu. Le roi n'avait pas dormi.

Henri III passe dans son cabinet, où étaient déjà Bellegarde et du Halde. Loignac, qui avait accepté la mission refusée par Crillon, ne tarda pas à venir, suivi par neuf des quarante-cinq ordinaires. Tous sont enfermés dans des cellules préparées dans les combles. Bientôt, les membres du conseil étant arrivés, le roi fait descendre les quarante-cinq par l'escalier dérobé qui conduisait à sa chambre. L'appât des récompenses les gagne et ils jurent de venger le roi.

Le duc de Guise avait méprisé tous les avertissements. Au billet qu'il avait rencontré la veille sous sa serviette, et qui contenait ces mots : « Donnez-vous de garde, on est sur le point de vous jouer un vilain tour, » il s'était contenté de répondre : *On n'oserait*, et avait jeté le billet sous la table. A trois heures de la nuit il quitta la belle Mme de Sauve, marquise de Noirmoutiers, sa maîtresse, et il était près de huit heures quand ses valets de chambre le réve[il]lèrent.

Le Balafré se hâte de s'habiller et sort. La pluie tomba[it à] torrents ; *le ciel*, dit Pasquier, *sembloit pleurer les calam[i]tés qui alloient advenir.* A peine le duc de Guise a-t-il fra[n]chi le grand escalier, que Crillon fait fermer toutes les po[r]tes du château.

Péricard, secrétaire du duc, épouvanté de ces précautio[ns] et du nombre inusité des gardes qui veillent à toutes les [is]sues, envoie à son maître, dans un mouchoir, un billet [où] il écrit ces mots : *Monseigneur, sauvez-vous, ou vous ê[tes] perdu.* Mais le page qui porte ce mouchoir est repoussé.

Il y avait dans la chambre du conseil, au moment où [le] duc y entra, les cardinaux de Gondy et de Vendôme, [les] maréchaux de Retz et d'Aumont, le cardinal de Guis[e,] Rambouillet, MM. de Marillac et Petrémol, maîtres des [re]quêtes, Marcel, intendant des finances, et Fontenay, tré[so]rier de l'épargne.

Bientôt après entre l'archevêque de Lyon.

Le Balafré s'assoit auprès du feu, se plaint du fro[id] et mange des prunes de Brignolles que, sur sa deman[de,] M. de Saint-Prix, premier valet de chambre du roi, [lui] apporte.

Chacun des membres du conseil avait pris place p[our] écouter la lecture du rapport de Petrémol sur les gabelle[s,] lorsque Revol pria le duc de passer dans le vieux cabinet, [où] le roi l'attendait.

Le duc met quelques prunes dans son drageoir, se lèv[e,] salue le conseil et sort. Nambre, huissier du conseil, fer[me] la porte sur lui, et Guise rencontre les quarante-cinq, qu[il] salue en passant. Mais il remarque qu'on le suit, et s'arrê[te.] Comme il se retournait, en prenant sa barbe avec la m[ain] droite par un geste d'indécision, Montsery le saisit au b[ras] et le frappe à la gorge d'un coup de poignard.

« Mes amis! mes amis! trahison! » s'écrie Guise.

Des Effrenats se cramponne à ses jambes, et Sainte-Malines lui porte un nouveau coup derrière la tête. Mais fort et puissant comme il l'était, le duc renverse un des assassins d'un coup du drageoir qu'il tenait à la main, et traîne ses meurtriers d'un bout de la chambre à l'autre.

Là, poussé par Loignac, il tombe au pied du lit du roi, et s'écrie : « Mon Dieu! miséricorde! »

Après que le roi eut entendu tomber son rival, il souleva la portière de son cabinet et le regarda.

« Qu'il est grand! » s'écria-t-il.

Beaulieu, sur l'ordre du roi, visite le duc, dont le corps chaud palpitait encore.

En ce moment Guise jette un grand et profond soupir. Il était mort.

On couvrit son corps d'un tapis, et on le poussa dans la garde-robe.

En apprenant la mort du Balafré, Catherine de Médicis, percluse de douleurs, se souleva sur son lit : « C'est bien coupé, dit-elle, mais il faut à présent coudre. »

Le lendemain, à huit heures du matin, le cardinal de Guise fut assassiné par les soldats de Duguast, capitaine des gardes.

Les corps des deux frères furent brûlés dans les combles.

A l'avénement d'Henri IV, le château de Blois perdit son importance royale; et maintenant cette magnifique demeure, qui logea des papes, où le roi René de Provence passa, où Louis XIV rencontra pour la première fois Mlle de La Vallière, d'où Marie-Louise data ses dernières ordonnances en 1814, le château de Louis XII, de François Ier, de Gaston d'Orléans, est aujourd'hui une caserne.

Les masses de ces constructions irrégulières, où se mêlent dans un désordre pittoresque et charmant tous les systèmes d'architecture, couronnent la ville d'une manière imposante.

Des vieux bâtiments, il ne reste plus rien qu'une grosse tour enclavée dans les constructions de François I*er*, et où longtemps la crédulité populaire cacha ces mystérieuses et sombres oubliettes, dépositaires silencieux de tant de terribles secrets. La façade extérieure, qu'on aperçoit d'abord en venant du chemin de fer, élève ses trois étages de plein-cintre sur une rampe abrupte étayée de contre-forts; mais, lorsqu'on pénètre par la place du Château sous la porte principale où veille une sentinelle, le vieux monument présente tout ensemble et de plain-pied, en face, le bâtiment de Gaston d'Orléans, veuf de sa colonnade; à gauche, les constructions de Louis XII; à droite, l'aile et l'escalier hors d'œuvre de François I*er*. Les deux premières parties sont abandonnées au génie militaire, qui a réparé, en les appropriant au service de casernement, les appartements de Gaston; la troisième vient d'être restaurée aux frais de l'État, et sous la direction de M. Duban, à qui nous devons les travaux intelligents de la Sainte-Chapelle.

L'escalier hors d'œuvre est une merveille de délicatesse et de goût. Sur les voûtes en spirales ont reparu, sculptés avec un art profond, les symboles qui les décoraient jadis: les hermines couronnées d'Anne de Bretagne, les F et la salamandre de François I*er*, le cygne percé d'une flèche et les trois C entrelacés de Claude de France, qui rappellent son nom et sa devise, *Candida candidis*.

La spirale de l'escalier conduit aux appartements de Catherine de Médicis et d'Henri III, qui ont été restaurés et rétablis dans l'état où ils étaient au temps de la Ligue, avec les plafonds peints et sculptés, les grandes cheminées historiées aux écussons de France et de Bretagne, les tentures chamarrées d'or et d'argent, les boiseries de chêne découpées, les emblèmes et les devises, les vitraux éclatants.

Ces appartements merveilleux sont destinés, dit-on, à servir de musée.

Des constructions de Louis XII, il ne reste que la pierre nue; les escaliers tournants, les grandes salles où siégeaient les états, les colonnes élégantes, les murs éraillés, les chapiteaux étranges, criblés de coups de baïonnettes, déchiquetés et noirs, attendent qu'une volonté intelligente leur rende leur splendeur effacée.

La chapelle est aujourd'hui un atelier de tailleur.

Mais, tel qu'il est, le château de Blois est encore un des monuments les plus superbes de la vieille monarchie. Quel voyageur ne voudra visiter l'oratoire de Catherine de Médicis et cette tour de l'observatoire où elle consultait les astres, la chambre où tomba le duc de Guise, la chambre d'où s'échappa Marie de Médicis, l'escalier taillé dans le mur, par où descendirent les quarante-cinq et Loignac, le passage obscur où fut assassiné le cardinal de Guise, et tant d'autres lieux qui réveillent tant de souvenirs ?

Maintenant qu'elle a perdu sa vieille basilique de Saint-Sauveur, la ville de Blois montre encore la cathédrale et Saint-Nicolas, le palais épiscopal avec ses beaux jardins en terrasses suspendus sur la Loire, et son pont jeté sur le fleuve, en remplacement de celui qui fut renversé en 1717.

Une pyramide de mauvais goût s'élève sur l'arche centrale du pont à gauche. On dit qu'elle sera abattue et remplacée par la statue de Denis Papin, qui trouva le premier, et dès la fin du XVIIe siècle, la puissance de la vapeur.

Autour de ce pont, la ville éparpille ses maisons, dont les premières, voisines de cette promenade des Saules si champêtre et si retirée, trempent leurs pieds dans l'eau capricieuse du fleuve, et dont les dernières escaladent les coteaux jusqu'à ces allées qui mènent à la forêt de Blois, et que le chemin de fer a coupées pour relier Orléans à Tours.

Chambord.

III.

CHAMBORD.

Cependant nous ne partirons pas de Blois sans avoir salué le château de François Ier, ce diamant caché dans les bois. Aussi bien est-ce une promenade d'une heure ou deux dans les campagnes les plus vertes; et qui ne s'écarterait un peu de la ligne droite pour admirer avec l'enthousiasme et la liberté de l'artiste ce glorieux monument d'un roi qui partit pour l'Italie avec l'amour des batailles et qui en revint avec l'amour des arts?

Ce château de Chambord est au bord de la Sologne; peut-être même est-ce tout à fait la Sologne; tout à l'entour ce sont des champs de bruyères et des forêts, des campagnes humides, un sol ingrat et sablonneux. Mais passons: la mélancolie sied bien à ces campagnes qui ont vu tant de splendeur et assistent à tant de solitude. Le paysage triste et voilé de brume est en harmonie avec l'abandon de la royale demeure, et ces brouillards gris où s'enveloppe le château sont comme ces manteaux de deuil dont se vêtaient les rois déchus au temps du roi Lear.

A l'entour s'étend un parc de 5500 hectares, fermé d'une muraille qui a huit lieues de circuit; le Cosson le traverse de l'est à l'ouest; et, dans son étendue ombragée de 4000 hectares de bois, on rencontre un village et six fermes.

Si l'on veut connaître les dispositions du château de Chambord, nous laisserons parler M. de La Saussaye, qui a fait sur ce vieux monument un livre exact et plein de détails curieux.

« La disposition des bâtiments forme un carré long de 156 mètres (80 toises) sur 117, dont les angles sont flanqués de quatre grosses tours de 19 mètres 50 centimètres de diamètre. Un second édifice, moins grand, aussi de forme carrée, et flanqué également de quatre grosses tours, à toit pointu et terminé par une lanterne, est entouré en partie par les bâtiments du premier, et leurs deux façades, du côté du nord, se confondent en une seule, que les quatre tours qui s'y rencontrent partagent en trois parties à peu près égales. Ces constructions, dont le développement est immense, mais qui ne sont pas entièrement terminées, étaient jadis entourées de larges fossés d'eau vive, alimentés par la rivière qui coule à l'extrémité du parterre; ils ont été comblés par le roi de Pologne, Stanislas, pendant son séjour à Chambord, ce qui a ôté au château quelque chose de sa physionomie originale, et détruit la légèreté des bâtiments en les enterrant de plusieurs mètres. »

Nous n'entrerons pas dans le détail des ornements qui décorent les façades, les voûtes, les murs, les chapiteaux, les cheminées, les balcons de ce château, où brillent partout l'F couronné et la salamandre du roi chevalier avec la devise *Nutrio et exstinguo*, l'H avec les deux C entrelacés d'Henri II et le soleil de Louis XIV. Que de pages ne faudrait-il pas pour cette description? Mais l'escalier à double vis, où Mlle de Montpensier s'étonnait de voir et de poursuivre son père sans pouvoir l'atteindre, restera comme un des monuments les plus rares et les plus précieux de l'art architectural.

Ce vaste château, avec ses treize grands escaliers régnant de fond en comble sur divers points de l'édifice, sans compter une infinité d'autres plus petits, ses quatre cent quarante pièces toutes à cheminées, ses créneaux autrefois dorés, ses ailes couvertes de plomb, ses pavillons, ses terrasses, ses galeries qui émerveillèrent si fort l'ambassadeur des Vénitiens, Jérôme Lippomano, est aujourd'hui abandonné à l'humidité qui le ronge, et peut-être, malgré les efforts de M. le duc de Bordeaux, qui consacre une somme annuelle de cent mille francs à son entretien, tombera-t-il en ruines.

On a longtemps et souvent attribué l'édification du château de Chambord aux maîtres italiens, les uns au Primatice, les autres au Rosso, quelques-uns à Vignole. Aucun de ces fameux architectes n'était en France à l'époque où le château fut commencé. Chambord pourrait bien être l'œuvre de Pierre Nepveu, dit *Trinqueau, maître de l'œuvre de maçonnerie du baptisment du chastel de Chambord*, ainsi qu'il est désigné dans divers actes anciens.

Mais que ce soit Pierre Nepveu, dit *Trinqueau*, ou tout autre, il paraît avéré aujourd'hui que le château fut construit sur les dessins d'un artiste blésois.

Avant François I*er*, il y avait au même lieu où fut Chambord une maison de plaisance habitée souvent par les comtes de Blois des maisons de Champagne et de Châtillon. On lui donnait alors le nom de Chambord-Montfrault.

Jean de Châtillon, fils de Hugues, premier comte de la maison de Châtillon, y mourut en 1280. C'était le temps où les châtelains de Chambord recevaient trente écus d'or de gages.

Ce manoir féodal, abandonné par les comtes de Blois de la maison d'Orléans, fut enfin jeté par terre par François I*er*, qui commença en 1523, disent les uns, mais plus probablement en 1526, après son retour de captivité, comme le prétendent Félibien, Bernier, Gilbert et Vergnaud-Romagnesi, les constructions du château de Chambord en un lieu admirable pour la chasse, et qui avait en outre l'avantage de lui rappeler par le voisinage ses amours avec la belle comtesse de Thoury, alors qu'il n'était encore que comte d'Angoulême.

Dix-huit cents ouvriers furent employés consécutivement à ces travaux pendant plus de douze ans.

Les sommes dépensées depuis 1526 jusqu'en 1547, année de la mort de François I*er*, s'élevèrent à 444 570 livres, 10 sous, 4 deniers tournois.

Quand Charles-Quint passa en France en 1539, Chambord était dans toute sa splendeur; il y demeura quelques jours pour s'y livrer au plaisir de la chasse.

En ce temps-là, quand François I*er* quittait le château de Blois pour le château de Chambord, il s'écriait joyeusement : »Allons chez moi ! » Sa prédilection marquée pour la résidence qu'il avait fait bâtir l'engagea à transporter de Blois à Chambord la bibliothèque de Louis XII, qui se composait, selon l'inventaire de Saint-Gelais, bibliothécaire du roi et aumônier du Dauphin, de 1839 volumes, dont 100 seulement étaient imprimés. Il ne manquait jamais d'y conduire sa sœur, la reine de Navarre, *sa Marguerite des Marguerites*, comme il l'appelait.

Ce fut à cette époque que, déjà vieux et tout plein de désillusion, François Ier écrivit avec la pointe d'un diamant, sur un des vitraux de sa chambre à coucher, ce distique si connu :

> Souvent femme varie,
> Bien fol est qui s'y fie.

On sait que Louis XIV sacrifia à Mlle de La Vallière les vers du roi désabusé de tout, même de l'amour.

Le premier gouverneur de Chambord fut une femme, Anne Gedoyn, dont la fille, Léonor Breton, apporta par son mariage la charge de gouverneur au sieur Ganguier.

A la mort de François Ier, Henri II, qui hérita de tous ses goûts, continua les travaux de Chambord sur les mêmes plans. Le traité secret conclu avec les princes allemands détachés du parti de Charles-Quint y fut ratifié le 16 janvier 1552.

C'est à Chambord que Charles IX exécuta cet exploit de vénerie chanté par Baïf, de forcer un cerf à course de cheval sans le secours des chiens.

En 1571, les travaux, d'abord continués par Charles IX, cessèrent complétement. De 1547 à 1571, les sommes consacrées à ces travaux ne s'élevèrent qu'à 91 008 livres, 6 sous 5 deniers tournois.

Les premières négociations de la paix de Monsieur, entre Henri III et son frère, le duc d'Alençon, chef des catholiques modérés, s'ouvrirent à Chambord en 1575.

C'est à Chambord, négligé par Henri IV pour Fontainebleau et Saint-Germain, que Louis XIII prit avec une pincette le billet que Mlle de Hautefort cachait dans sa collerette; que la grande Mademoiselle sentit les vives atteintes de sa malheureuse passion pour Lauzun; que Molière donna, en présence de la cour de Louis XIV, la première représentation de *Pourceaugnac*, en 1669, et celle du *Bour-*

geois gentilhomme, en 1670 ; c'est là que le vieux roi faillit se retirer avant la victoire de Denain ; là que Stanislas Leczinsky passa huit années de sa vie ; qu'après le départ du roi de Pologne, en 1735, le maréchal de Saxe, qui avait reçu le château en apanage en 1748, conduisit sa cour, les deux régiments de hulans que le roi lui avait donnés et la troupe de Favart !

Ainsi, rien ne manqua à l'illustration du château, ni la gloire des lettres, ni la gloire des armes. Mais 93 vint, et le district ordonna la vente du mobilier ; et les richesses de toutes sortes enfouies à Chambord par trois siècles et dix règnes furent dispersées.

Cette vente fut une démolition ; chambranles des cheminées, lambris, parquets, volets, panneaux, portes, tout fut arraché, mis en pièces, jeté au feu.

Il ne reste rien de cette profanation que la pierre de liais sur laquelle fut embaumé le corps du maréchal de Saxe.

Chambord, qui appartenait à la République, fut cédé par le comte de Provence, Louis XVIII, avec un brevet de duc et 200 000 fr. de rentes, à Pichegru, en récompense d'une trahison qui n'eut point le résultat que les royalistes en attendaient. Un peu plus tard le château fut promis, sous la sanction de l'empereur Paul Ier, au directeur Barras, pour le payer d'une défection sur laquelle on comptait.

La commission de constitution offrit Chambord au premier consul après le 18 brumaire. Bonaparte le refusa. Quinze ans après, Napoléon l'octroya en toute propriété au roi Charles IV, qui venait, par le traité de Bayonne, de renoncer, pour lui et les siens, au trône d'Espagne.

Napoléon désigna Chambord pour le chef-lieu de la 15e cohorte de la Légion d'honneur, commandée par le général Augereau ; puis, détaché de la dotation en 1809, Chambord retourna au domaine de la couronne.

Chambord fut donné peu de temps après au prince de

Wagram, dont la veuve l'aliéna en 1820 ; déjà la bande noire s'apprêtait à démolir le château, lorsqu'une pensée de M. le comte Adrien de Calonne sauva l'œuvre des Valois. Une souscription nationale fut ouverte, à l'effet d'offrir le domaine au duc de Bordeaux au nom de la France, et, le 5 mai 1821, il fut adjugé à M. de Calonne au prix de 1 542 000 francs.

Quant à nous, qui sommes du parti des arts, des nobles souvenirs, des traditions historiques, nous bénissons la pensée qui a sauvé Chambord. Si le temps vainqueur renverse le château de François I*er*, au moins la main des hommes n'aura-t-elle pas contribué au sacrilége que commandait Paul-Louis Courrier, vigneron de la Chavonnière.

On s'oublie facilement à Chambord, cette *fantaisie en pierre*, comme l'appelle le prince Pukler Muskau ; mais l'heure qui passe nous ramène à Blois. Adieu, solitude profonde où brame le cerf ; adieu, campanilles et coupoles qu'habitent le silence et le vent ; le mouvement, le bruit, la foule nous attendent là-bas vers la Loire. Il faut partir.

Et maintenant, quittons Blois, quittons la ville pittoresque deux fois ravagée par les Normands, en 854 et 857, et qui vit passer dans ses campagnes les bandes anglaises de Suffolk et de Talbot, la ville des comtes vaillants que tant de morts attristèrent et que tant de mariages réjouirent, la ville des passes d'armes, et laissons-nous emporter par la vapeur impatiente qui siffle et rugit.

Embarcadère de Blois.

IV.

DE BLOIS A AMBOISE.

On court, et voilà que déjà la ville disparaît derrière un flocon de vapeur. Le chemin suit le cours de la Loire, coupant de riches coteaux chargés de vignobles; le fleuve, comme une ceinture d'argent tigrée de plaques d'or, ondule au pied des coteaux. Au loin s'amoncellent les masses vertes des forêts de Chambord. Le chemin, appuyé sur d'énormes terrassements et percé de larges ouvertures pour l'écoulement des eaux, franchit les vignobles des Gracets et fuit vers Chouzy.

Au pied de la voie de fer commencent ces fameuses levées de la Loire, dont l'érection remonte au temps de Louis le Débonnaire, et qui prirent sous Philippe de Valois la forme qu'on leur voit aujourd'hui. Ces levées, larges de 7 mètres 80 centimètres à leur sommet, et hautes de 7 mètres 15 centimètres, sont revêtues, aux points les plus exposés à la crue des eaux, de maçonneries en pierre sèche connues sous le nom de *perré*.

Ces grands ouvrages, commencés sous les Carlovingiens, sont tout à la fois un rempart contre le fleuve et une route pour les voitures.

Tout à coup la locomotive ardente s'élance hors de la tranchée des Granges, et l'horizon sans limite ouvre aux regards ses merveilleux paysages. La Loire glisse entre de grandes prairies qu'elle baigne de ses flots indolents, se courbe, fuit, disparaît, reluit encore entre ses rideaux de gigantesques peupliers, et se perd enfin dans les campagnes où s'égarent ses méandres illuminés. Les forêts se mêlent aux champs, les vignes luxuriantes aux prés verts ; les hameaux éparpillent leurs chaumières çà et là, et le château de la vicomté dresse ses tourelles parmi le feuillage tremblant.

A 67 kilomètres d'Orléans, voici la première station après Blois, *Chouzy*, situé à droite du chemin, et qui disparaît comme un nid dans une haie.

C'est à Chouzy qu'on voyait, avant 93, la magnifique abbaye de la Guiche, fondée pour les demoiselles nobles par Jean de Châtillon, en 1227. C'est dans cette abbaye que les comtes de Blois de la maison de Châtillon avaient leur sépulture.

Mais la Terreur a passé par là, et les pierres de l'abbaye ont été dispersées au vent de sa colère.

Chouzy, qui vit la défaite de Lothaire et le triomphe de Louis le Débonnaire, s'est effacé derrière un pli de terrain, et parmi les vergers, les peupliers, les haies, surgit *Onzain*, petit bourg que cache un flot de verdure.

Toutes les fois qu'on rencontre quelque part un bourg ou quelque village, on pourrait commencer une histoire ainsi que commencent toujours les contes de fées : *Il y avait une fois un château....*

Donc, à Onzain, il y avait un château, un vieux et noble

château, tout rempli de souvenirs de guerre, et dont la première pierre avait été posée en 1183. Ce château, tout battu par les guerres civiles, avait vu le prince de Condé après cette terrible bataille de Dreux, où le connétable Anne de Montmorency dispersa les protestants, en 1562. Un instant enfermé au château de Blois, ce chef des calvinistes fut envoyé au château d'Onzain par Catherine de Médicis.

Plus tard, et dans ce même château et sous ces mêmes ombrages, dans ce charmant pays où le comte de Varac lui donnait l'hospitalité, Voltaire commit une vilaine action, la plus vilaine action de sa vie. Il y composa une partie de son poëme de *la Pucelle*. Au XVIIIe siècle, le château d'Onzain avait eu pour hôte cette spirituelle marquise de Fleury, dont les reparties et les boutades réjouissaient la cour et Paris. La Terreur a foudroyé ce château.

Entre Onzain et Chaumont, près de la Loire, on voyait autrefois un magnifique château, qui fut le rival de Chambord. Bury avait été bâti par Florimond Robertet, secrétaire d'État sous François Ier, sur l'emplacement d'une forteresse féodale dont il est question, dès l'an 1148, dans les guerres des comtes de Blois et des seigneurs de Chaumont-sur-Loire.

C'est à Bury que s'arrête la chasse nocturne de ce Thibaut de Champagne, Thibaut *le Tricheur*, dont le fantôme sonne du cor et poursuit un cerf fantastique que ses meutes aériennes attaquent au pavillon de Montfrault. Le château est tombé, et la légende a survécu.

Abandonnez pour quelques instants la voie de fer, descendez le coteau, laissez derrière vous le petit village d'Escure, passez la Loire à l'aide d'un bac hospitalier, grimpez sur la colline verte qui s'étale sur la rive gauche, et bientôt vous atteindrez aux portes d'un glorieux château, dont les pignons et les tours surgissent parmi des bouquets d'arbres. C'est Chaumont.

M. le comte d'Aramont, qui le possède aujourd'hui, s'efforce de rendre aux appartements leur splendeur d'autrefois. Grâce à lui, le noble château a conservé son caractère historique; aucune démolition n'a flétri sa masse imposante, et ses fortes murailles dominent encore la forêt de leur formidable apparence.

Château de Chaumont.

L'histoire du château de Chaumont remonte aux premiers temps de la monarchie. Fondé par un chevalier danois, Gueldin, surnommé *le Diable de Saumur*, il passa, en 1153, au pouvoir de Thibaut le Grand, comte de Blois, qui le jeta par terre. Plus tard, ce fief entra par alliance dans la maison d'Amboise, qui le fit reconstruire vers le milieu du XVe siècle. Le fameux cardinal d'Amboise, premier ministre et ami de Louis XII, naquit à Chaumont. Vers 1550, le château passa aux seigneurs de la maison de La Rochefoucauld qui, pour une somme de 120 000 livres, le cédèrent à Catherine de Médicis.

La reine semblait ne l'avoir acheté que pour contraindre Diane de Poitiers à l'accepter en échange du château de Chenonceaux qu'elle convoitait. Henri II était mort, et Diane dut céder à la haine impérieuse de Catherine, qui avait tout à la fois à venger la reine et la femme. La ratification du traité d'échange eut lieu le 10 mai 1560, au château de Chinon.

La maison d'Effiat, dont est sorti Cinq-Mars, posséda, plus tard encore, le fief de Chaumont.

Que de noms illustres soulève chaque élan de la machine enflammée! Elle fait un pas, et voilà que nous entrons dans le département d'Indre-et-Loire, au cœur de cette Touraine que tant de champs de bataille ensanglantèrent, que poétisèrent tant de royales amours, où tant de fiers châteaux mirent leurs balcons dans la Loire, où de si belles forêts ombragent tant de belles campagnes! Un coup de piston nous fait dépasser à droite Canay et *Limeray*, station du chemin de fer, à gauche Rilly, Mosnes et Chargé, dont les clochers piquent de lointains paysages; puis, sur les deux rives du fleuve, dont le cours embrasse une île, apparaît une de ces villes comme les aiment les poëtes, mêlées d'arbres et de tourelles, et tout en haut, avec ses fortes murailles et ses donjons noirs, se dresse l'imposant et pittoresque château d'*Amboise*.

Amboise.

V.

AMBOISE.

De la station à la ville il y a quelques minutes ; on franchit les deux bras du fleuve, on s'enfonce dans des rues qui gardent la trace d'un autre temps, et on gravit les rampes du château, dont les robustes contre-forts expirent au pied de la ville.

Ainsi que toutes les villes assises au bord de la Loire, Amboise a vu naître la monarchie française. Elle existait déjà au temps des Mérovingiens. Amboise (*Castrum Ambaciacum*), l'ancienne Ambacia des Romains, doit son nom à sa position au confluent de l'Amasse. Dès les premiers temps de la monarchie chrétienne, Clovis y eut une entrevue avec Alaric, roi des Visigoths. Les deux rois se rencontrèrent dans l'île d'A, aujourd'hui l'île Saint-Jean. Que d'années depuis cette époque lointaine, et que de guerres civiles! Dans ses annales, pleines de tant de choses, Amboise retrouve parmi ses seigneurs un saint, saint Baud, sixième évêque de Tours. Un saint administrait la ville au ve siècle : un roi possédait le château au xixe. Que d'événements noyés dans cette période de treize cents ans! La domination romaine laissa sur le plateau qui couronne la ville un château qui fut détruit par les Bagaudes. Cette forteresse, qui commandait une position militaire importante, tour à tour reconstruite par Anicien, comte de Tours, en 350, brûlée par les Normands en 878, et relevée par des comtes d'Anjou, fut enfin confisquée sur Louis d'Amboise par Charles VII, en l'an 1434.

Mais, avant que Philippe Auguste eût confisqué la Touraine sur Jean sans Terre, les seigneurs d'Amboise, qui eurent pour chefs Loison-Bazouges, à qui Foulque Nerra, comte d'Anjou, confia la défense du château lors de son départ pour la Palestine, soutinrent une lutte perpétuelle contre les comtes de Blois. On leur doit les châteaux de Montrichard et de Montrésor, qu'ils construisirent pour mettre Amboise en communication avec Loches.

Comme le château de Blois, le château d'Amboise a été habité par plusieurs rois qui l'ont embelli tour à tour. Depuis Tertulle, comte d'Anjou, qui le reçut en don de Charles le Chauve, pour prix des services qu'il lui avait rendus dans ses guerres contre les Normands, jusqu'à Henri III, Amboise a été mêlé à toutes les luttes qui ont déchiré la monarchie.

En 1466, Louis XI, ce sinistre ami de Tristan, y fonda l'ordre de Saint-Michel; le 17 mars 1560, le cadavre de La Renaudie y fut pendu en compagnie de beaucoup d'autres protestants pris les armes à la main.

Ce La Renaudie était le bras de ce fameux complot d'Amboise, dont le prince de Condé était l'âme. Suscité contre la domination de Catherine de Médicis et des Guises, il devait éclater à Blois d'abord, puis à Amboise, où La Renaudie avait donné rendez-vous aux bandes calvinistes ; le complot fut trahi par un avocat du nom d'Avenelle, auquel le gentilhomme périgourdin s'était ouvert.

Le duc de Guise, dont l'activité et la détermination augmentaient avec le danger, se fait nommer lieutenant général du royaume, embusque des troupes sur le passage des huguenots, et les surprend alors qu'ils se rendaient à Amboise pour déposer Catherine de Médicis et remettre le pouvoir aux mains du prince de Condé. Beaucoup périrent; quant aux prisonniers, conduits au château d'Amboise, ils furent décapités ou pendus. Douze cents cadavres couvrirent bientôt les fossés de leurs restes sanglants.

Les prisonniers marchaient au supplice enchaînés. L'œuvre implacable de la corde et de la hache ne s'arrêta qu'après la mort du dernier captif ; l'un d'eux, Villemongeai, au moment d'avoir la tête tranchée, trempa ses mains dans le sang de ses frères, et les élevant vers le ciel, s'écria : « Père céleste ! voilà le sang de tes enfants ; tu en seras le vengeur ! »

Toute la cour, assise sur ces balcons qui règnent encore sur la façade du palais, assistait à cette exécution en habits de gala. Il y avait là Catherine de Médicis et ses trois fils, François II, qui portait la couronne, et les deux autres, qui devaient être Charles IX et Henri III, Marguerite de Valois et Marie Stuart.

Entre toutes les femmes qui respiraient l'odeur du sang, une seule, à la vue de ces massacres, parut affligée. C'était la duchesse de Guise.

Charles VIII, qui naquit et mourut au château d'Amboise, Louis XII et François Ier, y firent exécuter de grands travaux. La salamandre de l'un et le hérisson de l'autre s'y montrent encore sculptés dans la pierre. La chapelle de Charles VIII, restaurée avec un grand soin, est un spécimen charmant de l'architecture au xv° siècle.

C'est au château d'Amboise que Charles VIII, alors Dauphin de France, reçut saint François de Paule, que Louis XI avait appelé; c'est là que mourut, en 1483, Charlotte de Savoie, sa mère; là que François I*r*, célébrant les noces de Renée de Montpensier avec le duc de Lorraine, tua à coups d'épée un sanglier furieux qui avait grimpé jusqu'à l'appartement de la reine. Le vaillant chevalier préludait par la chasse aux batailles.

Notre-Dame-du-Bout-du-Pont, qui existe encore aujourd'hui, est due à François I*er*.

Le château d'Amboise commande la ville et le cours de la Loire; du haut des remparts, qui sont à proprement parler des murs de soutenement, l'œil plonge jusqu'à Tours. Des coteaux noyés de lumière et des pans de forêts ferment l'horizon où s'encadre un riche et merveilleux paysage semé de villages tapis entre les arbres; la ville bourdonne à vos pieds, les grands peupliers frissonnent dans l'air, et les hirondelles tournent autour des remparts, traçant leurs cercles infinis entre les tours et les toits.

La rampe qui conduit aux terrasses du château, qui est de plain-pied avec la colline, découvre tout à coup de ravissants jardins et de verdoyantes perspectives de forêts. Les fleurs succèdent aux poternes sans transition.

Des souterrains immenses s'étendaient autrefois sous le château. Ils ont été comblés en grande partie. Ce qui en reste mérite cependant l'attention des voyageurs. Ces souterrains, taillés dans le roc et connus sous le nom de *greniers de César*, se composent de deux corps formés chacun de quatre étages : la communication est établie au moyen d'un escalier en pierre de cent vingt marches.

L'entrée de ces souterrains, dont quelques parties enduites de ciment révèlent une origine romaine, est située sous la porte du château, sur l'emplacement du couvent des minimes, bâti en 1493 et démoli plus tard. Quant aux constructions du château, elles ont subi ces outrages que ni le temps ni les hommes n'épargnent aux monuments, et que la révolution de 93 a prodigués à ces représentants d'une autre civilisation. Après que des mains du duc de Penthièvre, le château d'Amboise, compris dans le domaine national, eut été érigé en sénatorerie et affecté à la dotation du comte Roger-Ducos, la pioche et le marteau continuèrent l'œuvre de mutilation si bien commencée par la Terreur. Les sculptures, les statuettes, les chapiteaux ornés, les acanthes étaient tombés; ce fut alors le tour des murailles. Une aile avait été brûlée, une autre aile disparut pierre à pierre. La démolition succéda à l'incendie.

Ce qui reste aujourd'hui suffit encore pour donner une idée de la magnificence de cette royale habitation au temps des Valois. La façade imposante qui domine la ville, flanquée d'une tour énorme, puis, à l'extrémité d'une terrasse, une autre tour, dans laquelle est ménagée une pente assez douce pour que les voitures la puissent gravir jusqu'à son sommet, la chapelle isolée, dont le portail représente l'image de la *Chasse miraculeuse de saint Hubert* taillée dans la pierre, les robustes murailles qui soutenaient le poids des terres, quelque poterne ébréchée, les balcons sculptés ouvrent à l'œil de l'esprit les perspectives du passé.

Les appartements ont été restaurés. Mais, hélas! quelle déplorable restauration! Appropriés aux usages du jour, ils ont été meublés avec le vieux mobilier du Palais-Royal, où brille dans toute sa laideur le mauvais goût de l'époque impériale. Arabesques et sculptures, on a tout gratté.

Il était donné au château d'Amboise de voir et de garder Abd-el-Kader pendant la captivité que la France lui a fait subir après ces luttes acharnées, qui ont coûté tant de travaux et de sang à notre armée d'Afrique.

La célébrité de cet homme est si grande, qu'on nous permettra bien d'intercaler ici quelques mots sur sa vie et sur le rôle qu'il a joué en Afrique.

Abd-el-Kader, en français serviteur du Tout-Puissant, est fils de Sidi-Mahhi-ed-Din et de Lella-Zohra-bent-Sidi-Omar-ben-Douba. Il naquit l'an 1222 de l'hégire (1807), au sein de la tribu des Hachem, à quatre lieues de Mascara, dans la plaine d'Eghris. Mahhi-ed-Din, qui était l'un des hommes les plus éminents du pays, poussa fort loin l'éducation d'Abd-el-Kader, qui deux fois se rendit en pèlerinage à la Mecque, et alla même jusqu'à Bagdad.

Quand le jeune Abd-el-Kader revint en Afrique, Alger était tombé au pouvoir des Français.

Deux ans plus tard, à Gresibia, dans cette même plaine d'Eghris qui l'avait vu naître, Abd-el-Kader, troisième fils de Mahhi-ed-Din, fut, sur la présentation de son père, proclamé, par l'assemblée des cheiks et des marabouts de l'ouest, chef et sultan des Arabes.

Cette élection, marquée d'un caractère homérique, date du 22 novembre 1832. Abd-el-Kader avait alors vingt-cinq ans.

Déjà le général Lamoricière, qui commandait, au camp de Delhi-Ibrahim, près d'Alger, le bataillon des zouaves, avait compris quel rôle terrible jouerait un jour ce petit-fils de Jugurtha. « Il y a dans l'ouest, près d'Oran, disait-il alors, un homme auquel on ne prend pas garde, un Arabe, un saint, fils de saint, qui sera notre plus implacable ennemi. Il a pour lui le courage, la ruse, l'intelligence, l'éloquence, la volonté, et une haute réputation augmentée encore par l'autorité de son nom et de sa famille. »

D'autres soucis préoccupaient alors le gouvernement de la jeune colonie; mais cette prophétie d'un homme qui connaissait merveilleusement l'esprit et les coutumes de la population arabe, Abd-el-Kader ne tarda pas à la réaliser.

Une ambition profonde se cachait en lui sous les dehors austères d'une gravité qui rehaussait encore la beauté de ses traits. Ce que promettait ce visage, où se reflétait l'intelligence la plus souple et la plus vive, le caractère d'Abd-el-Kader le tenait. Il avait au plus haut degré la ténacité dans la résolution et la promptitude dans l'exécution. Il frappait fort et vite, et alliait dans une mesure heureuse la prudence du chef et la bravoure du soldat. La sainteté de sa vie et sa science dans les choses religieuses augmentaient la vénération sans borne dont sa race était l'objet parmi les tribus de l'ouest. Il vivait comme un serviteur du Prophète et se battait comme un guerrier, et l'habileté de sa politique égalait son courage.

Il sut employer activement les premiers loisirs que l'indifférence du gouvernement lui laissa à étendre son influence à l'aide de patientes négociations dont il assurait le succès par de vigoureuses et sanglantes expéditions. Bientôt son nom répandit la terreur jusqu'aux limites du désert. Les vieux Arabes et les fanatiques voyaient un sauveur dans le fils de Mahhi-ed-Din, tous y voyaient un maître.

Quand sa position fut bien assise, il entra en lutte avec le gouvernement français, et cette lutte, semée de tant d'accidents et marquée par tant de combats, ne finit qu'en 1847, le 21 décembre, jour qui vit sa capture.

Une première série de combats sanglants où périt le jeune Aly, frère d'Abd-el-Kader, se termina par le traité du 20 février 1834, qui, sur la proposition du général Desmichels, commandant supérieur de la province d'Oran, reconnaissait l'indépendance et la souveraineté du nouvel émir.

Un peu plus d'un an après, Abd-el-Kader ayant franchi les oasis du Chélif, qui marquait la frontière de son empire, le général Trézel, alors gouverneur d'Oran, l'attaqua à La-

Mackta, où l'armée française, mal engagée sur un mauvais terrain, perdit près de douze cents des siens.

L'échec du 26 juin 1835 fut bientôt réparé. Le maréchal Clausel et le duc d'Orléans, à la tête de nouvelles troupes, attaquèrent Abd-el-Kader, et détruisirent à la fois son armée et Mascara, sa capitale.

Mais, comme ces guerriers de la Fable qui renaissaient sans cesse, les armées arabes, un instant dispersées et rompues, se reforment et reparaissent plus nombreuses le lendemain.

Le traité de la Tafna, signé par le maréchal Bugeaud, mit fin à la guerre et augmenta la puissance d'Abd-el-Kader, qui devint alors le chef suprême de toute la régence, où la France, acculée sur le rivage de la mer, ne possédait plus que quelques villes et la province de Constantine.

Si, dans les commencements, l'autorité d'Abd-el-Kader se faisait sentir seulement dans la province d'Oran, son habileté et le déplorable traité de la Tafna, qui constatait sa puissance, l'étendirent jusqu'aux frontières les plus reculées de la régence. On le vit alors, à la tête de ses réguliers rouges, battre le pays et agir en toutes choses comme un sultan à qui l'empire de l'Afrique était promis.

Les tribus les plus lointaines, celles qui touchent aux confins du désert aussi bien que celles dont les tentes sont voisines de Tunis, le reconnaissaient pour maître. Il avait aux yeux des Arabes le double prestige de la tradition et du succès. Il punissait avec la rapidité de la foudre ceux qui se détachaient de son alliance, et ne négligeait rien pour entretenir dans toute l'Algérie cette haine et ce fanatisme sans lesquels sa lutte contre la France eût été impossible.

Mais ses rares qualités d'homme de guerre, le courage et le dévouement de ses lieutenants, la crainte et le respect qu'il inspirait aux Arabes, ses grands approvisionnements d'armes et de munitions, ses alliances poussées jusqu'au delà du désert, rien ne put lasser la patience de nos généraux, la vigueur de nos soldats, et une fois encore la victoire appartint à la discipline qui combattait pour la civilisation.

A l'époque du traité de la Tafna, Abd-el-Kader avait fondé Tekedempt, Saïda et Bghar, Sebdou, Thaza, établi des khalifes et des aghas dans la Kabylie même, jusqu'alors indomptée, et il avait sous son commandement une armée de cinquante mille cavaliers et vingt mille fantassins réguliers.

Le passage des Bibans, plus connu sous le nom d'expédition des Portes de Fer, entrepris dans le mois d'octobre 1837 par le duc d'Orléans et le maréchal Vallée, fut le prétexte de la troisième guerre sainte. Ce fut aussi la dernière et la plus sanglante; elle devait aboutir, après des phases diverses, à la défaite et à la prise d'Abd-el-Kader, en qui se personnifiait en quelque sorte la nationalité arabe.

Mécontent de la fière réponse qui lui fut faite par le maréchal au sujet de cette expédition, Abd-el-Kader poussa toute la population arabe contre l'armée française, qu'il voulait, disait-il dans son énergique langage, *jeter à la mer*. Ses proclamations soulevèrent tous les hommes valides, et son appel fut entendu des tribus cachées au fond du désert aussi bien que de celles qui habitaient la grande Kabylie. Le premier choc eut lieu au fort de Boudouaou, que les Arabes assaillirent en foule, mais qu'ils ne purent emporter.

La lutte fut longue, ardente, implacable; Abd-el-Kader employa toutes les ressources de son génie; mais la France, cette fois, était bien décidée à en finir avec un ennemi dont elle-même avait imprudemment accru la puissance. Rien ne put le sauver. Ses khalifes les plus éprouvés, Ben-Salem, Ben-Karri, Bou-Hamédi, furent battus et désarmés; le plus brave, Sidi-Embarrek, fut tué, et ce fut pour l'émir un coup terrible; le col de Mouzaïa, qu'il avait pris plaisir à forifier et à rendre en quelque sorte inexpugnable, fut enlevé par le duc d'Orléans. Plus tard, ses forteresses étaient anéanties ou conquises, et le duc d'Aumale fondait un jour sur sa smala, qu'il détruisit. La bataille d'Isly, si hardiment gagnée par le maréchal Bugeaud, privait Abd-el-Kader de l'appui promis par le Maroc. Ses plus fidèles partisans l'abandonnèrent tour à tour; enfin, poursuivi sans relâche, harcelé, réduit à une poignée d'hommes, épuisé et acculé entre d'implacables ennemis et nous, il se rendit au général Lamoricière.

Ce fut dans la nuit du 21 au 22 décembre 1847, aux bords de la Moulouia, entre la rive gauche de cette rivière et la mer, après avoir lutté tout un jour contre les tribus kabyles du Riff et les troupes du Maroc pour sauver sa déira, dernier débris d'une patrie errante, qu'Abd-el-Kader se remit aux mains des Français.

Le général Lamoricière avait spécifié un arrangement par lequel la liberté de se retirer en Orient était garantie à l'émir vaincu, et le duc d'Aumale, qui commandait alors en Algérie, avait approuvé ces conditions ; mais le gouvernement de la métropole, jugeant, non sans quelque raison, que la capture d'Abd-el-Kader était un fait accompli quand l'accord était survenu entre le général et lui, et que sa délivrance pouvait avoir des conséquences graves, ne ratifia pas le traité, et maintint le vaincu en captivité.

Abd-el-Kader, avec sa famille et ses derniers serviteurs, s'embarqua à bord de *l'Asmodée*, qui le conduisit à Toulon, où il resta quelque temps enfermé au fort Lamalgue. De là il fut d'abord conduit au château de Pau, puis au château d'Amboise.

Après cinq ans de captivité, Abd-el-Kader fut rendu à la liberté le 16 octobre 1852. Ce jour-là le prince Louis-Napoléon, alors président de la république, mais investi déjà de la toute-puissance, passait à Amboise, de retour de son voyage dans le midi de la France. Il entra chez Abd-el-Kader, et, par un acte spontané de sa volonté, il lui rendit la liberté. Douze jours après, le 28 octobre, l'émir arrivait à Paris, où une magnifique réception lui fut faite. Brousse, en Orient, lui fut assigné comme résidence, et, après avoir visité la capitale en détail, il partit pour sa destination. Ce fut le 21 décembre 1852 qu'il s'embarqua à Toulon sur le *Labrador*. Il y avait juste cinq ans, jour pour jour, qu'il avait rendu ses armes aux bords de la Moulouia.

Tout le monde a pu voir Abd-el-Kader à Paris, après qu'un ordre de l'empereur eut ouvert pour lui les portes si longtemps fermées d'Amboise. On a pu remarquer alors combien l'extérieur d'Abd-el-Kader répondait à l'idée qu'on s'était faite de l'émir. Ses traits fermes et réguliers, la profondeur et la finesse de son regard, le calme intelligent de sa physionomie, tout enfin montrait que c'était là un homme supérieur, et qui, même après la défaite, n'avait rien perdu de sa dignité.

Maintenant qu'Abd-el-Kader, sa famille et ses serviteurs ne peuplent plus la solitude d'Amboise, quittons le château et regagnons la ville assise au bord de la Loire.

Trois constructions y rappellent le moyen âge : un bâtiment situé sur le quai, et connu sous le nom de Palais de Justice, qui est du xve siècle; la Tour de l'Horloge, qui barre une des rues d'Amboise et qui paraît remonter à Charles VIII; et la chapelle de Saint-Florentin, érigée en paroisse en 1044. Cette chapelle de Saint-Florentin, reconstruite en 1842, renferme un monument fort curieux qui provient du château de Bondésir.

Ce monument se compose de sept personnages, trois hommes et quatre femmes en costume oriental, groupés autour du Christ au tombeau. Si l'on en croit la tradition, ces figures en terre cuite, peintes et rehaussées d'or, représentent la famille de Philibert Babou de La Bourdaisière, qui fit ériger ce tombeau. François I« serait Joseph d'Arimatie, qu'on voit aux pieds du Christ; la sainte Vierge et les trois femmes qui l'accompagnent seraient Marie Gaudin, femme de Philibert Babou et ses trois filles, qui furent tour à tour, comme tant d'autres, les maîtresses de François I«. Quant à Nicomède et à saint Jean, ce seraient les deux fils de Philibert, l'un après l'autre évêques d'Angoulême.

Philibert Babou de la Bourdaisière est lui-même représenté, dit-on, dans la figure du Christ.

Une statue de Madeleine, tenant un vase de parfums, est couchée sous la pierre sur laquelle repose le Fils de l'homme.

Si maintenant vous voulez, pour une heure ou deux, abandonner les bords de la Loire, une route percée dans un de ces pays faits tout exprès pour le plaisir des yeux vous conduira, à travers champs et forêts, aux bords du Cher, à Chenonceaux.

Chenonceaux.

VI.

D'AMBOISE A TOURS.

Ni le fer ni la flamme n'ont touché Chenonceaux, que son propriétaire, M. le comte de Villeneuve, maintient dans un état de splendide conservation, et dont il a meublé les appartements avec un goût intelligent et rare.

Aussitôt qu'on a passé la poterne, on se croit dans une habitation royale du XVIe siècle. Les armures, les panoplies, les lits de chêne sculpté, les lourdes draperies de brocart, les tentures de cuir doré, les glaces de Venise, les drageoirs, les missels, les arquebuses, les prie-Dieu, les fauteuils écussonnés, les vitraux, les pertuisanes, les crédences, les boiseries, les torchères, avec leurs bougies de cire vierge, ont en place. Les maîtres sont à la chasse, peut-être; mais attendez, il semble que pages et grandes dames vont entrer.

Dans cette demeure entourée de soins pieux, les lambris silencieux appellent les hôtes d'autrefois. L'ombre austère de Louise de Vaudemont, le doux fantôme de Diane de Poitiers ne viennent-ils pas dans cet oratoire qu'elles ont tant aimé, sous ces beaux feuillages qui leur ont prêté leurs murmures et leur fraîcheur?

C'est le château des fêtes et des mascarades nocturnes, des belles amours et des galanteries, des grandes dames et des fiers chevaliers, des danses et des chasses; trois rois, et quels rois! tous jeunes, aventureux, épris, François Ier, Henri II, Henri III, y promenèrent leurs caprices. Que de baisers et que de chants! et quelles douces images réfléchies dans les flots du Cher!

Diane de Poitiers, Marguerite de Valois, Louise de Lorraine-Vaudemont, s'y reposèrent toutes trois l'une après l'autre, et avec elles tour à tour la beauté, l'esprit, la vertu. Catherine de Médicis elle-même oublie la politique dans cette retraite, et s'adonne tout entière aux arts de sa patrie, à la peinture, à la musique, à la sculpture, avec cet instinct italien qui fait qu'on aime les belles choses au berceau.

Ici la terre vaut le monument; la nature y déploie la même grâce, une grâce touchante et voluptueuse, avec un peu de cette mélancolie qui baigne les lignes, infléchit les contours, adoucit les pentes, et mêle au paysage une beauté de plus. Le Cher, qui brise ses eaux tranquilles aux arches du château, ajoute une plainte éternelle à toutes ces harmonies, et semble pleurer sur les grandeurs éteintes du passé.

Jadis, au XVe siècle, il y avait au bord du Cher un manoir féodal qui appartenait aux sires de Marques. Ces sires de Marques, originaires d'Auvergne et alliés des rois de France, virent les fortifications du château et les futaies rasées à hauteur d'infamie pour avoir reçu garnison anglaise dans leur fort.

Jean Marques racheta, par les services qu'il rendit à la monarchie, le droit de relever les fortifications; son fils, Pierre Marques, s'acquitta envers Thomas Boyer, auquel il devait des sommes considérables, en lui vendant sa seigneurie de Chenonceaux.

En 1515, un conseiller de Louis XII, Thomas Boyer ou Bohier, baron de Saint-Cyergues, seigneur de Chenonceaux, la Tour-Boyer, Nazelles, Chissay, Saint-Martin-le-Beau et autres lieux, général des finances de Normandie, lieutenant général des armées et vice-roi de Naples, fit raser le manoir, et entreprit la construction du château qu'on voit aujourd'hui.

Les premiers fondements en furent jetés sur l'emplacement d'un moulin, dans le lit même du Cher. Ce moulin, comme le dit un vieil auteur, devint un *castel fleuronné, blasonné, flanqué de jolies tourelles, ajusté d'arabesques, orné de cariatides, et tout couronné de balconnades avec enjolivations dorées jusqu'en hault du faiste ez pavillons et tourillons d'iceluy chasteau, lequel est devenu royal et bien justement.*

Ce Thomas Boyer, qui savait apparemment que ceux qui entreprennent des constructions ne les finissent presque jamais, fit graver dans les ornements de la tour et du château cette devise : *S'il vient à point, m'en souviendra.*

Thomas Bohier avait raison; il mourut dans le Milanais, et le château n'était point achevé.

Antoine Bohier continua l'œuvre de son père; mais il était écrit qu'un roi devait achever le château du conseiller.

François Ier accepta le château et ses dépendances en échange d'une somme de 100 000 livres qui lui était due par le baron de Saint-Cyergues; et, en 1536, le connétable de Montmorency en prit possession au nom du roi.

Déjà la chapelle était terminée, ainsi que le gros pavillon assis sur la rive droite du Cher.

Après François I*er*, qui consacrait la plus grande partie de son temps et de ses ressources à Chambord, les travaux furent activement poussés par Diane de Poitiers, maîtresse alors du vainqueur de Renti, après l'avoir été du vaincu de Pavie.

Mais lorsque le coup de lance de Montgomery eut fait le trône vacant, Catherine de Médicis exila Diane de la cour et la dépouilla de Chenonceaux, qu'elle agrandit encore. Elle fit construire une longue suite de bâtiments destinés au logement de la cour, une chancellerie, deux grandes galeries pour *y donner repast à la chasseresse, danses aux flambeaulx et autres festivités de ce temps-là.*

Les chroniques du temps sont pleines du détail des fêtes et des bals que l'Italienne offrait à la cour d'Henri III, son fils bien-aimé. L'une de ces fêtes, donnée à l'occasion de l'avénement d'Henri au trône de France, se distingua par un banquet merveilleux. *En ce beau banquet*, dit le *Journal de la cour*, daté du 15° de mai 1577, *les plus belles et les plus honnestes de la cour, à moitié nues et ayant leurs cheveux épars comme des espousées, furent employées à faire le service.*

De Louise de Vaudemont, sa belle-fille, à qui Catherine le légua, ce château fut transmis à Françoise de Mercœur, duchesse de Vendôme. Plus tard, il passa successivement aux mains de Louis de Vendôme et de Philippe, son frère, de Marie-Anne de Bourbon-Condé, leur belle-sœur, et des mains de la princesse de Condé au duc de Bourbon, premier ministre sous Louis XV.

En 1733, Claude Dupin, d'une ancienne famille du Berry, fermier général, l'acheta du ministre. Nous avons dit que le comte de Villeneuve possède aujourd'hui le château de Chenonceaux. Le comte de Villeneuve est petit-neveu de Claude Dupin.

Au château d'Onzain, nous avons rencontré Voltaire; à Chenonceaux, nous trouvons J. J. Rousseau. L'un recevait l'hospitalité du comte de Varans, l'autre de Mme Dupin. Aucune gloire ne devait manquer à ce beau pays, le cœur et le jardin de la France.

Ainsi chacun de nos pas heurte un souvenir, réveille la poussière endormie d'un grand homme, et fait surgir un nom illustre entre tous les noms. Récits de guerre, aventures d'amour, chefs-d'œuvre des arts, tout se presse et tout se mêle aux bords de cette Loire qui a vu passer tant de rois et tant de reines, tant de fameux capitaines et tant de poëtes, ceux-là vainqueurs et ceux-ci fugitifs; les uns tout bardés de fer, et les autres rêveurs et pensifs, comme ces prophètes qui portent un monde dans leur esprit.

Cependant la chaudière impatiente pétrit le rail de ses roues de fer. Le chemin qui nous amena à Chenonceaux nous ramène à Amboise. On part, on disparaît.

Mais, avant que l'horizon lointain s'efface aux regards, jetons un coup d'œil sur cette fantasque pagode due au ciseau de Lecamus, dernier reste du château de Chanteloup qu'avait élevé la princesse des Ursins, et où se retira le duc de Choiseul après qu'une fantaisie de Mme Dubarry eut appelé au ministère le duc d'Aiguillon, son amant. Ce XVIIIe siècle, qui ne regrettait ni son Dieu ni la gloire, regretta, chose étrange, un ministre. Ce fut un pèlerinage de Paris à Chanteloup, si bien, dit le chevalier de Boufflers, que :

> Se fallut qu'on le rappelât
> Pour que Paris se repeuplât.

Chanteloup devint, sous l'Empire, la propriété et le majorat du comte de Chaptal, qui le fit abattre dans les dernières années de la Restauration.

Un peu plus loin mugit et flamboie l'usine de Pocé. Le fer y arrive à l'état de minerai, et en sort sous toutes les formes. C'est un des plus vastes établissements de ces contrées si riches en établissements industriels.

Le chemin, qui fuit toujours, passe auprès des villages de Nazelles, *Noisay*, *Vernon*, et touche à *Vouvray*, où la Touraine produit, elle aussi, du vin de Champagne. Vouvray est au confluent de la Cisse et de la Loire, une petite rivière et un grand fleuve.

Viaduc de Mont-Louis.

La ligne de fer, qui depuis Blois suivait le cours de la Loire, s'infléchit enfin, trace une grande courbe, et, formant un angle droit avec le fleuve, le franchit sur le magnifique pont de *Mont-Louis*.

C'est l'œuvre d'art capitale, celle qui présentait le plus de difficultés; la science moderne en a triomphé pleinement, et, malgré les sables mouvants et le cours incertain des eaux,

Embarcadère de Tours.

VII.

TOURS.

C'est encore une ville qui date du temps des Gaulois. Avant la domination romaine, au cœur de cette Gaule humide et couverte d'épaisses forêts, entre les Cénomans du Maine et les Carnutes du pays chartrain, les Bituriges du Berry, les Pictones du Poitou et les Andes des contrées angevines, vivait un peuple appelé Turones.

On sait quelle résistance Jules César rencontra parmi ces peuples, et quelle constance unie à quel courage il fallut pour les dompter. C'étaient de ces hommes qui, vaincus dix fois, dix fois se relevaient. Après les rudes guerres dont le général romain a laissé l'histoire dans ses *Commentaires*, Tours, dont les annalistes amis du fabuleux et de l'impossible font remonter l'origine à ce Turnus, roi des Rutules, que Virgile inventa dans l'*Énéide*, devint le chef-lieu de la troisième Lyonnaise.

TOURS

La ville romaine prit le nom de *Cæsarodunum* et posséda bientôt une basilique, un temple, une académie, des thermes et un amphithéâtre. C'était au delà des Alpes l'image de Rome.

Cette première enceinte fut agrandie, lorsque, en 411, les Romains, surpris par le soulèvement général des Turones, élevèrent à la hâte ces grandes et nouvelles fortifications dont les vestiges cyclopéens se rencontrent sous l'archevêché et sous les rues de la Caserne et de la Psallette. Mais déjà le souvenir de la conquête allait s'effaçant. *Cæsarodunum* était devenu *Urbs Turonica*.

C'était le temps où les barbares sapaient l'empire romain, le temps sombre où des armées innombrables descendues du Nord franchissaient le Rhin, les Alpes, le Danube : Goths, Alains, Suèves, cent peuples encore, traînant leurs familles et leurs troupeaux, se ruaient sur les Gaules et sur l'Italie, noyant sous leurs flots la vieille civilisation. Les Visigoths entrèrent à Tours en 428, et y maintinrent leur domination jusqu'en 507, où Clovis les en chassa.

Il y avait plus de deux siècles déjà que Tours obéissait aux rois de la première race, battue elle-même par tous les troubles de ces règnes orageux ; après avoir vu saint Martin, Tours avait assisté aux luttes énergiques de saint Grégoire contre Chilpéric et Frédégonde, lorsque, au commencement du VIIIe siècle, une autre invasion, venue du Midi, faillit entraîner toute la chrétienté dans sa furie et la noyer dans le sang.

Les Arabes avaient envahi le Languedoc, la Provence, la Guienne, le Poitou, l'Auvergne et toutes ces provinces qui s'appelaient la Narbonnaise, l'Aquitaine, la Lyonnaise. La dynastie des Mérovingiens s'écroulait, et l'on pouvait croire alors que l'Occident tout entier allait périr dans un cataclysme effrayant. L'épouvante était au cœur du pays, les populations que le fer n'atteignait pas fuyaient, et la France, ce boulevard de l'Europe, chancelait comme un chêne sous l'effort du vent.

Alors, comme dit Bossuet, un homme s'est rencontré. Cet homme c'était Charles Martel. Il réunit autour de son épée ce qu'il y avait de soldats déterminés dans la France, marcha contre les Arabes, les rencontra entre Tours et Poitiers, et les extermina dans une série de combats qui sauvèrent l'Europe.

La ville de Tours appartint longtemps à ces comtes d'Anjou qui devinrent rois d'Angleterre. Elle fit partie de leurs fiefs jusqu'au moment où Philippe-Auguste la leur enleva, en 1189. Alors, comme Blois, comme Angers, comme Orléans, Tours fut ensanglanté par ces guerres terribles qui armèrent si longtemps la France et l'Angleterre, guerres aussitôt rallumées qu'éteintes, et que remplacèrent les guerres de religion, plus terribles encore. Ce furent tour à tour les huguenots et les catholiques, après les Anglais et les Normands; le duc de Guise, le duc de Mayenne, le duc de Joyeuse, Henri de Navarre, Anne de Montmorency, Crillon, le prince de Condé, après Chandos, Salisbury, Duguesclin, le bâtard d'Orléans, Talbot, Richard Cœur de Lion, Philippe-Auguste, Olivier de Clisson, les Valois après les Plantagenêt. Il n'y a pas une touffe d'herbe de cet heureux pays qui n'ait été arrosée de sang, pas une muraille qui n'ait vu se dresser les échelles de l'assaut, pas un sentier qui n'ait entendu le galop des gens d'armes.

Les dernières fortifications de cette époque de troubles, élevées en 1616 sur les plans du maréchal de Souvré et de M. de Courtevannes, furent rasées en 1724, sur un ordre de Louis XV.

Maintenant, quand le voyageur erre dans les rues de la ville, cherchant les traces du passé, une haute tour, vestige noir et sinistre des temps féodaux, lui apparaît au bord du fleuve. Cette tour est tout ce qui reste du château bâti par Henri II, roi d'Angleterre et comte de Touraine, dans la seconde moitié du XIIe siècle. Les trois autres tours construites aux angles ont été abattues. A peine la forteresse d'Henri élevait-elle ses créneaux au-dessus du mur d'enceinte, qu'elle fut attaquée et prise, en 1189, par Philippe-Auguste; Richard la reprit en 1192; elle retomba plus tard au pouvoir des Français, et Jean sans Terre s'en empara de nouveau en 1202. Ruiné par ces guerres sans relâche, le château dut être réédifié par Philippe le Hardi; Louis d'Orléans et Louis d'Anjou l'embellirent tour à tour; Charles VII et Louis XI s'y marièrent; Charles de Guise, après la mort du Balafré, s'en échappa.

Près de cette tour, dont les pierres grises ont vu chevaucher tant de capitaines, on remarquait encore il y a quelque temps trois arceaux du vieux pont fondé par Eudes, deuxième du nom et quatrième comte héréditaire de la Touraine, en 1030; mais à ces derniers vestiges d'une ancienne construction a succédé un léger pont en fil de fer. Durant le XVIIe siècle, au temps où la ville comptait 80 000 habitants, dont 30 000 en état de porter les armes, 2 églises canoniales et 16 paroisses, 12 couvents d'hommes, 10 de femmes et 4 chapelles; quand la ville était distribuée en 13 quartiers et la garde bourgeoise en 12 compagnies; alors qu'elle possédait 20 000 ouvriers en soie, 8000 métiers, 700 moulins pour préparer la soie et 3000 métiers de rubannerie, Tours avait un rang considérable parmi les plus importantes cités du royaume.

L'édit de Nantes renversa cette prospérité.

Aujourd'hui qu'il ne reste rien que la tour de Charlemagne, la tour de l'Horloge et quelques arceaux de la collégiale de Saint-Martin, bâtie d'abord par saint Brice, successeur du pieux évêque, agrandie en 482 par saint Perpet, embrasée une première fois en 560 par Villacaire, duc d'Aquitaine, une seconde fois, par accident, en 804, une troisième fois, en 853, par les Normands, une quatrième fois, en 1008; lors de la prise de Tours par Foulque Nerra, relevée tour à tour par Clotaire Ier, Robert II, archevêque, et Hervet, trésorier du chapitre, pillée en 1562 par les calvinistes; aujourd'hui que l'église de Saint-Martin de la Basoche est une habitation particulière connue sous le nom d'asile des Orphelins; l'église de Sainte-Croix, un atelier d'imprimerie;

Tour de Charlemagne.

l'église Saint-Denis, une écurie d'auberge; Notre-Dame de l'Écrignole, une maison, ainsi que Saint-Pierre du Boillé, Saint-Pierre du Chardonnet, Saint-Saturnin et Saint-Étienne; Saint-Hilaire, une fabrique de carton; Saint-Venant, une promenade publique; Saint-Clément, une halle aux blés; l'église des Jacobins, une manutention; l'église des Minimes, un magasin; aujourd'hui que le prieuré de Sainte-Anne est une manufacture de tapis; l'abbaye des Bénédictins et le couvent des Récollets, une caserne; que les cloîtres de l'Annonciade, de Saint-Sauveur, des filles de la Visitation, des Carmélites, ont été détruits avec les couvents des Oratoriens, des Augustins et les églises de Saint-Simple et Saint-Pierre le Puellier, Tours conserve encore assez de monuments pour mériter l'attention des antiquaires et des artistes.

L'abbatiale de Saint-Julien, fondée par Léotoler et rebâtie par saint Louis, était encore il y a trois ans une écurie d'auberge; mais, rachetée par le clergé de Tours, elle est aujourd'hui en voie de restauration, et les travaux sont très-avancés déjà. On peut prévoir le moment où elle pourra être rendue au culte. Saint-Julien est un édifice du xiii° siècle, et du gothique le plus pur. Si l'antique abbatiale, sauvée de la destruction, n'a pas les vastes proportions de Saint-Gatien, elle a du moins un caractère puissant d'homogénéité; et, pour les amateurs du style ogival à son époque en quelque sorte classique, elle restera la plus remarquable église de Tours.

Si Tours n'a plus l'hôtel du Présidial ni l'hôtel de Semblançay, ni l'hôtel de la Massetière, qui fut aux La Rochefoucauld et aux Montbazon, ni l'hôtel de Boucicaut, où naquit le maréchal de ce nom, elle a toujours la maison de Tristan l'Ermite et l'hôtel de M. Gouin.

La maison à laquelle la tradition a donné, on ne sait pourquoi, le nom d'un personnage qui ne l'a sans doute jamais habitée, est située rue des Trois-Pucelles, n° 18, au coin de la vieille ville. L'homme qui portait *d'argent au chevron de gueules de trois pièces* était probablement mort déjà quand fut élevée cette maison, qui semble dater de 1498 ou 1499, du temps où Anne de Bretagne, veuve de Charles VIII, épousa en secondes noces Louis XII, après avoir institué l'ordre de la Cordelière, qui avait pour insigne une corde

d'argent nouée en quatre endroits et roulée autour de l'éc[u]
avec cette devise : *J'ai le corps délié.*

Cette corde se reproduit vingt fois dans l'ornementatio[n]
du logis de la rue des Trois-Pucelles; le long du soubassement, autour de l'écusson fruste et du puits, sur le tympa[n]
de la porte d'entrée et ailleurs encore.

Ce charmant logis, avec sa population d'anges en prière,
d'animaux fantastiques, de personnages agenouillés, ave[c]

Maison de Tristan.

ses écussons, ses arabesques, ses poutres dorées, ses inscrip[tions] mystérieuses, comme celles de : *Assez aurons, peu vivrons*, et de *Priez Dieu pour*, gravées sur les fenêtres d[u]
corps de logis de droite, ses médaillons, ses fenêtres croisées, sa tourelle haute de 24 mètres, est resté intact au mi[lieu] des bouleversements.

L'hôtel de M. Gouin, situé rue du Commerce, n° 35, est d[û]
à ce Jean Xaincoings, contrôleur général des finances sou[s]
Charles VII, qui fut ami de Jacques Cœur, et qui fit bâti[r]
cet hôtel en 1400.

Ce Jean Xaincoings avait, comme Jacques Cœur, amassé d'immenses richesses, tout en servant l'État de toute sa bonne volonté et en réformant l'administration ; mais un retard dans la solde des troupes qui se rendaient en Guienne, en 1449, servit de prétexte à l'accusation que lancèrent contre lui les courtisans jaloux de sa fortune. Condamné à la mort et à la confiscation de ses biens par des juges qui voyaient de

Hôtel de M. Gouin.

splendides dépouilles à se partager, Charles lui fit grâce de la vie, tout en l'obligeant à verser au trésor 60 000 écus d'or.

Guillaume Gouffier, baron de Maulevrier, valet de chambre de Charles VII, puis gouverneur de la Touraine, eut pour sa part les terres d'Oiron, de Rochefort, de Rouguon, de la Chaussée, de Champagne-le-Sec et de Sonag. Les membres de la commission qui avait jugé le contrôleur général se partagèrent le reste de ses biens, avec l'assentiment du roi.

Quant à l'hôtel de Tours, il fut donné en cadeau au comte de Dunois.

De main en main, l'hôtel de Jean Xaincoings passa à la famille Gouin, qui le possède depuis 1738.

La façade nord défigurée et les arcades trilobées de la balustrade qui borde les deux terrasses du rez-de-chaussée appartiennent à la première construction du xv° siècle; le reste du bâtiment indique assez, par l'élégance de ses formes ita-

Palais de Justice.

liennes, par la quantité charmante des arabesques, des moulures, des sculptures qui ornent les corniches, les pinacles, les chapiteaux, par la délicatesse de l'ornementation, le mélange des piliers et des colonnes, la grâce exquise des détails, que ce monument est l'œuvre d'un de ces artistes florentins qui passèrent les Alpes à l'appel de François Ier.

Outre ces hôtels, Tours possède encore plusieurs maisons curieuses de la période romano-byzantine du moyen âge et de la renaissance, dont l'étude ne serait pas sans intérêt pour les archéologues, et un Palais de Justice monumental.

Cathédrale de Tours.

Mais le plus vaste et le plus beau monument de Tours, c'est la cathédrale, longtemps placée sous l'invocation de saint Martin, qu'elle conserva jusqu'à la fin du XIII° siècle, et dédiée depuis lors à saint Gatien.

Consacrée par saint Ludovic dans l'enceinte de Cæsarodunum, vers le milieu du IV° siècle, brûlée, en 561, sous l'épiscopat de saint Euphrone, et réédifiée avec une grande magnificence, en 590, par Grégoire de Tours, elle fut incendiée en 1166.

En 1170, Joscion, archevêque de Tours, posa la première pierre de la nouvelle basilique, dont les travaux ne furent achevés qu'en 1547. Que de patience et que de foi ! Chacun porta sa pierre à l'œuvre commune ; les générations passaient, laissant aux générations futures le soin de continuer ce qu'elles avaient commencé. Enfin ces deux tours, dont Henri IV, qui se connaissait mieux cependant en bataille qu'en architecture, disait que c'étaient *deux beaux bijoux auxquels il ne manquait plus que les étuis*, portèrent leur élégance dans le ciel, et l'œuvre fut terminée.

Les verrières de Saint-Gatien, miraculeusement préservées en 93, peuvent être citées parmi les plus belles de France. Quelques-unes sont de Nicolas Pinaigrier et de Sarrazin.

Quand le spectateur se place à l'extrémité de la place de Grégoire le Grand, l'abside se présente dans tout l'éclat de son magnifique style ogival. Rien ne manque aux voussures des portails mitrés ; bas-reliefs tout chargés de personnages, statues de saints et d'évêques, guirlandes, pinacles, fleurons, aiguilles, rosaces, sculptures sans nombre, feuillage épanoui, croix évidées, colonnettes chargées de fleurs grimpantes, festons, tout a été prodigué à cette façade, où l'art du XVI° siècle s'épanouit dans toute sa magnificence.

L'antiquaire reconnaîtra cinq périodes dans l'ensemble de cette vaste construction :

Période romano-byzantine : quelques arcades à la base des deux tours ;

Période ogivale primitive : abside, chœur et chapelles absidales ;

Période ogivale secondaire : transsept et deux travées de la nef ;

Période ogivale tertiaire : nef et chapelles accessoires, portail ;

Renaissance : la partie supérieure des tours.

Notre-Dame-la-Riche, qui fut d'abord appelée Notre-Dame-la-Pauvre, est la plus remarquable, après Saint-Gatien, des églises consacrées au culte.

Il ne faut pas quitter Tours sans visiter sa bibliothèque et son musée. La bibliothèque de Tours a donné asile dans ses rayons aux richesses que possédaient avant 93 les abbayes de Saint-Martin, de Marmoutiers, de Bougenil, et qui furent dispersées aux quatre vents de la Révolution.

Parmi les œuvres précieuses qu'elle renferme, nous citerons :

Un Évangile manuscrit, en capitales romaines, du VIIIe siècle. C'est sur cet Évangile que les rois de France juraient comme chanoines honoraires de Saint-Martin ;

Les Heures de Charles V, magnifique manuscrit sur vélin, orné d'enluminures qui sont des chefs-d'œuvre du genre ;

Les Heures d'Anne de Bretagne, très-beau manuscrit, moins remarquable cependant que celui de Charles V ;

Un Tite Live manuscrit du XIVe siècle, avec enluminures ;

Une Bible in-folio imprimée à Mayence par les inventeurs même de l'imprimerie, et dont la pureté et la netteté typographiques seraient aujourd'hui un modèle à suivre.

Le musée de Tours se compose principalement de tableaux enlevés pendant la Révolution dans les abbayes de Saint-Martin et de Marmoutiers, dans les châteaux de Richelieu, de Chamblaye, du Plessis, etc. Il s'est accru successivement des donations qui lui ont été faites par le gouvernement, et aussi par quelques particuliers.

M. Raverot, père du conservateur actuel, a eu la plus grande part dans la formation du musée, en recueillant et en sauvant, non pas quelquefois sans périls, les principales toiles qui en sont devenues la richesse.

Nous indiquerons plus particulièrement aux amateurs deux tableaux mythologiques de Boucher, deux tableaux du Poussin, plusieurs tableaux de Lesueur, et notamment *Saint Louis pansant les malades*; deux tableaux de Rubens; un portrait de Claude Lorrain par lui-même; le portrait de Louis XIII, par Lebrun; *le Bon Pasteur*, par Philippe de Champaigne; une copie de *Sainte Famille* de Raphaël, par Mignard; diverses toiles attribuées à Louis Carrache, au Carravage, au Guerchin, au Guide, à Tintoret, etc., etc.

Parmi les objets de sculpture, on remarque une reproduction en relief de l'escalier de Marmoutiers, qui a passé lui-même pour une merveille de l'art architectural: Enfin le musée de Tours, qui compte environ deux cents tableaux, est un des musées de province les plus riches et les plus dignes d'être visités et étudiés.

Si maintenant vous sortez de la ville, ce sont de tous côtés des ruines qui rappellent d'imposants souvenirs. Voici, à l'extrémité occidentale de Tours, après la barrière Sainte-Anne, le château de Plessis-lez-Tours. Tandis qu'on avance, on répète tout bas la chanson du poëte :

> Il vient! il vient! Ah! du plus humble chaume
> Ce roi peut envier la paix.
> Le voyez-vous comme un pâle fantôme,
> A travers ces barreaux épais?

A présent il ne reste presque plus rien de Plessis-lez-Tours, ni le château ni les barreaux.

Il y avait autrefois, dans ce même lieu, un manoir féodal

connu sous le nom de Montilly-lez-Tours. Louis XI l'acheta, moyennant 1500 écus d'or, à Andouin Touchard de Maillé, le fit abattre, et construisit sur l'emplacement une bastille dans laquelle il s'enferma avec ce Tristan l'Ermite, que Dunois arma chevalier sur la brèche de Fronsac.

Le sombre monarque, qui devait commencer l'œuvre si hardiment achevée par le cardinal de Richelieu, avait fait élever un vaste château, tout à la fois forteresse et palais, garni de fossés pleins d'eau, de herses, de ponts-levis, d'oubliettes, de mâchecoulis.

Quand on avait franchi la porte principale, flanquée de deux fortes tours, on arrivait dans une cour où se trouvaient les casernes et les écuries de la garde écossaise, une petite chapelle dédiée à Notre-Dame de Cléry, la tour de la justice du roi, l'église paroissiale de Saint-Matthias, les bâtiments donnés à saint François de Paule, la vénerie, la fauconnerie, les équipages de chasse et les écuries du roi.

D'autres douves larges et profondes séparaient cette cour de la cour d'honneur, entourée de bâtiments qui servaient de logis particulier au roi; le petit Bourbon, habité par le duc d'Orléans qui fut Louis XII, la prison où fut enfermé le cardinal La Balue, les logements des dignitaires de la couronne, des membres de la famille royale et des officiers, étaient situés dans cette même cour.

Louis XII avait trop souffert à Plessis-lez-Tours pour y vouloir demeurer après son avénement au trône; François Ier en abandonna la garde à un capitaine faisant fonctions de gouverneur; et le château, étant tombé dans le domaine public en 93, fut transformé d'abord en maison de correction, puis en un atelier où la République construisit des affûts et des canons.

En l'an VI, un citoyen l'acheta et le vendit en morceaux.

La brique emportée et le plomb fondu, il resta de Plessis-lez-Tours la chambre à coucher de Louis XI, un cachot et une tour. La chapelle est tombée, le pied en heurte les pierres cachées sous l'herbe ; l'oratoire, où pendant vingt années le vieux roi pria, a été démoli, parce que le propriétaire voulait agrandir un carré de choux. Du parc qui a vu la célèbre entrevue du roi de Navarre et d'Henri III, en 1589, il ne reste rien que des pans de murs en ruines.

Au bord du Cher se trouve Villandry, *Villa Andriaca*, disent les étymologistes. Le château, où fleurit le goût de la renaissance, fut bâti en 1532, sur l'emplacement du vieux château gothique de Colombiers, où fut signé le traité conclu en 1189 entre Henri II d'Angleterre et Philippe-Auguste.

Les constructions les plus récentes ont été achevées par le comte Henri de Castellane, vers le milieu du xviiie siècle.

Marmoutiers était, entre toutes les abbayes qui couvraient la France de leurs cloîtres, l'une des plus riches et des plus magnifiques, des plus vastes et des plus célèbres.

Saint Martin la fonda en 373 ; les Normands la brûlèrent en 853. Relevée de ses ruines dans les siècles suivants, et aliénée en 1797, elle a disparu comme tant d'autres monuments, chefs-d'œuvre dont on a fait des masures.

On y voyait encore, en 1821, un escalier admirable que les démolisseurs jetèrent à bas, non pas pour en vendre les débris à un Anglais, comme on l'a dit, mais pour déblayer le terrain.

L'huile sainte avec laquelle fut sacré Henri IV à Chartres était conservée à Marmoutiers.

Mais voilà déjà que nous entrons sur le chemin de Tours à Nantes. Notre œuvre est finie. Retournons bien vite à Tours, à cette belle patrie de Jean Lemaingre, sire de Boucicaut, ce brave maréchal de Boucicaut, l'ami de Duguesclin et le soldat de Charles VI, qui fut fait deux fois prisonnier : à Nicopolis, par les Turcs ; à Azincourt, par les Anglais ; de Destouches qui fit *le Glorieux* ; de Claude Vignon, ce peintre qui improvisa en vingt-quatre heures un tableau du martyre de sainte Catherine, composé de vingt figures; patrie encore de cette belle et touchante Françoise-Louise de La Beaume Leblanc, duchesse de La Beaume et de La Vallière, qui mourut aux Carmélites parce qu'elle avait trop aimé. Rentrons par cette rue Royale qui traverse Tours du nord au midi, et qui fut construite par Limeray sur l'emplacement de la rue Traversaine, en 1778; jetons un dernier regard à ce pont magnifique, achevé en 1778, mutilé en 1789, le 23 janvier, par une débâcle qui emporta quatre arches, les premières de l'extrémité septentrionale, rétabli en 1818, et dont les quinze arches, de 25 mètres d'ouverture, ont un développement total de 444 mètres sur 15 mètres 66 centimètres de largeur, et attendons que d'autres locomotives nous emportent vers la Bretagne.

Tombeau de Charles VII.

DE TOURS A BORDEAUX

PAR

JULES DE PEYSSONNEL.

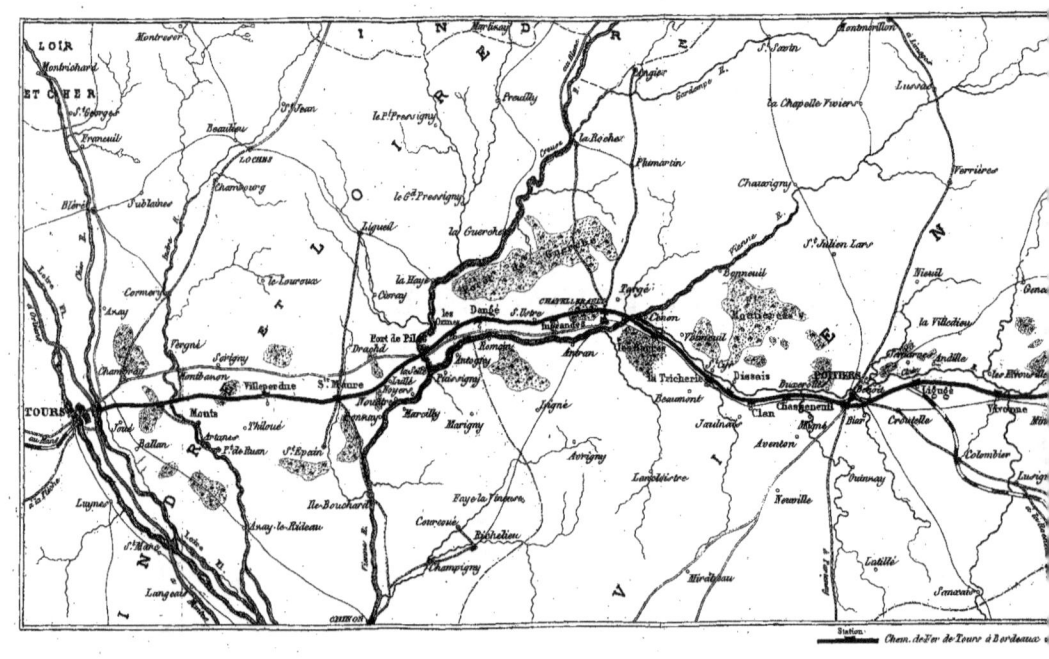

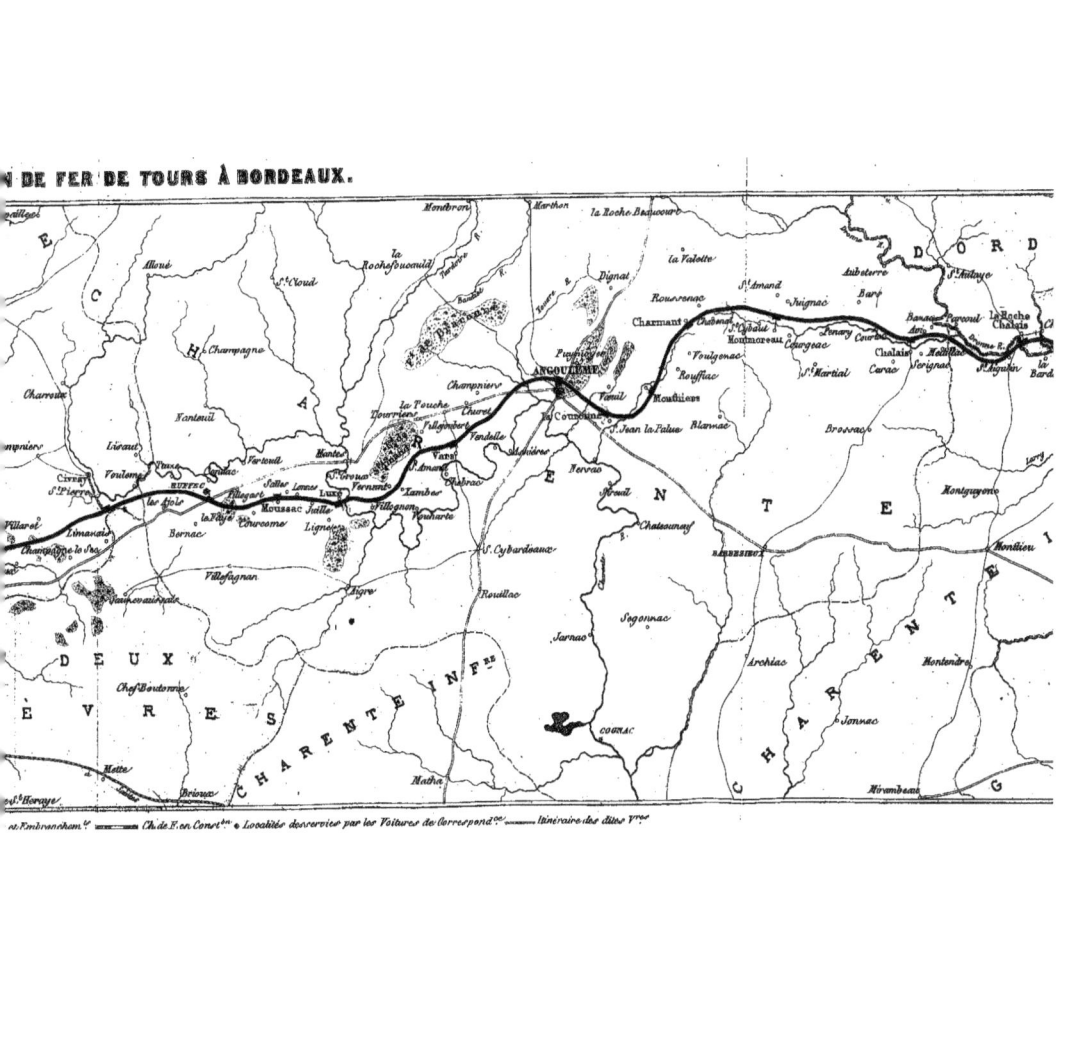

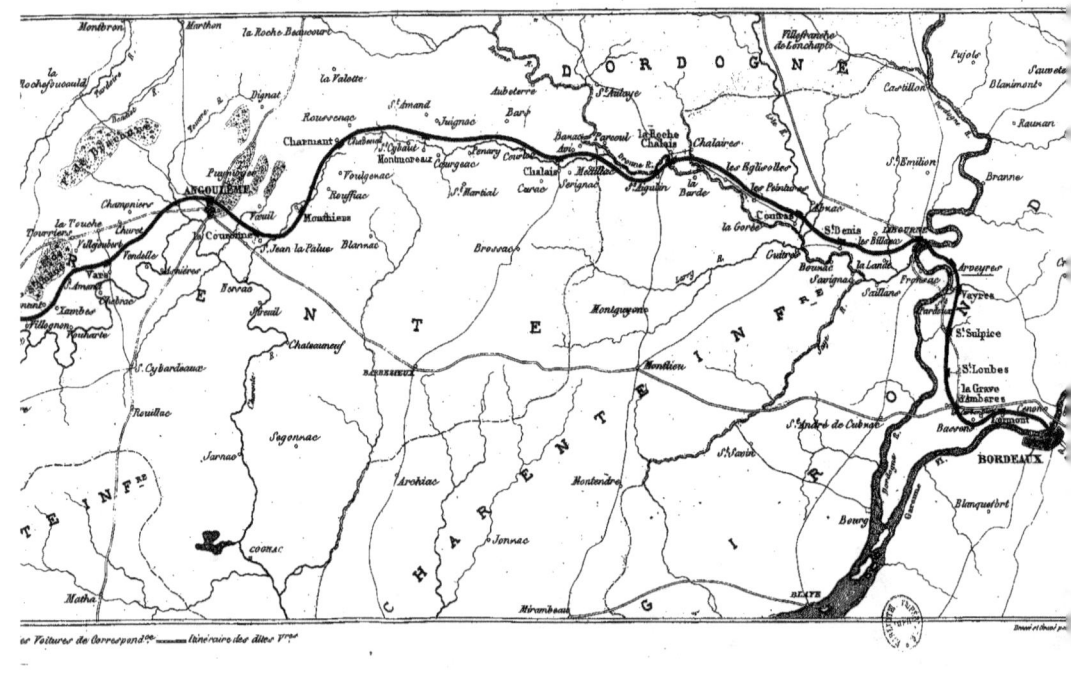

Viaduc sur l'Indre.

AVANT-PROPOS.

Le chemin de fer de Tours à Bordeaux est une portion très-considérable de la grande ligne d'Orléans à Bordeaux; adjugé le 9 octobre 1844 à une compagnie particulière, par une première application du nouveau système qui, en vertu de la loi du 26 juillet 1842, devait remplacer désormais le système de concessions suivi jusqu'alors, il est entré, depuis le 27 mars 1852, dans la fusion qui a réuni dans les mains d'une seule et même compagnie le chemin de Paris à Orléans, celui d'Orléans à Tours, celui de Tours à Nantes et celui du Centre, sous le titre de Compagnie du chemin de fer de Paris à Orléans et de ses prolongements.

On le divise en trois sections principales, savoir :

Celle de Tours à Poitiers, d'une étendue de 100 kil. 618 mètres
Celle de Poitiers à Angoulême, » de 112 » 783 »
Celle d'Angoulême à Bordeaux, » de 132 » 478 » 5

Ce qui constitue en somme un parcours de 345 kil. 879 mètres 5, sur lequel on ne rencontre pas moins de 642 ponts, viaducs, passerelles, ponceaux et aqueducs, de 10 tunnels, de 188 passages à niveau et de 35 stations intermédiaires.

Voici, pour chacune des sections, la répartition de ces différents travaux.

Ponts, viaducs, passerelles, ponceaux et aqueducs. De Tours à Poitiers, 173; de Poitiers à Angoulême, 150; d'Angoulême à Bordeaux, 319. Total, 642.

Tunnels. De Tours à Poitiers, 0; de Poitiers à Angoulême, 3; d'Angoulême à Bordeaux, 7. Total, 10.

Passages à niveau. De Tours à Poitiers, 42, dont 37 avec maison de garde; de Poitiers à Angoulême, 47; d'Angoulême à Bordeaux, 99, dont 89 avec maison de garde. Total, 188.

Stations. De Tours à Poitiers, 13; de Poitiers à Angoulême, 8; d'Angoulême à Bordeaux, 14. Total, 35.

De ces divers ouvrages, les plus importants sont :

Dans la première section : 1° Le pont du Cher, à 6 arches de 20 mètres;

2° Le viaduc de l'Indre, qui se compose de 59 arches ayant 9 mètres 80 centimètres d'ouverture, et dont la longueur totale est de 751 mètres, y compris les culées, de 20 mètres chacun. Le rail est placé à 21 mètres 30 centimètres au-dessus de l'étiage pour les trois arches qui servent plus particulièrement de pont à l'Indre, et à différentes hauteurs du sol dans la partie qui repose sur la terre ferme; aucune de ces hauteurs n'est inférieure à 17 mètres 10 centimètres. L'ensemble de ce travail a coûté 2 078 761 fr., et a été fait en deux ans;

3° Le viaduc de la Manse, ayant 303 mètres de longueur totale, y compris les culées (272 mètres 60 centimètres entre les naissances); il se compose de 15 arches à plein-cintre ayant 15 mètres d'ouverture et 31 mètres de hauteur sous clef de voûte, c'est-à-dire, à peu de chose près, l'élévation de la grande nef de la cathédrale de Tours. Le rail est placé à 34 mètres au-dessus du sol. Comme celui de l'Indre, le viaduc de la Manse a été bâti en deux ans, et on estime à 1 213 713 fr. le prix de sa construction;

4° Le viaduc de Port de Piles, à 3 arches de 31 mètres;

5° Le viaduc d'Auzon, à 5 arches de 20 mètres;

6° Le pont d'Auzance, à 3 arches de 6 mètres;

7° Le pont de l'Essart, à 3 arches de 15 mètres;

8° Le pont de Rochereuil, à 3 arches de 15 mètres;

9° Le pont de la Boivre, à 3 arches de 4 mètres.

Dans la deuxième section : 1° Le tunnel de Poitiers, d'une longueur de 300 mètres;

2° Les ponts de Blossac, de l'Ermitage, de Saint-Benoît et de Givray, ayant chacun 3 arches de 14 mètres;

3° Le tunnel des Brachées, d'une longueur de 429 mètres;

4° Le pont de Vivonne, à 3 arches de 12 mètres;

5° Le tunnel des Plans, d'une longueur de 500 mètres;

6° Le pont de Luxé, à 4 arches de 11 mètres;

7° Le pont jeté sur la Touvre, ayant 6 arches de 7 mètres 50 centimètres.

Dans la troisième section : 1° Le tunnel d'Angoulême, qui traverse en entier la montagne sur laquelle est bâtie la ville, sur une longueur de 740 mètres;

2° Le viaduc des Couteaubières, à 12 arches de 10 mètres et d'une longueur totale de 303 mètres y compris les culées. Ce viaduc se développe dans le sens d'une courbe de 2000 mètres de rayon. Le rail est placé à 13 mètres au-dessus du sol.

3° Le tunnel de Livernan, ayant 1471 mètres de long. C'est dans ce genre le travail le plus important de la ligne de Tours à Bordeaux, du moins eu égard à ses dimensions;

4° Le pont sur l'Isle, à 6 arches de 15 mètres;

5° Le pont sur la Dronne, à 5 arches de 11 mètres;

6° Le pont sur la Dordogne, à 9 arches et mesurant, y compris les culées, une longueur de 220 mètres ;

7° Le viaduc d'Arveyres, de 100 arches et d'une longueur totale de 1180 mètres. Ce viaduc est, pour l'étendue, le plus considérable de toute la ligne de Tours à Bordeaux;

8° Le pont de Vayres, à 4 arches et d'une longueur totale de 50 mètres ;

9° Les trois viaducs établis avant Lormont et même avant les tunnels qui précèdent aussi cette station. Le premier de ces viaducs, d'une longueur totale de 190 mètres, se compose de 18 arches ; le second, qui a 70 mètres, de 4 arches; et le troisième qui a 160 mètres, de 70 ;

10° Les cinq tunnels connus sous le nom de tunnels de Lormont, dont le premier mesure 180 mètres de long ; le second, 190 ; le troisième, 90 ; le quatrième, 400 ; et le cinquième, 280 : en somme, 1140 ;

11° Enfin le viaduc qui suit ces tunnels, viaduc à 3 arches et ayant 40 mètres de longueur totale.

Tous ces travaux d'art, et ceux qui, moins importants, mais de même nature, se trouvent sur la ligne que nous allons parcourir, ont été exécutés par l'État, lequel, suivant les clauses du cahier des charges, a dû prendre aussi à son compte les indemnités de terrains, l'entreprise des terrassements, des bâtiments de station[1] et des maisons de garde.

Quant aux frais résultant de l'achat et de la pose des

---

1. Conformément à la loi qui règle la concession du chemin de fer d'Orléans à Bordeaux, l'État devait être chargé de la construction des gares et stations. Mais en vertu d'une nouvelle loi, intervenue à la date du 6 août 1850, la compagnie s'est trouvée dans l'obligation de prendre ces ouvrages à son compte. A cette date, les travaux de l'État s'arrêtaient à Villeperdue. En conséquence, à partir de cette station, toutes les gares, les ateliers, etc., ont été exécutés par la compagnie concessionnaire, sous la direction et d'après les plans de son ingénieur en chef, M. Ernest Pepin-Lehalleur. Les frais résultant de ces constructions se sont élevés à la somme de 5 millions.

rails, en un mot, de l'établissement de la voie, et du matériel de traction et de circulation, machines, tenders, voitures, wagons, trucs, etc., ils ont été payés par la compagnie concessionnaire, qui les a fait construire suivant un mode déterminé par les lois qui la régissent.

Aspect général du chemin de Tours à Bordeaux.

Il suffit de jeter les yeux sur la carte de France pour se faire une idée de l'importance que doit avoir la route qui, partant de Tours, se dirige vers Bordeaux en touchant à Poitiers et à Angoulême. Mais cette importance grandit encore, et de plus en plus, à mesure qu'on étudie la physionomie des différentes contrées qui se trouvent sur cette ligne.

Il est peu de pays, en effet, où la curiosité de l'esprit et celle des yeux trouvent autant à se satisfaire. L'histoire, les arts, l'industrie, ont laissé des traces brillantes sur le sol que nous allons parcourir ; la nature y a des aspects sans cesse variés et dont la diversité est toujours féconde.

Ici les plaines qu'arrosent la Loire, le Cher, l'Indre, la Creuse et la Vienne ; là les paysages moins souriants, mais plus pittoresques, plus abruptes et moins monotones du Poitou ; plus loin les vertes campagnes qui s'étendent sur les rives de la Dordogne et de l'Isle, entremêlées de collines et de plateaux sur lesquels grimpent ou s'étalent de riches vignobles ; les bords de la Gironde enfin, véritable terre promise, où se trouvent à l'envi les productions les plus rares.

Perspective admirable dont les points extrêmes sont deux capitales et qu'encadrent deux des plus beaux fleuves de France.

Et sur ce sol que de scènes émouvantes ! que de hauts faits accomplis ! que de luttes sanglantes ! que de triomphes et de défaites ! que de monuments élevés par la main des hommes pour leur défense, pour leur culte, pour leur plaisir, et que la main des hommes a détruits ! que de générations éteintes qui ont passé là rêvant un avenir, l'édifiant à grande peine, et dont cet avenir a été brisé !...

En visitant avec un pieux respect ces monuments des siècles écoulés, comparons-les aux œuvres du génie moderne, à ces voûtes sombres creusées avec art, sous lesquelles on chemine en s'enfonçant dans les entrailles de la terre, à ces viaducs, à ces ponts hardis qui font franchir les abimes d'un seul trait et à des hauteurs infinies; mais en comparant tour à tour ces merveilles diverses, admirons-les également les unes et les autres.

Si dans le passé nous trouvons un enseignement, dans le présent voyons un présage, et fixons nos regards sur l'avenir que promet à l'esprit humain, sous toutes ses formes, cette grande voie de la civilisation que l'on nomme chemin de fer, chemin qui non-seulement marche, comme Pascal le disait des fleuves, mais qui court, qui vole et qui ne connaît pas plus l'obstacle qu'il ne connaît les distances.

Embarcadère de Tours.

I.

DE TOURS A CHATELLERAULT.

La Touraine est pour ce Guide une lettre morte, du moins la Touraine au point de vue de l'ensemble de son histoire et de la généralité des études qu'on peut faire sur cette province fertile autant que charmante. *Magna parens hortorum*, a dit d'elle le poëte René Rapin, l'un de ses enfants. Sa capitale n'est pas davantage de notre domaine, et nous ne devons prendre les voyageurs qu'au moment où, assis dans la gare, ils attendent l'heure du départ. Profitons des quelques instants qui précèdent celui où ils monteront en wagon pour jeter sur cette gare immense un coup d'œil rapide.

Placée dans un des plus beaux quartiers de la ville, non loin du palais de justice et sur la promenade qui longe les jardins de la préfecture, la station de Tours, l'une des plus importantes de tout le parcours, présente un ensemble de constructions d'un style simple, mais très-régulier, qui s'harmonie à souhait avec les édifices qui l'environnent ; de plus, grâce à l'heureuse disposition des bâtiments qui la composent, elle réunit aux beautés monumentales de son architecture les avantages d'un service prompt et commode. En effet, les deux rues qui l'entourent, et qui sont ouvertes à l'est et à l'ouest de la façade principale exposée au nord, l'isolent de manière à faciliter ses abords, et l'on a eu le soin de placer dans chacune de ces deux rues les portes par lesquelles on circule de l'intérieur au dehors et réciproquement, soit que l'on arrive de Paris, de Bordeaux ou de Nantes, soit que l'on parte pour l'une de ces trois villes. A cet égard, impossible de faire erreur. Chacune de ces portes est surmontée d'un tympan au milieu desquels est placée une horloge ; et, à côté de ces tympans, se trouvent, à l'aile orientale, les statues de la ville de Tours et de la ville de Paris ; à l'aile occidentale, celles de Bordeaux et de Nantes. Ingénieux moyen d'indiquer à celui qui veut prendre son billet quel est le seuil à franchir pour gagner la salle où il doit attendre le convoi qui l'emmènera, et par là d'éviter l'encombrement et la confusion.

A l'intérieur, la gare de Tours est tout aussi remarquable qu'à l'extérieur. La halle, ou embarcadère, est couverte en fer sur une longueur de 110 mètres et sur 33 mètres 60 centimètres de largeur. Les quais sont larges et commodes ; les salles d'attente grandes et luxueuses. Au loin, on peut apercevoir, à droite et à gauche des rails, d'immenses constructions où se trouvent les remises de voitures, les gares d'arrivée et de départ pour les marchandises, les ateliers de réparation, les remises circulaires pour les locomotives, les bureaux affectés au service du matériel, etc., etc., le tout occupant la superficie de quinze hectares. Ne nous étonnons pas des proportions immenses de ces édifices divers en songeant à la multiplicité des travaux qui s'y exécutent.

Tandis que nous devisons toutefois, la machine s'est mise en marche et nous entraîne à sa suite dans les confortables voitures qu'a fait établir l'administration. Dès les premiers pas, on doit examiner avec attention le tracé du chemin que nous allons suivre, si l'on veut se faire une idée des travaux importants qu'a nécessités sa construction.

Ce trajet n'était pas facile, en effet, et ne saurait être comparé sous aucun rapport à celui d'Orléans à Tours. Là le railway s'étend presque toujours le long de la Loire, suit invariablement la pente naturelle des eaux, et, courant avec elles vers l'Océan, ne trouve nul obstacle. Mais, à partir de Tours, tandis que la voie de Nantes reste la compagne inséparable du fleuve, celle de Poitiers et Bordeaux s'en sépare brusquement au contraire, pénètre à travers des terres plus accidentées, et, dans sa marche, à peu près parallèle aux côtes de la Bretagne, coupe, au lieu de les élonger, les différentes vallées qui conduisent les affluents de la contrée à la mer.

On ne saurait donc s'étonner de rencontrer ici, se succédant les uns aux autres, et souvent à des intervalles très-rapprochés, des chaussées ou remblais, des viaducs, des tranchées et une multitude de ponts, ponceaux et passerelles, etc., etc. De tous ces ouvrages, nous parlerons des plus importants.

Le premier à citer est le pont du Cher, à droite duquel se trouve le pont de Sanitas, établi sur la grande route de Paris à Bayonne, et après lui, dès qu'on a traversé un ruisseau, le Petit-Cher, se présente le viaduc de Grammont.

Ce viaduc, établi avec un biais de 64 degrés, eût passé, il y a vingt ans, pour une œuvre extraordinaire. Mais, quel que soit son mérite, l'art des constructions a tellement progressé, et nous avons d'ailleurs tant de merveilles à voir, merveilles créées par les mêmes ingénieurs, que nous n'en parlerons aujourd'hui que pour signaler à nos lecteurs le panorama magnifique qu'ils peuvent contempler du haut de ce monument, en dirigeant leurs regards du côté de Tours.

De ce point assez élevé, on découvre, en effet, la rue principale de cette cité, — rue que l'on peut suivre de l'œil dans toute sa longueur, — et, toujours dans le même sens, le pont que fit construire pendant son administration M. de Choiseul, en 1777, et la route connue sous le nom de la Tranchée, qui conduit à Chartres. A droite de cette ligne, s'élèvent les clochers de Saint-Gatien, pour lesquels Henri IV demandait un étui, tant ils lui paraissaient riches : propos de saint ou de huguenot ; — Saint-Julien, dont le sanctuaire fut bâti par Clovis à la place même qu'il occupait le jour où, après sa victoire sur les Visigoths, il passa en revue son armée ; — les Minimes, que consacrait au culte, en 1625, Victor Le Bouthillier, l'oncle du fameux abbé de Rancé ; — les combles de l'archevêché, dont les pieds reposent sur le ciment des vieux remparts de la ville gallo-romaine ; et, à gauche, la façade dorique du nouveau palais de justice ; — les ruines de la basilique vénérée de Saint-Martin, la tour de l'Horloge et celle de Charlemagne ; — les pignons de l'hôtel Gouin, qui appartint à Dunois, pignons ornés, fouillés et découpés comme toute œuvre de la Renaissance. Puis, tout autour, une foule d'édifices civils, religieux, militaires, des casernes et des séminaires, des maisons de tout rang et de toute origine, des places et des carrefours, des rues, des boulevards, et, comme cadre à ce tableau, comme fond, de chaque côté, la cime élevée des arbres qui dessinent le cours de la Loire et celui du Cher, les vertes prairies et les vergers qui puisent la vie à longs traits dans l'eau de ces fleuves ; à l'horizon, les riants coteaux de Saint-Symphorien, de Saint-Cyr, de Fondettes, sur lesquels la *villa* modeste du citadin se marie dans la perspective aux ruines des anciens manoirs de Luynes ; enfin, les rampes verdoyantes qu'enrichissent les vignobles célèbres de Rochecorbon et ceux de Vouvray.

Mais voici déjà fuir cette vue splendide... Le railway, qui, en contournant ses lignes d'ordinaire roides et droites, semblait gracieusement vouloir nous donner le temps d'admirer, s'enfonce dans les coteaux [1] qui séparent la vallée du Cher de celle de l'Indre. On chemine dans des tranchées successives, on monte des rampes que l'on descend bientôt, et l'on marche ainsi assez longtemps sans apercevoir autrement que par de rares coupures du sol, par des brèches fortuites, les riches campagnes ou les bois touffus qui s'étendent de chaque côté de la route.

Nous ne tarderons pas cependant à être dédommagés de ces privations. Peu à peu la terre s'incline devant nous; les talus dans lesquels nous sommes encaissés s'abaissent et deviennent plus rares; ils cessent enfin, et, à partir du joli château de Candé, qui semble posé là comme un joyeux jalon de la voie nouvelle, nous sommes sur des chaussées au delà desquelles s'étagent les contre-forts opposés à ceux que nous venons de couper et au bas desquels coule l'Indre, chaussées colossales [2] dont l'ambition eût été d'effacer la vallée, et qui auraient sans doute suffi à la tâche, si cette vallée n'avait pas servi de lit à un fleuve. Mais il fallait nécessairement laisser un libre passage à des eaux dont le cours est parfois impétueux. Qu'a-t-on fait alors? La truelle et le marteau sont venus, qui ont remplacé la pelle et la pioche; le terrassier a été chassé par le maçon, et, au lieu d'un travail qui eût été toujours un travail de géant,—Pélion sur Ossa, — mais qui eût été purement matériel et tant soit peu primitif, nos ingénieurs ont construit un viaduc aux

---

1. Sur le flanc d'un de ces coteaux, et à gauche du viaduc, on peut voir les restes de l'ancien château de Grammont, qui fut autrefois la demeure d'été des archevêques de Tours.

2. Il y a des parties de chaussée qui ont de 18 à 20 mètres de hauteur.

arches gracieuses en même temps qu'imposantes, solides autant que légères, ont élevé un des plus grands chefs-d'œuvre dont l'âge moderne puisse s'enorgueillir. Du chemin même, il est impossible d'apprécier le mérite de ce viaduc; l'œil, attiré par les beautés de la scène, s'attache à les contempler, ou, fasciné par la hauteur de laquelle il plonge sur les prés, les arbres et les maisons qu'il domine, s'éblouit et

Viaduc sur l'Indre.

se ferme. Mais s'il vous est possible de descendre à la station prochaine, revenez sur vos pas, — la course n'est pas trop longue, — et vous contemplerez un monument que nous n'hésitons pas à placer au même rang que les œuvres les plus importantes et les plus difficiles de l'ancienne Rome.

Quelle que soit cependant la magnificence de ce monument et la beauté des sites qui l'environnent, la locomotive im-

[...]assible nous les dérobe comme elle ferait d'une humble [ch]aumière,

> . . . . Æquo pulsat pede pauperum tabernas
>   Regumque turres. . . . .

[c]omme elle nous a dérobé le panorama de Tours et comme [el]le va nous dérober *Monts*, où nous abordons.

De Monts il n'y a rien à dire; c'est une honnête personne [d]ont on ne parle pas, et qui joue ici le rôle de l'humble [ch]aumière. Mais de Monts on peut aller soit à Montbazon, [so]it à Azay-le-Rideau, par les omnibus qui stationnent à la [po]rte de la gare, et pour les véritables touristes, ce serait [un] devoir, si ce n'était plutôt un plaisir, de faire l'un ou [l'a]utre de ces pèlerinages, et, mieux encore, de les faire [to]us les deux.

Azay-le-Rideau, en effet, est une œuvre très-remarquable [de] la Renaissance; on le regarde à bon droit comme le rival [de] Chenonceaux. Situé dans une île de l'Indre, entouré de [ja]rdins et de massifs de verdure disposés de façon à mettre [en] relief ses formes élégantes et délicates, ce château mérite [sa]ns aucun doute la réputation qui lui a été faite par tous [le]s voyageurs qui ont parcouru la Touraine. Il faut y admirer [se]s galeries de portraits historiques, son entrée principale [qu]e décorent, en s'étageant les uns sur les autres, différents [or]dres d'architecture, et ses sculptures fines et gracieuses, [pa]rmi lesquelles s'enlacent le chiffre de Diane de Poitiers [et] la Salamandre de François Ier avec ses galantes devises. [N]i François Ier, toutefois, ni Diane ni Henri II n'ont possédé [le] château d'Azay, et l'on estime que ces emblèmes ne doivent [ra]ppeler aujourd'hui que la servile adulation d'un seigneur [de] cette terre, Antoine Raffin, qui fut capitaine des gardes [de] François Ier et gouverneur du Dauphin.

Quant à Montbazon, il se recommande à notre attention [pl]us encore qu'Azay-le-Rideau, au point de vue historique [e]t moins. Il possédait autrefois un château fort dont on voit encore les ruines pittoresques et qui fut construit au xie siècle par le plus célèbre des comtes d'Anjou, Foulques Nera, le Faucon noir, dit le *Grand-Bâtisseur*, pour compléter la ceinture de forteresses dans laquelle il tenait la ville de Tours enserrée. En 1459, Charles VII y reçut l'hommage de François II, duc de Bretagne, et, l'année suivante, l'ambassade que le duc de Bourgogne lui envoyait pour protester de son innocence dans les perfides menées du Dauphin de France, qui fut, quelques mois plus tard, Louis XI. Deux veuves de rois d'Angleterre l'ont habité : Aliénor d'Aquitaine et Bérangère, femmes d'Henri II et de Richard Cœur de Lion. Enfin il a été longtemps possédé par la maison de Rohan, en faveur de laquelle Henri III érigea la terre en duché-pairie.

Le redoutable manoir fut délaissé toutefois au xvie siècle par cette famille; elle lui préféra comme résidence un château voisin, celui de Couzières [1]. A Couzières eut lieu, en 1679, un événement dramatique auquel on attribue la conversion de l'abbé de Rancé.

On raconte, en effet, que ce château était souvent habité par une demoiselle de Rohan-Montbazon qui, après avoir été la femme du connétable de Luynes, avait épousé en secondes noces Claude de Lorraine, duc de Chevreuse. M. de Rancé avait eu fréquemment l'occasion de voir la belle duchesse et s'était violemment épris de ses charmes; il devint bientôt son amant, et, à ce titre, reçut la clef d'un escalier dérobé qui aboutissait par une porte secrète aux appartements de sa maîtresse.

Or, voici ce qu'il advint. Un certain jour, après une longue absence, le jeune seigneur, inquiet de n'avoir pas reçu depuis longtemps des nouvelles de celle qu'il adorait, impatient d'en avoir, s'empara de la clef, et sans parler à âme qui vive, sans faire annoncer son retour, monta à cheval, courut à Couzières

---

[1]. Il est situé dans la commune de Veigné.

se précipita dans l'escalier et pénétra dans la chambre où il espérait être reçu avec un amour égal à celui qui l'animait... Quelle ne fut pas sa terreur! Des lueurs lugubres éclairaient cette chambre; les femmes de la duchesse avaient disparu; un cercueil était ouvert, contenant les restes mutilés d'un cadavre, et sur une table, dans un plat d'argent, la

Montbazon et son château.

tête ensanglantée de la duchesse attendait, froide et livide, un adieu suprême.

On l'avait séparée du tronc parce que le cercueil s'était trouvé trop court...

L'histoire ajoute qu'au sortir de ce lieu funèbre, M. de Rancé, frappé de terreur, fut s'enfermer à la Trappe, dont il devint le réformateur.

Près de Montbazon se trouvent Miré et, un peu plus loin,

Veretz et Bléré, lieux célèbres aussi. On ne saurait faire un pas en Touraine sans se heurter à un souvenir.

C'est à Miré que, suivant l'opinion de quelques auteurs, Charles-Martel remporta sur les Maures la victoire qui sauva la France de l'islamisme [1].

A Veretz on retrouve l'amant de la duchesse de Montbazon; Denys Le Bouthillier, seigneur de Rancé, était baron de Veretz. Et c'est là aussi que vécut dans une modeste retraite, à la maison de la Chavonnière, Paul-Louis Courier, l'écrivain remarquable, le pamphlétaire redouté, le savant helléniste (il a traduit Longus, Xénophon et Lucius de Patras), qui tout bonnement se qualifiait et signait le *vigneron* de Veretz.

Quant à Bléré, il peut s'enorgueillir à la fois d'avoir reçu dans ses murs Philippe le Bel, qui le premier de tous nos rois convoqua les états généraux en France, et d'avoir nourri Tallien, dont le nom obscur ne fut mis en lumière que par la révolution de 89. Le futur conventionnel était fils du maître d'hôtel du marquis de Bercy, lequel avait acheté le château de Bléré. On permit à l'enfant du serviteur de faire ses études avec l'héritier présomptif du maître, et ce fut sous la direction de l'abbé Morellet que grandirent les deux jeunes gens. Un abbé frondeur, Morellet l'était à cette époque et il prit part aux travaux des économistes, un gentilhomme de vieille roche et un roturier qui sera le fils de ses œuvres, ces trois personnages ne semblent-ils pas résumer en eux la fin du xviiie siècle, et le représenter en entier?

Mais revenons à notre chemin.

La station qui suit celle de Monts se nomme *Villeperdue*, singulier nom que justifiait sans doute l'isolement de la localité qui se rattache aujourd'hui à la voie de fer, mais qui était auparavant éloignée de la grande route. Que décrire à Villeperdue? Néant, comme à Monts. Seulement nous dirons de ses habitants ce que nous aurions pu dire de

[1]. Voir page 247.

autres, de ceux qui demeurent non loin de Montbazon et d'Azay-le-Rideau, en leur appliquant le sens des paroles d'un poëte arabe : « Ils ne sont pas la rose, mais ils ont vécu auprès d'elle. » Villeperdue en effet est voisin, très-voisin, de Sainte-Catherine de Fierbois; le chemin que vous pouvez voir serpenter à gauche de la station au moment même où on la quitte, conduit non-seulement au château, très-inconnu, de la Godinière, qui se dresse devant vous, mais encore à l'église de ce même village de Sainte-Catherine; église où Charles Martel déposa, dit une vieille chronique, l'arme redoutable qu'il venait de teindre du sang des infidèles; où Jeanne d'Arc attendit que l'étiquette jalouse et soupçonneuse des cours lui eût permis d'aborder le monarque qu'elle allait sauver et où elle découvrit l'épée du vainqueur d'*Abdérame*, épée qu'elle cassa plus tard sur le dos d'une ribaude : singulière fin pour tant de gloires! Cette église du reste ne mérite pas seulement d'être visitée pour les souvenirs qu'elle évoque; elle se recommande encore comme un des édifices les plus élégants de la fin du XVe siècle.

De Villeperdue à Sainte-Maure la route est charmante; elle serpente à travers des coteaux agrestes et cultivés cependant comme un parc, et débouche bientôt sur la vallée de la Manse[1], vallée moins large mais plus profonde que celle de l'Indre, aussi riante d'ailleurs et aussi fraîche qu'elle, et dont les hauteurs sont également réunies l'une à l'autre par un viaduc qui est encore un chef-d'œuvre. Ici le monument est plus élevé, peut-être plus hardi, mais il est moins étendu et moins imposant. Pour l'ingénieur toutefois, autant que pour le touriste, le choix doit être difficile à faire entre ces deux édifices, qui du reste sont frères plutôt que rivaux.

---

1. Avant d'arriver à la Manse, et à quelques pas de Villeperdue, on se trouve sur la crête qui divise les vallées principales de la Loire et de la Vienne. On est alors à 67 mètres 47 centimètres au-dessus des rails de la gare de Tours.

D'ailleurs, pas une tourelle dans les environs qui mérite qu'on la considère.

Viaduc de la Manse.

A *Sainte-Maure*, au contraire, il y a lieu de s'arrêter et de voir; non pas précisément à l'endroit où se trouve la station, laquelle est à 4 kilomètres environ de la ville, mais tout autour de ce point; et d'abord, jetons un regard à droite vers cet ancien manoir, assis fièrement sur une éminence, qu'on appelle le château de Brou. Ses vieilles tourelles ont abrité, au XIVe siècle, l'habile diplomate, le vaillant guerrier, le tendre poëte dont la gloire s'étendait de Paris à Constantinople et de Madrid à Gênes; nous avons nommé le maréchal Boucicault, Boucicault le contemporain et le compagnon de Jean de Saintré. On sait ce que disaient des deux amis les hérauts d'armes du temps:

Quand vient à un assaut,
Mieux vaut Saintré que Bouciquault;

> Mais quand vient à un traité,
> Mieux vaut Bouciquault que Saintré.

Qu'on ne croie pas cependant que Boucicault n'était qu'un « philosophe d'armes, » comme a voulu l'appeler un de ses biographes. Négociateur adroit, il était aussi un soldat rempli de bravoure. A douze ans il faisait ses premières armes sous Duguesclin; à dix-huit ans, en 1382, il combattait corps à corps, à Rosebecque, un Flamand gigantesque qui le traitait d'enfant, et, le transperçant de sa dague, lui demandait avec une froide ironie « si les enfants de son pays jouaient à de tels jeux; » à vingt-cinq ans, il était maréchal de France; enfin, dans les batailles livrées à Nicopolis et à Azincourt, il payait encore de sa personne vaillamment, quoique à la première de ces affaires il ne combattit pas pour ses foyers, et quoique la seconde eût été engagée malgré ses conseils. Galant du reste, presque troubadour, il fonda l'ordre de la Dame-Blanche, dont les chevaliers, au nombre de treize, devaient « défendre le droit de toutes gentils femmes qui les en requéraient; » et les chroniqueurs ont écrit de lui : « Joyeux, joli, chantant, gracieux, il fit des ballades, des rondeaux, des virelais et des complaintes. La dame belle et gracieuse qu'il choisit fut Antoinette de Turenne, qu'il épousa depuis. Plus doux et benin qu'une pucelle, devant elle et contre toutes dames, toutes servoit, toutes honoroit pour l'amour d'une. »

Les ruines du château de Brou rappellent un homme illustre par ses mérites; dans celles du château de Sainte-Maure, au contraire, nous ne rencontrerons que le fantôme sanglant de l'assassin du connétable de Clisson, Pierre de Craon. Pour cet attentat, qui ne fut cependant pas puni comme il devait l'être, les biens du meurtrier furent confisqués, son hôtel de Paris converti en cimetière [1] et ses châteaux

---

[1]. Sur l'emplacement de ce cimetière, qui fut appelé cimetière Saint-Jean, on a édifié à Paris le marché qui porte le même nom.

rasés ; celui dont on voit les ruines est donc postérieur à 1391, date du crime. Il fut en effet reconstruit au XVe siècle, mais on peut y reconnaître encore l'étendue des premiers ouvrages attribués à Foulques Nera. L'église date du XIIe siècle. Pourtant on n'y retrouve guère le cachet de cette époque que dans une crypte assez remarquable qui fut choisie par les Montbazon pour lieu de sépulture, lorsqu'au duché de ce nom on eut réuni le comté de Sainte-Maure. Le reste a disparu sous le marteau des maçons qui ont réparé l'édifice. Quant au bourg lui-même, il est d'une fort ancienne origine. Son nom primitif est *Arciacum*, nom qu'il échangea pour celui qu'il porte encore aujourd'hui, après que saint Eufrosne y eut construit, rapporte Grégoire de Tours, un oratoire en l'honneur de deux filles célèbres dans le pays : sainte Maure et sainte Brigitte, sa sœur, qui vivaient au Ve siècle.

La station de Sainte-Maure d'ailleurs est une des stations secondaires les plus fréquentées de la ligne, et la ville qu'elle dessert fait, relativement à son importance, un commerce assez grand en toiles peintes. Il y a aussi dans son voisinage des carrières de pierre dure fort estimées. Enfin, et c'est ici son importance réelle au point de vue de ceux que possède l'amour des sites merveilleux qui se recommandent par la richesse des souvenirs, Sainte-Maure est la ville à laquelle il faut s'arrêter pour en faire le point de départ des deux excursions les plus intéressantes qu'il soit permis d'accomplir durant ce voyage. C'est de Sainte-Maure en effet que le voyageur pourra le plus facilement atteindre Chinon et Loches, s'il n'a déjà profité de son séjour à Tours pour visiter ces deux villes.

De Sainte-Maure on gagne Chinon à travers les campagnes les plus riantes et les plus fécondes, tout en longeant les bords de la Vienne. Cette partie de la Touraine est sans aucun doute celle qui a inspiré le plus de bucoliques et d'idylles. « Là, dit un auteur contemporain, pas un arbre qui ne se couvre de fleurs au printemps et qui ne se charge de fruits en automne, pas une parcelle de terre qui ne soit cultivée ; » c'est à la fois un parc ombreux, un riche verger et un jardin fertile. Inutile d'ajouter dès lors que les grands seigneurs y eurent de splendides demeures et que nous pourrions trouver sur la route nombre de lieux qui méritent qu'on s'y arrête. Mais obligés de choisir, nous ne parlerons que de l'Ile-Bouchard.

Située dans une île, ainsi que son nom l'indique, au confluent de la Manse et de l'Indre, cette ville renfermait un château fort, bâti au IXe ou au XIe siècle par les barons du lieu, et célèbre par sa résistance lors de l'invasion des comtes d'Anjou, qui ne purent s'en emparer. C'est la patrie d'André Duchesne, le géographe et l'historiographe du roi Louis XIII, auquel on doit près de cent volumes in-folio ou gros in-quarto de chroniques et d'histoires, et qui fut l'éditeur des œuvres d'Alain Chartier, d'Abélard et d'Estienne Pasquier. L'Ile-Bouchard a été *illustrée* aussi par certaine dame de ce nom qui eut quatre maris, ni plus ni moins : Jean des Roches, Hugues de Challan, Pierre de Giac et Georges de La Trémouille : ce dernier, quoiqu'il fût l'assassin de son prédécesseur! Nous ne comptons pas, et pour cause, les liaisons moins officielles de la baronne de l'Ile-Bouchard, au nombre desquelles il faut mettre en relief celle qu'elle eut avec Charles VII.

L'Ile-Bouchard n'a plus de monuments qui révèlent son antique puissance. De sa forteresse, il ne reste que des pans de mur en partie écroulés et qui obstruent le cours de la Vienne. L'église de Saint-Gilles, celles de Saint-Maurice et de Saint-Léonard, méritent seules notre attention : la première, pour ses deux portails chargés de sculptures qui datent du XIe siècle ; la seconde, pour son clocher et pour sa flèche, d'une très-grande hauteur et d'une non moins grande élégance ; la dernière enfin, qui n'est pas la moins intéressante des trois, quoiqu'elle ne soit plus qu'une ruine, pour les formes curieuses de sa structure; laquelle remonte au XIIe siècle et peut donner une idée des constructions romano-byzantines.

Il est toutefois auprès de la ville deux monuments plus anciens encore que forteresses et basiliques. Ce sont les dolmens de Saint-Lazare et de Briançon. Comme celles de

Saint-Léonard.

Beaumont et de Saint-Antoine, situées aussi en Touraine, ces vieilles pierres ont vu s'éteindre la religion dont elles étaient les autels, s'écrouler pièce à pièce le puissant édifice de la civilisation romaine, qu'elles avaient vu naître et grandir. Elles ont entendu le cliquetis des francisques sur les boucliers, des lances sur les écus, et elles assistent dans leur majestueuse immobilité à ces bouleversements gigantesques du sol qu'on dirait être le résultat d'un cataclysme et qui ne s'appellent pourtant que des remblais ou des déblais, des tunnels ou des viaducs : œuvre colossale qu'elles verront à leur tour vieillir et mourir ! Quelles profondes réflexions ne doivent pas faire naître, même dans l'esprit le plus superficiel, ces muets et sauvages témoins de la vie des hommes !

De l'Ile-Bouchard, en suivant toujours le cours de la rivière, on arrive à Chinon en laissant à droite Panzoult ou Panzouste, dont parle Rabelais; Cravant, dont l'église est antérieure au x° siècle ; et à sa gauche, Brizay, qui en 450 vit bâtir sa chapelle par l'évêque Eustoche; Anché, vicomté de fraîche date, la dernière de toutes celles qui ont été créées : elle

Dolmen de l'Ile Bouchard.

l'a été en 1820 ; la Devinière, où grandit le joyeux curé de Meudon ; Cinais, dont la colline semée de rocs aux formes irrégulières a passé aux yeux de quelques archéologues pour avoir servi d'assiette à un camp romain ; Seuilly dont le cloître a été choisi par Gargantua pour s'y ébattre en récits joyeux, etc.

La ville de Chinon s'élève au milieu de tous ces bourgs et de tous ces hameaux dressant sa tête altière encore quoique mutilée. Elle montre avec orgueil ses créneaux qui furent l'asile de la monarchie, ses fossés pareils à des précipices, ses remparts ébréchés par le temps, mais dont les débris épars proclament la force et le nombre.

Chinon a subi le sort réservé aux places de guerre. Tous les partis l'ont attaquée, défendue, occupée tour à tour. Ce sont d'abord les Visigoths qui l'enlèvent aux Romains et qui s'y maintiennent malgré les assauts répétés d'Ægidius, gouverneur des Gaules; puis, c'est Clovis qui l'incorpore dans les États francs. Elle y reste pendant quatre siècles. Mais, quand arrivent les guerres des grands vassaux, sous Charles le Simple, Chinon devient la proie des barons féodaux qui se la disputent entre eux, et enfin elle échoit, par droit de conquête plus encore que par droit de naissance, à Geffroy, comte d'Anjou, un Plantagenet!

Une fois qu'elle est dans cette famille, elle passe bientôt sous le joug de l'Angleterre et de là aux mains de Philippe Auguste, qui la confisque à Jean sans Terre et la réunit à la couronne de France. Alors elle subit les phases diverses de la monarchie, et souffre de ses querelles intestines ou de la guerre étrangère. Les Armagnacs et les Bourguignons s'y rencontrent. Les Anglais l'occupent de nouveau, et c'est à grand'peine que Charles VII y fixe sa cour et peut en faire le boulevard derrière lequel il abrite l'ombre de sa puissance. Toutefois cette puissance devait y prendre un essor nouveau.

A Charles VII succéda Louis XI. C'est à Chinon que Louis XI reçut Marguerite d'Anjou au moment où la guerre des deux roses éclatait. Henri VI était chassé de Londres. Sa royale épouse vint demander aide et protection à la France. Mais l'hôte de Plessis-lez-Tours mettait déjà en action la morale que quelques années plus tard Machiavel enseignait aux princes. Il laissa les divisions éclater et grandir au sein de ses ennemis pour se donner les facilités de régner en paix. Dans le même but, si ce n'est par les mêmes moyens, nous voyons plus tard le roi de Navarre, qui allait devenir roi de France, réunir sur les bords de la Vienne sa vaillante armée, qu'il préparait ainsi à venir au secours d'Henri III et à combattre les gentilshommes du duc de Mayenne. Presque en même temps le fantôme de souverain créé par la Ligue, qu'on opposait au Béarnais et qui fut proclamé sous le nom fatal de Charles X, arrivait aussi à Chinon, mais il n'y arrivait que pour être enfermé au Château.

Bientôt, en visitant les prisons de la ville de Loches, nous aurons à raconter les massacres qui ensanglantèrent cette cité. A Chinon, il y a eu autant de pleurs et de sang [1]. Parlons d'abord des Templiers, dont le crime principal était leurs richesses et leur puissance. Ce fut à Poitiers que se tinrent les conférences secrètes où Clément V et Philippe IV décidèrent l'abolition de l'ordre; aussi est-ce à Poitiers qu'avaient été mandés les principaux officiers, le grand maître et les commandeurs de plusieurs langues. Mais ils tombèrent malades en route et s'arrêtèrent à Chinon, où ils furent détenus. C'est là qu'ils subirent leurs premiers interrogatoires... Tout le monde sait quel fut leur sort.

Si Philippe le Bel fit brûler les Templiers, son fils Philippe le Long fit griller des juifs. Il y en eut un auto-da-fé à Chinon. On creusa une fosse dans une des îles de la rivière, « située à gauche en sortant de la ville par le pont qui conduit au faubourg Saint-Jacques, » et, après avoir entassé là des hommes et des fagots, on y mit la torche et on laissa le feu accomplir l'œuvre de ce qui osait s'appeler la justice.

Encore un triste souvenir du passé! on voit à Chinon la cage où fut enfermé le duc René d'Alençon; elle n'avait qu'un pas et demi de long. Le malheureux prisonnier « en était tiré une fois par semaine, dit M. Dumoustier [2], pour prendre

---

[1]. Rabelais, dans le voyage qu'il fit à Rome, en compagnie du cardinal de Bellay, ambassadeur de France auprès de Sa Sainteté, osa faire cette réponse au pape, qui lui avait demandé quelle était sa patrie :

« Très-saint père, je suis Français et d'une petite ville nommée Chinon, qu'on tient être fort sujette au fagot : on y a déjà brûlé quantité de gens de bien, et de mes parents. »

[2]. *Essai sur l'histoire de Chinon*, 1809.

ses repas ; mais le reste du temps, on lui donnait à manger à travers les barreaux avec une fourche ! »

Toutefois, heureusement pour le chroniqueur autant que pour le touriste, Chinon rappelle à l'esprit un épisode de gloire qui le reposera des cruautés sanglantes dont nous avons retracé le tableau. Cet épisode est celui que fournit à l'histoire de Charles VII l'apparition de Jeanne d'Arc, cette pauvre fille du peuple dont le patriotisme sauva la France. Le théâtre des hauts faits de cette héroïne est presque circonscrit dans le parcours de Paris à Poitiers. Jeanne fait bien sacrer Charles VII à Reims; plus tard elle ira périr à Rouen : mais ce sont là les actes qui terminent sa mission et sa vie ; c'est là que finit l'action, tandis que sur notre route elle grandit au contraire et se développe. A Sainte-Catherine de Fierbois, en effet, nous avons déjà vu que Jeanne attendit l'heure d'être présentée à la cour. A Chinon, elle se fait entendre, ranime l'espoir des chevaliers, et fait sortir de sa voluptueuse léthargie l'amant énervé d'Agnès. A Poitiers, elle subira l'examen des sages, celui des matrones ! et n'en partira que pour aller à la victoire.... Il est impossible de marcher sur la terre qu'elle a foulée sans entendre l'écho de ses pas, sans en rechercher l'empreinte avec une avidité religieuse.

On voyait autrefois à Chinon la chambre où Charles VII donna audience à la bergère de Domrémy. Le temps a fait une ruine des palais où se trouvait cette chambre. Nous serons plus heureux à Poitiers, où l'on conserve encore la pierre sur laquelle Jeanne posa le pied avant de monter sur le palefroi qui la menait en face de l'ennemi.

Les monuments de Chinon ont un charme particulier qui séduit les artistes et qui captive les voyageurs; ils sont en harmonie parfaite avec le milieu dans lequel ils se trouvent. Nous ne dirons rien des édifices civils ; ils sont nuls. Parmi les églises on doit citer celle de Saint-Étienne, œuvre très-remarquable du xv⁰ siècle, où l'on possède une chape fort intéressante[1] par son ancienneté, d'une très-grande richesse de tissu et sur la bordure de laquelle on distingue une inscription en caractères arabes; et celle de Saint-Maurice, dont une nef latérale date de 1543, tandis que le vaisseau principal rappelle les belles proportions de l'architecture au milieu du xii⁰ siècle[2]. Quant au château, ou pour mieux dire aux châteaux, car il y en avait trois, on y voyait jadis, reliées entre elles par un pont de pierre jeté sur d'anciennes douves ou fossés, l'œuvre massive du x⁰ siècle, bâtie par Thibault le Tricheur, et les constructions plus élégantes élevées par les Plantagenets, par Philippe Auguste et par Charles VII : la tour d'Argenton, dont les passages secrets[3] permettaient au royal amant de la belle Agnès de la rejoindre dans une maison (la maison Roberdeau) située hors du mur d'enceinte; la tour de l'Horloge, où moururent Richard Cœur de Lion et son malheureux père. Mais de ces courtines et de ces créneaux, de ces palais auxquels chaque race de souverains avait imprimé son caractère, de tout cet appareil de guerre ou de luxe, il ne reste rien ou presque rien, des pans de mur, quelques chambres où l'on pourrait à peine loger. Aussi ne faudrait-il pas espérer de suivre pas à pas dans ces tours les grands personnages qui les habitèrent, de vivre un instant de leur

[1]. On la nomme la chape de Saint-Mexme, et on en fait remonter l'origine au temps des croisades.

[2]. Il y avait aussi deux autres églises, bâties à peu près à la même époque dans l'enceinte du château. Elles étaient sous les vocables de sainte Melaine et saint Georges. On voit encore quelques débris de cette dernière, mais il ne reste pas trace de l'autre. On prétend que ces deux églises furent détruites, parce que, sous prétexte de les visiter, les étrangers prenaient connaissance des fortifications et des secrets de la place.

[3]. Ces passages étaient pratiqués dans des souterrains qui avaient été creusés, dans un but plus sérieux, sans doute pour faciliter, en cas de siége, les sorties de la place ou ses approvisionnements. On assure qu'ils s'étendaient au-dessous du lit de la Vienne et la traversaient. Le tunnel de Londres, sous la Tamise, pourrait donc donner une idée de ces souterrains.

vie et de rêver à leur histoire aux lieux mêmes où elle s'est accomplie.

Ces ruines toutefois sont admirables d'aspect. L'éclat de leurs souvenirs et la majesté de leur caractère se marient heureusement aux grâces ineffables du site qui les environne, et de cette union résultent un des tableaux les plus ravissants qu'il soit donné à l'homme de voir[1]. On consacre sans peine de longues heures à errer au milieu de ces nobles débris, qui rappellent d'autant plus le néant des grandeurs humaines, qu'ils contrastent avec les splendeurs éternelles de la nature, à contempler, sur les flancs de la colline où furent bâtis ces nids d'aigle, ces arbres dont les rameaux s'étendent au-dessus des palais et dont les racines se glissent dans leurs fondements ; à embrasser d'un seul regard, dans l'immense horizon qui des plateaux supérieurs se déroule de toute part, le cours verdoyant de la Vienne depuis l'Ile-Bouchard jusqu'à Candes, les riches coteaux qui se dressent et se développent en lignes gracieuses de l'autre côté de la Loire, et les longues plaines, aux accidents divers, à la limite desquelles se projette sur un ciel limpide la noire silhouette du vieux château de Saumur.

François Rabelais est né à Chinon, et il n'a eu garde d'oublier sa ville natale ; il fait dire à Pantagruel :

> Chynon
> Petite ville, grand renom,
> Assise dessus pierre ancienne ;
> Au hault le bois, au pied la Vienne.

Et dans tous ses ouvrages il parle assez fréquemment de

---

[1] « En cet endroit, dit M. Gally Knigt, célèbre voyageur, la Vienne est plus large que la Tamise à Windsor, et la campagne qu'elle arrose plus variée que tout autre beau paysage d'Europe. Je comprends sans peine qu'Henri II ait pu autant se plaire à sa résidence de Chinon. » (*Excursion monumentale en Normandie*, ch. XIX.)

son pays et des lieux circonvoisins, y fait souvent agir quelques-uns de ses personnages.

Au moins autant que Chinon, Loches est une des villes célèbres de la contrée. Elle est surtout une de celles qui méritent le plus d'être visitées par l'archéologue pour le caractère et l'ancienneté des monuments.

Son histoire est à peu près la même que celle de la Touraine. Les Romains y ont laissé les traces de leur domination; ils en furent dépossédés par les Visigoths, et ceux-ci par les Francs. Cependant les Visigoths occupèrent la ville de Loches beaucoup plus longtemps que le reste de la province; car en 742 les fils de Charles Martel la disputaient encore aux ducs d'Aquitaine. Des Francs elle arriva par voie d'héritage ou de concession aux comtes d'Anjou, qui la transmirent aux Plantagenets. Philippe Auguste s'en empara, et la céda bientôt après, en récompense des services rendus par le père, au fils de son connétable Dreux de Mello. Mais saint Louis la racheta au neveu de ce même connétable, et, depuis cette époque, elle a constamment relevé de la couronne de France.

Loches a souvent été le séjour des rois de la troisième race. Le roi Jean ne quitta ses murs que pour aller se faire battre par le prince Noir dans les champs de Poitiers; Charles VII y abrita ses amours avec Agnès Sorel, et celle-ci l'habita plus longtemps encore au temps où elle était en butte aux persécutions du Dauphin; Louis XI en fit une prison et Louis XII un palais; François Iᵉʳ y reçut Charles-Quint, et le duc d'Anjou, depuis Henri III, vint s'y reposer des fatigues de la bataille de Moncontour.

Un proverbe dit qu'il est bon de vivre près du soleil. Pour Loches, le proverbe est vrai. Presque tous ces soleils, plus ou moins éclatants, avec plus ou moins de taches ou d'éclipses, ont fait germer sur le sol qu'ils ont visité des monuments dont il nous est permis d'admirer encore la grandeur.

Les restes de la voie qui conduisait de *Cæsarodunum* à *Limonum*, de Tours à Poitiers, ceux d'un camp ou tout au moins d'une *mansio*, les ruines encore debout d'un aqueduc aussi majestueux que celui de Luynes, voilà pour la période gallo-romaine. Le moyen âge nous a légué le château et la collégiale; l'époque de la Renaissance, la chancellerie et l'hôtel de ville.

Le château remonte évidemment au xe siècle, et nous le croyons bâti, en grande partie du moins, par Foulques Nera. Il consiste en une enceinte irrégulièrement dessinée et flanquée de tourelles inégales, au milieu desquelles se dresse comme un géant une tour à peu près carrée de 35 à 40 mètres d'élévation. Une autre tour de dimensions beaucoup moins colossales, mais imposante pourtant, s'adosse à la première et complète ainsi ce qui dut être la forteresse qu'un roi d'Angleterre disait imprenable. A l'est de ces constructions se trouvent celles qui servirent de palais à Charles VII et à cette infortunée Charlotte de Savoie, que visitait quelquefois son royal époux Louis XI, « plus pour désir d'avoir lignée, dit Seyssel, que pour plaisir qu'il prît avec elle. » De ce côté se trouve aussi la tour Ronde, que l'hôte de Plessis-lez-Tours avait bâtie avec amour pour ses prisonniers et où furent enfermés Philippe de Commines et le cardinal La Balue dans de grandes cages revêtues de fer : « Prisons seures, » dit naïvement un auteur du xviie siècle. C'est encore dans cette tour que Louis XII fit construire un cachot dont l'hôte devait être Ludovic Sforce dit le More. Le cicerone du lieu vous montrera les dessins et les versets de psaume tracés par la main du prisonnier, il y a plus de trois siècles.

Toutefois Loches doit au vainqueur du duc de Milan un édifice plus brillant qu'un cachot; il lui doit le palais qui fut habité par Anne de Bretagne, dont on retrouve là les hermines et la cordelière. L'oratoire de cette reine est compris dans ces bâtiments. C'est un chef-d'œuvre de grâce, de coquetterie.

dans lequel se déploient toutes les hardiesses et s'exercent tous les caprices du gothique fleuri, et qui ne s'harmonie guère sous ce rapport avec les mœurs austères de celle qui devait y prier.

On doit remarquer encore dans ce château la façade latérale du sud, assez régulière, imposante, et devant laquelle s'étend la terrasse qui conduit à la tour d'Agnès; dans cette tour reposent les restes mortels de la belle des belles, sous une tombe de marbre noir que recouvre une statue couchée. Cette statue, taillée dans un bloc de marbre blanc, est celle de la favorite de Charles VII. Des anges prient à son chevet, et deux agneaux dorment à ses pieds. L'inscription suivante est gravée autour du sarcophage :

« Cy gît noble damoiselle Agnès Seurelle, en son vivant dame de Beauté[1], d'Issoudun et de Vernon-sur-Seine, piteuse envers toutes gens et qui largement donnait de ses biens aux églises et aux pauvres, laquelle trespassa le ix° jour de febvrier, l'an de grâce mil quatre cent quarante et neuf. Priez Dieu pour l'âme d'elle. Amen. »

Voici le curieux historique de ce monument. En 1806, il a été mis à la place qu'il occupe encore par l'ordre d'un préfet qui, dans une autre épithaphe de son propre cru, parlait des *faveurs* accordées par Agnès à son roi; mais cette place n'était pas celle qui lui avait été primitivement assignée. Sous Charles VII, il était au milieu du chœur de la collégiale. A la mort de ce roi, les chanoines demandèrent qu'on les débarrassât d'un mausolée qui les gênait, disaient-ils. Louis XI leur fit répondre qu'ils auraient auparavant à restituer les dons qu'ils avaient reçus de celle qui « largement donnait de ses biens aux églises, » surtout à celle de Loches.... et tout resta dans l'état. Sous le règne de Louis XVI eut lieu une pre-

---

[1]. Le château de Beauté n'était pas sur le fleuve du Tendre, comme on pourrait le penser, mais bel et bien sur les fertiles terres du Berry.

mière exhumation, et ce n'est qu'après avoir été transportées du chœur à un des bas côtés de la nef, de la nef au cimetière voisin, du cimetière aux *archives* de la sous-préfecture, que ces dépouilles ont fini par trouver un asile dans le lieu où elles sont placées aujourd'hui. Espérons, pour le respect dû aux morts, quelle qu'ait été leur vie, que cette fois on laissera ces cendres en paix!

En sortant de la tour d'Agnès, on trouve la collégiale, qui est à quelques pas du château dont elle était une dépendance. Bâtie d'abord en 965 sur les ruines d'une chapelle du ve siècle, par Grise Gonnelle, le père de Foulques Nera, réédifiée ensuite, en partie du moins, sous les Plantagenets, en 1180, par les soins et presque en totalité aux frais de Thomas Paclius ou Thomas de Loches qui en était le prieur, cette église se fait remarquer par un caractère tout particulier qu'elle emprunte aux différentes époques de sa construction. Les trois chapelles de son abside et la partie du transept méridional éclairées par deux fenêtres romanes, révèlent le style antérieur au XIe siècle, dont les spécimens sont rares en France, tandis que son narthex ou porche, qui date de la transition du plein-cintre à l'ogive, les nombreuses figures symboliques qui le décorent, les voûtes pyramidales et les clochers qui surmontent sa nef, rappellent ces formes de l'Orient, qui sont à peu près inconnues en deçà de la Loire. Une crypte assez grande et un autel antique orné de sculptures, que l'on a renversé et creusé pour en faire un bénitier, doivent encore éveiller l'attention des touristes, qui regretteront avec nous les nombreux tombeaux, ceux de Ludovic Sforce et d'Agnès entre autres, les non moins nombreuses statues dont l'intérieur de cet édifice était décoré : objets d'art qui le complétaient et le rendaient digne des pompeux éloges qu'on lui a prodigués.

Le château, la collégiale, sont les seuls monuments que d'ordinaire on remarque à Loches. On aurait tort cependant de ne pas visiter aussi les ruines de la chancellerie et l'hôtel de ville. Ces deux maisons, dont le nom indique assez la destination, furent bâties sous François Ier et sous Henri II, avec ce luxe d'ornements qui, depuis l'expédition de Charles VIII en Italie, tendait à remplacer les profils plus sévères du moyen âge.

A Beaulieu [1], que l'Indre seule sépare de Loches, et qui en est pour ainsi dire un faubourg, on fera bien de voir en passant les tours romanes et le clocher d'une antique abbaye où se trouvait jadis la tombe de Foulques Nera, son fondateur, les débris encore dorés de l'hôtel d'Agnès, et enfin les boiseries de l'église des Bénédictins.

Après avoir visité Loches, on peut pousser jusqu'à Montrésor, dont l'église est un des édifices les plus gracieux de la Renaissance. Au retour, jetez un coup d'œil sur les campagnes qui s'étendent à votre gauche jusqu'au chemin de fer. C'est là qu'est la Haye, la ville où naquit, par hasard, le rénovateur des sciences exactes et le grand philosophe, René Descartes, que la Bretagne revendique aussi pour un de ses fils, et à juste titre. Il faut saluer ces murs au moins d'un regard.

De Sainte-Maure à Châtellerault, le chemin de fer ne rencontre aucune œuvre d'art, aucune localité dont la vue ou le nom puisse éveiller le moindre intérêt, rappeler la moindre chronique. Les travaux qu'a nécessités l'établissement de cette partie de la voie ne méritent guère d'être mentionnés ; attendu que ces travaux, qui pourtant nous eussent tous, tant que nous sommes, frappés d'admiration il y a quelque vingt ans, ne doivent être rangés aujourd'hui que dans la catégorie des travaux ordinaires; et les stations desservies, *Port de Piles*, *les Ormes*, *Dangé*, *Ingrandes*, n'ont aucun de ces édifices au pied desquels on ait à s'arrêter pour les

---

[1]. *Belli locus*. C'était le lieu où, suivant les chartes de l'abbaye, devaient se livrer les combats judiciaires.

contempler, auxquels on puisse demander l'histoire des faits accomplis dans leur voisinage, ou quels hôtes illustres les habitèrent.

De ces travaux et de ces localités, disons bien vite pourtant, et uniquement pour l'acquit de notre conscience, le peu de bien ou de mal qu'il y a à en dire.

Pour les travaux, c'est bien simple. Depuis la station de Villeperdue, à peu près, nous sommes sur le versant de la Vienne et de la Creuse, et nous allons trouver, à 12 kilomètres de Sainte-Maure, une vallée dans laquelle se confondent ces deux rivières. Or, à partir de cette vallée et sur le bord de l'une de ces rivières (la Vienne) jusqu'à Châtellerault, le chemin de fer se déploie et marche sans abandonner un seul instant les facilités naturelles que lui donne, pour établir son niveau, la proximité d'un cours d'eau; de telle façon qu'à part le passage de la Creuse à Port de Piles et quelques rampes ou quelques courbes presque insensibles, quelques déblais ou remblais de peu d'importance, il n'y a eu d'autres travaux à exécuter pour ouvrir la voie qu'à poser les rails.

Passons maintenant aux localités. C'est tout aussi simple.

Port de Piles, ou plutôt de Pille, n'offre d'intéressant aujourd'hui que la possibilité de discuter plus ou moins longtemps sur la question de savoir quelles sont la véritable orthographe et l'étymologie de son nom. Dans le passé, il rappelle un souvenir sanglant des guerres religieuses. En 1569, une rencontre eut lieu dans un champ voisin de ce village entre les troupes des ligueurs et celles des calvinistes. Plusieurs grands seigneurs appartenant au parti de la réforme y reçurent la mort, et entre autres Bernard de Jaucourt, dont le frère, François, avait été tué deux ans auparavant à la bataille de Saint-Denis. Admirables aspects d'ailleurs, eaux abondantes, rives fertiles; paysage charmant, en un mot; trafic assez important. Nous entrons dans le département de la Vienne, quoique nous ne devions quitter que plus tard la Touraine, à Dangé.

Les Ormes! ce nom seul, ou plutôt celui qui s'y rattache, le nom des Voyer d'Argenson aurait dû nous retenir alors que nous déplorions le vide qui se faisait dans les souvenirs

Les Ormes; une vue du Parc.

pendant le trajet de Sainte-Maure à Châtellerault; car ce nom, qui a été porté par trois grands ministres, est synonyme encore aujourd'hui d'illustration sans tache, de justice intègre. Nous y avons bien songé vraiment; mais ce n'est pas ici le lieu des panégyriques, quelque mérités qu'ils puissent être, à moins que trouvant sur notre route un édifice, l'occasion ne nous permette d'appendre sous les portiques de la maison le portrait du maître. Aux Ormes, l'édifice existait autrefois, et dans toute sa splendeur : salon anglais revêtu de marbre, chambre à coucher avec péristyle, rampes grandioses, copiées sur celles du Palais-Royal à Paris ; château magnifique enfin, qui, pour couronne, avait une colonne hardie de 25 mètres d'élévation. Un escalier, chef-d'œuvre de légèreté et de grâce, s'enroulait autour de cette colonne, et conduisait à une terrasse d'où l'œil pouvait contempler et suivre les capricieux méandres de la Creuse et de la Vienne, qui servaient de limite à un parc immense, ombreux. Mais de toutes ces magnificences, il ne reste presque plus rien. Le parc est traversé par les rails, depuis le pont jeté sur la Creuse jusqu'à son extrémité opposée, ce qui représente un peu plus de 4 kilomètres, et ses retraites sont incessamment troublées par le sifflet des machines, son sol ébranlé par le passage des trains.... Il y a cent ans, à la place où nous sommes, se promenait, l'œil pensif, mais la tête toujours altière, l'ennemi de Law [1], le collaborateur de d'Aguesseau, l'ami des gens de lettres et même des philosophes, lesquels lui avaient déjà dédié les premiers volumes de l'*Encyclopédie*, Marc-Pierre Voyer, comte d'Argenson [2], lieutenant de police sous le Régent et ministre de la guerre sous Louis XV, homme d'État hardi, laborieux, libéral, qui eut le tort honorable de ne pas faire sa cour aux favorites, et

---

1. Voir *Law et son système* par André Cochut, p. 45 et suiv (*Bibliothèque des chemins de fer.*)

2. C'était le fils du célèbre lieutenant de police et garde des sceaux, et l'oncle de l'académicien M. de Paulmy, dont la riche bibliothèque, achetée, en 1781, par le comte d'Artois, depuis Charles X, forme aujourd'hui le fond de la bibliothèque de l'Arsenal. Il avait, en 1730, acquis la terre des Ormes, qu'il embellit beaucoup. Cette terre avait appartenu, sous Louis XIV, aux deux frères Pussort, conseillers d'État, oncles de Colbert, Antoine Martin et

qu'avait fait exiler dans ses terres Mme de Pompadour....
Quant à l'ancien château, on peut encore y visiter une
galerie dans laquelle sont peintes les batailles du règne
de Louis XV, Fontenoi, Lawfeld, etc., dont les doubles
sont à Versailles, une aile encore debout, quelques dépendances, et c'est tout. Le reste a disparu.... *Sic transit gloria mundi.*

Le bourg des Ormes, du reste, est assez peuplé, un
millier d'âmes environ. Il a un pont suspendu sur la
Vienne, en face de la station, et est traversé par deux routes ; l'une mène à la Haye-Descartes, dont nous avons déjà
indiqué la situation, et l'autre, franchissant la rivière,
pourra vous conduire à Richelieu. Richelieu, ville qu'aucune autre n'égalerait en magnificence, si les décrets du
grand cardinal qui, devançant Louis XIV, voulait changer
un village en cité princière, avaient été contre-signés par la
Providence, et si, ô vanité ! les hommes de la bande noire,
ces niveleurs impitoyables, n'avaient pas démoli, morcelé et
vendu au plus offrant et dernier enchérisseur le palais inachevé et le parc en friches du ministre tout-puissant, — vengeant ainsi tant d'autres châteaux que, par jalousie, l'orgueilleux duc avait fait démanteler et raser à hauteur d'infamie.

A moitié chemin des Ormes à Richelieu, on rencontre les
ruines du fief de Marmande, l'une des six premières baronnies de la Touraine. Ses tours, ses donjons, ses fossés et
ses souterrains immenses méritent que peintres et antiquaires s'arrêtent à les explorer. Marmande date du XIe siècle.

Henri. C'est de ce dernier que Boileau a fait l'éloge dans le *Lutrin*, lorsqu'il dit, en parlant de la chicane :

« Ses griffes, vainement par Pussort accourcies,

et l'éloge est mérité, car Henri Pussort travailla à la rédaction des ordonnances de 1667 à 1670, dont le but était la réforme des interminables longueurs de l'ancienne procédure. Le cœur d'Antoine-Martin Pussort est dans l'église des Ormes, qu'il avait fondée. On peut y lire encore son épitaphe.

Non loin de Richelieu et un peu au delà, peintres et antiquaires feront bien aussi d'aller visiter Champigny-sur-Vende, qui appartint jadis à la maison de Bourbon. Champigny[1] fut un somptueux manoir; il n'en reste plus, à vrai dire, que la Sainte-Chapelle, c'est ainsi qu'on la nomme, où l'on peut admirer encore les plus belles verrières de France. OEuvre de Robert Pinaigrier, célèbre artiste de la Renaissance, ces verrières sont aussi remarquables par la pureté du dessin que par l'éclat et la qualité de la couleur; on y voit retracés à la fois les portraits des seigneurs de Bourbon, les scènes de la Passion et les traits les plus remarquables de la vie de saint Louis : son sacre, son couronnement, l'histoire de ses croisades, etc.

Les Ormes sont une oasis que la Providence a placée dans le désert qui s'étend de Sainte-Maure à Châtellerault; mais en perdant de vue les restes de ce manoir et au retour de l'excursion que nous nous sommes permise, le vide se fait de nouveau dans les souvenirs.

De Dangé, la dernière station qui soit située en Touraine, il n'y a rien à dire, si ce n'est qu'il a l'honneur d'être un chef-lieu de canton; ce qui ne nous importe guère.... A un kilomètre au delà, les voyageurs partis de Paris pour Bordeaux peuvent constater qu'ils ont accompli la moitié du trajet, ce qui n'est pas non plus un sujet de vive distraction.

---

[1]. Champigny-sur-Vende était une des baronnies les plus anciennes et les plus importantes de la Touraine. Elle fut, au commencement du XVIe siècle, dotée d'un château magnifique et de la Sainte-Chapelle de Saint-Louis-de-Champigny, par Louis de Bourbon Vendôme, prince de la Roche-sur-Yon, beau-frère et tuteur de Charles de Bourbon, qui fut plus tard le connétable dont nous aurons à parler quand nous serons à Châtellerault; mais le prince de la Roche-sur-Yon ne termina pas l'œuvre qu'il avait entreprise. Ce fut son fils, Louis de Bourbon Montpensier, celui dont Brantôme a dit qu'il ne parlait que de pendre, qui fit de Champigny l'un des séjours les plus agréables et les plus somptueux de France. Ce château fut démoli par ordre du cardinal Richelieu.

A Ingrandes, *Ingrandis*, qu'il ne faut pas confondre avec l'Ingrande, *Ingressus Andium*, de Maine-et-Loire, il se fait un commerce assez considérable de céréales, et l'on ne saurait s'en étonner à la vue des plaines fertiles et des riches coteaux au milieu desquels serpente la Vienne. A vrai dire, si dans ce pays on ne trouve aucun écho du passé, avouons qu'il peut s'en dispenser pour plaire. D'ailleurs', on peut faire ici ce qu'à côté de la naïve princesse de T....d prétendait faire son époux : laisser se reposer son esprit.

Le nôtre pourra se réveiller à *Châtellerault.*

Les Ormes; château actuel.

Pont de Châtellerault.

II.

CHATELLERAULT.

Au premier aspect, et vue de la gare, la ville de Châtellerault se présente mal ; on n'aperçoit, dès l'abord, que des constructions inachevées qui sont comme autant de ruines, mais de ruines neuves, ce qui produit un effet choquant et, plus loin, séparées de celles-ci par des arbres qui fort heureusement égayent un peu le tableau, de vieilles maisons s'adossant les unes aux autres et semblant vouloir se précipiter vers la Vienne, qui coule au delà. Si, comme nous, vous y arrivez par un temps gris et pluvieux qui ne vous permette pas d'admirer le riant aspect des campagnes voisines, vous serez tenté de dire avec Rabelais : « Quand le diable offrit au fils de Dieu tous les royaumes de la terre, il se réserva comme son domaine Châtellerault, Domfront, etc., etc. »

Nous devons convenir cependant que le mieux est de ne pas se laisser aller à la première impression : non que la ville soit bâtie avec élégance ou même avec régularité, et que l'archéologue ou l'artiste puisse y trouver d'autre pâture à son esprit de recherche que les bâtiments gothiques de l'église Saint-Jean, la tour assez élégante de celle de Notre-Dame, et un pont flanqué de tourelles dont la construction remonte à Sully; mais, sous le rapport de l'industrie, et même au point de vue historique, la curiosité des voyageurs peut encore trouver matière à s'exercer.

La fondation de Châtellerault ne se perd pas dans la nuit des âges, mais elle n'est pourtant pas d'origine récente. Aux temps féodaux, un châtelain du nom de Hérault fit bâtir sur les bords de la rivière un manoir d'où le hameau, le bourg et la cité qui se groupèrent successivement autour du donjon seigneurial ont tiré leur nom.

En 900, la ville eut prérogative de vicomté (on trouve un Raoul, vicomte de Châtellerault, en 936) : sous ce titre, on la voit appartenir tour à tour, par droit de cession ou d'héritage, aux familles de La Rochefoucault, de Grammont, de Lusignan, d'Harcourt et d'Anjou, familles puissantes autant que célèbres. Aussi, en 1515, voilà la vicomté qui monte au rang de duché-pairie en faveur de François de Bourbon, lequel, tué dans la même année, à la journée de Marignan, la laisse à Charles, son frère unique. Or celui-ci n'était autre que le fameux connétable qui, peu de temps après, ne rougit pas de mettre son épée au service de Charles-Quint, et de prendre les armes contre sa patrie. On sait quel fut son sort. Réduit au rôle de chef de partisans, devenu presque un aventurier, il fut tué en 1527 sous les murs de la ville de Rome, dont il avait promis le pillage à ses compagnons : fin trop glorieuse encore d'une telle vie [1]! A la mort du connétable, ses biens furent confisqués et le duché de Châtellerault fut réuni aux domaines de la couronne. Mais il n'en fit partie que pendant quelques années, au bout desquelles il fut donné en toute propriété à un prince de la maison d'Écosse, Hamilton [2], comte d'Arran. Le plus proche parent de Marie Stuart, à l'époque où elle monta sur le trône, ce prince fut chargé de la tutelle de la jeune reine et du gouvernement de l'Écosse. Mais il s'acquitta de cette double tâche avec tant de mollesse et de lâcheté, il se laissa tellement dominer et ballotter par tous les partis, qu'il fut bientôt contraint d'abdiquer ses pouvoirs. C'est à l'époque de sa retraite que la reine douairière, qui lui succédait dans la régence d'Écosse et dont il avait servi les projets par sa pusillanimité, si ce n'est par ses connivences, lui fit donner, par l'intermédiaire des Guise dont elle était sœur, une pension de 12 000 livres et le duché de Châtellerault.

Hamilton fut le dernier possesseur du fief. Après lui cette terre ne fut plus donnée qu'à titre d'engagement : d'abord à François de Bourbon, le Dauphin d'Auvergne, et beaucoup plus tard au prince de Tallemont. De ces deux seigneurs, il n'y a rien à dire ; si ce n'est que le premier, après avoir

---

[1]. Quelques auteurs ont jugé que la défection du duc était, jusqu'à un certain point, excusable, parce que la mère du roi, Louise de Savoie, avait eu, pour sa personne d'abord, et, après le dédain qu'elle en avait essuyé, pour ses biens (c'était le prince le plus riche de l'Europe), un appétit singulier. Mais, quelle que soit la valeur de ces assertions, on ne peut y voir un motif de pallier la défection du connétable. Il est des crimes pour lesquels il est impossible de plaider le bénéfice des circonstances atténuantes, et au premier rang de ceux-ci nous plaçons, comme le plus infamant, celui de mentir à la foi jurée, comme le plus sacrilége, celui d'immoler son pays à son ambition ou à sa vengeance. Ces deux crimes, le connétable les a commis. L'histoire ne peut que le flétrir.

[2]. Ce Hamilton était l'aïeul maternel du spirituel écrivain du même nom, auquel on doit, entre autres productions, plusieurs poésies légères et les *Mémoires de Grammont*.

été le favori d'Henri III et s'être distingué dans les rangs de la Ligue aux batailles d'Arques et d'Yvry, fut l'un des premiers à reconnaître Henri IV, et que le second était membre de l'illustre famille de La Trémoille, qui, depuis 1525 jusqu'en 1748, ne cessa de prétendre infructueusement au royaume de Naples : famille à laquelle appartint aussi cette princesse des Ursins, si connue par le rôle qu'elle a joué en Espagne sous Philippe V.

Avant la révolution de 89, en 1770, le domaine de Châtellerault fut acheté par la maison de Pérusse-d'Escars, laquelle possède encore, à ce que nous pensons, une très-grande portion de la forêt qui avoisine la ville.

Là ne se bornent pas cependant les chroniques auxquelles se trouve mêlé le nom de Châtellerault. Mais les souvenirs que ce nom évoque se rattacheront uniquement désormais aux guerres de religion et de nationalité qui ont désolé le Poitou à plusieurs reprises, ou se renfermeront dans le cercle de la famille d'Henri IV.

Châtellerault, en effet, eut plusieurs siéges à soutenir pour ou contre les Anglais, fut attaqué ou défendu par les calvinistes. C'est à Châtellerault que Jeanne d'Albret fut appelée par François Ier pour y être fiancée au duc de Clèves, qu'elle n'épousa cependant jamais, et c'est là que son fils, n'étant encore que roi de Navarre, signa le manifeste qu'il adressait le 4 mars 1589 aux États de son royaume.

Dans ce manifeste, le Béarnais protestait contre toute idée de conquête, et surtout affirmait qu'il voulait mourir en bon et obstiné calviniste. Quatre ans après, il abjurait à Saint-Denis ses erreurs…. Mais alors, il est vrai, il ne s'agissait plus tant de combattre la Ligue que de la désarmer; Paris n'avait plus de maître, et… Paris valait bien une messe.

Avec Henri IV, Sully : cela va de soi. A la mort du monarque dont il avait été l'ami plus encore que le ministre,

Sully ne conserva de tous ses offices que la grande maîtrise de l'artillerie et des forêts avec le gouvernement du Poitou. C'est sans doute en raison de cette dernière fonction qu'il visita souvent Châtellerault, où sa mémoire vit encore. Nous avons déjà dit que le pont jeté sur la Vienne avait été construit par son ordre; une rue voisine de la cathédrale (église Saint-Jacques) porte son nom.

Cathédrale de Châtellerault.

Après avoir parlé de Sully, en arriver à l'industrie, c'est chose bizarre. Nul n'ignore ce qu'il pensait des manufactures et comment il leur opposait « pâturage et labourage. » Mais nous sommes en chemin de fer, l'industrie est notre souveraine, et Sully est bien loin de nous....

Secouons donc la poussière du passé, et, sans plus songer à lui, jugeons le présent.

Châtellerault s'est fait connaître dans le monde entier par ses fabriques de coutellerie, et il suffisait autrefois, au temps des diligences, d'avoir, une seule fois dans sa vie, traversé la ville pour ne pouvoir plus oublier la spécialité de ses productions. Alors, en effet, tout voyageur était assailli par des marchandes plus ou moins jeunes, plus ou moins jolies, mais bavardes toutes au même degré, qui se ruaient en foule sur les voitures et faisaient pleuvoir à travers toutes les portières une grêle de couteaux, de poignards, de canifs et d'instruments tranchants de toute nature et à tout usage, dont elles demandaient hardiment quatre ou cinq fois la valeur, mais qu'elles réussissaient presque toujours à faire acheter au moyen de rabais énormes [1], qui leur assuraient pourtant un gain fort honnête.

Aujourd'hui, nous ne saurions vous garantir un très-grand repos si vous vous amusez à parcourir les rues de cette cité dont les habitants n'existent pas autrement qu'à l'état de rémouleurs, affineurs, fondeurs ou revendeurs, encore moins si vous vous arrêtez dans un hôtel ou dans un café. Mais il est juste de dire qu'en chemin de fer on est à peu près sûr de ne pas être inquiété par les marchands ambulants. A peine si dans la gare quelques fillettes privilégiées prennent la liberté de vous montrer sur un éventaire ce qu'elles appellent, avec plus ou moins de raison, des chefs-d'œuvre de travail et de goût.

Châtellerault, toutefois, hâtons-nous de le dire, ne possède pas seulement des fabriques de coutellerie; on doit y admirer encore, et surtout, sa manufacture d'armes, dont les produits sont dignes à tous égards de l'attention des con-

---

[1]. Il paraît que de tout temps il y a eu des gens ainsi condamnés à l'*achat forcé* par les marchandes de Châtellerault. Un touriste allemand, Golnitz, écrivait en 1681, qu'il avait été contraint de céder à leurs provocations, comme si la loi l'y eût obligé, *veluti ex lege*. Nous citons afin de ne pas être accusé d'exagération.

naisseurs, et qui, à elle seule, a l'étendue et la population d'un gros village : elle occupe presque tout un faubourg et ne renferme pas moins de 1500 ouvriers, sans compter ceux qui, ne travaillant qu'à la lime ou au rabot, logent dans les environs. On comprendra aisément qu'il est impossible d'entrer ici dans des détails circonstanciés sur une fabrication aussi variée et aussi importante. Mais il nous sera du moins permis, à cette occasion, de lui adresser les éloges

Manufacture d'armes à Châtellerault.

qu'elle mérite. Fondée en 1820, la manufacture de Châtellerault a fait de tels progrès que les objets qu'elle livre à l'État et qui sont irréprochables, ou ceux qui, moins perfectionnés, sont livrés au commerce, le disputent aujourd'hui, comme qualité et comme prix, aux objets similaires de l'Allemagne. Et rien ne saurait intéresser davantage que de visiter, dans cette immense usine :

L'atelier des cuirasses, qu'un marteau pesant creuse et façonne en deux chocs ;

Celui où le fer incandescent devient pâte sous les coups réitérés d'un bélier énorme ;

La salle où l'on aiguise les sabres et où on les vérifie en les pliant à les rompre;

Et enfin la prise d'eau dont le canal principal est saigné de façon à fournir à chaque machine la force dont elle a besoin pour accomplir ses prodiges.

Église à Châtellerault, dans le faubourg de Châteauneuf.

Outre les couteaux, petits ou grands, « que l'on pourra acheter pour les perdre, » comme dit un proverbe indigène, et les armes solides de sa manufacture, on pourra trouver à Châtellerault des dentelles qui se tissent dans la contrée et qui jouent les *Malines*, y visiter des blanchisseries de cire, y constater un commerce important de pierres meulières et de pierres lithographiques, de vins et de céréales. Il n'y a pas lieu de s'en étonner; c'est à partir du pont de la ville — pont Henri IV — que la rivière commence d'être navigable, et son port devient ainsi l'entrepôt naturel des productions du haut et du bas pays.

A ceux qui ne vivent pas seulement de pain, mais encore de la parole écrite, signalons en outre une bibliothèque publique de 6000 volumes dans laquelle il est probable que vous pourrez apprendre quelque chose, qui que vous soyez, et où vous trouverez très-certainement les œuvres intéressantes d'un économiste, J. Ant. Creuzé Latouche, ancien député aux états généraux et membre de l'ancien sénat, ainsi que celles d'un savant vétérinaire, membre de l'Institut, F. Hilaire Gilbert; tous deux sont nés à Châtellerault au milieu du siècle dernier et sont morts dans la même année, en 1800.

Enfin, à ceux qui ne veulent rien laisser échapper, nous indiquerons l'église champêtre du faubourg de Châteauneuf, près de la manufacture, quelques vieilles maisons, l'hôtel de ville, le théâtre, etc., les belles avenues qui servent de promenades : l'une d'elles se nomme le Cours de Blossac; nous retrouverons ce nom-là à Poitiers.

Ancien couvent à Châtellerault.

III.

DE CHATELLERAULT A POITIERS.

A 4 kilomètres au-dessus de Châtellerault, le chemin de fer abandonne le bassin de la Vienne, où il s'était maintenu jusqu'alors, et, franchissant le lit de cette rivière, pénètre dans une nouvelle vallée qui s'ouvre devant lui pour gagner Poitiers. Cette vallée est celle d'un cours d'eau peu volumineux, mais assez rapide, qu'on nomme le Clain, qui, prenant sa source à Hiesse, près de Confolens, dans le département de la Charente, passe au pied de l'ancienne capitale du Poitou ; moins fertile que celle qui la précède, moins étendue, elle est en revanche plus pittoresque.

Dire que la voie ferrée longe un des affluents de la Vienne, c'est indiquer aussitôt la portée des obstacles qu'elle a rencontrés. Nous ne répéterons pas, à cette occasion, ce que nous avons déjà dit à propos du trajet de Villeperdue à Châtellerault. Il ne faut donc pas nous attendre à admirer ici de nombreuses merveilles, et nous n'aurons guère à y examiner en effet que le passage de la Vienne, à quelques pas de la ville, et près de Poitiers, à l'endroit où le Clain serpente avec peine entre des collines, un viaduc et deux ou trois ponts. Il nous suffira même de signaler ces travaux en passant, car leur importance ne demande pas qu'on s'arrête à les contempler.

Nous traiterions volontiers avec la même indifférence les stations de la route que nous allons parcourir ; mais dans leur voisinage on peut trouver d'intéressants souvenirs, y feuilleter quelques pages de nos annales, y reconnaître l'état actuel d'un pays, qui va certainement se modifier en présence des communications nouvelles qui lui sont ouvertes, et dès lors nous devons mentionner avec soin chacune de ces stations.

Constatons d'abord quelle est la situation présente de la contrée.

Quoique la nature du sol qui le faisait vivre se refusât à rendre son existence agréable et facile, le Poitevin n'a jamais songé à améliorer sa fortune territoriale en perfectionnant la culture de ses domaines. Sobre comme tout habitant des régions montueuses, il n'a cherché qu'à diminuer sa consommation lorsque le prix des denrées la rendait plus coûteuse, et n'a pas compris que le meilleur comme le plus honorable moyen d'établir une balance exacte entre le chiffre de ses recettes et celui de ses dépenses, c'est non-seulement l'ordre et l'économie, mais encore le travail intelligent qui consiste à augmenter la masse et la qualité des produits. Aussi ne trouvera-t-on pas dans le département de la Vienne, formé en entier de ce que l'on appelait jadis le Haut-Poitou, l'application des théories nouvelles d'assolement, d'irrigation, etc., qui ont fait de l'agriculture une véritable science. Aujourd'hui comme autrefois, à peu d'exceptions près, la même terre produit seulement des céréales, des foins, des légumes et des chanvres, porte des arbres à fruits de qualités inférieures, etc., et nourrit des bêtes de somme et des troupeaux de très-bonne race, il est vrai, mais dont le nombre pourrait être augmenté si l'on convertissait en prairies artificielles certaines landes et certaines bruyères, susceptibles de culture.

Tout se suit et s'enchaîne dans l'ordre matériel comme dans l'ordre moral. Aussi l'industrie, dans ce département, est, relativement à celle de plusieurs autres départements de la France, dans un état d'infériorité manifeste. Il est juste de dire pourtant que ses tendances font espérer, dans un temps prochain, un développement assez grand des ressources que le pays possède. Indépendamment des fabriques de Châtellerault, bonnes ou mauvaises, on peut compter les manufactures d'étoffes communes et les tanneries très-estimées de Chauvigny[1]; les papeteries de la Cassette, de Latillé et de Saint-Benoît de Quincay; celle très-renommée de Montmorillon; la filature de Biard; les trois usines de Hauberté, de Verrières et de Luchapt (ces deux dernières avec haut-four-

---

[1]. Outre ses fabriques, Chauvigny possède des carrières de pierre en exploitation. Cette pierre qui est très-dure, et se taille pourtant avec facilité, a servi à bâtir les ponts qui se trouvent sur le chemin de fer en deçà et au delà de Poitiers. Il en a même été transporté à Paris pour les travaux de l'église Sainte-Clotilde. C'est dire jusqu'à quel point cette pierre est estimée par les constructeurs.

neau), usines assez importantes, puisqu'elles consomment les 50 000 quintaux métriques de minerai qui sont annuellement extraits des mines locales; et enfin les nombreux moulins qui couvrent les bords du Clain [1]; la fabrique de faïence anglaise que nous allons apercevoir de la route, en arrivant à la station *des Barres.*

Cette station, que l'on rencontre au moment où après avoir quitté la forêt de Châtellerault [2] on côtoie les îles formées par le Clain, doit avoir une certaine importance au point de vue du trafic des marchandises: car, à peu près au point où elle a été établie, on avait déjà jugé nécessaire de construire un petit port; mais pour le touriste elle ne présenterait aucun intérêt, n'était que les campagnes qui l'environnent rappellent de grands souvenirs.

Dans la commune de Naintré, à droite du voyageur, on peut admirer les ruines, fort imposantes encore, d'un ancien temple auprès duquel on a plusieurs fois trouvé des médailles romaines à l'effigie des empereurs. Quelques archéologues [3] admettent que ces ruines pourraient servir à déterminer la situation du vieux Poitiers, situation que d'autres au contraire cherchent à fixer sur la rive opposée du Clain [4]; mais, quoi qu'il en soit de ces assertions,

---

[1]. Le Clain avait été rendu navigable depuis Poitiers jusqu'à Châtellerault sous le règne d'Henri IV, d'après un projet dont l'origine remonte à Charles VII. Déjà, à cette époque, cette rivière servait à faire tourner des moulins; quelques-uns d'entre eux furent supprimés, mais ils ont été rétablis depuis et le nombre en a été considérablement augmenté.

[2]. La forêt de Châtellerault a une étendue de 4500 hectares. Elle appartient pour un tiers seulement à l'État, et pour les deux autres tiers à un ou plusieurs particuliers.

[3]. Éginhard, les chroniques de Moissac, de Saint-Gall, de Centule, etc., etc., le manuscrit arabe de Cid Osmen-ben-Artia.

[4]. Il y a même une troisième opinion, qui n'est pas la moins accréditée, d'après laquelle Poitiers n'aurait jamais occupé d'autre emplacement que celui qu'il occupe aujourd'hui. Le vieux Poitiers ne serait alors que le reste d'une *mansio* romaine.

on ne saurait méconnaître la grandeur de l'œuvre et son antiquité.

Vis-à-vis Naintré, et au delà de l'étroit vallon qu'arrose le Clain, le sol se relève et le voyageur peut voir à sa gauche divers monticules se succéder les uns aux autres. Sur le dernier d'entre eux, vis-à-vis le poteau LXXVII, est assis le village ou plutôt le hameau qui porte le nom de Moussais-la-Bataille ; monticule et hameau rendus à jamais célèbres par la victoire décisive que Charles Martel y remporta sur les Maures, au dire de quelques historiens. La Touraine revendique aussi l'honneur d'avoir été la scène de ce haut fait d'armes du VIIIe siècle[1]. Quoique nous n'ayions pas précisément à nous prononcer sur des débats historiques de cette importance, nous ne devons pas cependant cacher à nos lecteurs qu'à notre avis, avis éclairé par la lecture des grands écrivains de cette époque, la balance doit pencher du côté du Poitou, et nous leur dirons alors, avec la rapidité qui nous est commandée par la nature de ce récit, que s'ils s'arrêtent à contempler ce mamelon qui fut les colonnes d'Hercule de la conquête des Sarrasins, ils doivent rechercher la Tombelle du Cheneau et la Fosse au Roi, deux souvenirs de cette journée glorieuse ; que c'est dans la Fosse au Roi que la tradition place la tombe d'Abd-er-Rhâman, et enfin que le nom du village de Moussais dérive de celui d'un chef arabe, Moussa, qui fut tué près de là. Nous ajouterons que, d'après les recherches qui ont été faites sur la disposition des forces de chaque parti, l'aile droite des Sarrasins s'appuyait à Moussais, leur aile gauche sur les bords du Clain, à côté de la ligne que suit aujourd'hui le chemin de fer, et le centre sur une voie romaine dont il ne reste plus de vestiges.

Les Francs, qui avaient déjà repoussé depuis Cenon, au

---

1. Voir page 210.

confluent de la Vienne et du Clain, l'avant-garde des ennemis, avaient dû ranger leurs lourds bataillons dans l'ouverture de l'angle formé par les deux rivières, de manière à ne présenter qu'un seul front à l'attaque rapide des cavaliers de l'émir.

Après la station des Barres, celle de *Dissais*. Dissais ou Dissay possédait au XVI² siècle un château fortifié où François I₍er₎ s'arrêta avant de faire à Poitiers cette entrée solennelle dont les chroniqueurs détaillent avec amour les magnificences.

Après Dissais, *Clan* et *Chasseneuil* dont il n'y a rien à dire.

Nous cheminons depuis longtemps entre des collines verdoyantes, cultivées jusqu'à leur sommet, à travers des prairies bordées de grands arbres et de haies touffues que peuplent de nombreux troupeaux. On dirait, à voir ces charmants aspects, que l'on parcourt, demi-rêvant demi-éveillé, l'immense parc de quelque sultan des *Mille et une Nuits*...

Peu à peu cependant les rampes deviennent un peu moins douces et moins fertiles, les plateaux qui les couronnent plus solitaires; en sortant de Chasseneuil, nous avons passé l'Auxances, frais ruisseau qui vient apporter au Clain le tribut de ses eaux limpides, et, à partir de ce point, les collines ont de plus en plus rapproché leurs cimes, la gorge qui les sépare est devenue de plus en plus étroite et profonde; et tellement profonde, tellement étroite surtout, que tout à coup la rivière, qui depuis Châtellerault a été la compagne fidèle de notre voyage, gênée dans son cours, se met brusquement au travers de notre route, et semble vouloir nous faire obstacle et nous barrer le passage. Mais rien ne saurait désormais arrêter nos pas. Par deux fois elle replie ses ondes auprès du coteau de Rochereuil, à gauche, et par deux fois nous les franchissons en contournant le même coteau.

Alors, en face de nous, se présente *Poitiers*.

Voilà le Clain qui disparaît à gauche, sous un des ponts les plus fameux de la cité, le vieux pont de Rochereuil [1], et voici sur ses bords les monuments de l'ancienne capitale du Poitou qui se dressent devant nos yeux. Au fond, et sur le dernier plan, l'église de Montierneuf, église romane d'une ancienne abbaye dont les cloîtres servent aujourd'hui de casernes à des dragons. Puis, se rapprochant, l'hôpital général aux constructions immenses, mais incorrectes; les ruines de l'ancien château fort qui reçut dans son enceinte Charles VII, Jeanne d'Arc, Dunois, Xaintrailles, La Hire, etc., et qui, démantelé par le peuple sous Henri III, sert aujourd'hui de place de Grève à l'exécuteur des œuvres de la justice; la porte de Paris ou de Saint-Lazare, près de laquelle exista, jusqu'à la fin du xvii° siècle, une léproserie. Plus près encore, et à la suite du monticule sur lequel est bâtie la ville, le grand séminaire, autrefois couvent des Carmélites, dont la bibliothèque mérite d'être visitée; la gendarmerie, dont les bâtiments étaient habités, avant la Révolution, par des nonnes, les filles de Notre-Dame. Et au delà, s'éloignant de plus en plus cette fois et se perdant dans l'horizon qui s'ouvre à notre droite, la Visitation, jadis monastère, aujourd'hui prison; la Grande-Maison, pensionnat religieux qui a remplacé le couvent des Dames de l'Adoration Perpétuelle; l'église Saint-Hilaire enfin, qui eut pour abbés les comtes de Poitou d'abord, et les rois de France plus tard.

---

[1]. C'est à l'époque du siége de Poitiers par l'amiral Coligny (1659) que le pont de Rochereuil acquit une grande célébrité. Les calvinistes avaient ouvert une brèche assez large vis-à-vis de ce pont; pour les repousser, les assiégés ne trouvèrent d'autre expédient que d'en barrer les arches, et par ce moyen ils firent déborder la rivière, qui inonda bientôt la position occupée par leurs adversaires. Cet échec fut un des motifs qui déterminèrent l'amiral Coligny à abandonner la place.

Encore quelques pas, et, après avoir traversé la Boivre, petite rivière qui se perd dans le Clain, sous les murs de l'ancien château, nous passerons devant les ateliers de la gare et nous arriverons aussitôt à la gare elle-même.

Avant d'entrer dans la ville, on sera frappé sans nul doute de l'aspect pour ainsi dire farouche d'une vieille tour qui semble être demeurée là comme un jalon oublié des temps anciens, et qui proteste contre les envahissements de l'âge moderne. On a bien fait de la conserver; c'est un reste précieux des remparts contre lesquels sont venus autrefois se heurter les bandes anglaises.

Entrée de Poitiers.

IV.

POITIERS.

Poitiers, l'ancien *Limonum*, n'est pas ce que l'on appelle une jolie ville. Ses rues sont mal pavées, étroites et tortueuses, ses maisons basses, mal alignées, noircies par les intempéries de l'air, et surtout par la vétusté. Pour le voyageur qui cherche ses aises et aime l'aspect agréable que présentent généralement les cités modernes, Poitiers ne doit offrir aucun intérêt, et l'on conçoit même qu'un écrivain de nos jours l'ait, dans un moment de mauvaise humeur, appelé « un monceau de vieux plâtras. »

Mais Poitiers est une des cités les plus historiques de

France. A un moment donné, il fut le sanctuaire où l'on conserva religieusement le culte des belles-lettres, et c'est de nos jours un musée véritable où se retrouvent encore les spécimens de chaque période de l'art depuis le II° siècle.

A ces différents titres, Poitiers mérite d'être visité par les citoyens jaloux de saluer les murs qui furent le boulevard de la nationalité française, par les touristes, par les littérateurs, par les savants, en un mot, par tout homme intelligent ou curieux des grandes choses.

Son histoire, qui est à peu près celle de la province dont il était la capitale, a traversé des phases diverses qui toutes présentent un grand intérêt. Après avoir été subjugué par les Romains, qui en furent chassés par les Visigoths, comme ceux-ci le furent un peu plus tard par les Francs, le Poitou devint au X° siècle le fief le plus important de l'Aquitaine et, sous le règne de ses comtes, il acquit une telle puissance qu'il tint en échec les Maures d'Espagne, auxquels il alla même porter la guerre, et que ses voisins les plus redoutables estimèrent et recherchèrent son alliance.

Parmi ces fiers seigneurs, au nombre de huit tous du même nom[1], l'on a remarqué Guillaume III dit le Grand, qui protégea les lettres et les cultiva, ainsi que Guillaume VII, « bon troubadour, bon chevalier d'armes, qui courut longtemps le monde pour tromper les dames[2]. » A sa mort son fils lui succéda sous le nom de Guillaume VIII. Celui-ci a fait parler de lui. Ennemi déclaré d'Innocent II, il finit par être converti grâce à l'intervention, un peu mélodrama-

[1]. Nous ne comptons pas les trois Guillaume qui furent ducs d'Aquitaine, sans être comtes de Poitou, afin d'éviter la confusion qui se fait très-souvent entre eux.

[2]. Comme troubadour, Guillaume VII a composé des poésies *légères*; comme chevalier d'armes, il s'est croisé après avoir guerroyé fort jeune contre des vassaux en révolte; quant à courir le monde pour tromper les dames, c'est ce qu'il a fait à tel point qu'il serait aussi scabreux de retracer certains épisodes de sa vie que de citer ses vers.

tique peut-être, de saint Bernard[1], et mourut presque en odeur de sainteté, dans son pèlerinage à Saint-Jacques de Compostelle, en laissant sa double couronne de comte et de duc à Aliénor ou Éléonore sa fille, qui devint ainsi maîtresse du Poitou et de l'Aquitaine : Éléonore, la femme de Louis le Jeune d'abord, et, six mois après sa répudiation, celle d'Henri II, roi d'Angleterre!

Nous n'avons pas besoin de rappeler à nos lecteurs quelles furent les suites de ce dernier hyménée pour la France en général et pour le Poitou en particulier. Ce furent les guerres qui pendant deux siècles, de 1152 à 1369, désolèrent ces contrées et les appauvrirent. Ce furent les révoltes des Aquitains eux-mêmes contre l'Angleterre, les attaques de Philippe Auguste et la terrible revanche du prince Noir, la confiscation sur Jean sans Terre, décrétée par les pairs de France, et le traité de Bretigny dicté par les Anglais; ce fut la conquête enfin, et non pas même la conquête définitive, ce fut la confusion d'idées et de mœurs qui suit toujours les crises violentes, jusqu'à l'heure où l'épée de Duguesclin enleva pour toujours à la Grande-Bretagne la terre sur laquelle elle n'aurait jamais dû mettre le pied.

Cette terre était éminemment française en effet. Elle le prouve sous Charles VII, alors que la lutte dont elle venait d'être délivrée menace de plus en plus la nationalité française. C'est à Poitiers qu'à la mort de Charles VI on proclama

---

1. Le saint abbé allant un jour dire la messe dans l'église paroissiale de la Coudre, dans la ville de Parthenay, le duc l'accompagna et il resta à la porte de l'église parce qu'il était excommunié. Saint Bernard jugea devoir employer une seconde fois le moyen qui ne lui avait pas réussi dans la cathédrale de Poitiers : après la consécration, l'abbé de Clairvaux prend la sainte hostie, sort à la porte de l'église, le visage en sueur, les yeux étincelants d'ardeur et de zèle, et s'adressant au duc : « Je vous ai supplié, lui dit-il, et vous avez méprisé ma prière; voici maintenant votre juge et votre maître. Tombez à ses pieds et soumettez-vous. » Guillaume fut frappé de ce coup inattendu, etc., etc.

(THIBAUDEAU, *Histoire du Poitou*.)

l'avénement de son fils au trône et que le nouveau roi transféra son parlement et l'université de Paris. C'est à Poitiers que viendra Jeanne d'Arc [1], et c'est de Poitiers qu'elle partira pour assurer l'œuvre de Duguesclin, pour délivrer les autres provinces de sa patrie du joug qui la déshonore.

Jeanne d'Arc et Duguesclin nous conduisent au XVe siècle. A partir de cette époque, il est inutile d'énumérer les événements historiques qui composent la vie de la cité poitevine, laquelle est pour jamais réunie à la couronne de France. Outre qu'un pareil sujet nous amènerait à écrire non plus les chroniques de ce pays, mais celles de tout le royaume, ces événements sont tellement connus qu'il serait oiseux de les rappeler.

Il en est un cependant sur lequel on ne peut se taire, car il a été à la fois pour la ville de Poitiers une occasion de gloire et de ruine. Nous voulons parler des luttes que la réforme religieuse y fit naître. Calvin a commencé la propagation de ses doctrines à Poitiers. Il est dans le voisinage de cette cité, sur les bords du Clain, près de Saint-Benoît, une grotte que l'on appelle encore dans le pays « la grotte à Calvin, » et dans laquelle le réformateur assemblait ses prosélytes, qui tous étaient ou professeurs, ou magistrats, ou savants. C'est là qu'il leur fit faire la cène, c'est là peut-être que pour la première fois il s'écria : « la Bible, voilà ma messe, » et c'est de là que sortirent les premiers disciples qui portèrent dans le Poitou d'abord, et plus tard dans la France entière, la parole ardente du maître.

Cette parole germa sur la terre où elle avait été semée. Le champ de la discussion avait été ouvert et il fut fécondé ; les Poitevins soit qu'ils *fussent enjôlés et coiffés*, suivant l'expression d'un chroniqueur de cette époque, soit qu'ils fussent

---

[1]. Elle logea à l'hôtel de la Rose, situé jadis au coin de la rue du Petit-Maure et de celle de Saint-Étienne.

animés d'une foi et d'une ferveur véritables, adoptèrent en grand nombre la loi qui leur était prêchée. Vinrent alors la persécution et les représailles, scènes d'horreur et de barbarie : l'occupation de Poitiers par les religionnaires au nom du prince de Condé (1562, 26 mai), après le massacre de leurs frères à Vassy, et le sac de la même ville [1] ordonné par le maréchal de Saint-André pour le compte du roi (1562, 1er août) ; les guerres interminables entre les deux partis et toutes les calamités qui sont le cortége obligé des discordes civiles, guerres suspendues plusieurs fois, mais jamais éteintes, par des édits rendus de mauvaise foi ou mal exécutés ; et enfin, pour la ville elle-même, la famine [2] et le carnage [3] décimant sa population durant le siége meurtrier que lui fit supporter l'amiral Coligny (1569) pendant sept semaines.

Toutefois les hauts faits dont Poitiers a été le témoin, les luttes qu'il a soutenues en faveur de la nationalité française et de la liberté, les malheurs qu'il a subis, malheurs supportés avec autant de courage que de résignation, ne sont pas

---

[1]. Pour donner une idée des atrocités commises par les deux partis, nous n'aurons besoin de citer que deux faits. A la première attaque de Poitiers par les protestants, l'un d'eux se fit un collier avec les oreilles des malheureux qu'il avait massacrés, et lorsque les catholiques reprirent cette ville quelques jours après, un de leurs soldats se prit aussi à couper des oreilles « dont il fit une fricassée, conviant à ce banquet quelques siens compagnons !! »

[2]. La rareté des vivres étoit telle que les œufs se vendirent jusqu'à 15 sols la pièce, prix équivalent de nos jours à celui de 1 fr. 10 à 1 fr. 25.

[3]. L'artillerie était considérable pour l'époque. On voit dans le journal tenu par Liberge que 40 000 coups de canon furent tirés sur la ville pendant la durée du siége. En lisant ce journal, nous avons eu l'occasion de faire un rapprochement assez singulier. Il y est dit que, le jour de la Saint-Barthélemy 1569, l'amiral envoya sur Poitiers 800 boulets, beaucoup plus qu'il n'en avait jamais envoyé et qu'il n'en envoya jamais depuis dans le même espace de temps. Or on sait que trois ans après, jour pour jour, l'amiral succombait sous le poignard des Ligueurs.

les seuls titres de cette cité à la célébrité dont elle jouit. Aux jours les plus néfastes de son histoire particulière, aux époques même où régnait en Europe la force brutale et où l'ignorance avait étendu sur le monde civilisé son ombre funeste, elle fut un ardent foyer de lumières, et durant une longue période d'années elle put s'enorgueillir de produire ou de nourrir dans son sein des intelligences d'élite, une foule d'hommes célèbres qui se livrèrent à la culture des sciences, des belles-lettres, de l'histoire et de la philosophie, justifiant ainsi ce jugement porté par Caton l'Ancien sur notre nation quand il disait que « les Gaulois aimaient passionnément deux choses : bien combattre et finement parler — *Argute loqui.* »

Pendant l'occupation romaine, en effet, et dès les premiers âges du christianisme (250), Poitiers voit arriver dans ses murs saint Martial, qui y bâtit la première église et y sème la parole de la loi nouvelle. Après lui (350), saint Maximin et saint Maxence, nés dans le Poitou, et saint Paulin, fils de Poitiers, continuent l'œuvre de la régénération sociale, tandis que saint Martin fonde à Ligugé le monastère qui sera plus tard si renommé par la science de ses religieux, tandis que saint Hilaire fait entendre cette voix éloquente dont saint Jérôme a dit qu'elle avait « toute l'élévation et la force du cothurne gaulois avec l'agrément et les fleurs de la Grèce, » et la fait entendre au milieu de ces jeunes hommes qui fréquentaient l'école de Poitiers, l'une des plus florissantes de cette époque, l'émule de celles de Lyon, d'Arles, de Marseille, de Trèves, etc.

Au v° siècle, voici l'irruption des barbares et les ténèbres qui sont à leur suite. Pourtant, à partir de cette époque jusqu'au règne de Charlemagne, Poitiers conserve le feu sacré qui menaçait de s'éteindre. En 410, Rutilius Numitianus, un de ses enfants, protestait déjà de la façon la plus vive contre l'invasion de la nuit et criait à Rome de dérober « la vieillesse de sa tête sacrée sous sa renaissante chevelure. » A peu près à la même date, Palladius, autre fils de la même terre, publiait en beau langage un traité en prose et en vers sur l'agriculture. Plus tard enfin, quelque temps après la conquête des Francs, Venance Fortunat, évêque de Poitiers, écrivait au sein de cette cité les œuvres qui l'ont illustré. Fortunat a composé plusieurs hymnes adoptées en partie par l'Église, le *Vexilla regis* entre autres, la plus belle de toutes, et, quoiqu'on doive passer sous silence la puérilité de certaines de ses poésies[1], on ne saurait se taire sur le mérite d'un poëte qui sut être élégant et correct à l'époque où la langue romaine tendait à disparaître, et où la culture des belles-lettres semblait être au moment de s'anéantir. Après Fortunat, l'ombre devint de plus en plus épaisse. L'on a cependant de Bandonivie, religieuse de Sainte-Croix, une vie de sainte Radegonde purement écrite, et de sainte Emmeramne, d'Audulphe, d'Ursin et de Defensor, quelques productions estimées.

Mais Charlemagne vient et l'Europe moderne se fonde; l'alphabet romain reprend sa place usurpée par l'alphabet barbare; les écoles antiques se rouvrent et les lettres renaissent. Aussi, pendant le IXe siècle, voyons-nous Poitiers donner la preuve qu'il a participé au mouvement général des idées, s'il ne l'a devancé, et compter au nombre de ses évêques ou de ses moines célèbres Wulphin Boëce, un historien, et Bertrand Prudentius, un poëte.

Au XIe, les noms abondent : c'est Ascelin, écrivain savant pour le fond et châtié dans la forme; c'est Guillaume, un chanoine qui défend en vers léonins la tiare d'Urbain II convoitée par Guilbert; c'est Pierre Tuberode, un croisé qui fut le narrateur de la croisade dont il avait fait partie; c'est Raoul Ardent, qui a été nommé un prodige d'éloquence et

---

[1]. Huit pièces de vers à sainte Radegonde sur des violettes, et quatre pour la prier de boire du vin, vingt sur des œufs et des prunes, etc., etc.

d'érudition; c'est Raynald, l'orateur de toutes les assemblées.

Au XIIᵉ, alors que l'œuvre entreprise par Charlemagne se développe de plus en plus, alors que naît l'Université à Paris et que la poésie étend son empire des régions du midi à celles du nord, alors que la commune s'émancipe et qu'Abélard allume le flambeau de la philosophie, c'est Hugues, un moine, qui nous raconte l'enfantement des franchises municipales; c'est Pierre Bérenger, disciple de l'abbé de Saint-Gildas, qui défend avec autant de talent que de vivacité les doctrines de son maître; c'est l'évêque Gilbert de La Porée, qui embrasse et professe les mêmes opinions et ne cède qu'aux violentes attaques de saint Bernard. A leur suite, ce sont des chroniqueurs, Richard et Martin, Philippe de Thouars; un savant Pierre, qui a écrit un livre de sentences et a inventé les arbres historiques — nous dirions aujourd'hui les tableaux historiques — et un littérateur, Pierre Mirmet, qui va jusqu'en Afrique étudier les mœurs des barbares. Encore ne parlons-nous pas du travail des trouvères, du roman du Brut composé à la cour d'Éléonore d'Aquitaine, des *sirventes* et des chants de guerre que fit entendre à cette époque dans le Poitou l'ardent poëte et le belliqueux châtelain Bertrand de Born, né dans le Périgord, il est vrai, mais que sa haine contre les Plantagenets pourrait cependant rattacher à l'histoire de ces contrées.

Du XIIᵉ au XVᵉ siècle enfin, apparaissent Nicolas Faucon, qui écrivit pour un sire de Coucy, Ayton, une histoire de l'Orient; Pierre Berchorius, une sorte d'encyclopédiste qui a parlé de tout, *de omni re scibili*, en homme parfois trop crédule [1], mais qui a énormément travaillé, et la pléiade

---

[1]. Ce Berchorius affirmait que certains seigneurs du Poitou, les seigneurs de Puy-Taillé, près de Mirebeau, avaient le pouvoir de chasser les serpents en leur criant à haute voix *qu'ils eussent à se retirer, que le seigneur de Puy-Taillé l'entendait ainsi.* (*Histoire du Poitou*, par THIBAUDEAU.)

de poëtes qui ont vécu à la cour de Philippe le Long, comte de Poitiers, lequel fut plus tard roi de France : Émeric de Rochefort, Pierre Hugon, Pierre Milhon, Bernard Marchis, etc. « Ce comte de Poitou, dit Nostradamus, daigna bien faire honneur à la poésie en notre langue provençale ; car, outre qu'il était savant aux sciences libérales, encore prenait-il plaisir à avoir à sa cour les plus savants poëtes qu'il pouvait trouver, lesquels il honorait et prisait, leur assignant bons et suffisants gages, et il les pourvoyait des plus beaux et honorables offices de la cour. »

A partir du xv° siècle, le Poitou est encore le berceau ou la patrie adoptive d'hommes célèbres par leurs lumières ou par le rôle qu'ils ont joué. Il peut citer avec orgueil Ph. de Commines, seigneur de la ville d'Argenton-le-Château, où il a écrit ses fameux Mémoires ; l'annaliste J. Bouchet ; les typographes Marnef et Mesnier [1] ; Brissot, le savant médecin ; Nicolas Rapin, l'un des auteurs de la satire Ménippée ; André Tiraqueau, son parent, qui fut surnommé le Varron du xvi° siècle; Aubert de Massoigne, qui fit des vers estimés et se mêla de politique ; La Popelinière, auteur d'une histoire de France ; Viète, savant dont on a attribué les travaux à Newton, et qui, en réalité, est bien le premier qui ait appliqué l'algèbre à la géométrie ; d'Aubigné, historien, poëte satirique, l'un des hommes les plus remarquables de son temps, le grand-père de Mme de Maintenon ; Filleau de La Chaise, qui a écrit une vie de saint Louis ; Goibaud Dubois, le traducteur de saint Augustin ; les Sainte-Marthe — au nombre de trente — historiographes, poëtes, hommes d'État ; Brisson, qui fut l'auteur du code d'Henri III et qui fut pendu en place de Grève par les Ligueurs ; l'abbé Nadal, diplomate et versificateur médiocre ; la trop fameuse Diane, duchesse de Valentinois, dont Brantôme disait ce-

---

1. Poitiers eut une imprimerie fort peu de temps après la découverte de Gutenberg (en 1479).

pendant « qu'il faut que le peuple de France prie Dieu qu'il ne vienne jamais favorite de roi plus mauvaise que celle-là, ni plus malfaisante ; » les Vivonne; les La Tremoille; le cardinal de Richelieu, qui commença sa carrière politique par être député du Poitou aux états généraux de 1614; son cousin, le maréchal de La Meilleraye, habile tacticien; puis, enfin, nos contemporains pour ainsi dire, le marquis de Ferrières et Thibaudeau, membres des assemblées nationales de 89, et dont le premier a écrit de curieux mémoires; Picard-Philippeaux, officier distingué, qui s'est illustré au siége de Saint-Jean-d'Acre; Boncenne et Foucart, savants légistes, etc., etc.

A cette riche nomenclature d'hommes célèbres à différents titres, dont le nom se rattache à celui de la ville qui les vit naître ou qui les adopta, ajoutons une page non moins glorieuse pour la cité de Poitiers : celle où seront retracées l'histoire et la description de ses monuments.

Sans parler du dolmen qui, à ses portes, atteste la présence des Gaulois sur les rives du Clain, on y voit l'occupation romaine indiquée par les ruines d'un cirque aux proportions colossales; le moyen âge par le temple Saint-Jean, par le palais des comtes de Poitou, par des églises, par des couvents; les époques postérieures par l'école de droit, le parc et la promenade de Blossac, etc., etc.

Le dolmen ou pierre levée existe dans le faubourg de Saint-Saturnin. De tous les monuments que nous a légués le culte druidique, c'est l'un des plus importants, car il ne mesure pas moins de 12 mètres de long sur 8 de large. Sa plus grande hauteur est de 2 mètres environ, et l'épaisseur des pierres qui le composent est supérieure à 1 mètre. Autour de cette pierre se tenait autrefois une foire célèbre, celle de Saint-Luc, et Rabelais prétend que les étudiants de l'ancienne université de Poitiers, « quand ils ne sçavoient faire autre chose, passoient temps à monter sur la dicte pierre et là bancqueter à force flacons, jambons et pastés, et escrire leurs noms dessus avec ung couteau, etc. » De nos jours, elle n'est plus qu'un but de promenade pour les étrangers, et il a été question un moment de la briser pour en faire du macadam. Heureusement qu'il existe à Poitiers une société d'antiquaires qui l'a sauvée de cet outrage.

Pour visiter les ruines de l'amphithéâtre romain, demandez où est situé l'hôtel d'Évreux (dans la rue du même nom). Cet hôtel était, au XVIe siècle, la demeure de Raoul du Fou, évêque d'Évreux, abbé commendataire d'une abbaye voisine, de l'abbaye de Nouaillé. C'est maintenant une modeste auberge où on loge à pied et à cheval. Arrivé à cet hôtel, pénétrez hardiment dans la cour et appelez un garçon. Quel qu'il soit, vous devez le prendre pour cicerone, car c'est une des fonctions attachées à la domesticité du lieu que de montrer les ruines éparses au moyen desquelles on peut se représenter la figure et retrouver le plan de l'antique édifice. Au fond de la cour, où l'on pénètre d'abord, vous apercevrez, à droite, les restes d'une grande voûte qui s'enfonce sous terre : c'était jadis une des entrées principales; mais aujourd'hui, sous cette voûte, vous ne trouveriez que les caves où l'hôtelier renferme ses provisions; inutile de les visiter. Demandez plutôt la clef d'une porte qui se trouve à droite d'une tourelle, et montez au-dessus de cet arceau gigantesque que vous contempliez tout à l'heure. C'est de là seulement que vous pourrez juger des dimensions que devait avoir ce colossal édifice [1].

1. Colossal en effet : cet amphithéâtre, de forme elliptique, avait de longueur totale, dans son grand axe, 155^m,80, et de largeur totale, dans son petit axe, 130^m,50 (par totale, nous entendons la longueur de l'axe en y comprenant l'épaisseur des murs, de toutes les constructions, la distance existant entre chacun de ces murs, etc.). Quant à l'arène proprement dite, elle mesurait 72^m,30 de longueur dans le sens du grand axe, et 47 dans le sens du petit, l'épaisseur des bâtiments étant évaluée à 41^m,73; leur hauteur

Le vulgaire attribue à Gallien l'honneur d'avoir fait élever l'amphithéâtre de Poitiers. Mais dans un excellent ouvrage auquel nous aurons à emprunter souvent, M. Ch. de Chergé, ancien président de la Société des antiquaires de l'ouest, établit que cet édifice est « l'œuvre des empereurs Adrien et Antonin, de 117 à 161. » Au VIe siècle déjà, sa destruction était un fait accompli. Sans destination depuis que le christianisme avait fait disparaître les mœurs de la société païenne, il devint une sorte de carrière où les habitants purent puiser les pierres nécessaires à la construction de leurs demeures, ou des remparts derrière lesquels ils les abritèrent. Au XVe siècle, il fut donné, par bail emphytéotique, à l'abbaye de Nouaillé, et aujourd'hui il est la propriété des hospices de la ville de Poitiers.

Le temple Saint-Jean, situé dans la rue de la Psallette-Sainte-Radegonde, est « une véritable célébrité archéologique. » Il appartient à la période gallo-romaine. Quelques savants « font remonter l'époque de sa construction au règne de Gallien, et croient qu'il fut consacré à la mémoire de Claudia Varenilla, épouse du gouverneur de la province Aquitaine, dont il serait le tombeau. » Mais M. de Chergé, éclairé par la lecture d'un manuscrit de D. Fonteneau, pense avec le savant bénédictin que cet édifice est postérieur de quatre ou cinq siècles à l'époque où l'époux de Varenilla

---

à 27^m,64. Or, en admettant ces proportions gigantesques, calculées par MM. Bourgnon de Layre et Lamotte, et en affectant à chaque personne une place de 40 centimètres, on est autorisé à dire que le cirque devait contenir plus de 40 000 personnes assises et 12 000 environ debout; fort heureusement, les entrées étaient si larges et si multipliées qu'on peut n'estimer qu'à deux minutes le temps nécessaire à ces 12 000 spectateurs pour arriver sur les gradins (dont le nombre a été évalué à 60) ou pour en sortir.

MM. Bourgoin de Layre et Lamotte classent le Cirque de Poitiers immédiatement après le Colysée, dont voici les proportions : grand axe total, 205 mètres; petit axe total, 171; grand axe de l'arène, 93; petit axe de l'arène, 59; épaisseur des bâtiments, 56; élévation de l'édifice, 52.

commandait dans cette partie des Gaules. Il a retrouvé d'ailleurs en plusieurs endroits des signes non contestables du christianisme : sur le fronton méridional, une croix; sur des chapiteaux, près de l'abside, le poisson symbolique[1]; et de toutes ses recherches et découvertes il conclut que le temple Saint-Jean, consacré dès l'origine au culte chrétien, fut un baptistère.

Depuis près de vingt ans, le temple Saint-Jean est devenu le musée de la Société des antiquaires de l'ouest, société éclairée et active, qui fait autant d'honneur que de bien à la ville de Poitiers. Dans ce musée, que doit visiter tout homme curieux de s'instruire ou de voir, on pourra admirer une foule d'inscriptions, de colonnes milliaires, de mosaïques, etc., arrachées au vandalisme des maçons, des terrassiers et même des propriétaires. Nous citerons, entre autres ruines fameuses auxquelles on a accordé là une pieuse hospitalité, le torse de la statue en marbre blanc de Louis XIII qui décorait l'entrée du château de Richelieu, la borne sur laquelle Jeanne d'Arc mit le pied pour monter sur son palefroi, quelques débris du magnifique château de Bonnivet, etc.

Le temple Saint-Jean est voisin de deux églises fameuses : celle qui fut fondée par sainte Radegonde, et la cathédrale, placée sous le vocable de saint Pierre.

Sainte Radegonde était l'épouse du roi Clotaire et vivait au VIe siècle. En 560, elle fit bâtir une église qu'elle dédia à Notre-Dame, et qui fut appelée *Sainte-Marie hors des Murs*; hors des murs, parce qu'à cette époque l'enceinte de Poitiers était en deçà de l'emplacement choisi par la reine.

A la mort de sainte Radegonde, l'église fut mise sous son invocation, et la dépouille mortelle de la sainte y ayant été déposée, elle s'agrandit et s'enrichit assez vite, grâce à la piété des fidèles et à leurs nombreuses offrandes. Mais ra-

---

[1]. Ἰχθῦς, Monogramme de Ἰησοῦς Χριστός Θεοῦ Υἱὸς Σωτήρ.

vagé plus tard par les Sarrasins et par les Normands, cet édifice fut détruit par un incendie à la fin du xɪe siècle, en 1083.

Sainte-Radegonde.

En 1099 il était reconstruit, et c'est cette œuvre dernière, mutilée par les réformés, réparée ensuite et modifiée, que nous allons examiner et décrire.

Admirons d'abord la tour élevée qui couronne la façade du monument. On peut y lire l'histoire des révolutions qu'elle a dû subir. Le sommet de cette tour, en effet, est de forme byzantine, tandis que la tour elle-même répond au style du XIe siècle, et que le portail qui décore sa base indique l'époque ogivale. A ses pieds, en contre-bas du sol, se trouve un parvis fermé par des murs épais, au haut duquel on peut voir les restes de l'écu de France et des lions accroupis, symbole du droit de juridiction appartenant à l'église, dont les actes extérieurs se formulaient *inter leones* [1].

La nef, sans bas-côtés et aux voûtes hardies, est très-grande ; elle est terminée par une abside d'une date encore plus reculée que celle de la nef, et sous cette abside est creusée la crypte où se trouvent les tombeaux de la sainte reine, de sainte Agnès, première abbesse de Sainte-Croix, et de sainte Disciole, jeune religieuse qui appartint au même monastère et qui fut la disciple bien-aimée de sainte Radegonde.

La crypte est remarquable par ses dimensions ; elle le sera davantage encore lorsque les travaux de reconstruction auxquels on se livrait à l'époque où nous l'avons visitée seront terminés et lui auront rendu son ampleur primitive. En descendant l'escalier qui y conduit, regardez la voûte qui le surmonte. Vous y lirez, sur une plaque, l'inscription qui rappelle la fondation faite, en 1658, par Anne d'Autriche, en mémoire de la guérison miraculeuse de Louis XIV. A droite et à gauche, dans l'épaisseur des murs, ont été placés

---

[1] « Il existe, dit M. de Chergé, dans certaines églises d'Italie, à la porte principale, des colonnes de forte dimension reposant sur des lions. La disposition de ces colonnes rappelle, selon des antiquaires fort compétents, le trône de Salomon et indique le siège sur lequel s'exerçait jadis le pouvoir de la juridiction pontificale *inter leones*. Dans les églises plus petites, dont les dimensions ne se prêtaient pas à de grandes décorations, la même idée a pu se reproduire, sur une échelle réduite, dans les petits lions qui, au lieu de supporter la colonne, étaient supportés par elle ou bien ont été sculptés sur les chapiteaux eux-mêmes ; et comme ces figures pouvaient être ou peu apparentes, ou même peu exactes, il est arrivé quelquefois que l'on a inscrit au-dessous le nom de l'animal qu'elles représentaient ou qu'elles étaient censées représenter, afin que nul n'ignorât que c'était là que s'exerçait la juridiction ecclésiastique. »

les corps de sainte Agnès et de sainte Disciole ; et, au fond, en face de vous, éclairé par la lueur des cierges que les fidèles y tiennent incessamment allumés, s'élève le sarcophage en marbre noir de la fondatrice de cette église. Cette tombe a été ouverte deux fois : en 1412, par Jean, duc de Berry, qui voulait prendre le chef et les deux anneaux de

Tombeau de sainte Radegonde.

la sainte ; en 1562, par les protestants, qui brisèrent le couvercle, enlevèrent et firent brûler les ossements. Quelques débris seulement de ces reliques vénérées furent alors recueillis et scellés dans une boîte de plomb. Trois ans après on les replaçait dans la tombe au pied de laquelle s'agenouillent, à chaque instant du jour, de nombreux fidèles.

Au retour de la crypte, il faut s'arrêter devant une sorte de petite chapelle fermée par une grille de fer ; cette chapelle est celle du *Pas-de-Dieu*. On y voit les statues de Jésus-

Christ et de sainte Radegonde, et entre ces deux statues l'empreinte d'un pied recouverte d'un fort grillage. Suivant une chronique, cette empreinte serait celle qu'aurait laissée[1] le pied de Jésus-Christ, le jour où il apparut à sainte Radegonde....

On devra aussi, et surtout, ne pas oublier de visiter la sacristie, chef-d'œuvre d'architecture, qui fut restaurée en 1841 par les soins de la Société des antiquaires, les brillants vitraux des rosaces et les peintures murales restaurées sous la direction de M. l'abbé Auber, l'un des membres les plus distingués de cette Société.

Le nom de l'abbé Auber nous remet en mémoire un ouvrage important qu'il a publié sur l'église de Saint-Pierre, cathédrale de la ville de Poitiers. Dans son ouvrage, l'abbé Auber a fait l'histoire détaillée de cette basilique. Nous y renverrons ceux qui, ne se contentant pas de jouir de la vue d'un édifice, aiment à en étudier tous les contours et savent en apprécier tous les détails. Pour notre part, nous nous bornerons à parler de l'ensemble du monument et à en signaler les beautés principales.

Au premier aspect on est frappé de l'austère simplicité de cette basilique. Sa façade principale n'a pour ornement que les sculptures des trois portails correspondant aux nefs intérieures et celles de la rosace placée au milieu. Cette façade est sans fronton, et les tours qui l'encadrent sont inégales et inachevées. Du côté opposé, le chevet qui, dans les monuments postérieurs à l'architecture romane, tendait à remplacer les riches absides de cette époque, n'est qu'un grand mur dont les plans uniformes et les lignes roides ne sont interrompus et coupés que par les trois ouvertures pratiquées dans le but d'éclairer les nefs. Il y a pourtant dans tout cet ensemble une telle grandeur, que ces imperfections

---

1. Sur une dalle de la cellule qu'habitait sainte Radegonde, dans l'abbaye de Sainte-Croix.

disparaissent et que l'on se sent écrasé[1], pour ainsi dire, par ces larges assises de pierre qui semblent s'échelonner les unes sur les autres.

A l'intérieur, le sentiment d'admiration qu'on éprouve n'est pas moins vif, et il est plus profond. Ici tout est grandiose aussi, et en outre tout est mystérieux : aucune recherche de sculptures finement découpées dans la pierre qui éveille la curiosité; pas de dorures étincelantes qui chatoient à l'œil, pas de clartés éclatantes. Une lumière tamisée à travers des vitraux coloriés éclaire seule ces nefs, dont la longueur considérable déjà est augmentée par certains artifices de construction (la diminution de largeur, le brusque abaissement des voûtes). Cette lumière douce et voilée se joue à travers des piliers aux proportions colossales, qui ne paraissent pourtant que des appuis frêles et incapables de supporter le poids des constructions qui reposent sur eux ; elle se brise au sommet de ces arcs sans nombre et de ces nervures qui se croisent dans tous les sens et s'enchevêtrent sans se confondre. A la vue de tous ces prodiges de l'art, prodiges que rend plus imposants encore cette habile distribution des jours, on éprouve le besoin de se recueillir; et pénétré malgré soi de la grandeur et de la majesté du Dieu pour lequel fut construit ce temple, on est touché de la foi, on est frappé de l'habileté des grands artistes qui dirigèrent ces constructions et les mirent dans une aussi parfaite harmonie avec les sentiments dont ils étaient eux-mêmes animés.

---

1. Ce qui pourrait passer pour une hyperbole sera accepté comme une vérité, si l'on songe aux dimensions de cet édifice, dimensions rendues plus imposantes encore par la parcimonie des ornements. Or, voici le chiffre exact de ces dimensions : la façade principale a, hors d'œuvre, une longueur de 96 mètres 40 centimètres, sur 38 mètres de large. Celle du chevet a, hors d'œuvre aussi, une largeur totale de 36 mètres sur une élévation de 49, prise du pied de la muraille au point extrême du galbe qui la couronne, et sur une épaisseur de 4 mètres à la base.

Cette foi et cette habileté se manifestent de plus en plus, à mesure que de l'aspect général du monument on arrive aux détails de son architecture. Il n'y a pas une seule de ses sculptures qui ne soit symbolique, pas une seule de ses formes qui n'ait une signification.

C'est ainsi qu'il faut comprendre le rétrécissement des nefs, qui a lieu à partir du chœur jusqu'au chevet. Ce rétrécissement n'est pas uniforme, parce que l'architecte a voulu que, dans sa partie supérieure, l'axe de l'église se déviât et s'inclinât, afin de rappeler la position de la tête du Christ sur la croix au moment de sa mort. *Inclinato capite, emisit spiritum.*

C'est ainsi qu'il faut examiner les chapiteaux de la porte Saint-Michel, où l'on peut voir la salutation angélique, l'adoration des mages, la visite de la Vierge à sainte Élisabeth, les mages reçus par Hérode, et le conseil tenu par ce même Hérode avec le prince des prêtres, qui lui explique les prophéties faites sur le Messie; les tableaux du portail du milieu (à la façade principale), tableaux qui reproduisent la résurrection des morts, le jugement de Dieu, la séparation des bons d'avec les méchants, et tout autour les apôtres, les docteurs de la loi nouvelle, etc.; celui du portail de gauche, représentant la *dormition* (le trépas) de la sainte Vierge et son couronnement; celui du portail de droite, où est retracée la consécration de saint Pierre par Jésus-Christ, etc., etc.

Dans les vitraux on lira l'histoire de Moïse, la révolte des Hébreux sous l'impulsion de Coré, l'histoire de Balaam, la vie de Jésus-Christ, sa passion et sa mort, sa résurrection et son ascension, la vie de saint Pierre, celle du pape saint Fabien, l'histoire de Loth et d'Abraham, celle de Joseph, la légende de sainte Blaise, etc. La plupart de ces verrières sont belles; il y en a quelques-unes dont les couleurs sont aussi éclatantes que si elles venaient d'être posées.

Enfin, comme objets dignes en tout point de fixer l'attention des visiteurs, nous devons signaler encore les boiseries du chœur, malheureusement défigurées par des couches de peinture, quelques tableaux de sainteté, les portraits de plusieurs évêques de Poitiers (dans la salle du chapitre); la grille, œuvre remarquable de serrurerie du xviii° siècle, qui autrefois séparait le chœur de l'abbaye de Sainte-Croix du parvis où était admis le public; l'orgue, qui date de 1791; le bourdon de la grosse tour, l'un des plus considérables de France[1], etc., etc.

La cathédrale de Poitiers est l'œuvre d'Éléonore d'Aquitaine et d'Henri II, son époux. Les fondements en furent jetés par l'ordre de ces souverains du Poitou au xii° siècle, en 1162. Toutefois les travaux furent souvent interrompus; le chœur n'était clos qu'en 1241; la façade n'existait pas en 1301; et ce n'est que le 18 octobre 1379, deux cent dix-sept ans après la pose de la première pierre, que le temple fut consacré[2], sous le gouvernement de Jean, duc de Berry, qui commandait à Poitiers au nom de la France.

L'église de Notre-Dame-la-Grande, cette autre merveille de Poitiers, n'a pas une aussi noble origine que la cathédrale de Saint-Pierre, ou plutôt son origine, l'époque de sa fondation et le nom de son fondateur restent inconnus. On croit que c'était une simple collégiale, la chapelle d'un chapitre diocésain, et on sait qu'elle était pauvrement dotée; mais c'est tout. Qu'importent du reste son origine et la date précise

---

1. Il pèse près de 9000 kilogrammes, sa circonférence est de 6 mètres, sa hauteur est de 1 mètre 65 centimètres, son battant a 25 centimètres d'épaisseur sur 82 de tour.

2. S'il faut en croire les traditions, cette cathédrale est le troisième monument de même genre construit sur l'emplacement qu'il occupe. Le premier, bâti au iii° siècle, à l'époque où saint Martial prêchait la foi chrétienne dans la province, fut incendié plusieurs fois et finit par être détruit. Le second, dont les proportions étaient assez restreintes, ne dura que fort peu de temps. Élevé en 1018, par les soins de Guillaume le Grand, il était remplacé au bout de 144 ans par la basilique actuelle. Toutes ces églises diverses ont été placées sous l'invocation de saint Pierre.

de sa fondation, le nom de celui qui l'a fondée et la parcimonie de ceux qui la dotèrent, puisqu'elle est une des œuvres les plus importantes du XIIe siècle, un des types les plus remarquables qui nous soient restés de l'architecture romano-byzantine.

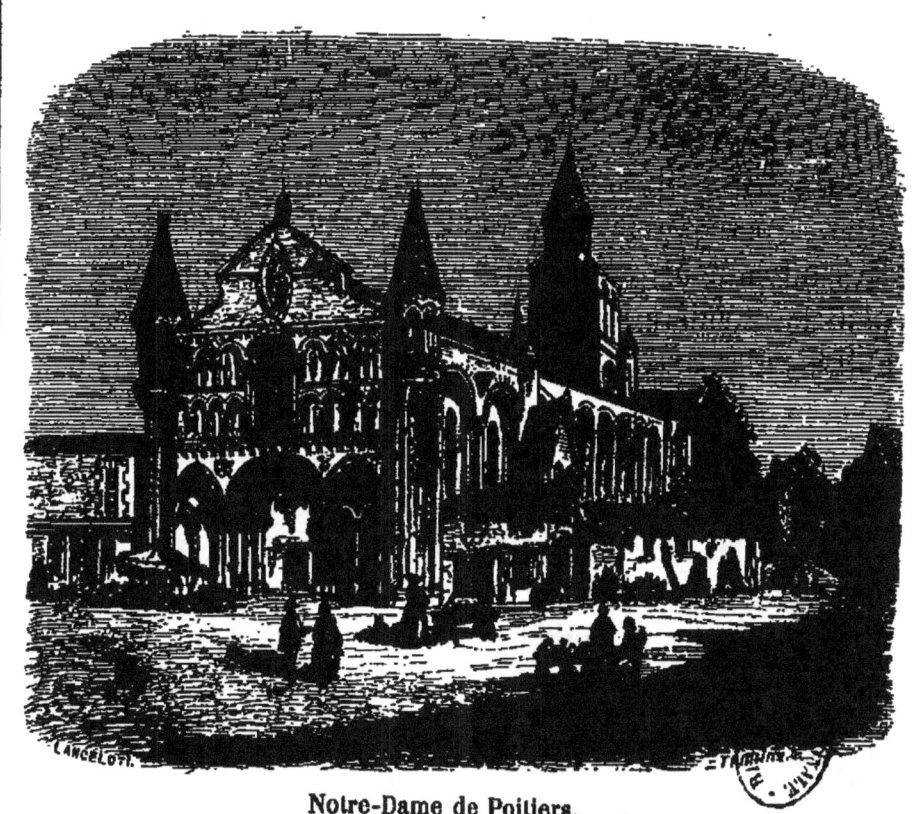

Notre-Dame de Poitiers.

Le mérite qui lui est propre éclate surtout dans la façade principale du monument, façade d'un luxe inouï, où l'on trouve accumulés, le tout avec une parfaite exécution et dans un sage esprit de distribution, des bas-reliefs, des arcades, des statues et des ornements de toute nature.

La décrire en détail serait impossible, à moins d'y consacrer de nombreuses pages, qui ne sauraient trouver leur place dans ce petit livre. Nous nous contenterons d'en faire l'inventaire, pour ainsi dire, afin de donner à nos lecteurs le moyen de se reconnaître au milieu de ces sculptures diverses dont plusieurs sont frustes.

Au-dessus des trois arcs du portail d'entrée, règne une frise qui s'étend à droite et à gauche jusqu'aux tourelles à toit conique qui terminent la façade. Sur cette frise, on peut voir quelques sujets tirés de la Bible et de l'Évangile : Adam et Ève à côté de l'arbre de la science, Nabuchodonosor, l'enfant prodigue, la visitation, la crèche, le tableau de la sainte famille, etc.

Cette frise est surmontée de deux séries d'arcades qui se superposent l'une sur l'autre, et qu'interrompt, en les divisant en deux parties égales, la fenêtre romane du centre. Dans la première de ces deux séries, la plus basse, il y a huit arcades sous lesquelles se trouvent huit statues assises; dans la seconde, le nombre des arcades est réduit à six, et la pose des statues qui y sont placées est modifiée; elles sont debout. Les personnages représentés par ces statues ne sont autres que les douze apôtres, et de plus saint Hilaire et saint Martin, les deux patrons du Poitou. Ceux-ci sont faciles à reconnaître. Outre qu'ils sont revêtus de leurs attributs épiscopaux, ils sont placés à droite et à gauche de la fenêtre romane, et à l'extrémité de la série à laquelle ils appartiennent.

Enfin, dans le fronton triangulaire et à pans coupés qui surmonte tous ces bas-reliefs et toutes ces statues, on voit ressortir, du fond d'un ovale qui l'environne, la personne du Christ, entourée d'étoiles, de fleurs, de chérubins et des figures qui sont le symbole des quatre évangélistes : le lion (saint Mathieu), l'ange (saint Marc), le taureau (saint Luc), l'aigle (saint Jean).

Admirable page que cette façade! Page de pierre qui raconte avec éloquence l'épopée chrétienne, et dont on ne saurait assez louer l'expression naïve et touchante.

Malheureusement pour l'église de Notre-Dame, l'intérieur

de sa nef n'est pas en harmonie avec les beautés de son portique, et rien ne saurait la distinguer et la faire sortir du rang où se trouvent confondus les vaisseaux les plus ordinaires des xi° et xii° siècles. On fera bien toutefois de franchir le seuil du parvis, et de visiter, comme objet d'art, un monument déposé dans la chapelle Sainte-Anne, et comme souvenir de traditions anciennes, le trousseau de clefs appendu au-dessus de la tête du Christ qui décore le maître-autel.

Le monument de la chapelle Sainte-Anne représente l'ensevelissement du Christ; il fut élevé en l'honneur de l'une des abbesses de l'abbaye de la Trinité, à Poitiers, Marie d'Amboise, dont les armoiries se voient sculptées sur le sarcophage. Ce monument, placé jadis dans l'église de la Trinité, qui n'existe plus aujourd'hui, est l'œuvre intéressante d'un artiste ignoré du xvi° siècle. On y retrouve dans toute leur exactitude les costumes de cette époque.

Le trousseau de clefs n'a d'autre valeur que de rappeler un miracle dont la mémoire est chère à tous les Poitevins, et qui est connu sous le nom de *Miracle des Clefs*. En 1202, un jour de carême, dit la chronique, le clerc d'un maire de Poitiers fut gagné par les Anglais, qui alors assiégeaient cette ville, et promit de leur en livrer les clefs. Mais au moment de les dérober sous le chevet de son maître, il fut frappé de terreur, car ces clefs qu'il avait vues quelques minutes auparavant avaient disparu.... Elles ne se retrouvèrent qu'au bras de la statue de la Vierge qui ornait alors l'église de Notre-Dame. « Malgré les graves raisons qui doivent faire douter des circonstances et des dates assignées à cet événement, dit M. de Chergé, ce qu'il y a de certain, c'est que, dès le xv° siècle, on trouve dans les comptes des dépenses du corps municipal de Poitiers les traces de la dévotion à la sainte Vierge et des honneurs que lui rendait sa reconnaissance. Il est parlé d'un hommage annuel de cinquante livres de cire, qui devaient brûler nuit et jour sur une couronne en bois peint suspendue à la voûte de l'église, et des frais de la procession du lundi de Pâques. » Cette procession était solennelle, elle se reproduisait tous les ans, et n'a cessé qu'en 1794. Depuis lors, on s'est contenté de célébrer tous les ans dans l'intérieur de l'église le fait miraculeux que nous avons succinctement raconté.

Après avoir visité Sainte-Radegonde, la cathédrale et Notre-Dame, on n'a plus à rechercher dans Poitiers que des églises secondaires, dont le mérite consiste surtout dans l'antiquité de leur origine ou dans l'auréole de gloire que fait briller encore à leur faîte le nom des pasteurs qui les ont dirigées, et on pourrait se borner à nommer ces églises en mentionnant leurs titres à la vénération publique. Ainsi pourrions-nous en agir peut-être avec Montierneuf, Saint-Porchaire et Saint-Hilaire. Mais le lecteur nous pardonnera de leur consacrer une très-courte notice.

Montierneuf a été pendant plusieurs siècles la dépendance d'un monastère du même nom, qui fut fondé en 1075 par Guillaume Geoffroy, duc d'Aquitaine, et qui fut l'un des plus puissants et des plus riches de la province. Au nombre de ses abbés figurent des membres de familles illustres, des Coucy, des Saint-Gelais-Lusignan, des La Rochefoucault et des Cossé. En 1095, un moine de l'abbaye fit bâtir l'église qui existe encore en partie et dans laquelle on remarque l'alliance de l'art roman dans toute sa pureté avec l'architecture ogivale. La largeur de la nef et des bas côtés est considérable. On doit y rechercher le tombeau du fondateur de l'abbaye, tombeau qui fut ouvert en 1822, y visiter le trésor, qui possède une relique dite de saint Marc, quelques tableaux d'une certaine valeur, et on doit surtout y déplorer le mauvais goût des réparations et reconstructions qui ont déshonoré l'œuvre primitive, l'abandon où on laisse les chapiteaux et les bas-reliefs, qui sont épars sur le sol tout autour de ce temple fameux jadis et qui n'est plus aujourd'hui qu'une ruine.

L'église de Saint-Porchaire a été d'une importance encore plus grande que celle de Montierneuf, sinon comme chapelle

Saint-Porchaire, à Poitiers.

de riche abbaye, du moins comme paroisse. Il n'y a pas un siècle qu'on la regardait comme étant la plus fréquentée de toutes les églises de la ville. Mais, au point de vue archéologique, elle ne présente un certain intérêt qu'à l'extérieur, sa nef ayant été reconstruite à la fin du XVI° siècle. Nous ne parlerons donc que de sa façade.

Cette façade consiste en une tour qui accuse le style du

xie siècle : portail à plein-cintre, trois étages d'arcades romanes, dont le troisième est séparé des deux autres par une corniche où sont sculptées des figures d'animaux, le tout surmonté d'une toiture basse et quadrangulaire. Dans cet ensemble assez gracieux, il faut remarquer les chapiteaux des colonnes soutenant le portail, qui sont décorés de sculptures, le bas-relief très-fruste qui se trouve au-dessus de ce portail et où l'on croit voir une scène de l'histoire du prophète Daniel.

Quant à l'intérieur de cette église, nous avons déjà dit qu'il ne méritait aucune mention. Toutefois, ainsi que Montierneuf, Saint-Porchaire possède quelques bons tableaux. L'un d'eux, entre autres, *la descente de Croix*, a du prix ; il est de 1618 et est signé *Jean Boucher*. Pour le voir, il nous a fallu le chercher pendant quelque temps, car on l'a relégué dans une tribune....

Saint-Hilaire-le-Grand [1], comme Saint-Porchaire et Montierneuf, est très-dévasté. Il serait même plus exact de dire que cette église n'existe plus ; car les réparations et les reconstructions qui y ont été faites ont tellement mutilé, au lieu de la conserver, l'œuvre primitive, qu'il est difficile d'y reconnaître la basilique antique d'un des monastères les plus célèbres. La longueur de sa nef est réduite aux trois quarts de ce qu'elle était autrefois ; ses collatéraux sont détruits ; des six dômes qui éclairaient l'édifice entier, il n'en reste plus qu'un ; la hauteur des colonnes existant encore est diminuée de deux mètres par le remblai de terre qu'on a fait à leur pied ; elle n'est plus enfin que l'ombre d'elle-même, et l'on ne saurait la visiter autrement qu'attiré par l'éclat des souvenirs qu'elle évoque.

Ces souvenirs sont précieux. Tout souverain du Poitou

---

1. Il y a eu deux autres églises de Saint-Hilaire à Poitiers : Saint-Hilaire de la Celle, aujourd'hui chapelle des Carmélites, et Saint-Hilaire-entre-les-églises (entre la cathédrale et le temple de Saint-Jean), qui appartient à la fabrique de Saint-Pierre.

était de droit abbé de Saint-Hilaire. Sans parler des comtes héréditaires de cette province, plusieurs rois de France, Charles VII, Henri III, Henri IV, Louis XIV, ont été premiers dignitaires de cette église, dont les richesses et la puissance étaient à la hauteur du chef séculier qu'elle plaçait à sa tête. Sa bannière était l'étendard que portaient en guerre les habitants de Poitiers, et quelques-unes de ses chroniques, quelques-unes des pratiques qui s'y accomplissaient, se rattachent à des faits célèbres de notre histoire. C'est ainsi qu'on illuminait autrefois son clocher en grande pompe, le 26 juin de chaque année, en souvenir du globe de feu qui apparut à Clovis dans les champs de Voclade, au moment où se livrait la bataille dans laquelle il défit Alaric. On l'illumine encore aujourd'hui, mais sans aucune cérémonie.

A Saint-Hilaire se voyaient jadis les tombeaux de quelques personnages fameux : celui du patron de l'église qui fut évêque de Poitiers, ceux de saint Fortunat, de Gilbert de La Porée, etc. On prétend même qu'on y voyait aussi un mausolée dans lequel se trouvait le cœur d'Éléonore d'Aquitaine. Mais la main du temps et le souffle des révolutions ont détruit ces monuments divers, ont dispersé les cendres qu'ils renfermaient, et de ces ossements célèbres il ne reste qu'une poussière mêlée à celle des simples mortels, et que nul ne saurait désormais reconnaître.

Sainte-Radegonde, la Cathédrale, Notre-Dame, Montierneuf, Saint-Porchaire et Saint-Hilaire, ne sont pas les seuls monuments de Poitiers qui datent du moyen âge. On peut en citer plusieurs autres encore comme appartenant plus ou moins à la même époque : la maison dite de Diane de Poitiers, qui a été reconstruite à peu près en entier et dans laquelle on ne voit plus qu'une chambre conservant encore les traces d'une certaine splendeur [1] ; les ruines de la collégiale

---

[1]. Cette maison est située vis-à-vis la cathédrale, à l'angle de la rue du Coq et de la rue Saint-Paul.

Saint-Nicolas; celles de Saint-Pierre le Puellier; l'hôtel de la Prévôté (dans la rue du même nom), qui sert aujourd'hui de couvent aux frères de l'École chrétienne, et dont la façade fouillée, creusée, sculptée, on pourrait dire brodée, est un des échantillons les plus précieux et les mieux conservés de l'architecture du XVIe siècle; un autre hôtel, ou plutôt une maison de même style, dans la rue du Marché; le château fort construit au bord de la rivière par Jean, duc de Berry, comte apanagiste du Poitou, et que nous avons décrit plus haut; le palais des comtes de Poitou enfin, dont il reste de beaux vestiges.

Ce palais est d'origine fort ancienne. Au dire de certains auteurs qui font remonter l'époque de sa fondation au règne de Julien, au IVe siècle, il serait presque aussi vieux que *Limonum*, la ville gallo-romaine. L'œuvre de cet empereur a subi toutefois des vicissitudes diverses. Après avoir été occupé par les Visigoths, après avoir servi de demeure royale sous les deux premières races des rois de France, il devint le séjour des comtes héréditaires du Poitou et des ducs d'Aquitaine, et à chacune de ces phases de son histoire il fut ou modifié ou reconstruit. Il est impossible de retrouver la trace de ces modifications successives dans les bâtiments qui existent encore; les seules dont le caractère se fasse aujourd'hui sentir sont visibles à la tour de Maubergeon, à la salle des Gardes, qui sert aujourd'hui de salle des Pas-Perdus[1] et à la façade méridionale soudée à l'une des extrémités de cette salle des Gardes.

La tour de Maubergeon est une tour historique. Elle existait déjà sous Charlemagne, et c'est là que se tenaient les auditoires publics *en lieux couverts* (ainsi que le prouve l'étymologie de son nom, *Malhberg*, *Mallobergium*), suivant l'exigence des lois existant alors. Plus tard on figura tout autour de ce monument les sept anciennes vicomtés du

---

[1]. Le palais des comtes du Poitou est devenu un palais de justice.

pays¹, qui, en leur qualité de fiefs de la province, relevaient tous de la tour, indice de suzeraineté. Cette tour est aujourd'hui comprise dans un donjon flanqué de tourelles et orné de statues diverses, dont la principale façade se trouve dans une rue qui longe le palais.

La salle des Gardes est due au fils de Guillaume le Grand,

Palais de justice de Poitiers.

à Guy Geffroy, qui la fit bâtir au XI° siècle. C'est une pièce très-vaste² et d'une belle architecture, qui révèle l'époque de la transition. Le plein-cintre domine encore dans les galeries feintes qui l'environnent, mais l'ogive s'y montre déjà. Puisqu'on restaure le monument, nous ne dirons rien de la négligence avec laquelle on le traitait à l'époque où nous le visitions. Mais nous espérons que nos lecteurs se-

1. Châtellerault, Thouars, Aunay, Brosse, Rochechouart, Bridier et Monbas.
2. Elle a 49 mètres 30 centimètres de long sur 17 mètres de large.

ront plus heureux que nous et ne verront pas, ainsi que nous l'avons vu, des tonneaux et des échoppes encombrer le sol de cette salle. Le palais des Comtes est aujourd'hui le sanctuaire de la justice; on fera bien de chasser les vendeurs du temple et d'en faire respecter les abords.

La façade accolée à la salle des Gardes est l'œuvre du duc de Berry qui vivait au XIV° siècle, le même qui fit élever le château fort dont nous avons déjà parlé. L'architecture de cette façade est intéressante à étudier. Elle est encore obstruée par des bâtiments d'époque récente; mais elle sera bientôt débarrassée de ces déplorables appendices, et lorsque, ainsi dégagée et restaurée, elle se mariera dans la perspective au donjon dans lequel se trouve la tour de Maubergeon et qui l'avoisine, on pourra l'en admirer d'autant plus. Aux murs de ce palais se rattachent des souvenirs importants de l'histoire de notre pays. En 1422, Charles VII y fut proclamé roi de France au moment où la France presque tout entière était la proie des Anglais. En 1429, celle qui devait les vaincre et les chasser, Jeanne d'Arc, y était interrogée et examinée par les docteurs et par les matrones. Les parlements de Paris (en 1418) et de Bordeaux (en 1469) y furent transférés, et à diverses reprises la haute cour qui jugeait alors en dernier ressort les affaires graves[1] du royaume ou de la province y tint ses *Grands Jours*.

---

1. Les juges et les avocats des Grands Jours n'étaient pas toujours occupés d'affaires sérieuses. Pasquier nous en rapporte quelques exemples dans ses recherches.

« M'étant, dit-il, transporté à Poitiers pour me trouver aux Grands Jours, auxquels devait présider M. de Harlay, je voulus visiter Mme des Roches; après avoir longtemps gouverné la fille, l'une des plus belles et sages de notre France, j'aperçus une puce qui s'était parquée au beau milieu de son sein; au moyen de quoi, par forme de risée, je dis que vraiment j'estimais cette puce très-prudente et très-hardie d'avoir su choisir cette belle place, et de s'être mise en si beau jour; et finalement ayant été l'auteur de la noise, je lui dis que cette puce méritait être enchâssée dans les papiers, et que très-volontiers je m'y emploie-

A la suite de ces monuments, illustres témoins de la splendeur et des infortunes de la cité poitevine, signalons encore :

Les ruines de deux couvents : les Cordeliers et les Jacobins. Dans le premier de ces couvents logea pendant plus d'un an (en 1306) le pape Clément V, dont nous verrons bientôt la ville natale (Bordeaux); l'autre reçut dans ses murs Philippe le Bel. Les deux souverains eurent ensemble des conférences dans lesquelles ils décidèrent la suppression de l'ordre des Templiers. Un passage pratiqué entre leurs demeures avait permis de rendre ces conférences secrètes.

Le lycée, fondée en 1608 par les jésuites. Il comprend dans sa double enceinte les colléges de Sainte-Marthe et de Puygarreau, auxquels il a succédé. Dans ce lycée, on doit visiter la chapelle, dont le tabernacle est un chef-d'œuvre du xviie siècle; le tableau qui surmonte le grand autel, daté de 1615 et signé L. Finson (de Bruges), ne manque pas de valeur; les boiseries de la sacristie, délicatement sculptées, ont un mérite réel.

La préfecture, autrefois palais épiscopal, qui n'a aucune signification comme monument, mais où l'on trouvera les

---

rais, si cette dame de son côté voulait faire le semblable. Nous mîmes la plume à la main; il y eut des vers faits de part et d'autre; juges, avocats, tous renoncèrent à leur gravité pour chanter la puce de Catherine des Roches. Le président de Harlay, l'avocat général Brisson, Antoine Loisel, René Choppin, Pierre Pithou, Jacques Mangot, Odet Turnèbe, tous se réunirent pour adresser des vers aux demoiselles des Roches, qui répondirent à tous également.

« Nicolas Rapin fit aussi des vers sur le même sujet, et entre autres cette épigramme latine dont on joindra ici la traduction :

> Causidicos habuit vigilantes curia, namque
> Illis perpetuus tenuit in aure pulex. »

> Les avocats ont fait merveille,
> Et le public doit applaudir ;
> On n'en voit pas un s'endormir :
> Ils ont tous la puce à l'oreille.

(THIBAUDEAU, *Histoire du Poitou*, t. III, p. 81.)

Cette anecdote date du xvie siècle, de 1579.

archives départementales, dépôt de documents précieux relatifs à l'histoire de la province.

L'évêché, débris informe de l'antique et puissante abbaye de Sainte-Croix. C'est dans cette abbaye, qui compta parmi ses dignitaires des princesses du sang royal, que se trouvait, avant 1792, la chapelle du *Pas de Dieu*, que nous avons vue à Sainte-Radegonde.

Lycée et usine à Poitiers.

Le grand séminaire, jadis monastère où vivaient des religieuses de l'ordre du Carmel. Il possède une chapelle curieuse bâtie du temps de Louis XIV, et sa bibliothèque mérite d'être explorée. Cette bibliothèque contient en effet de neuf à dix mille volumes, et de plus on pourra y admirer deux très-beaux manuscrits du xve siècle, dont l'un (*le Bréviaire* d'Anne de Prie, abbesse de la Trinité) est mentionné par l'auteur de la *Gallia Christiana*. Enfin, elle renferme une figure représentant un dragon ailé qui a nom la *Grand'-Gueule*, et qui est le pendant du *Graouilli* de Metz, et de la *Tarasque* de Tarascon. Ce monstre chimérique, ou symbolique, comme on voudra, était jadis pour Poitiers une occasion de cérémonies publiques et de processions qui avaient leur point de départ à l'abbaye Sainte-Croix, où primitivement il était déposé et gardé religieusement. Mais, depuis fort longtemps, il n'est plus question de le fêter en aucune façon, et on le laisse relégué à la place que nous avons indiquée, et d'où il ne peut plus répandre la terreur qu'il semait autrefois sur tout son passage.

L'hôtel de ville, bâtiment sans valeur, qui pourtant a donné asile à deux corporations importantes, la Commune et l'Université de Poitiers : la Commune, l'une des plus anciennes du royaume, car elle date de 1199 ; l'Université, dont la renommée est encore si brillante, et qui fut fondée en 1431 par le pape Eugène IV et par le roi Charles VII.

L'école de droit, qui conserve encore un reflet de son antique splendeur. On a logé dans les bâtiments de cette école les deux Facultés (de lettres et de sciences) que possède Poitiers, le Musée d'histoire naturelle, la Bibliothèque publique, les Archives municipales, le Musée de peinture et des antiques et la salle de réunion des sociétés savantes de la cité. Dans l'une des salles de l'école, vous pourrez voir le buste de M. Boncenne, dont le célèbre statuaire David (d'Angers) est l'auteur ; — au Musée d'histoire naturelle : outre des échantillons nombreux de minéralogie et de géologie, un herbier des plantes du département, la collection des algues de l'ouest de la France ; — à la Bibliothèque publique, qui date de 1792 : 25 000 volumes environ, sans compter une grande quantité de brochures ; plus de 300 manuscrits (non comprise une collection de documents historiques réunis par D. Fonteneau), dont un superbe Évangéliaire du VIIIe siècle (écriture onciale) et un psautier magnifique du XVe siècle attribué au roi René ; 214 éditions incunables (de l'enfance de l'imprimerie), qui pour la plupart sont très-rares et parmi lesquelles on remarque un *Breviarium historiale* imprimé à Poitiers chez un chanoine de Saint-Hilaire, en 1479, trente-neuf ans après la découverte de l'imprimerie; — aux Archives municipales : les chartes de la Commune, depuis le règne d'Éléonore d'Aquitaine, et le recueil précieux de ses comptes qui datent de la fin du XIV° siècle; — au Musée de peinture et d'antiques : des tableaux sans valeur (des copies), sauf une vue de Poitiers, prise à l'époque du mémorable siége de 1569 par Coligny; des armes gauloises, de vieux meubles, des émaux précieux, un médaillier assez riche, etc. Quant à la salle affectée aux réunions des sociétés savantes, il n'y a rien à en dire, cela va de soi, et elle ne nous servira qu'à trouver l'occasion de nommer ces sociétés. Elles sont au nombre de quatre, savoir : Société d'agriculture, belles-lettres, etc. ; Société des antiquaires de l'ouest; Société de médecine, et Société des amis de l'art et de l'industrie.

Nous sommes arrivés au terme de nos incursions. Si l'un de nos compagnons de voyage, fatigué de nous avoir suivi dans le dédale des rues où nous l'avons promené, éprouve le besoin de se reposer, il peut revenir à la station en passant par une des avenues du chemin de fer sur laquelle s'ouvre le parc de Blossac, et s'asseoir un instant sous ses frais ombrages : délassement facile, car le parc de Blossac n'est autre qu'une promenade publique. Créée à la fin du siècle dernier par Paul de La Bourdonnaye, comte de Blossac, intendant de la généralité du Poitou, dont les armes parlantes (de gueules à trois *bourdons* de pèlerin d'argent) se voient encore au sommet des grilles, cette promenade est très-vaste [1], et, du haut des terrasses que l'on y a construites au-dessus de la vallée du Clain et qui s'appuient sur les remparts de la ville du moyen âge, l'on a une vue ravissante. Un jet d'eau, alimenté par la machine hydraulique qui fait monter à Poitiers les eaux de la rivière, prête un charme nouveau et donne une grande fraîcheur à ces allées ombreu-

---

[1]. Elle est d'une contenance de 9 hectares 31 ares 20 centiares.

ses où l'on ne rencontre pourtant que de rares visiteurs. Assis sur un des bancs qui bordent ces allées, nous voudrions bien raconter à nos lecteurs les phases diverses du parc de Blossac et l'histoire de sa création. Mais l'heure presse, il faut partir.

Pour compléter nos renseignements sur Poitiers, disons à la hâte que dans cette ville la carrosserie et la pelleterie sont deux branches assez considérables de l'industrie ; qu'on y fait un commerce important de denrées du pays, commerce qu'augmenteront les débouchés nouveaux que créera le chemin de fer; qu'à Biard, localité voisine (à 4 kilomètres), il existe une manufacture digne d'être visitée, qui n'occupe pas moins de 600 ouvriers ; et enfin que dans fort peu de temps la cité aura été singulièrement embellie, du moins pour le commun des martyrs, par la réalisation d'un vaste projet de voies nouvelles partant de l'hôtel de ville et de la rue des Halles (près les Arènes) et aboutissant à une promenade en terrasse qui sera ménagée sur le flanc du coteau de la Boivre, en face du chemin de fer, terrasse au pied de laquelle ces nouvelles voies se réuniront pour déboucher ensemble vis-à-vis la porte de la station.

Nous n'avons rien à dire de ce progrès. Poitiers y gagnera sans doute d'être plus accessible, et par conséquent d'être plus fréquenté. C'est un bien. Mais nous, qui l'apprécions tel qu'il est et qui le quittons à regret, nous aimerions tout autant qu'on ne changeât rien à ses aspects solitaires et un peu sauvages. Caprice de touriste, et voilà tout. Qu'on nous le pardonne.

Tunnel à la sortie de Poitiers.

V.

DE POITIERS A ANGOULÊME.

La gare de Poitiers est un joli bâtiment, bien aménagé, qui s'assied avec une certaine coquetterie sur les bords de la Boivre. L'aspect en est agréable; mais, comme ses dimensions sont on ne peut plus modestes, et que par conséquent il ne faut qu'un instant pour en juger le mérite, nous croyons inutile d'y arrêter le lecteur plus longtemps.

Portons plutôt nos regards sur la route que nous allons parcourir.

Cette route est charmante. Ne vous effrayez pas de la voir bornée aussitôt par un des contre-forts de la colline au haut de laquelle est bâtie la ville. Ce contre-fort, sous lequel a été creusé un tunnel, sera bien vite franchi ; qu'est-ce que 300 mètres à dévorer pour une locomotive ? Et alors vous aurez à contempler le frais paysage qui de toutes parts se déroulera sous vos yeux. Ce paysage, vous avez déjà pu l'apercevoir avec nous du haut des terrasses de Blossac ; mais du chemin la vue en est plus attrayante encore ; examinez-le avec attention et hâtez-vous : d'un côté, à droite, le faubourg Saint-Jacques, et plus loin, séparé du faubourg par une petite vallée au fond de laquelle un ruisseau roule furtivement son onde, Biard et sa filature ; de l'autre, deux autres faubourgs de la cité : Saint-Saturnin, dont l'église en ruine date du XIIe siècle ; Saint-Cyprien, dans lequel se trouvent le jardin botanique et une pépinière, à la place où s'éleva jadis une riche abbaye ; vis-à-vis, les pentes gracieuses du coteau au delà duquel nous allons apercevoir le village et la station de *Saint-Benoît*.

La station de Saint-Benoît n'est pas fréquentée d'ordinaire par les voyageurs qui parcourent la grande ligne de Tours à Bordeaux. On n'en lit pas le nom sur les listes publiées par les soins de l'administration du chemin de fer, quoiqu'elle figure sur les cartes dressées par les ingénieurs de cette administration, et nous croyons qu'elle n'a guère pour objet que de faciliter les excursions des habitants de Poitiers dans ce qui doit s'appeler la banlieue de la cité poitevine. Nous nous y arrêterons toutefois un instant pour vous montrer sa papeterie, l'une des plus anciennes de France ; son Ermitage, assez souvent troublé par les bruyants ébats des étudiants de Poitiers, et surtout les curieux clochers de son église gothique. Sous les voûtes de cette église, Rabelais, un jour de fête, substitua sa propre personne à l'effigie de saint François, tenue en grande vénération dans ce lieu, et se fit adorer, durant des heures entières, par une foule de paysans et de paysannes. Mais il paya cher cette

« joyeuseté. » Reconnu par un vieux moine, il fut arraché de sa niche, flagellé de rude façon et plongé dans un *in pace* où il serait mort, sans l'intervention d'amis puissants qui obtinrent du pape sa grâce et la permission de quitter une maison et un ordre dont il avait si gravement compromis la réputation.

De Poitiers à Saint-Benoît la distance est courte, 4 kilomètres environ, et déjà le chemin de fer a rencontré et franchi par trois fois le Clain; il a déjà creusé dans l'ombre ou à ciel ouvert deux collines. On dirait qu'à plaisir les obstacles se sont dressés devant lui. Ne nous en étonnons pas et attendons-nous à voir se reproduire incessamment les mêmes difficultés.

A partir de Poitiers, en effet, et jusqu'à Angoulême, le sol est très-tourmenté, et de telle nature qu'il a rendu très-pénible l'exécution du railway qui s'étend entre ces deux villes: il a fallu franchir d'abord la vallée du Clain dont, ainsi qu'on a pu le voir, le lit tortueux est encaissé au milieu de collines assez élevées; puis le bassin de la Charente, rivière plus sinueuse encore que le Clain et dont les bords sont environnés de monts escarpés. Aussi le chemin de fer est-il réduit, dès les premiers pas, à monter ou à descendre des pentes assez roides, à décrire des courbes dont le rayon est parfois très-court[1], à franchir sous terre (au tunnel des Brachées) ou dans des tranchées profondes[2] de nombreux contreforts. Plus tard, après avoir abandonné le Clain, aux environs de Civray, il ne peut échapper aux risques plus sérieux encore du voisinage de la Charente qu'en gagnant les plateaux, en y établissant sa marche à peu près dans le

---

1. Il y a des pentes qui vont jusqu'à 5 millimètres par mètre et des courbes qui n'ont que 1000 mètres de rayon.

2. Une de ces tranchées a été pratiquée dans une roche de granit. Elle a 300 mètres de long et n'a pas coûté moins de 300 000 fr., 1000 fr. par mètre! A ce prix on peut juger des difficultés que ce travail présentait.

sens de la vallée, il est vrai, mais sans y entrer,—si ce n'est une seule fois (à Luxé), et seulement pour la couper, — et en cheminant ainsi, de faîte en faîte, jusqu'au versant de la rive gauche du fleuve pour n'arriver à lui qu'au point où les dangers n'existent plus, c'est-à-dire au pied d'Angoulême. Qu'on ne croie pas toutefois que ce dernier trajet n'ait pas eu aussi ses difficultés. Signalons, entre autres, celles qu'offrait la montagne qui, après Ruffec, s'élève entre deux cours d'eau, la Péreuse et le ruisseau de Courcôme, et qu'on n'a pu traverser qu'en y pratiquant un très-long souterrain, le tunnel des Plans.

Ajoutons que, pour être « montant et malaisé, » ce chemin n'en est pas moins intéressant. Au contraire, cette façon de trancher les difficultés ou de les surmonter prête à tout le parcours un charme qui s'harmonie parfaitement avec la nature toute pittoresque des pays que nous visitons, et amène incessamment sous nos yeux des aspects ravissants et tout à fait imprévus.

Ravissants et imprévus, en effet ; en voici la preuve. Nous étions à Saint-Benoît tout à l'heure. A partir de cette station, la route est assez triste. Souvent, on s'enfonce dans des tranchées où les échappées de vue sont très-rares. Le voyageur, toutefois, n'aura pas encore achevé de lire les pages où nous décrivons le tracé de la voie, qu'il sentira le convoi se ralentir et qu'alors apparaîtra tout à coup devant lui une vallée charmante.

Au fond de cette vallée se trouve le bourg de *Ligugé*, bourg d'une antique origine et dont le vieux nom [1] est fameux dans les fastes du christianisme. En 360, douze ans

---

[1]. Jamais nom ancien ne fut discuté comme celui de Ligugé. Voici quelques-unes des variantes : Locogeiacus, Locojacus, Lucodiacus, Legudiacus, Tyacus, Gotelolcacus (ces trois derniers par Bolland), Lagduniacus, Legugeiacus, etc., etc. Nous pourrions en citer encore ; mais nous prions nos lecteurs de se contenter de cet échantillon.

avant de fonder la fameuse abbaye de Marmoutier, près de Tours, saint Martin avait choisi Ligugé comme lieu de retraite et y avait réuni ses premiers disciples dans un monastère, qui fut sans doute le premier des Gaules. Aujourd'hui Ligugé est toujours une solitude délicieuse aux maisons basses et humbles, que ne dépare pas la vue d'une vieille église dont le clocher domine les arbres qui l'environnent; mais de saint Martin et de sa gloire, de ses moines et de leur couvent, il n'y a plus vestige.

De Ligugé à Vivonne, mêmes aspects. Le Clain serpente à gauche. Sur la route nous trouvons Iteil, un joli hameau. Avant d'y arriver, jetez un regard sur les collines qui bordent la rive opposée du Clain. Au delà de ces collines s'étend une lande qui fut le témoin d'un des plus grands désastres de notre pays. Car cette lande, voisine de l'abbaye de Nouaillé, est celle où se livra la funeste bataille connue dans l'histoire sous le nom de bataille de Poitiers.

C'était au temps des guerres de nationalité (1356); les hostilités venaient de recommencer à l'expiration de la trêve qui avait suivi le combat de Crécy (1346), un autre désastre; le prince de Galles, Édouard, dit le Prince Noir, qui s'était distingué dans cette journée, battait le pays et avait parcouru en maître toutes les provinces en deçà de la Loire, lorsque le roi Jean, qui depuis six ans était monté sur le trône de France, voulut arrêter la marche de son ennemi, espérant inaugurer son règne par une victoire. Ce fut à la lande de Maupertuis de Beauvoir, celle dont nous vous avons désigné l'emplacement tout à l'heure, que les deux princes se rencontrèrent et en vinrent aux mains. On peut lire dans les chroniqueurs les détails de cette bataille; tous s'accordent à dire qu'elle fut perdue par la faute du roi et que « rien n'était plus facile que de triompher sans répandre du sang. » L'armée anglaise était harassée de fatigue et manquait de vivres; elle ne comptait que 8000 combattants, dont

3000 Anglais seulement, tandis que Jean II commandait à un corps de 48 000 hommes, l'élite de ses soldats, et avait comme lieutenants ses quatre fils, tous les princes du sang et presque tous les chevaliers de son royaume. On perdit du temps à négocier sur des bases qui ne pouvaient être acceptées[1] par le Prince Noir, disposé pourtant à traiter, et, quand vint le moment d'attaquer, ce fut avec une témérité imprudente qui nous coûta cher....

A l'issue de cette journée, la France avait perdu ses meilleures troupes, et, quoiqu'il eût personnellement accompli des prodiges de valeur, son roi avait été pris et réduit à merci. Plus tard il fut emmené captif en Angleterre, où il resta six longues années durant lesquelles on vit le royaume en proie à tous les désastres. Le traité de Bretigny mit sans doute un terme à cette captivité; mais ce traité fut aussi ruineux pour la France que l'avait été l'échec essuyé à Poitiers. Jean eut à payer une rançon énorme et dut céder plusieurs provinces de son royaume pour que l'Anglais « les tînt en toute souveraineté, ainsi que les rois de France les avaient tenues. » De ce nombre étaient la Saintonge et l'Angoumois, dont nous apprécierons bientôt l'importance.

Jean II pourtant a été surnommé Jean le Bon, et la postérité n'a rien à reprendre dans cette louangeuse qualification. C'est que Jean II fut plus malheureux que coupable; c'est qu'il fut homme d'honneur et de probité irréprochables. « Si la justice et la bonne foi, disait-il, étaient bannies du reste du monde, il faudrait qu'on retrouvât ces vertus dans la bouche et dans le cœur des rois. » Et cette maxime, il ne se contenta pas de la formuler; il la mit en pratique aux dépens de sa vie : car lorsque, trois ans après sa délivrance, le fils qu'il avait laissé en otage à Londres se

---

[1]. On laissait aux Anglais la liberté de se retirer, à la condition qu'ils livreraient comme otages le prince de Galles et cent des principaux seigneurs qui l'accompagnaient.

fut évadé, il alla, comme Régulus, reprendre ses fers et mourir sur la terre étrangère.

Vivonne est un gros bourg, une sorte de petite ville, célèbre aujourd'hui par sa fabrique d'étoffes et son commerce de grains. Elle était jadis un des fiefs les plus importants du Poitou et son nom se trouve accolé à celui des deux illustres maisons de La Châtaigneraie et de Rochechouart.

Les seigneurs de La Châtaigneraie se distinguèrent surtout par une grande bravoure. François Ier, en parlant de sa noblesse, disait : « Nous sommes quatre gentilshommes de la Guienne (Aquitaine), qui combattons en lice et courons la bague contre tous allans et venans de France, moi, Sansac, Dessé et Châtaigneraie. » Parmi ces seigneurs, nous devons nommer entre autres François de La Châtaigneraie, qui, pour avoir rendu publique l'intrigue que Guy Chabot de Jarnac avait eue avec sa belle-mère, fut appelé par lui en champ clos. Le duel eut lieu devant Henri II. Au moment de terrasser son adversaire, François reçut au jarret un coup de dague qui l'abattit. Depuis lors (1547), coup de traître s'est appelé coup de Jarnac.

Les Rochechouart ont eu plus d'esprit encore que de bravoure. Au XVIIe siècle, l'un deux, Louis-Victor, qui fut à la fois duc de Vivonne et de Mortemart, en est une preuve. Il avait acquis à la guerre une certaine renommée et, grâce à Mme de Montespan dont il était le frère, il eut une carrière brillante et fut nommé maréchal de France ; mais il ne dut qu'à lui-même de rester en faveur auprès de Louis XIV, qu'il savait amuser par ses reparties, alors même que l'austère Mme de Maintenon eut pris pieusement la place de sa sœur. Disons encore à sa louange qu'il fut l'ami de Molière et celui de Boileau.

Vivonne a été illustré aussi par une femme célèbre, la marquise de Rambouillet, et par un musicien fameux, Michel Lambert.

La marquise de Rambouillet était une demoiselle de Vivonne. Inutile de rappeler à nos lecteurs sa réputation de femme d'esprit. Si cet esprit ne fut pas toujours d'un goût très-sévère et s'il finit par dégénérer et par devenir ridicule au point d'inspirer à Molière la comédie des *Précieuses*, il n'en brilla pas moins d'un véritable éclat, et les salons de l'hôtel Rambouillet (situé autrefois rue Saint-Thomas du Louvre à Paris), n'en ont pas moins été pendant près de trente ans une sorte d'académie fréquentée par les hommes de lettres les plus renommés du XVII° siècle.

Michel Lambert a joui sous Louis XIV d'une très-grande célébrité. Dans une de ses satires, Boileau le cite à côté de Molière :

> Molière avec Tartufe y doit jouer son rôle,
> Et Lambert, qui plus est, m'a donné sa parole.
> C'est tout dire en un mot, et vous le connaissez.
> —Quoi ! Lambert ?—Oui, Lambert.—A demain. C'est assez.

Comme nous ne vivons pas au temps de Boileau, nous ne vous parlerons pas dans les mêmes termes que lui de Lambert, et en le nommant, nous ne penserons pas que « c'est tout dire en un mot. » Nous préférons vous rappeler que Lambert, né en 1610 à Vivonne, fut un artiste éminent, digne de vivre dans le grand siècle. Il réforma l'art du chant et sut joindre la grâce et le sentiment à la pureté de l'exécution. Comme compositeur, il se distingua surtout dans la musique religieuse. On lui doit des *Leçons pour les Ténèbres* et plusieurs *Motets*[1]. Ses œuvres complètes ont été publiées en 1666, trente ans avant sa mort. Dans sa vieillesse il eut la douleur de voir s'éclipser un instant sa gloire devant celle de Lulli, qui avait épousé sa

---

[1]. Parmi les autres ouvrages de Lambert, on peut citer la musique qu'il fit sur des vers que Boileau avait écrits pour sa maîtresse, Mlle Marie Poncher de Bretouville, en 1671.

fille; mais cette gloire n'est pas éteinte, et, pour être moins répandue que celle de Lulli, n'en est pas moins réelle elle et incontestée.

De Vivonne, les voyageurs que séduisent les vieilles légendes et les féeries pourront aller à Lusignan, situé à droite du chemin de fer. Lusignan possédait autrefois un château fort dont la fondation est attribuée à la fée Mellusine.

« Quand l'empereur Charles-Quint vint en France, dit Brantôme, on le passa par Lusignan, pour la délectation de la chasse des daims qui étoient là, dedans un des beaux et anciens parcs de France, à très-grande foison; qui ne se put soûler d'admirer, et de toute la beauté, la grandeur et le chef-d'œuvre de cette maison, et faite, qui plus est, par une telle dame, de laquelle il s'en fit faire plusieurs contes fabuleux qui sont là fort communs; jusqu'aux bonnes femmes vieilles qui lavoient la lessive à la fontaine, que la reine Catherine de Médicis, mère du roi, voulut aussi interroger et ouïr. Les unes disoient qu'ils la voyoient venir à la fontaine pour s'y baigner, en forme d'une très-belle femme, et en habits d'une veuve : les autres disoient qu'ils la voyoient, mais très-rarement, et ce, le samedi à vêpres; car en cet état ne laissoit guère voir se baigner, moitié le corps d'une très-belle dame, et l'autre moitié en serpent; les autres, qu'elle paroissoit sur le haut de la grosse tour en forme très-belle, quand il devoit arriver quelque grand désastre au royaume, ou changement de règne, ou mort et inconvénient de ses parents, les plus grands de la France, et ne fût-ce que trois jours avant, on l'entendoit crier d'un cri très-aigre et effroyable par trois fois : on tient celui-ci pour très-vrai. Plusieurs personnes de là, qui l'ont ouïe, l'assurent et le tiennent de père en fils, et même que lorsque le siége y vint, force soldats et gens d'honneur l'affirmèrent qui y étoient; mais surtout quand la sentence fut donnée d'abattre et ruiner ce château ; ce fut alors qu'elle fit les plus hauts cris et clameurs ; cela est très-vrai par le dire d'honnêtes gens : depuis on ne l'a point ouïe ; aucunes vieilles disent pourtant qu'elle s'est aperçue, mais très-rarement. Pour fin et vraie vérité finale, ce fut en son temps une très-sage et très-vertueuse dame, et mariée et veuve, de laquelle sont sortis ces braves et généreux princes de Lusignan, qui par leur valeur se firent rois de Chypre, parmi les principaux desquels furent Geoffroy à la Grande Dent, qu'on voyoit représenté sur le portail de la grande tour en très-grande stature. Plusieurs grandes maisons ont écrit une fable pour leur origine, comme celle de Lusignan ; celle des marquis de Sassenage en Dauphiné se vante d'être descendue de Mellusine : Ainsi les Grecs et les Romains croyoient que des hommes non communs devoient avoir une origine extraordinaire. »

N'en déplaise à Brantôme et aux marquis de Sassenage, il ne s'agit ici que d'une question d'étymologie ; et la fée Mellusine n'est autre, en effet, qu'une dame de Lusignan, que dans le pays poitevin on nomma d'abord et par honneur, croyez-le bien, mère des Lusignan, mère Lusignan, d'où, par corruption, mère Lusigne, Merlusine et Mellusine enfin. Cette dame de Lusignan vivait au XIII° siècle, et c'est seulement à son mérite extraordinaire et à son savoir qu'elle a dû le singulier honneur de passer pour une fée aux yeux de la postérité.

En sortant de la station de Vivonne, on passe le Clain. On traverse ensuite deux petits villages, le haut et le bas Jorigny. On chemine au fond de remblais considérables, où sur des déblais non moins importants, et après avoir contourné un coteau, on trouve encore une fois la rivière qui, de notre droite, s'étend à notre gauche, en continuant à couvrir les terres voisines de ses capricieux méandres. Bientôt enfin, au sortir d'une tranchée profonde, on débouche sur une chaussée élevée, du haut de laquelle on peut voir à gauche un long hameau (la Baraudière) bordant une route et le Clain au delà ; à droite, un grand village, un château et une autre rivière, la Dive. Arrêtons-nous un instant sur le pont jeté sur cette rivière.

Le village que vous voyez s'appelle Voulon et c'est entre ce village et celui de Champagné-Saint-Hilaire, situé sur la rive opposée du Clain, que des auteurs modernes ont placé le champ de bataille où se jouèrent, en 507, les destinées de la monarchie française, où Clovis, roi des Francs, vainquit Alaric, roi des Visigoths, et le tua de sa propre main.

Au dire d'un officier supérieur de l'état-major, M. de Saint-Hippolyte, lequel a longuement étudié sur ce terrain [1] les positions des deux armées, Clovis n'aurait pas eu seulement en cette occasion le mérite d'un brave soldat, mais encore celui d'un savant général ; et M. de Saint-Hippolyte déclare à ce sujet que les mouvements du chef de la nation franque auraient encore aujourd'hui « l'approbation des maîtres de la science. »

De Voulon à *Couhé-Vérac*, la route, qui fort heureusement est assez courte, manque de charme, creusée qu'elle est au milieu des coteaux qui, s'étageant les uns à côté des autres, divisent entre elles les vallées du Clain et de la Charente.

De Couhé-Vérac il n'y a rien à dire, si ce n'est que ce fut jadis un fief important au titre de marquisat, possédé en 1278 par une famille puissante, alliée aux Lusignan et aux

---

[1]. Ce terrain n'est pas celui qu'on assignait autrefois à la rencontre des deux armées ; on la plaçait à Vouillé, situé de l'autre côté de Poitiers. Dans les textes anciens, on lit que la bataille eut lieu dans le champ de Voclade, *in campo Vocladensi*, et sur les rives du Clain, *super Clinum fluvium*. Or si l'on peut indifféremment traduire *Voclades* (Voclade) par Vouillé ou Voulon, il ne saurait y avoir amphibologie sur le sens de *Clinum fluvium* ; et alors c'est de Voulon qu'il s'agit et non de Vouillé, car cette dernière localité est éloignée du Clain de plus de 3 lieues. D'autres circonstances d'ailleurs, trop longues à énumérer, ont fait pencher la balance en faveur de Voulon.

Mortemart. Mais, à défaut de chroniques intéressantes se rattachant au passé de Couhé-Vérac, on peut se rappeler les étranges folies auxquelles, dans son voisinage, se livrèrent, pendant le xiv° siècle, des associations d'hommes et de femmes connues sous le nom de Gallois et Galloises, ou de confréries de pénitents d'amour.

« Leur objet, dit un historien du Poitou [1], n'était autre que de prouver l'excès de leur amour par une opiniâtreté à braver les rigueurs des saisons. Les chevaliers, les écuyers, les dames, les damoiselles qui étaient initiés dans ce nouvel ordre devaient, suivant leur institut, se couvrir très-légèrement dans les plus grands froids et très-chaudement dans les plus grandes chaleurs. L'été, ils avaient de grands feux où ils se chauffaient comme s'ils en eussent eu grand besoin : l'hiver, c'eût été une honte de trouver du feu dans leurs maisons ; leurs chambres n'étaient alors garnies que de feuillages ou autres verdures, si l'on en pouvait avoir, sans doute pour faire allusion au pouvoir de l'amour qui opère les plus étranges métamorphoses. » Nous trouvons aussi dans un chroniqueur que : « Si dura cette vie et cette amourette longtemps et jusqu'à temps que le plus de eux ou furent morts ou péris de froid, car plusieurs transissoient de pur froid et mouroient tout roides de lez leurs amies et aussi leurs amies de lez eux, » etc.

Il était difficile, en effet, que pareille vie n'amenât pas une telle mort. Mais nous ne pouvons partager la naïve opinion de l'auteur que nous avons cité en dernier et qui ne doute point « que ceux ou celles qui sont morts en cet état ne soient martyrs d'amour. » Sans vouloir discourir sur une matière aussi scabreuse, il nous semble pourtant que traiter ces fous de martyrs d'amour, c'est mettre la caricature à côté du portrait, et placer sur le même rang don Quichotte et Bayard.

[1]. M. Thibaudeau.

A partir de Couhé, l'horizon s'élargit. Aux coteaux succèdent des plaines peuplées de nombreux hameaux, sillonnées par des routes non moins nombreuses, entrecoupées de tertres couronnés d'arbres, et de prairies verdoyantes arrosées par les frais ruisseaux qui vont à quelques pas de leurs sources grossir les eaux de la Dive, rivière que nous avons passée à Voulon. Jusqu'à *Civray*, et même au delà, le pays présente le même aspect.

C'est à la richesse du sol qui l'environne que cette ville doit la prospérité du commerce important dont elle est le siége. Civray, toutefois, n'est pas seulement une ville que doivent visiter les marchands. Son antiquité, les souvenirs de sa puissance, et le mérite des monuments qu'elle conserve encore comme des précieux vestiges de sa splendeur passée, valent bien que les touristes de toute sorte, simples curieux ou savants, s'arrêtent un instant sous ses murs. On a fait remonter la noblesse de son origine à l'époque des empereurs. Cette noblesse-là est plus ou moins suspecte; du moins, la preuve ne s'en est pas faite à nos yeux. Mais celle qu'elle revendique à partir du moyen âge est incontestable et de bon aloi. Sous François Ier, la terre de Civray était une châtellenie très-honorifique et un lieu de sénéchaussée dont relevaient quatre prévôtés royales : Melle[1],

---

[1]. C'est à Melle qu'eut lieu, en 1644, le fameux *jugement des Bûchettes* où l'on tira au sort le gain d'une cause qui paraissait douteuse à un juge du nom de Pierre-Saturne Houlyer. A cette époque on publia le quatrain suivant :

> Barthole n'a rien fait qui vaille ;
> Houlyer a remporté le prix :
> Car, par le moyen de la paille,
> Il n'a rien laissé d'indécis.

Et depuis, La Fontaine a fait de Houlyer le héros d'un de ses contes intitulé : *le Juge de Melle*. Ce jugement d'ailleurs ne pourrait être mis en doute. Il en existe encore plusieurs copies, entre autres celle qui est imprimée au tome Ier (p. 409) de l'*Histoire de la ville de Niort*, par Briquet.

Aunay, Chézé et Usson. Elle était défendue par un château fort qui fut pris et repris durant les guerres de religion. Son domaine était considérable, et, parmi les seigneurs qui l'ont possédé, on compte un duc de Bavière, qui fut plus tard empereur d'Allemagne sous le nom d'Othon IV, et Raoul, comte d'Eu et de Guines, connétable de France, qui fut décapité à Paris, en 1350, pour crime de trahison et de connivence avec les Anglais. De ses anciens monuments on pourra voir encore les ruines de son château et son église byzantine, classée, depuis longtemps déjà, parmi les monuments historiques de France, dont on admire avec raison l'abside et le portail à quatre archivoltes chargées de sculptures très-remarquables.

La ville de Civray, toutefois, est assez éloignée du chemin de fer, de 3 kilomètres environ, et, pour y arriver, on doit prendre à gauche de la station. Sur la route, une fois qu'il sera parvenu à un carrefour voisin du point de départ, le voyageur aura parcouru une minime portion du département des Deux-Sèvres, à l'extrémité duquel le railway s'est établi un instant, pour revenir bientôt à celui de la Vienne et pour entrer ensuite, à très-peu de distance de la station, sur un territoire nouveau, celui de la Charente, au centre duquel il va pénétrer et qu'il doit traverser en entier.

La Charente est un pays riche; ses habitants ne ressemblent point à ceux du Poitou, et savent mettre à profit non-seulement les ressources que la fécondité du sol leur présente, mais encore celles qui leur sont offertes par des procédés de culture intelligents, qui pourront et devront se perfectionner et se répandre de plus en plus. Aussi, quoique la vigne occupe une portion considérable de sa superficie [1], quoiqu'il produise une certaine quantité de bois, chênes et noyers, que l'on rencontre disposés çà et là en

---

[1]. Le cinquième environ : 112640 hectares sur 594543 de contenance totale.

bouquets ou réunis en forêts, il sait récolter assez de céréales [1] pour suffire à peu près à l'alimentation annuelle de sa population, et peut, en outre, élever des bœufs, des chevaux, des bêtes à laine de toute sorte, des porcs et des volailles qui sont justement estimés, et se vendent par conséquent à un prix comparativement assez élevé. Ses fruits sont savoureux; nous citerons entre autres ses fameux marrons des Adjots. De ses eaux-de-vie, on n'en saurait rien apprendre de nouveau au lecteur, qui connaît sans doute la réputation de celles que fournit *la Champagne*[2], terrain privilégié qui se trouve compris dans l'arrondissement de Cognac.

Quant à son industrie, elle est aussi prospère que son agriculture, et, pour prouver le mérite et l'activité qui la distinguent, il nous suffira de citer, outre Ruelle, fonderie appartenant à l'État, les forges de Taizé-Aizie, à côté desquelles nous passerons tout à l'heure, celles de Combiers et de Lamothe, dont les produits sont célèbres, de Saint-Claud et de Roussines[3]; l'établissement de Saint-Ausone, où l'on construit toutes sortes de machines, etc.; ses mines de plomb argentifère à Alloue, et d'antimoine argentifère aussi, à Étagnac; ses fabriques de porcelaine et de poterie à Brigueil et à Champ-Laurier; ses papeteries renommées dans le monde entier[4], de Maumont et de Veuze sur la Touvre, de la Couronne, de Mouthiers, etc.; ses nombreuses distilleries d'eaux-de-vie, appelées dans le pays *brûleries*, car ici tout propriétaire *brûle* son vin; ses tanneries estimées[5], etc.

1. Les céréales occupent à peu près le sixième du territoire.
2. A droite du chemin de fer, et à la hauteur d'Angoulême.
3. Le département produit annuellement pour 600 000 fr. de fonte et de fer, sans compter Ruelle.
4. On trouve dans la Charente plus de trente moulins à papier et de soixante cuves.
5. Il y a soixante-deux tanneries dans le département; les plus estimées sont celles de la Rochefoucauld, de Baignes, de Nanteuil et de Confolens.

Toutes ces richesses sont de fraîche date. Le département de la Charente[1] n'était autrefois qu'une pauvre province (l'Angoumois), dont les terres, peu cultivées et couvertes en grande partie de forêts, nourrissaient à peine le malheureux paysan attaché à la glèbe de ses seigneurs, et dont l'industrie était languissante et presque nulle. C'était plus anciennement encore une contrée si peu fréquentée, que sa capitale était appelée « un lieu isolé[2]. » On a pu voir quels pas immenses cette contrée a faits depuis que l'esprit de progrès est venu la vivifier. Quels ne seront pas désormais la vitesse de sa marche et l'éclat de sa fortune, alors que le chemin de fer, ouvrant des débouchés nombreux à son industrie, offrira de plus en plus, au centre même de chaque production du pays, la rapidité et la facilité des transports qu'il donne à tous les produits?

Voyez déjà. Nous quittons pour toujours la Vienne, et aussitôt voilà qu'après avoir côtoyé les Adjots, et d'autres contrées agricoles qui se touchent les unes les autres, nous longeons les usines de Taizé-Aizie, traversons en courant la forêt de Ruffec et arrivons aussitôt à la ville dont elle porte le nom.

Ruffec est une ville assez commerçante : les céréales, les foins, les marrons et les truffes[3], toutes les denrées du canton en un mot, les élèves de bestiaux de toute sorte s'y trouvent à foison dans les foires très-renommées qui s'y tiennent au 28 de chaque mois. Mais à ces produits ajoutez ceux des forges voisines, le mouvement de matières

---

1. Le département de la Charente est formé de l'Angoumois en entier et de quelques communes du Poitou, de la Saintonge, du Limousin et du Périgord.

2. A la fin du IVe siècle, le poëte Ausone reprochait à un de ses amis de s'être retiré dans un lieu aussi désert (*devio ac solo loco*).

3. Les truffes des environs de Ruffec sont très-estimées. On en fait dans cette ville d'excellents pâtés qui s'exportent en Amérique et dans le monde entier. Dans ces pâtés on mêle parfois des perdrix du pays, dont la réputation est aussi fort grande.

premières et de charbon que ces forges amèneront, celui des vendeurs et des acheteurs qui viendront désormais conclure leur marché sur place, et jugez de l'essor que prendra cette ville, et de l'animation qui régnera un jour dans ses relations.

Ruffec.

Ruffec, toutefois, ne paraît pas se douter encore de ses destinées futures, et en la visitant on pourrait dire qu'elle a plutôt l'air de regretter son passé que de se féliciter de son avenir. Ce passé, en effet, n'est pas de ceux qu'on oublie, et Ruffec a été une des villes les plus célèbres de la contrée. Elle avait alors des remparts pour la garder et un château pour la défendre. Elle commandait alors, baronnie d'abord, ensuite vicomté et marquisat, à cinquante terres nobles qu'elle avait sous sa dépendance. Elle voyait s'assembler dans son enceinte plusieurs conciles[1], et dans les guerres de religion elle était convoitée par les deux partis. Elle eut pour maîtres de puissants seigneurs, Guillaume Taillefer, comte d'Angoulême, les L'Aubespine, les Saint-Simon, les Valentinois, les Broglie enfin (en 1763). Et aujourd'hui, de toutes ces splendeurs éteintes, il ne reste plus que des souvenirs... Son château a été rasé, son parc morcelé, et c'est à peine si à la façade de son église romane on peut découvrir encore les sculptures et les statues qui avaient placé cette église au premier rang des monuments religieux de tout l'Angoumois.

Diverses révolutions politiques l'ont ainsi dépouillée et mutilée. Qu'elle attende. La révolution industrielle qui s'opère autour de son domaine la dotera de riche façon. Nous partageons ses regrets, qu'elle partage nos espérances.

Si l'aspect de Ruffec est mélancolique, en retour sa position est charmante. Le tertre qu'elle couronne, et au bas duquel coule la Péreuse, domine la forêt que nous avons traversée et une belle prairie qui, du côté opposé à celui du chemin de fer, étend autour de la ville un frais tapis de verdure arrosé par le Liain. Au delà de cette prairie et du Liain, des campagnes aussi fertiles que belles s'étendent jusque sur les bords de la Charente, ce fleuve qu'Henri IV appelait « le plus beau ruisseau de son royaume. » Si « le désir de voir et l'humeur inquiète » vous emportent jusqu'à ces rives, poussez jusqu'à Nanteuil-en-Vallée. Vous y trouverez au fond des bois les ruines imposantes encore d'une riche abbaye fondée par Charlemagne, dit-on; elles sont connues dans le pays sous le nom de Trésor de Nanteuil.

Après Ruffec et jusqu'à Angoulême, nous ne trouverons plus que trois stations : *Moussac*, *Luxé*, et *Vars*. Nous n'aurons à faire dans aucune d'elles un très-long séjour.

A Moussac, il n'y a rien à voir. C'est un pauvre hameau

---

[1]. Il y a eu trois conciles à Ruffec : le premier en 1258, le second en 1304 et le dernier en 1327. Celui de 1304 fut tenu sous la présidence de Clément V.

oublié de tout temps et qui doit au chemin de fer la fortune inespérée de ne pas rester à jamais inconnu. Avant d'y arriver et au sortir du tunnel des Plans, qui divise à peu près en deux parties égales le trajet de Tours à Bordeaux, nous touchons presque à Courcôme, bourg modeste, où pourtant l'on peut visiter une église d'une architecture assez remarquable pour avoir mérité l'honneur d'être classée parmi les monuments historiques. Cette église porte la triple empreinte des styles divers des Xe, XIIe et XVe siècles.

A Luxé, nous trouvons la Charente, que nous passons sur un très-beau pont. Au-dessus d'un plateau qui domine cette rivière, on a découvert les traces d'un grand établissement dont les constructions ont le caractère des monuments de l'époque gallo-romaine.

Vars est un gros bourg situé sur le versant d'une des collines qui bordent le cours du fleuve. Il s'enorgueillissait autrefois d'une somptueuse demeure qu'y avaient fait bâtir ses anciens seigneurs les évêques d'Angoulême, et il a été renommé en tout temps pour ses prairies et pour ses vignobles (l'Ermitage et le Roc des Vars). Mais, de toutes ces grandes et bonnes choses, il ne nous est donné de rien voir. De la station au bourg, la distance est trop grande, et nos yeux s'efforceraient en vain de fouiller l'horizon.

D'ailleurs, la vapeur nous emporte, et que de sites charmants, que de bourgs fameux, plus fameux que celui du Vars, à côté desquels nous avons passé sans les voir, sans leur consacrer une seule page ! — Près de Moussac, Verteuil, où logea Louis XIII à son retour de Bordeaux, en 1616 ; Verteuil, dont le château magnifique, bâti sur les rives du fleuve, était à la fois une place forte où flottèrent tour à tour les bannières de France et d'Angleterre et que se disputèrent ligueurs et calvinistes, et un lieu de délices dont Charles-Quint disait après l'avoir visité : « Qu'il n'avait jamais été en maison qui sentît mieux sa grande vertu, honnêteté et seigneurie. »

Entre Luxé et Vars, Saint-Amand de Boixe, dont l'origine remonte au ve siècle, origine modeste autant que sacrée, un simple oratoire où mourut saint Amand et qui fut plus tard une riche abbaye; Saint-Amand de Boixe dont les champs pacifiques furent ensanglantés en 576, par les querelles de Chilpéric, roi de Soissons, avec Sigebert, roi d'Austrasie; Montignac, où Saint-Vincent de Paul prêcha ses doctrines vraiment évangéliques. — Au delà de Vars, la Rochefoucauld, berceau de l'illustre maison de ce nom[1], où s'élève un des plus beaux châteaux que la Renaissance ait légués à notre pays.

Bientôt aussi nous allons trouver la terre et seigneurie de Balzac, qu'habitait assidûment, sur la fin de sa vie, un des hommes dont le talent a fait époque dans la littérature française, Jean-Louis Guez de Balzac. Mais de cette terre il en sera comme de Verteuil, de Saint-Amand de Boixe, de Montignac et de la Rochefoucauld; à peine aurons-nous pu la nommer qu'elle aura disparu.

Encore une fois, la vapeur nous emporte. Voilà la Touvre que nous franchissons; admirez en passant les campagnes riantes qu'elle fertilise (en passant toujours, il le faut; mais du moins nous serons plus heureux ici, nous y reviendrons); et voici, aussitôt après avoir traversé le pont jeté sur cette rivière, apparaître à nos yeux les tours et les clochers qui couronnent le mont d'Angoulême.

Avant de gravir les rampes qui conduisent à cette ville, admirons l'heureuse disposition de sa gare. Les bâtiments en sont vastes comme il convenait à une gare de cette importance, commodes pour le service et agréables à l'œil. Et pourtant savez-vous ce qu'était cette gare? car elle n'est pas

---

1. La ville de la Rochefoucauld s'appelait tout simplement la Roche. Un de ses seigneurs, du nom de Foucauld, s'illustra dans les luttes de la féodalité, et dès lors la terre prit le nom qu'elle porte encore aujourd'hui.

construite d'hier[1]. Elle était, il n'y a pas longtemps encore, il y a vingt ans environ, l'école de marine où se sont formés à leur rude métier la plupart des hommes qui aujourd'hui commandent nos escadres. Avec un merveilleux talent d'appropriation, un ingénieur[2] est venu qui a changé les dortoirs en bureaux, les salles d'étude en salons d'attente, les vastes cours en halles de marchandises, et qui, renversant cette aile pour faire une large place aux locomotives et arrangeant celle-ci pour remiser les voitures, a su proportionner à un usage auquel il n'était pas destiné un édifice immense dont on ne savait que faire, et dont le sort eût été de tomber en ruines.

A côté des éloges que mérite cette œuvre de transformation au point de vue des difficultés qu'elle présentait, ne croyez-vous pas comme nous qu'il faut placer la louange due à l'esprit d'économie qui y a présidé? On dépense parfois tant de millions en pure perte dans les constructions modernes, qu'il n'y a pas de mal à prôner ceux qui trouvent le moyen de les épargner.

[1]. Les bâtiments qui servent à la gare d'Angoulême ont été bâtis en 1816. Ils étaient fermés depuis 1830.
[2]. M. Ernest Pepin-Leballeur.

Le château d'Angoulême.

VI.

ANGOULÊME ET SES ENVIRONS.

La ville d'Angoulême est bâtie sur une montagne assez élevée[1], et son profil se dessine à l'horizon d'une façon pittoresque; mais elle ne se présente pas dès l'abord sous les apparences d'un séjour gracieux ou commode. En sortant de la gare, et dès les premiers pas, on rencontre le faubourg de l'Houmeau, dont il serait permis, avec un peu de malveillance, de dire encore aujourd'hui ce que Guez de Balzac en

[1]. Le sommet de la montagne est à 72 mètres environ au-dessus de l'étiage de la Charente.

a écrit, qu'on ne pouvait s'en plaindre « en termes vulgaires, » et que traverse une rue très-ardue et très-longue dont le pavé anguleux est rude aux piétons.

Il ne faut pas, toutefois, s'arrêter à ces apparences et juger de l'ensemble de la ville par les quartiers qu'on est obligé de traverser pour y arriver. Il en est d'Angoulême comme de Poitiers ; la peine qu'on prend à le visiter porte ses fruits. Quoique nous n'ayons pas à espérer de rencontrer cette fois des trésors aussi nombreux et aussi précieux que dans la capitale du Poitou, nous n'aurons pas cependant à regretter d'avoir parcouru l'antique cité dont les abords sont encore si disgracieux.

Angoulême, en effet, possède quelques monuments qui sont dignes de fixer l'attention ; les annales de sa vie politique ne manquent pas d'intérêt ; et l'importance de son négoce et de son industrie la place, sinon au premier rang des villes commerçantes, du moins dans des conditions qui pourront l'y faire figurer dans un temps plus ou moins prochain.

Son histoire diffère peu de celle des contrées voisines.

A l'occupation romaine[1] succéda la domination des Visigoths. Ceux-ci furent dépossédés par Clovis, qui, après les avoir vaincus à Voclade, les poursuivit, et vint, en 508, assiéger en personne la ville d'Angoulême. A l'occasion de ce siége, Grégoire de Tours rapporte que le vainqueur d'Alaric vit s'écrouler miraculeusement devant lui les remparts auxquels il donnait l'assaut ; et, d'après une tradition perpétuée par une sculpture grossière[2], il faudrait croire, au

---

[1]. A l'époque gallo-romaine, et même plus tard, Angoulême s'est appelée *Ecolisma*, *Equolisma*, *Incolesma*, etc., presque autant de variantes que pour Ligugé. L'étymologie la plus probable de ces différents noms serait une dérivation de la périphrase, *in colle summa*, qui aurait servi à déterminer sa situation.

[2]. Cette sculpture se trouve sur le premier bastion à gauche de la place de la Commune, de l'autre côté de la ville. Elle est connue sous le nom de *jambe de Clovis*.

contraire, que le roi des Francs aurait été blessé assez grièvement sur la brèche. Ces deux assertions, quoique diverses entre elles, tendent cependant l'une et l'autre à prouver l'importance que les deux partis attachaient à la place d'Angoulême, et l'honneur qu'elle revendique d'avoir vu au pied de ses murs le fondateur de la monarchie française.

Après Clovis, et sous ses successeurs, l'Angoumois et sa capitale firent partie du royaume de l'Aquitaine jusqu'au moment où, fatigué par ses luttes avec les Sarrasins (732), ruiné par les guerres qui éclatèrent entre ses possesseurs et les fils de Charles Martel et qui durèrent huit ans (760-768), ce royaume finit par céder aux attaques de Charlemagne. Mais soit avant, soit après l'avénement des rois de la seconde race, l'Angoumois et sa capitale furent gouvernés tous deux par des comtes, administrant d'abord au nom de leurs suzerains, et profitant ensuite des troubles incessants qu'amenaient les invasions des Normands (820) pour se proclamer souverains héréditaires du fief dont ils avaient été investis. Le premier de ces usurpateurs fut Wulgrin I*er*, qui avait été nommé par Charles le Chauve (866). Il eut une longue suite de successeurs, dont quatorze de sa famille, qui prit le nom de Taillefer (*sector ferri*) à partir de Guillaume I*er*, l'un d'eux (916), auquel on avait donné ce surnom pour avoir pourfendu de sa dague un chef de Normands et l'épaisse cuirasse dont il était recouvert. A la maison des Taillefer succéda celle des Lusignan, qui y était alliée. Des cinq comtes de cette maison, aucun n'a marqué dans l'histoire. Guy ou Guyart fut le dernier d'entre eux, et après lui ses domaines passèrent à Philippe le Bel (1307), qui s'en empara par droit d'héritage ou de confiscation, on n'est pas d'accord sur ce point, et qui les réunit à la couronne de France.

A partir de cette époque, Angoulême subit, en partie du moins, les phases de la monarchie. En 1345, les Anglais s'en emparèrent, mais n'y demeurèrent qu'un an. En 1360, ils purent s'y établir de nouveau, et alors ils y restèrent assez longtemps, car ils l'occupaient en exécution du fatal traité de Brétigny. Toutefois, ils en étaient chassés douze ans après par les habitants eux-mêmes, qui se soulevèrent en faveur du roi Charles V, sous l'autorité duquel ils se rangèrent. C'est en souvenir de ce haut fait d'armes et en récompense de cette preuve de fidélité à son ancien drapeau que fut accordé à la ville le privilége de devenir l'apanage[1] d'un des fils de France, et à ses maires et échevins celui d'être réputés nobles par le seul fait d'avoir été promus à ces fonctions.

De ces comtes apanagistes, nous citerons Louis, fils de Charles V, qui fut la tige de la première maison d'Orléans, et dont le meurtre, commis par l'ordre de Jean sans Peur, duc de Bourgogne, occasionna la querelle des Armagnacs et des Bourguignons; Jean, l'un des enfants de Louis, qui demeura captif en Angleterre, de 1412 à 1445, et qui, de retour dans l'Angoumois, mérita par ses vertus et sa bonne administration d'être appelé, lui aussi, Jean *le Bon*; François, né à Cognac, qui fut roi de France sous le nom de François Ier, et qui érigea son ancien apanage en duché-pairie pour le donner à Louise de Savoie, sa mère; Henri, duc d'Anjou, qui fut plus tard Henri III, et enfin, le dernier de tous, Louis-Antoine, fils de Charles X, qui, comme son père, est mort dans l'exil.

Pour compléter ce rapide aperçu de l'histoire d'Angoulême et de son comté, ajoutons qu'ils eurent beaucoup à souffrir sous le règne d'Henri II des conséquences d'une révolte qui avait éclaté à la suite d'un nouvel impôt sur le sel. Le comte de Montmorency, envoyé contre les insurgés, les traita avec une

---

[1]. Parfois cependant, au lieu d'être un simple apanage, la ville et le comté urent donnés en propriété à des membres, légitimes ou non, de la famille régnante, ou à ses alliés. Mais nous ne pouvons entrer ici dans toutes ces distinctions.

excessive cruauté, et fit briser les cloches de presque toute la contrée, sous le prétexte qu'elles avaient servi à sonner l'alarme et le tocsin. On retrouve la reproduction de ce même fait d'insurrection dans toute la Saintonge, et nous verrons, à Bordeaux, quelles furent non pas les punitions, mais les vengeances atroces qu'en sut tirer ce même comte de Montmorency.

La guerre de la réforme a aussi ensanglanté ces pays. Calvin y a prêché[1]; il eut de nombreux partisans à Angoulême et dans les environs. Quelques-uns d'entre eux furent pendus par ordre de Louis de Sansac, qui gouvernait pour le roi, et la ville fut occupée à deux reprises différentes par les protestants, en 1562 et en 1568. Cette dernière fois, ce fut après avoir été canonnée par l'amiral de Coligny.

Tous ces troubles n'eurent une fin qu'après la journée de Jarnac[2], et même après l'avénement d'Henri IV au trône de France.

Les traces de ces occupations successives et l'empreinte de ces vicissitudes diverses se retrouvent encore dans quelques monuments de la vieille ville. Mais ces vestiges précieux sont loin d'être aussi nombreux et aussi complets qu'à Poitiers.

De l'occupation romaine, il ne reste rien que des médailles mises à découvert assez communément, et les traces informes de quelques voies pratiquées dans les champs qui avoisinent la ville.

De l'époque féodale on peut voir encore quelques édifices. Le plus ancien de tous est le Châtelet, qui sert aujourd'hui de prison. Il a été bâti vers la fin du viiie siècle par le prédécesseur de Guillaume Taillefer. Ce Châtelet était autrefois

---

1. Il demeurait en 1533 à Angoulême, dans une rue qui porte aujourd'hui le nom de rue de Genève. Comme il donnait des leçons de langues anciennes, on l'avait surnommé *le petit Grec*.

2. La bataille eut lieu non loin d'Angoulême, entre Jarnac et Cognac, dans les plaines de Bassac. Huit mille combattants y perdirent la vie.

un bâtiment assez vaste, flanqué de quatre tours et défendu par une enceinte de fortes murailles, au delà desquelles s'ouvrait un fossé taillé dans le roc. Aujourd'hui, de tous ces ouvrages, il n'existe plus que trois tours. L'une d'elles est remarquable par la bizarrerie de sa construction. On la nomme la *Tour-Prégnante*, et ce nom lui vient de ce qu'elle sert d'enveloppe à une autre qui a l'air de sortir de son flanc, et pour ainsi dire de s'en échapper.

Après le Châtelet on peut citer encore le palais Taillefer, situé dans la rue qui porte ce nom. Ce palais a été la demeure des comtes d'Angoulême jusqu'au moment où, par le mariage d'Isabelle Taillefer, veuve de Jean sans Terre et mère du roi d'Angleterre Henri III, avec Hugues de Lusignan, le siége du gouvernement fut fixé au château que nous visiterons tout à l'heure, et qui s'appela longtemps, à cause de son premier hôte, le château *de la Reine*. Le palais Taillefer, dont l'emplacement était considérable autrefois, est détruit. On pourrait cependant regarder comme lui ayant appartenu la petite ogive à lancette du bâtiment où sont déposées les archives des anciens garde-notes de l'Angoumois.

Au château, nous serons moins malheureux. Si l'on ne peut plus parcourir son enceinte si vaste, où s'élevaient jadis des jardins dont la vue était ravissante, et dont le sol est aujourd'hui occupé par les rues de la ville nouvelle, on peut du moins retrouver çà et là, sur la façade et dans l'intérieur du monument qui domine orgueilleusement encore toute la cité, le cachet des époques diverses auxquelles il a été construit, agrandi ou réparé. La partie la plus ancienne du château est la grosse et basse tour ronde que l'on rencontre tout d'abord à sa gauche lorsqu'on pénètre au milieu de toutes ces ruines par l'entrée qui est située vis-à-vis de la grande place. On peut fixer au XIIe siècle l'époque de sa construction. Au second étage de cette tour est une salle construite et décorée par les ordres du comte Jean le Bon, dans laquelle naquit sa petite-fille Marguerite de Valois, reine de Navarre, la sœur de François Ier. Saluons ce seuil qui doit être cher à tous ceux qui professent le culte des arts libéraux. Dans la salle de Jean le Bon on voit encore les armes de sa maison. — La grande tour de figure polygone, qui date du xive siècle, ne présente d'autre intérêt aujourd'hui que l'aspect imposant de ses murailles massives, et, rapprochement bizarre, elle n'a eu depuis longtemps d'autre emploi que de supporter les bras grêles et fantastiques d'un télégraphe aérien. — Quant aux autres bâtiments du château, ils ne sont pas antérieurs au xve siècle, et certaines portions n'ont dû être élevées ou modifiées que sous le gouvernement du duc d'Épernon.

Après avoir été le favori, le *mignon* d'Henri III, J. L. de Nogaret de La Valette, duc d'Épernon, se sépara de son maître avec un certain éclat, à l'époque où fut signé le fameux édit d'*union* qui donnait toute autorité au duc de Guise, en 1588. D'Épernon se retira alors dans son commandement d'Angoulême, pour y vivre à l'abri de la vengeance de ses ennemis et des rancunes plus dangereuses encore de son seigneur et roi. Précaution inutile! Dans ce même château dont nous parcourons les ruines, d'Épernon faillit être la victime des haines qu'il avait fuies. D'après un ordre secret d'Henri III, les habitants de la ville firent tous leurs efforts pour s'emparer de lui mort ou vif. Toutefois leur attaque fut déjouée. Quoiqu'il n'eût avec lui qu'une vingtaine d'hommes, quoiqu'il fût sans vivres et sans munitions, quoique le château ne fût à vrai dire qu'une place ouverte, le duc résista pendant plus de trente heures à l'assaut qui lui était livré et « sortit avec gloire de ce péril. » Alors il écrivit au roi pour se plaindre. Ce prince lui répondit qu'il n'avait voulu le faire conduire auprès de lui que pour le revoir et pour le traiter comme son propre fils. Anquetil, qui n'est pas suspect en pareille matière, observe à ce propos que, « si l'on ne connaissait les grands, qui s'imaginent que toute excuse de leur part est encore trop bonne pour leurs inférieurs, on croirait qu'Henri a voulu ajouter la raillerie à l'injure. » Dans cette rencontre, plusieurs habitants perdirent la vie, le maire, entre autres, François-Normand de Puygrelier, dont la famille subsiste encore aujourd'hui.

En sortant du château, allez à la cathédrale. Elle est aussi ancienne que le château, et c'est un monument encore plus remarquable ; c'est le plus précieux de tous ceux que l'Angoumois peut offrir à la curiosité des voyageurs ou à l'attention des archéologues.

L'emplacement qu'elle occupe a, de temps immémorial, été assigné à un monument religieux. La tradition nous apprend que le paganisme y avait élevé un temple en l'honneur de Jupiter. A l'époque où saint Martial vint prêcher la foi chrétienne aux Aquitains, ce temple servit à célébrer les mystères du nouveau culte ; plus tard, saint Ausone le consacra à saint Saturnin, et pendant l'occupation des Visigoths, partisans de l'arianisme, il fut profané par eux ; mais Clovis le fit reconstruire à neuf, installa sur le siége épiscopal qu'il y établit saint Aptone, son chapelain et le frère de saint Ausone (542), et presque aussitôt (570) un évêque de Paris, saint Germain, dédia l'église à saint Pierre[1].

Arrivent cependant les expéditions des hordes normandes campées aux bords de la Loire. Les ravages que ces aventuriers exercent sur toute la contrée ne sont pas épargnés à la sainte basilique. Aussi à la fin du IX⁰ siècle était-elle en ruine. En vain Robert le Preux la fit réparer et consacrer de nouveau en 1017. Cent ans après, elle menaçait d'une fin prochaine ; et comme d'ailleurs elle n'était plus en rapport avec l'étendue du diocèse et le chiffre des populations qu'elle desservait, elle fut reconstruite en entier (1120), *a primo lapide*, par

---

[1]. Ce Germain est celui qui a fondé, dans la capitale, l'église Saint-Germain des Prés.

les soins de Girard II, son évêque, et aux frais d'Archambaud, l'un de ses chanoines. C'est l'œuvre de ces fondateurs qui existe encore, mais mutilée par les calvinistes (en 1568 surtout) et par les outrages du temps.

Écrire la date où fut bâtie cette église, c'est indiquer l'architecture qui la distingue, c'est dire qu'elle est une œuvre de l'art roman à l'époque de la transition. La cathédrale d'Angoulême, sous ce rapport, a quelque ressemblance avec

Cathédrale d'Angoulême.

la cathédrale de Poitiers, quoiqu'elle soit moins imposante par ses dimensions[1] et n'ait pas cette austère simplicité dont le caractère nous a vivement frappés. On peut y retrouver aussi quelques-uns des détails répandus avec tant de profusion sur le frontispice de Notre-Dame-la-Grande.

1. La longueur totale de la cathédrale d'Angoulême est environ de 79 mètres à l'extérieur et de 76 mètres dans œuvre. Sa façade a 19 mètres de largeur.

Sa façade est coupée, dans le sens de sa largeur, par quatre colonnes assez allongées, dont deux, celles du milieu, atteignent presque au sommet de l'édifice, et sont plus espacées entre elles que les deux autres. On comprend dès lors que cette façade est divisée en cinq arcatures, dont quatre d'égale grandeur, et la cinquième, celle du milieu, plus large que chacune de ces dernières. Nous ne détaillerons pas et n'énumérerons pas même toutes les statues et tous les médaillons qui ornent ces cinq arcatures. Contentons-nous de dire que l'effet général en est magnifique et que, au sommet de l'arcade du centre, bien au-dessus de la porte d'entrée si maladroitement refaite à la fin du siècle dernier, il faut remarquer un cadre à peu près pareil à celui qui, à Notre-Dame de Poitiers, environne la figure de Jésus-Christ. Au milieu de ce cadre est taillée la statue du Père tout-puissant couronnée de flammes, surmontée d'anges qui semblent l'adorer et entourée des quatre évangélistes représentés sous leurs formes symboliques.

Au-dessus de toutes ces statues et des arcades qui en sont ornées, tout le long de la façade en un mot, règne un entablement à corniche saillante que soutiennent quatre consoles et aux deux extrémités duquel s'élèvent deux campaniles. Cet entablement est fort simple, en ligne droite, et ces campaniles sont de forme élégante. Un archéologue érudit de la contrée, M. J. P. Eusèbe Castaigne, qui est aussi un bibliophile distingué, assigne à la construction de cet entablement la date de la Renaissance. Dans une notice qui nous a été d'un très-grand secours et que nous devons à son obligeance, il estime que cette portion de bâtiment a été construite, vers l'an 1517, par l'évêque Antoine d'Estaing. « Les restes d'une balustrade qui allait d'un bout à l'autre de la corniche, dit-il, ces restes paraissent encore, et on y remarque aussi le commencement d'un fronton triangulaire; mais il me serait difficile de déterminer s'il a été renversé pendant les troubles de la religion ou s'il n'a jamais été terminé. L'ancien fronton, le fronton roman, était placé beaucoup plus bas, et il comprenait dans son tympan plus ou moins aigu l'archivolte de la grande arcade. »

A l'intérieur de la cathédrale, on est, encore plus qu'à l'extérieur, frappé des révolutions que ce monument a subies. La nef, en forme de croix, est romane, sans bas côtés, et semble coupée, dans le sens de sa longueur, par des arcs où l'ogive se fait à peine sentir, en trois parties à peu près égales qui sont surmontées par trois coupoles[1]. Le chœur, qui est séparé de la nef par les deux bras de la croix[2], est terminé par une abside semi-circulaire. Toutes ces formes, évidemment, datent de la fondation. Mais les bas côtés du chœur sont postérieurs à 1120. M. Castaigne suppose qu'ils n'entraient point dans le premier plan et qu'ils n'ont « été ajoutés que vers le XIVe siècle, leurs fenêtres à meneaux semblant du moins appartenir au gothique de cette époque. » La lanterne qui, au point d'intersection du chœur et de la nef, s'ouvre au-dessus du parvis et l'éclaire au moyen de douze fenêtres en plein-cintre, dont la hauteur dépasse en entier la toiture, est de date encore plus récente et ne remonte pas au delà de l'année 1628, où l'on acheva de réparer les dégâts commis par les calvinistes à leur dernière et plus sanglante occupation. Nous en dirons autant des stalles, qui coûtèrent, en 1579, deux mille cinq cents livres, des balustrades qui règnent autour de la nef et qui portent le cachet assez lourd et de mauvais goût du XVIIIe siècle, des orgues remarquables qui ne se firent entendre qu'au mois d'avril 1786.

Ce n'est pas tout encore. Si l'on doit regretter ces modifi-

---

1. Ces coupoles sont complètement inconnues dans le nord. Le premier spécimen qu'on puisse en rencontrer au delà de la Loire est à Loches. Il y en a de fort belles à Périgueux (église de Saint-Front).

2. Les bras de la croix ont été raccourcis, et la coupole qui surmontait chacun de ces bras a été détruite.

cations de l'œuvre primitive, combien ne faut-il pas déplorer l'anéantissement complet de quelques-unes de ses parties les plus capitales : la destruction de sa tour de droite, terminée par une pyramide triangulaire et accompagnée de quatre clochetons qu'on apercevait de plusieurs lieues à la ronde et qu'André Duchesne appelait « l'une des plus hautes tours et aiguilles de France [1] ; » la violation du mausolée du comte Jean le Bon, dont la mémoire est chère encore à tout le pays ; le bris de la colonne de marbre noir dans le chapiteau de laquelle le duc d'Épernon (mort à Loches le 13 janvier 1642) voulut qu'on plaçât son cœur [2] ; l'enlèvement de ses statues et de ses grilles ; l'incendie de ses titres ; la perte de ses tableaux et de ses tapisseries ; en un mot, le saccagement de toutes ses richesses.

Derrière la cathédrale est la chapelle de Saint-Gelais, une ruine. Au commencement de 1568, cette chapelle était dans toute la splendeur qui faisait dire d'elle à François de Corlieu [3] qu'il la regardait comme « autant belle et riche qu'il y en fust au royaume de France. » Fines arabesques, dentelures gracieuses, figurines délicates, peintures brillantes, tout le luxe architectural de la Renaissance y était déployé, car elle avait été fondée uniquement dans le but de renfermer la tombe d'un des poëtes les plus renommés [4] de la cour de Charles VIII, mort évêque d'Angoulême en 1502, d'Octavien de Saint-Gelais. Elle venait à peine d'être terminée

1. De cette tour il ne reste que la base, dont on a fait une sacristie.
2. A partir de 1642 jusqu'à la Révolution, il s'est dit tous les jours, à six heures du matin, une messe dans la cathédrale d'Angoulême pour le repos de l'âme du favori d'Henri III. Dans le pays on appelait *pleurs d'Épernon* les coups réitérés de la cloche qu'on sonnait avant et après la messe. Pleurs d'Épernon ! quand on songe au passé de cet homme, le dicton paraît judicieux et profond !
3. Dans son *Recueil, en forme d'histoire, de ce qui se treuve par escrit de la ville et des comtes d'Angoulême* (1570).
4. Octavien de Saint-Gelais a publié une *Vie de Louis XII*, le *Vergier*

(1563) lorsque s'abattit, sous le feu des canons de Coligny, la grande tour de la basilique voisine. Les lourdes pierres de cette tour tombèrent en masse sur la chapelle, qui fut écrasée et détruite en grande partie. Il y en a pourtant de beaux restes qui, après avoir échappé aux désastres de la guerre, ont eu à souffrir encore, et pendant longtemps, des injures de l'air; car ils sont restés sans abri jusqu'en 1833. Aujourd'hui ils sont classés parmi les monuments historiques et se trouvent placés dans des conditions favorables de conservation.

Après avoir visité la cathédrale d'Angoulême et la chapelle qui semble en être un annexe, nous n'avons plus à voir que des monuments d'un ordre inférieur ou de date récente.

Parmi les premiers, nous nommerons :

Les ruines de l'église Saint-Jean, détruite en même temps que la chapelle de Saint-Gelais par la chute de la grande tour de la cathédrale, et qu'on prétendait avoir été fondée par Clovis à l'endroit même où il avait vu les remparts d'Angoulême s'écrouler devant lui et lui ouvrir un passage ;

L'évêché, bâti en 1128 par le même prélat qui fit reconstruire la cathédrale ;

La collégiale de Saint-André, du XIe siècle, dont il faut remarquer le mur plat qui, ainsi qu'à Saint-Pierre de Poitiers, tient lieu d'abside, et la chaire chargée de sculptures, dont l'abat-voix est supporté par deux cariatides ;

La grotte de saint Cybard, ou mieux de saint Éparche[1], au

---

d'honneur, la *Chasse d'Amour*, une *traduction des six comédies de Térence*, etc., etc.

1. Saint Éparche était le fils d'un seigneur du Périgord qui se fit moine et vint au commencement du VIe siècle à Angoulême, où il fut très-bien accueilli par Aptone qui venait d'être nommé évêque de cette ville par Clovis. aint Éparche se retira dans une des grottes creusées au nord de la cité, où il avait eu la vision d'un ange qui lui avait enjoint de fixer là sa demeure en lui di-

fond de laquelle on vit Charlemagne abaisser humblement son front ceint d'un double diadème;

Le Doyenné, fondé en 1515 par Jacques de Saint-Gelais, évêque d'Uzès, le frère d'Octavien le poëte, pour lequel il fit élever le monument qui porte son nom;

La chapelle de l'Hôtel-Dieu, laquelle n'est plus qu'une infirmerie, mais où repose « vis-à-vis le milieu du grand autel, au-dessous de la lampe d'iceluy, » la dépouille mortelle de Guez de Balzac, qui voulut être enterré avec les pauvres de l'hôpital de Notre-Dame-des-Anges, auquel il avait fait don d'une somme de 12 000 livres;

Et quelques maisons curieuses : celle où naquit en 1597 ce même Balzac dont nous venons de visiter la tombe, et qui, découverte [1] par M. Castaigne, se fait remarquer (en face de la prison) par une plaque commémorative placée sur sa façade par les soins de la Société archéologique et historique de la Charente; celle dite de saint Simon (rue Cloche-Verte), œuvre de la Renaissance; et enfin une masure tristement célèbre, sous le toit de laquelle est venu au monde l'assassin d'Henri IV, François Ravaillac.

Parmi les monuments de date récente, nous citerons : la préfecture et le collége; la porte Saint-Pierre, qui avoisine la cathédrale et le parc ou promenade de Beaulieu; l'hôtel de

---

sant : *Eparche, hic permane.* Il y demeura quarante ans, au bout desquels il mourut. Quelques religieux, qui s'étaient joints à lui, avaient formé le noyau d'une abbaye qui devint célèbre, au VIIIe siècle, sous le nom d'abbaye de Saint-Cybard. Il ne reste plus de cette abbaye que des vestiges sans valeur. Quant à la grotte, après avoir été agrandie en 1673, elle fut abandonnée à des usages profanes à l'époque de la Révolution. Mais elle vient d'être réparée, ornée et rendue au culte par les soins de son propriétaire et de l'évêque actuel. On y arrive par des sentiers qui côtoient, en serpentant, la montagne au milieu de laquelle elle est creusée.

1. En 1846. Voir *Recherches sur la maison où naquit Jean-Louis-Guez de Balzac, sur la date de sa naissance, sur celle de sa mort, etc., avec tableau généalogique de la famille Guez de Balzac,* par J. B. Eusèbe Castaigne : Angoulême, imprimerie de L. Lefraise et comp., 1846, in-8°.

ville, le palais de justice, la bibliothèque, enfin l'église neuve de Saint-Martial.

La préfecture a une jolie façade d'ordre ionique. A l'intérieur on en admire la distribution intelligente et un escalier remarquable par sa hardiesse et par sa légèreté.

Le lycée a été fondé en 1540 par Jean de La Roche, seigneur de La Roche-Beaucourt [1]. Les vastes bâtiments qu'il occupe aujourd'hui sont beaux et admirablement situés sur la promenade de Beaulieu. Ces bâtiments toutefois n'ont pas été construits pour l'usage auquel on les a appropriés; ils avaient été bâtis en 1671 par les religieuses de l'abbaye Saint-Ausone pour remplacer leur monastère détruit pendant les guerres de religion.

La porte Saint-Pierre est située vis-à-vis de la cathédrale et non loin du lycée; elle date de 1753. On y voit les armes de la ville d'Angoulême qui sont: d'azur à un portail de ville côtoyé de deux tours crénelées d'argent et une fleur de lis d'or couronnée d'or en chef. Le portail représenté dans ces armes était la porte du Secours, détruite en 1810. Il existait jadis à Angoulême plusieurs autres monuments du même genre. Nous citerons entre autres: la porte Chandos, construite au XIVe siècle par Jean Chandos, l'un des capitaines du roi d'Angleterre, qui fut tué non loin de Poitiers; celle du Palet, située entre la place de ce nom et celle de Saint-Martial. A ces quatre portes (Saint-Pierre, du Secours, du Palet et Saint-Martial) correspondent les quatre rampes qui facilitent l'accès de la ville.

L'hôtel de ville est sans importance comme édifice. C'était encore en 1833 une salle de spectacle. Mais il était convenable d'en parler, parce qu'il rappelle l'établissement des

[1]. C'est au collège d'Angoulême que fut élevé Marc-René Voyer d'Argenson, lieutenant de police sous Louis XIV et garde des sceaux sous le régent. Il y fonda en 1720 une chaire de philosophie. C'était le père de Marc-Pierre Voyer d'Argenson, dont nous avons salué la demeure en passant aux Ormes.

franchises municipales au sein de l'Angoumois et que la date à laquelle se révèle pour la première fois l'existence de ces franchises se rattache à l'époque où les Lusignan remplacèrent les Taillefer dans la souveraineté de la province. En 1217, on voit le maire de la cité présenter les clefs de la ville à Isabelle, veuve de Jean sans Terre et femme de Hugues X, comte de Lusignan, qui devint comte de l'Angoumois sous le nom de Hugues 1er.

Le palais de justice a été construit en 1828. On ne peut rattacher à ce monument d'autre souvenir que l'émeute grondant autour de ses portes à l'occasion du procès des Vendéens jugés les 15 et 16 août 1832. Sa façade est simple, mais assez imposante. On loue généralement l'ordonnance intérieure et la salle des Pas-Perdus, dont les proportions sont heureuses. Au-dessus de cette salle est située la bibliothèque publique.

La bibliothèque est assez riche [1]. Outre les documents originaux de l'histoire de France, elle renferme une foule de livres précieux, et, comme curiosités bibliographiques, on y remarque le premier livre imprimé à Angoulême (die XVII mensis maii, anno Domini M CCCC LXXXXI); deux Aldes, de 1504 et de 1513, le *Démosthène* et le *Platon;* un Henri Estienne de 1581, le *Xénophon*, avec la signature autographe du savant imprimeur; une édition gothique du *Roman de la Rose*, etc. Observons toutefois que, sous le rapport des ma-

---

[1]. Le fonds de cette bibliothèque se compose en tout de quatorze mille volumes environ. Il a été formé en grande partie des livres des monastères de la province et des bibliothèques de plusieurs seigneurs angoumoisins, dont les biens furent vendus à l'époque de leur émigration. Nous citerons entre autres celles de M. de Crussol de Montausier et de M. Le Camus de Néville, ancien directeur général de la librairie. M. Eusèbe Castaigne, auquel nous empruntons ces détails, est bibliothécaire de la ville d'Angoulême; il peut contribuer grandement à enrichir le dépôt qui lui est confié. Nous ne le saurions pas d'ailleurs que nous en verrions la preuve dans son *Essai d'une bibliothèque historique de l'Angoumois*, où il a décrit et résumé les principaux ouvrages qui traitent de l'histoire de cette province.

nuscrits, elle laisse beaucoup à désirer. On ne peut y admirer, en effet, aucune de ces merveilles que l'antiquité et le moyen âge ont léguées à l'esprit de recherche ou à la curiosité des savants et des touristes ; et parmi les écrits modernes, on ne peut citer que les quatorze beaux volumes in-4° (de 1714 à 1722) des *OEuvres de Henri, comte de Boulainvilliers*, où se trouvent quelques ouvrages inédits de ce fameux chroniqueur et admirateur des temps féodaux, et l'*Histoire de l'Angoumois* (1816), par feu M. Desbrandes, ancien maire d'Angoulême.

L'église Saint-Martial enfin est le plus neuf des monuments de la cité ; il n'était pas encore achevé à la fin de l'année dernière. Cette église est une reproduction fidèle de l'art gothique, et on doit louer le talent de l'architecte[1] qui l'a construite. Louons tout autant, au moins, l'idée qui a prévalu, dans les conseils de la cité, d'élever au culte du Dieu des chrétiens un édifice qui différât de tous ces temples grecs ou romains que l'âge moderne a semés sur le sol de notre pays.

L'église Saint-Martial est bâtie dans le faubourg de l'Houmeau, que nous avons déjà traversé en arrivant. Profitons de la route qui s'ouvre devant nous pour faire deux excursions[2] dont on ne peut se dispenser, pour peu que l'on séjourne à Angoulême. Allons visiter Ruelle, dont les fonderies sont célèbres, et la source de la Touvre, aux bords de laquelle a été construite, il y a longtemps déjà, une des plus belles papeteries de la contrée. Chemin faisant, nous pourrons causer

---

[1]. M. Paul Abbadie, le fils de celui qui a construit à Angoulême le palais de justice et la préfecture.

[2]. Il faut prendre une voiture particulière pour aller à Ruelle et à la Touvre. Avant de partir, on fera bien de passer chez MM. Callaud, Belisle, de Tinan et Cie, propriétaires de la fabrique de papier située sur les bords de la Touvre, et de leur demander un permis pour visiter cette usine. Nous souhaitons à nos lecteurs le bonheur que nous avons eu de trouver M. de Tinan, l'un des propriétaires ; il nous permettra de le remercier ici de toute la grâce qu'il a mise à faciliter nos recherches.

de l'industrie et du commerce de la cité, dont il ne nous restera bientôt plus que le souvenir.

Angoulême n'est pas une grande ville ; du moins, elle ne mérite pas d'être appelée de ce nom pour le chiffre de sa population ; mais elle l'emporte, et de beaucoup, sur d'autres cités plus populeuses, par l'importance de ses relations commerciales et industrielles.

Son commerce consiste surtout dans le mouvement des productions du midi de la France, dans celui des marchandises qui, de Bordeaux, s'écoulent vers le nord, et dans l'exportation considérable des eaux-de-vie[1] du département.

Son industrie est alimentée par le produit immense de ses papeteries, de ses raffineries, de ses tanneries, de ses filatures et de ses fabriques de toile et d'étoffes grossières.

Nous passerons sous silence les procédés employés pour obtenir ces diverses productions. Toutefois, puisque les portes d'une papeterie vont s'ouvrir devant nous, on nous permettra de décrire sommairement l'histoire et le mode de fabrication d'un produit qui, d'ailleurs, a fait en partie la fortune de l'Angoumois.

Le papier n'est pas d'invention moderne, ainsi qu'on pourrait le croire ; il aurait droit au contraire à revendiquer des titres de noblesse et de noblesse même très-ancienne. Sans discourir ici sur la question de savoir si son origine est antérieure aux croisades ou s'il est vrai que ce sont des prisonniers français qui, ayant appris en Asie à le fabriquer, ont, les premiers de tous, importé dans leur patrie les secrets d'une découverte faite en réalité au IXe siècle par les Orientaux, toujours est-il qu'au XIe les produits de cette industrie commençaient à être connus en Europe. La biblio-

---

1. On fait remonter au XIIe siècle la découverte de l'eau-de-vie. Au XIIIe, Arnaud de Villeneuve et Raymond Lulle firent connaître les procédés de sa fabrication. Mais ce n'est qu'à partir du XVIIe que cette fabrication est devenue l'objet d'opérations importantes.

thèque possède un manuscrit de 1050 écrit sur du papier de coton, et, à mesure qu'à partir de cette époque on avance vers la nôtre, on trouve que se généralise de plus en plus l'usage de ce qu'on appelait, au milieu du XIIIe siècle, le *parchemin de drap* ou le *parchemin grec*[1].

Parchemin de drap ou de linge, en effet, le papier se fabrique avec les haillons que la ménagère a jugés ne pouvoir plus servir d'aucune façon[2]. En sortant d'Angoulême et sur la route charmante que nous parcourons, on rencontre à chaque instant de lourdes voitures chargées de loques sales et puantes, qui roulent du côté de la fabrique où nous nous rendons. Ces chiffons deviendront un jour un livre éloquent, un dessin de prix, les tables de la loi, ou peut-être aussi le billet ambré d'une coquette.

Véritable prodige, n'est-ce pas? Le prodige pourtant est dénué de mystère, et voici comment il s'opérera.

Arrivées à la fabrique, les loques que vous avez vues, une fois pesées, seront mises en tas dans un atelier où l'on séparera avec soin les uns des autres les chiffons *fins* ou *blancs*, les *gros* ou *communs*, les *bulles* et les *couleurs* : ces derniers ne devant servir que pour les affiches et les autres pouvant fournir des papiers de qualité plus ou moins supérieure. Ainsi classés, ces chiffons seront soumis d'abord à l'action d'une machine effrayante qui les broiera et les vannera en même temps avec une rapidité incroyable; ils passeront ensuite dans des cuves successives où ils seront lessivés au chlore, tritu-

---

1. En 1142, Pierre de Cluny ou le Vénérable parle du nouveau papier et mentionne qu'il est fait avec de vieux haillons. On conserve une lettre du sire de Joinville à Louis le Hutin écrite en 1315 sur papier de lin, et c'est aussi sur papier de lin que fut dressé en 1317 l'acte d'accusation contre les Templiers, dont on voit encore l'original dans les Archives de l'État, etc., etc.

2. Dans l'Angoumois, c'est à Pâques que les marchands de chiffon parcourent les campagnes. Généralement, les paysans ne les vendent pas pour de l'argent; ils les échangent plus volontiers pour des denrées. Leur offrir du sel, c'est le moyen d'obtenir ce qu'il y a *de mieux* dans la maison.

rés de façon à former une pâte assez consistante dont on laissera écouler soigneusement toute l'eau, broyés de nouveau, cette fois avec de la colle, et arriveront enfin dans une dernière cuve, où, par un mécanisme tout particulier, les molécules de ces chiffons, réduits à l'état de bouillie douce et blanche comme de la crème, seront continuellement tenues en agitation dans l'eau qui les baigne de toutes parts.

C'est à partir de cette transformation que les phénomènes vous paraîtront de plus en plus curieux et rapides. Au sortir de la *cuve avec agitation,* vous pourrez voir la bouillie dont nous vous parlions tout à l'heure descendre[1] sur une série de rouleaux où elle se desséchera peu à peu et couvrir uniformément des toiles métalliques sur lesquelles elle prendra sa forme suprême, celle du papier : d'où ce papier ira s'enrouler à mesure sur un dernier cylindre qui le préservera de toute souillure et de toute brisure.

Tout cela se fait si vite et si bien que, dans trois minutes et dans l'espace de dix mètres au plus, nous avons vu la pâte liquide, qui s'agitait naguère au milieu d'un bain, prendre une fermeté telle qu'on aurait pu s'en servir à l'instant même et la faire passer sans inconvénient aux mains d'un imprimeur.

Après s'être enroulé sans fin ou du moins tout autant qu'on le veut sur le dernier cylindre[2], le papier en est enlevé, coupé en feuilles de divers formats, trié avec la plus scrupuleuse attention et satiné au moyen d'une pression énorme, après quoi nous n'avons plus à nous en occuper ; il est mis en rames et expédié.

---

[1]. C'est en sortant de cette cuve que, suivant l'ouverture plus ou moins grande du robinet qui laisse échapper la pâte, et aussi suivant le mouvement imprimé à la toile métallique sur laquelle elle se répand, on règle la force et par conséquent le poids du papier.

[2]. Il ne s'agit ici que de la fabrication du papier à longueur indéfinie et non du papier à forme, c'est-à-dire dont le format est déterminé par avance.

Mais voici que, pendant que nous vous donnions ces détails, la course projetée « est plus qu'à demi faite. » Nous avons déjà dépassé le village de Magnac-sur-Touvre, dont fait partie la fabrique que nous allons visiter, et, quittant la grande route, nous avons pris à gauche la belle avenue qui conduit à la fabrique elle-même.

Admirez-en d'abord l'agréable situation et voyez l'animation qui règne autour d'elle. Ses bâtiments baignent dans la Touvre[1], laquelle sort en bouillonnant du pied des ruines qui se dressent nues et décharnées à notre droite, ruines hideuses à voir au milieu d'un paysage frais et souriant, et que, peut-être à cause de ce contraste, on a appelées château de Ravaillac[2], quoique le meurtrier d'Henri IV n'en ait jamais possédé une seule pierre. Contemplez avec nous les charmes divers de cette rivière que Campenon semble avoir voulu peindre dans le poëme de la *Maison des champs*, lorsqu'il a dit :

> Voyez quel art, sur sa route féconde,
> A disposé ces abris toujours frais

---

1. La Touvre, qui à sa naissance présente une largeur de 80 mètres, prend sa source dans deux bassins principaux, dont l'un est nommé le *Dormant* et l'autre le *Bouillant* : ces différences de nom indiquent la manière dont ces sources s'épandent dans la vallée. Le premier de ces bassins a 24 mètres de profondeur, et le second 12 seulement. On prétend que l'eau qu'ils fournissent provient de réservoirs alimentés par deux cours d'eau (la Tardouère et le Bandiat) qui disparaissent en grande partie à 12 kilomètres de là. La Touvre se perd dans la Charente à une lieue seulement de sa source, un peu au-dessus d'Angoulême et à côté du pont que le chemin de fer a jeté sur cette rivière.

2. Le véritable nom de ce château est celui d'une commune voisine, de la commune de Touvres. Il fut ruiné par les Anglais ; c'est du moins ce qu'en dit P. Davity (1660) dans sa *Description générale de l'Europe* au volume : *France*. D'autres auteurs nous ont appris qu'il avait été bâti par Guillaume IV de Taillefer, évêque d'Angoulême en 1071, et qu'il fut longtemps la demeure d'été des successeurs de Guillaume ; enfin qu'il était nommé château de Ravaillac, parce que Ravaillac était né dans les environs. Tous s'accordent à dire que sa destruction est le fait des Anglais.

Pour vos pêcheurs, ces moulins pour Cérès ;
Tantôt l'écluse y fait gronder son onde ;
Tantôt, coulant dans une paix profonde,
Un lit plus doux la reçoit, et son sein
Se change en golfe, en limpide bassin,
Où la pudeur, qu'un jour sombre rassure,
Vient en secret dénouer sa ceinture.

Les anciens poëtes de l'Angoumois, eux, ont écrit qu'elle était « pavée de truites, lardée d'anguilles, bordée d'écre-

Papeteries de Maumont et de Veuze.

visses et couverte de cygnes. » Elle n'a plus aujourd'hui autant de trésors gastronomiques ; mais, ainsi qu'on peut le voir, elle possède encore des nappes d'eau abondantes et claires, des rives ombreuses et verdoyantes, des sites doux et gracieux qui font rêver les poëtes et s'arrêter les artistes. Cela nous suffit.

La Touvre toutefois n'est pas seulement un lieu de délices ; l'utile ici est joint à l'agréable, et les bords de cette rivière, si vantés pour leur tranquille solitude, sont troublés par le bruit retentissant des fabriques que l'on y a élevées. La première de toutes celles que l'on pourrait rencontrer, en suivant le cours de l'eau, est précisément celle de Maumont et Veuze, où nous nous sommes arrêtés.

Cette fabrique est très-importante; incessamment on voit circuler autour de ses vastes constructions des femmes et des enfants, des familles entières d'artisans qui vont et viennent de leurs demeures à leurs ateliers comme des abeilles auprès de leur ruche, et des chariots chargés de matières premières qui retourneront bientôt sur leurs pas en emportant des piles nombreuses de rames de tout format, de toute finesse et de toute couleur. Il ne faut pas s'étonner de ces mouvements divers. La papeterie de Maumont et de Veuze occupe quatre cents ouvriers qui travaillent souvent, moyennant une augmentation de salaire, au delà des heures de la journée commune; elle a des machines puissantes[1] que met en mouvement nuit et jour le courant d'eau dont elle dispose, et qui est d'une force de deux cents chevaux; elle consomme par jour de 5 à 6000 kilogrammes de matières premières dont 2500 de chiffons; elle use annuellement pour 18 000 francs de ces feuilles de zinc que vous verrez employées dans l'opération du satinage; et d'autre part elle produit et expédie des papiers tellement variés comme forme et comme qualité[2], que son trafic représente à lui seul un peu plus du sixième[3] de la fabrication d'Angoulême.

Ruelle est à côté de Magnac-sur-Touvre. A Ruelle, il faut s'arrêter devant la grille superbe qui fait face à la route et derrière laquelle se voient, au delà d'une porte vraiment

1. 24 cylindres, 12 effileurs et 12 raffineurs; 8 roues à la Poncelet, etc.
2. La qualité du papier des fabriques de Maumont et de Veuze est due à la pureté de l'eau dont elles se servent, et qui passe sous les moulins au moment même où elle sort de la terre, ainsi qu'aux soins infinis que prennent les fabricants d'améliorer leurs produits. Ces soins ont du reste été reconnus à l'exposition de Londres par une médaille.
3. La proportion exacte est de 3/17.

triomphale, les ateliers immenses où se fondent les canons de fer et de bronze destinés à armer les vaisseaux de l'État[1]. Nous avons déjà vu, à la manufacture d'armes de Châtellerault, le fer s'amollir sous les coups des martinets et se laminer, se tordre ou se creuser en forme de mousquets et de sabres. Ici le spectacle est bien plus imposant; le métal n'est pas simplement réduit à l'état de pâte, mais de fleuve ardent autour duquel s'agitent à demi nus de véritables Cyclopes. Demandez à être introduits auprès de l'officier supérieur qui commande à ce vaste établissement, et informez-vous de l'heure de la coulée (débouchage des fourneaux), ou bien encore du moment auquel auront lieu les épreuves et les réceptions des bouches à feu. En assistant à ces travaux, vous prendrez une idée exacte de l'enfer des anciens,

> Quæ rapidus flammis ambit torrentibus amnis
> Tartareus Phlegethon....

ou de la maison de Vulcain,

> Quam subter pecus et Cyclopum exesa caminis
> Antra Ætnea tonant. . . . .

En dehors de ces souvenirs mythologiques, vous ferez bien de rechercher aussi l'occasion de voir les approvisionnements de matières premières ou d'objets fabriqués, la salle des modèles, etc., et vous serez frappé de l'ordre parfait, nous allions dire de la coquetterie, qui règne dans l'arrangement de ces charbons, de ce minerai, de cette castine, de ces boulets, de ces canons, de ces obusiers avec leurs obus, de ces mortiers, de ces bombes, etc.

A Ruelle, on remarque encore le château du *Maigne-Gagnaud*, où François Ier s'arrêta en revenant de visiter les

---

[1]. Il n'y a en France que trois fonderies de canons et de projectiles spécialement affectés au service de la marine : Ruelle, Nevers et Saint-Gervais-sur-l'Isère. Celle de Ruelle date de 1750 et a été bâtie par l'ingénieur Marc-René de Montalembert.

sources de la Touvre, et où il fit élever une fontaine. C'est, d'ailleurs, une charmante localité que Ruelle, bien bâtie et posée sur les bords de la Touvre qui fertilise et embellit tous les lieux qu'elle arrose; les champs qui l'environnent sont cultivés à souhait, et la vue de ces campagnes heureuses et tranquilles reposera vos regards fatigués sans doute de l'éclat des fournaises de la fonderie. Jusqu'à Angoulême, vous jouirez des mêmes aspects. Profitons du calme qui nous est donné pour feuilleter ensemble l'histoire de la vie intellectuelle de cette cité.

Angoulême n'a pas été une ville d'études et un centre d'où rayonnât la lumière; elle a plutôt eu le tort de repousser les bienfaits et de méconnaître les bonnes intentions de François Ier, le *Père des lettres*. A son avénement au trône de France, il avait accordé le droit d'université à la capitale de son ancien comté; mais cette université ne fut jamais fondée, et en 1625 un arrêt du grand conseil déclara la cité déchue des prérogatives dont elle avait fait un si triste usage. Angoulême pourtant s'honore à juste titre d'avoir donné le jour à des hommes célèbres et justifie jusqu'à un certain point ce qu'en disait, il y a deux cents ans, sous une forme naïve, il est vrai, le chroniqueur Davity, lorsqu'il constatait que « l'air épuré de la ville est capable de produire et de nourrir des esprits sublimes. »

Le premier en date de ces « esprits sublimes » est saint Germer que Clovis trouva, en 508, sur le siége épiscopal d'Angoulême. Il avait étudié les belles-lettres à Toulouse, où il mourut et dont il était évêque. Viennent ensuite: au XIIIe siècle, Isabelle, la comtesse-reine, qui fut plus remarquable par ses intrigues et par sa beauté que par son intelligence et par son savoir; — au XVIe siècle, Marguerite de Valois[1],

---

1. Marguerite de Valois, qui fut reine de Navarre, est l'auteur des *Contes et Nouvelles*. On lui doit d'avoir fait fleurir les arts et la liberté au sein de son royaume et d'avoir donné l'exemple d'un dévouement sans

la gracieuse et charmante sœur de François I*er*, l'aïeule d'Henri IV, et, mieux que tout cela, le poëte spirituel et aimable qu'on appela la dixième muse ; Melin de Saint-Gelais, un autre poëte auquel on doit l'*importation* du rondeau, qu'il fit passer d'Italie en France, Melin, qu'on surnomma l'*Ovide* français, et qui fut le compagnon de Clément Marot et le rival de Ronsard ; maître Jacques, un sculpteur qui concourut avec Michel-Ange, son maître, pour une figure de saint Pierre, et dont on conservait, à la bibliothèque du Vatican, trois maquettes de cire ; Pierre Gandillaud, un magistrat, auteur de la *Coutume d'Angoumois* ; et Pierre de La Place, avocat, qui composa plusieurs traités de morale et qui périt à la Saint-Barthélemy, quoiqu'il eût été l'ami de

borne à ses proches. On se rappelle l'affection qu'elle portait à son frère et dont elle fournit une preuve éclatante à l'époque où François I*er* expiait à Madrid la journée de Pavie. Outre ses *Contes et Nouvelles*, elle a composé des poésies intitulées *le Miroir de l'âme pécheresse*, *les Marguerites de la Marguerite*, des *Mémoires* et des *Lettres* publiées par M. Génin en 1841. Les lecteurs nous sauront gré de leur donner un *spécimen* de son talent. Voici une de ses chansons copiée sur l'édition de 1549 du livre intitulé : *Marguerites de la Marguerite des Princesses, très-illustre royne de Navarre*. A Lyon, par Jean de Tovrnes, vol. 1, p. 533.

> Pour estre bien vray chrestien,
> Il faut à Christ estre semblable,
> Renoncer tout bien terrien,
> Et tout honneur qui est damnable,
> Et la dame belle et jolye,
> Et plaisir qui la chair esmeult ;
> Laisser biens, honneurs, et amye.
> Il ne fait pas le tour qui veult.
>
> Ses biens aux poures fault donner
> D'un cœur joyeux et volontaire,
> Et les injures pardonner,
> Et à ses ennemis bien faire ;
> Laisser vengeance, ire et enuie,
> Aimer l'ennemy si l'on peult,

François Iᵉʳ et d'Henri II; — au XVIIᵉ, G. Girard, auquel on doit la *Vie du duc d'Épernon*; Fr. Garasse, jésuite, écrivain amer et partial; J. L. Guez de Balzac, dont nous nous sommes déjà occupés; Pierre Guillebaud, chroniqueur; et Jean Mesneau, qui a écrit l'histoire du diocèse d'Angoulême et a fait de ses propres deniers réparer la cathédrale en 1628; — au XVIIIᵉ, François[1]-Joseph de La Rochefoucauld-Maumont, député aux états généraux en 89; J. B. Vivien de Châteaubrun, auteur de plusieurs tragédies, dont une, *les Troyennes*, est restée au théâtre; Louis d'Ussieux, publiciste et littérateur; Marc-René, marquis de Montalembert, le célèbre ingénieur qui a construit la fonderie de Ruelle, l'auteur de *l'Art défensif supérieur à l'art offensif*, le savant général que Carnot fit entrer au comité de salut public et qui aurait fait partie de l'Institut si Bonaparte ne s'était pas mis avec lui sur les rangs; Ch. Aug. Coulomb, physicien érudit, membre de l'Institut; Louis de Terrasson, excellent officier de marine; et enfin trois autres militaires qui ont fourni brillamment leur carrière dans les armées de terre sous la première république, Salomon Dumesny, J. N. Chancel et Jean-Baptiste Rivaud. Ajoutons à ces noms

> Aimer celle qui n'ayme mie :
> Il ne fait pas le tour qui veult.
>
> De la mort faut estre vainqueur,
> En la trouvant plaisante et belle,
> Voyre et l'aymer d'aussi bon cœur,
> Que l'on fait la vie mortelle;
> S'esjouyr en melancolie,
> Et tourment, dont la chair se deult;
> Aymer la mort, comme la vie :
> Il ne fait pas le tour qui veult.

---

[1]. Le prénom de François est souvent donné aux La Rochefoucauld depuis le jour où, en 1494, un membre de cette famille fut choisi pour être le parrain de François Iᵉʳ.

ceux de François Bareau de Girac, évêque de Rennes en 1766, et mort, en 1820, chanoine de Saint-Denis ; de Jacques-Martin de Bourgon, qui, général de brigade en 1848, a été tué aux fatales journées de juin ; et de Pierre-Ausone Chancel, frère de celui dont nous avons parlé quelques lignes plus haut, magistrat intègre qui fut, en 1813, envoyé[1] au Corps législatif, et qui a terminé sa carrière en 1849. Nous aurons signalé dès lors toutes les illustrations de la capitale de l'Angoumois, sauf pourtant Poltrot de Méré, le meurtrier de François de Guise, en 1563, que certains biographes font naître à Angoulême, et François Ravaillac.

Au retour de notre excursion à Ruelle, nous aurions bien quelque velléité de vous en proposer d'autres et de vous conduire à la poudrerie de Thouérat, construite en 1820 sur les plans de M. Joffre, colonel d'artillerie, et surtout à Saint-Michel d'Entraigues, dont l'église[2], entourée de huit absides, ornée d'une façade sculptée et construite en entier, y compris la couverture, en pierre de taille, est un des plus beaux et des

---

[1]. Nous emprunterons à la *Géographie du département de la Charente*, publiée par M. F. Marvaud, professeur au lycée d'Angoulême, une anecdote assez piquante sur la vie de M. Chancel. « M. Chancel, raconte M. Marvaud, se montrait partout véridique sans flatterie. Un jour Bonaparte, consul à vie, va à lui et lui demande quel département il représente. « La Charente, général. « — La Charente-Inférieure ? demanda le Consul. — Non, la Charente. — La « Supérieure, alors ? — Nous disons simplement la Charente. — Et quel est « l'esprit de Saintes, votre chef-lieu ? — Le chef-lieu de notre département est « Angoulême. — Dans quel état sont vos marais salants ? — Il n'y en a pas « dans la Charente. » Bonaparte trouva ces réponses catégoriques et s'éloigna. A quelque temps de là, comme on lui donnait les noms des députés de la Charente, en entendant celui de Chancel : « Oh ! celui-là, dit-il, je le reconnais. »

En citant l'ouvrage de M. Marvaud, nous sommes heureux de trouver l'occasion d'en faire l'éloge et de déclarer que nous l'avons utilement consulté dans tout le parcours du département, dont il contient la topographie et l'histoire.

[2]. Cette église qui rappelle un peu celle du Saint-Sépulcre a été classée comme monument historique et vient d'être reconstruite au compte de l'Etat (1851) par M. Paul Abbadie, l'architecte dont nous avons déjà parlé à l'occasion de l'église Saint-Martial du faubourg de l'Houmeau.

plus curieux édifices de la contrée. Mais il ne nous est pas permis de faire aussi longtemps l'école buissonnière. Partons.

Vous souvenez-vous d'avoir admiré du haut des terrasses qui s'étendent autour d'Angoulême les deux vallées qui l'environnent et lui font comme une ceinture d'eaux vives et de prairies et de coteaux ravissants? Regardez encore une fois celle de la Charente; nous allons lui dire un dernier adieu. Bientôt, après avoir traversé le tunnel creusé sous la ville, nous déboucherons sur celle de l'Anguienne, moins large que la première, mais plus fraîche si cela se peut, et surtout plus pittoresque. Ne semble-t-il pas que ces riants vallons, ainsi placés à chaque extrémité du noir souterrain, ont été disposés à souhait pour dédommager le voyageur des privations d'air et de lumière dont il aura eu à souffrir au sein d'une nuit profonde, sous les voûtes humides de cette arche immense qui, comme Atlas, porte un monde?

Porte de Ruelle.

Abbaye de la Couronne.

VII.

D'ANGOULÊME A LIBOURNE.

Après avoir franchi le tunnel [1] creusé sous la ville, le railway qui conduit d'Angoulême à Libourne n'a eu tout d'abord qu'à s'asseoir sur les terrains unis de la plaine de Sillac et qu'à longer ensuite les rampes assez douces des vallées de la Boëme, de la Tude, de la Dronne et de l'Isle. Aussi ne trouverons-nous pas sur ce parcours des œuvres d'art aussi importantes que celles qui, dans la Touraine et

---

[1]. Le tunnel d'Angoulême passe sous le châtelet, sous le palais de justice et sous le parc. Il débouche sur la vallée de l'Anguienne. De ce côté du chemin, la vue de la ville est encore plus attrayante que de l'autre côté.

dans le Poitou, ont frappé nos regards. C'est tout au plus si entre les stations de Mouthiers et de Montmoreau nous aurons à parler de quelques travaux[1] d'une importance réelle. Encore n'en parlerons-nous qu'au point de vue des difficultés que leur exécution présentait; car de leur mérite architectural, il n'y a rien à dire.

Toutefois le chemin que nous allons suivre est, par lui-même, assez riche en agréments de toute sorte pour qu'on n'ait pas à y regretter les merveilleux ouvrages que nous avons auparavant contemplés et décrits. Il a, pour plaire, de nombreux cours d'eau qui l'arrosent et le fertilisent, des bosquets et des bois qui lui versent de l'ombre, de grandes terres que la main de l'homme a su féconder sans les dépouiller de leurs grâces et que coupent çà et là des collines aux crêtes ardues ou aux pentes douces à l'œil, et enfin, comme surabondance de charmes, des ruines pittoresques dont la beauté emprunte un éclat nouveau au paysage souriant et frais qui les environne.

Dans la plaine de Sillac, il n'y a rien à voir en fait d'édifices : quelques villas perdues dans la verdure des coteaux voisins ou campées sur les grasses prairies qui bordent l'Anguienne, voilà tout. A droite, la grande route de Paris à Bordeaux déploie un instant sa ligne poudreuse.

Dans la vallée de la Boëme, au contraire, on trouve deux stations établies dans des positions merveilleuses.

Avant d'arriver à la première de ces stations, à *la Couronne*[2], regardez à droite. Sur un tertre de forme arrondie, vous verrez s'élever des ruines majestueuses qu'encadrent quelques bouquets d'arbrisseaux. Ces ruines sont celles d'un

---

[1]. Le viaduc des Conteaubières, la tranchée des Rousselières et le tunnel de Livernan.

[2]. Autrefois appelée la Palud, à cause des marais qui l'environnaient. Son nom actuel est dérivé de celui de *Coronella*, qu'elle a porté un peu plus tard, et qui lui est venu de la configuration du terrain sur lequel le bourg est bâti.

vieux monastère fondé en 1122 par un prêtre nommé Lambert, qui devint évêque d'Angoulême en 1136. Les cloîtres en sont détruits; mais de son église [1], réputée jadis l'une des plus belles de l'Aquitaine, il reste encore ce que vous voyez et qui fut la chapelle de la Vierge. Cette église est postérieure de quelques années au couvent fondé par Lambert. Elle date de 1171. On en vante fort les constructions puissantes et hardies, dont le plan se dessine encore sur le terrain où elle fut élevée.

Au bourg de la Couronne lui-même, il y a à visiter une église romane qu'on croit avoir été bâtie en 597, et de plus deux papeteries et quelques usines à martinet et à cuivre rouge; dans le voisinage, le château de *l'Oisellerie*, que fit élever Arnaud Calluaud, maire d'Angoulême sous François Ier, et plusieurs propriétés ravissantes, au nombre desquelles on doit citer celle de *la Courade*.

Tout autour, le paysage est rempli de charmes. La Boëme et la Charrau, aux bassins tourbeux, y entretiennent une fraîcheur incessante; et, même dans les vives ardeurs de l'été, on peut y étudier, sur le tapis des prairies qui bordent ces deux rivières ou aux bouquets de bois qui les dominent, toutes les gammes du vert, depuis les tons pâles de l'herbe nouvelle jusqu'aux nuances plus sombres et presque bleuâtres des pins.

La station de *Mouthiers* suit celle de la Couronne et lui ressemble sous plus d'un rapport. Avant d'arriver à Mouthiers, l'on devra, ainsi qu'on l'a fait en approchant de la Couronne, porter ses regards à droite du chemin. Ici aussi, on verra de très-belles ruines, et plus loin, sur la gauche, un bourg dans lequel s'exercent plusieurs industries et où se trouve une église fort ancienne, dont la nef surtout est très-remarquable. Mais la campagne est triste, désolée,

---

[1]. Lambert fut inhumé dans cette église en 1198.

un peu sauvage, coupée par des vallons étroits, hérissés de rochers.

Les ruines sont imposantes. Elles le paraissent d'autant plus que, placées sur un rocher assez élevé, elles projettent sur le ciel leurs formes sévères, et qu'à les voir se détacher ainsi de la terre, on dirait une apparition fantastique de quelque manoir hanté par des spectres, et dont il serait dangereux de fréquenter les abords aux heures cabalistiques.

Château de la Roche-Chandry, à Mouthiers.

Au IX° siècle, un comte de Saintes, nommé *Candericus*, ayant remarqué ce rocher qui dominait la vallée, résolut de s'y retrancher et y fit construire un château fort qui, des noms francisés de son fondateur et du lieu dans lequel il était bâti, s'appela la Roche-Chandry. La place fut trouvée bonne par ses successeurs, qui l'agrandirent et la fortifièrent de plus en plus. Puis vinrent les Anglais, qui l'occupèrent pendant longtemps et à diverses reprises. En 1416, elle leur était enlevée pour toujours et sa démolition était arrêtée. On la jugeait trop embarrassante à garder et trop difficile à reprendre. Mais cette démolition n'eut jamais lieu, du moins en entier; et deux siècles après, un des possesseurs y faisait faire de grandes réparations que la mort l'empêcha d'achever et qui ne furent pas continuées par ses héritiers. A partir de cette époque, on a laissé le temps accomplir peu à peu son œuvre de destruction, quoique la terre fût importante et que ses seigneurs jouissent, dans plusieurs fiefs qui en relevaient, du droit de haute, moyenne et basse justice.

Aujourd'hui, la Roche-Chandry appartient à des industriels qui, ne sachant que faire de ses tourelles découronnées, les ont abandonnées... Ils n'ont pu mettre à profit que la source abondante qui jaillit au pied du château, et qui, en s'écoulant dans la Boëme, sert à leur usine de force motrice. On fabrique du papier auprès de ces murs dont les nobles propriétaires dédaignaient peut-être de savoir écrire....

A côté de Mouthiers se trouve le viaduc des Couteaubières. Nous allons quitter la vallée de la Boëme et, pour arriver à celle de la Tude, nous serons forcés de couper les collines qui séparent ces deux rivières. A peine avons-nous franchi le ravin au fond duquel est Mouthiers, que déjà le chemin s'enfonce dans une tranchée profonde [1] taillée dans le roc. Il visite ensuite une gorge boisée au milieu de laquelle on peut apercevoir, sur la gauche et au loin, les humbles maisons du village de *Charmant*, vis-à-vis de la station de ce nom, et la flèche [2] élégante de son église, dont la fondation

---

1. Elle a 23 mètres de profondeur. C'est celle qu'on appelle la tranchée des Rousselières. On peut voir sur les parois de cette tranchée la trace des mines qu'on a été obligé d'y pratiquer pour l'ouvrir.

2. Cette flèche est classée comme monument historique. Elle fut foudroyée le 10 janvier 1843, mais elle a été reconstruite. On voit à côté de l'église de Charmant les ruines d'une ancienne maison de Templiers.

remonte au XIIe siècle. Aussitôt il pénètre sous des contreforts groupés les uns à côté des autres, pendant un assez long espace, et les creuse. Nous sommes arrivés au tunnel de Livernan[1].

Quelle que soit la longueur de ce souterrain (1471 mètres), on revoit bientôt l'azur du ciel et les vertes campagnes. Tout compte fait, il ne faut guère plus de deux minutes pour le franchir. Encore quelques coups de piston, quelques tours de roue, et nous aurons atteint *Montmoreau*[2], en longeant la Tude qui roule silencieusement et tranquillement ses ondes à côté de nous, sans s'inquiéter de la turbulence de notre marche et sans en jalouser la rapidité.

Montmoreau est une station importante qui dessert une ville assez commerçante, habituée d'ailleurs à être très-fréquentée; car elle est traversée de routes nombreuses. L'aspect en est gracieux. Ses maisons, séparées entre elles par des jardins, s'étagent les unes au-dessus des autres, et sont couronnées par les ruines d'un château fort qui occupait jadis en entier le sommet de la colline. C'était, au moyen âge, le siége d'une châtellenie considérable qui relevait directement des évêques d'Angoulême. Il n'en reste plus aujourd'hui que des bâtiments sans grand caractère que l'on a convertis en caserne de gendarmerie, une très-belle plate-forme d'où l'on peut embrasser d'un coup d'œil toute la vallée, et une tourelle dont la base a pour ornement une sculpture assez bizarre. On nous a raconté qu'on pouvait y voir un personnage tenant un tambour et placé sur un canon. Mais n'ayant pas constaté le fait *de visu*, nous ne pouvons

---

1. Voir à l'Avant-propos.

2 Du tunnel de Livernan à Montmoreau on passe sur de petits viaducs et sur le pont de la Tude, ouvrages sans importance. Mais nous signalerons sur ce parcours un travail curieux, au moyen duquel le ruisseau de Chavenat traverse le chemin de fer. C'est un aqueduc en fonte appuyé sur des piles de maçonnerie. On le trouve à quelques pas du tunnel de Livernan.

rien affirmer à cet égard. Non loin du château existait une église au-dessous de laquelle s'ouvrait une crypte dont on fait remonter l'origine au xe siècle. L'église actuelle ne date que du xiie. Elle appartient au style roman fleuri et vient d'être restaurée, avec autant de goût que de savoir, par M. Paul Abbadie, architecte d'Angoulême. On fera

Château de Montmoreau.

bien de la visiter, car elle est fort intéressante à voir et à étudier. Mais ceux qui ne pourraient pas s'arrêter en chemin pourront en prendre une idée à grand renfort de lorgnettes, en les braquant à mi-côte du mamelon au pied duquel la locomotive suspend pour quelques instants sa marche.

A Montmoreau se rattache un souvenir des guerres de religion. C'est là que, quelques jours avant la bataille de Coutras, le prince de Condé réunit une division de l'armée des calvinistes ; et il n'en partit qu'après avoir reçu les instructions du roi de Navarre.

Après Montmoreau vient *Chalais*. Nous ne dirons rien du trajet que l'on fait de l'une de ces stations à l'autre. Même sol onduleux, mêmes eaux vives, mêmes ombrages agrestes. Nous sommes toujours dans la vallée de la Tude.

Ainsi que celle de Montmoreau, la petite ville de Chalais est depuis longtemps le point où se réunissent plusieurs chemins, et le centre d'un négoce assez important par rapport au chiffre de sa population. Mais elle est plus célèbre que Montmoreau au point de vue de ses monuments, et surtout de la noblesse et de la puissance des seigneurs qui l'habitèrent ou de la grandeur des événements qui s'y accomplirent.

Au XIIIe siècle, Chalais fut apporté en dot par Agnès, fille d'Olivier, au troisième fils d'Hélye V, comte de Périgord, à Hélye de Talleyrand, sire de Grignols, qui devint la souche d'une des maisons les plus illustres de France, destinée plus tard à prendre la place de la branche aînée des Talleyrand-Périgord. Parmi les nobles possesseurs de ce fief, qui eut titre de principauté, nous citerons Henri, comte de Chalais, fils d'un prince de ce nom, Daniel de Talleyrand. Cet Henri fut le favori de Louis XIII, mais il fut aussi l'amant de la duchesse de Chevreuse, celle-là même dont nous avons raconté la mort en visitant Montbazon, et il fut entraîné par elle à conspirer contre le cardinal de Richelieu, qui le fit condamner à avoir la tête tranchée. Henri de Chalais n'avait que vingt-six ans quand il fut décapité à Nantes, en 1626.

Le nom d'Anne de La Trémoille, qui devint plus tard la princesse des Ursins, et dont nous avons parlé en passant à Châtellerault, se rattache encore à celui de la principauté de Chalais. Avant d'épouser Flavio Ursini, duc de Bracciano, Anne de La Trémoille avait été mariée à Adrien Blaise de

Talleyrand, qui avait été exilé de France et qui mourut dans les États de Venise.

La place de Chalais a d'ailleurs été recherchée, à cause de sa position, par tous les partis, durant les guerres diverses qui, à plusieurs époques, ont ensanglanté la contrée. Elle demeura longtemps sous la dépendance de l'Angleterre. Charles VII l'assiégea en personne, le 17 juin 1452 ; un de ses lieutenants la prit d'assaut et fit tuer tous les habitants qui avaient pris parti pour les Anglais. Le duc de Joyeuse y campa la veille du jour où il devait être battu à Coutras, et c'est là que, dans un conseil tenu par les principaux chefs de son armée, on décida que le lendemain il ne serait fait quartier à personne, pas même à Henri d'Albret, pour le cas, dont on ne doutait guère, où on réussirait à le rencontrer dans la mêlée et à s'emparer de lui.

Quant aux monuments de la cité féodale, il faut voir l'hôpital, bâti, en 1690, par un chirurgien du nom de Pascaud, hôpital auquel est joint un pensionnat de jeunes filles assez estimé; le portail roman de l'église paroissiale, à côté de laquelle existait jadis un couvent d'Augustins réformés, fondé au commencement du XVIIe siècle par la fille du maréchal de Montluc, qui, mariée au prince de Chalais, fut la mère d'Henri, comte du même nom, dont nous venons de dire la mort prématurée et tragique ; et enfin, le château qui fait encore partie du domaine des Talleyrand-Périgord.

Ce château était autrefois une sorte de citadelle, flanquée de tours élevées, entourée de fossés profonds, et communiquant avec la plaine par des souterrains qui facilitaient les sorties et les approvisionnements de la place. De ces constructions, il ne reste rien ou presque rien. Les bâtiments actuels sont de date plus ou moins récente. Quelques-uns d'entre eux remontent pourtant au XIVe siècle. On y remarque la tour de l'ouest, dont la porte était surmontée de l'écusson des comtes de Périgord, avec sa fière devise : *Rè qué Diou* (Rien que Dieu), et un pont-levis dont les chaînes, toujours solides, permettent encore de le lever ou de l'abaisser, suivant les besoins.

En sortant de Chalais, le chemin de fer continue sa course le long de la Tude[1], jusqu'au moment où il entre dans la vallée de la Dronne, rivière assez belle, dont il rencontre le lit à Parcou ; Parcou est un joli bourg campé sur une colline et distant du point de départ de 8 kilomètres environ. C'est à partir de ce bourg qu'abandonnant le territoire de la Charente il vient toucher d'abord à l'extrémité de celui de la Charente-Inférieure, et séjourner ensuite, mais un seul instant, dans la Dordogne, à *la Roche-Chalais*, avant d'arriver au département de la Gironde, au centre duquel il doit s'arrêter.

La Roche-Chalais est un bourg très-peuplé, qui est bâti en amphithéâtre, sur une colline assez éloignée de la station[2], et qu'entourent de nombreux hameaux reliés l'un à l'autre par des routes assez larges et très-fréquentées. Paysage ravissant d'ailleurs. La Dronne coule à notre droite, et de tous côtés on voit s'élever au loin des coteaux de forme élégante.

Il faut regarder à la hâte ce paysage : car à ses charmes d'allure coquette vont succéder des beautés plus sévères. Les ondulations du terrain s'amoindrissent à chaque pas ou s'éloignent de nous ; l'horizon devient de plus en plus vaste ; aux monticules ombreux succède la plaine ouverte de toutes parts à la lumière ; la Dronne élargit son lit et se rapproche de l'Isle, dont elle va grossir le cours. Encore quelques minutes, et nous toucherons au confluent de ces deux rivières.

1. Il y a autour de Chalais deux cours d'eau, la Tude et la Viveronne.
2. Il y avait autrefois à la Roche-Chalais un château fort qui a joué un certain rôle durant les guerres de religion. En 1569, un seigneur de la Roche-Chalais y fut attaqué par les troupes catholiques. Il fut fait prisonnier, et tous ses compagnons furent passés au fil de l'épée.

Avant d'y arriver, le convoi s'arrête, et vous pourrez lire, sur les murs du bâtiment de la station, le nom de *Coutras*. Jetons un coup d'œil sur les campagnes voisines. A droite, une plaine fertile s'étend au loin jusqu'au coteau *des Graves*, que couronne la ville de Guitres. Elle est arrosée par deux cours d'eau : la Dronne, que nous connaissons déjà, et le Larry, qui se perd dans l'Isle, et elle est traversée par la grande route qui va de Libourne à Angoulême, en passant par Ribeyrac. A gauche, la perspective est plus bornée. Là aussi il y a une plaine, que dans le pays on nomme *la haute plaine;* mais celle-ci n'est pas aussi large que l'autre, et s'arrête aux collines de *la Double*. De toutes parts, cependant, beautés agrestes, fécondité merveilleuse, « jardin naturel, où les eaux, les arbres, les cultures variées, les blanches habitations de Coutras, d'autres communes rurales, de vieux châteaux et de modernes édifices, présentent réunis tous les accidents qu'on aime à trouver, même isolés, dans les tableaux de la nature. »

L'heureuse situation de Coutras, toutefois, est le moindre de ses attraits. Avons-nous besoin de rappeler à nos lecteurs qu'il fut le champ de bataille où, le 20 octobre 1587, Henri de Navarre remporta une victoire éclatante sur l'armée des ligueurs, commandée par le duc de Joyeuse?

Les troupes calvinistes et catholiques en vinrent aux mains à l'est et près du bourg, entre la rivière de l'Isle et la route d'Angoulême. Au point du jour, Henri, prévenu que Joyeuse marchait à sa rencontre, vint à la hâte reconnaître les positions, et, s'adressant au prince de Condé, lui dit : « Mon cousin, que de sang va couler faute de s'entendre ! Mais vive Dieu ! ils l'ont voulu, marchons ! » Il réunit ensuite ses autres lieutenants, les princes de Conti et de Soissons, le vicomte de Turenne, La Trémouille, qui, dans une reconnaissance, avait déjà soutenu le choc de l'avant-garde des ligueurs, et quelques autres, au nombre desquels on doit nommer le capitaine Favas, qui, par ses conseils et par sa valeur, contribua au succès de cette journée, ainsi que Sully, qui fut chargé de l'artillerie avec Georges de Clermont d'Amboise. Il disposa l'infanterie et les cavaliers, que commandaient ces différents chefs, en ordre de bataille, de manière à avoir sur ses derrières Coutras, à gauche la Dronne, ou plutôt le ruisseau de Palar qui coule auprès, à sa droite un petit bois retranché d'une haie et d'un fossé, et, dans cette position sagement choisie[1], il attendit de pied ferme l'attaque de ses ennemis. Ses soldats, d'ailleurs, à l'allure fière et au corps endurci à la fatigue, avaient pour toute parure des pourpoints de buffle sur des habits de bure en partie usés; mais ils s'enorgueillissaient de leur courage, et ne songeaient pas à leur pauvreté. Tout était de fer chez

[1]. Voici sur cette position des renseignements encore plus précis, qui permettront aux voyageurs de la reconnaître ou d'en prendre au moins une idée tout en cheminant. Le champ de bataille choisi par le roi de Navarre occupait, dans le sens de la longueur, une petite plaine, ou plutôt un pli de terrain, qui borde, dans toute son étendue (1 kilomètre ou 1200 mètres environ), le côté septentrional de l'ancien parc. Le chemin de fer le traverse au N. E. de Coutras, un peu avant d'arriver à la station (à 1 kilomètre). A cette distance, le railway décrit une courbe. C'est là, ou du moins tout auprès, qu'était posté l'escadron commandé par Henri, ayant à sa gauche son artillerie et à sa droite la plus grande partie des troupes rangées sur une ligne courbe et faisant face au nord. A 400 pas environ au nord, et regardant Coutras, l'armée de Joyeuse se dessinait, suivant une courbe parallèle à la première ou, pour s'exprimer mathématiquement, concentrique avec elle. Du nord au sud, ou dans le sens de sa largeur, le champ de bataille peut être reconnu sur le terrain, en le prenant à partir du chemin qui conduit du village de la Bodetterie à celui de la Cabanne, jusqu'au point *le plus saillant* de la courbe du chemin de fer.

Nous devons ces renseignements à l'obligeance de M. Viault, juge de paix à Coutras, qui aux devoirs de sa charge sait allier la culture intelligente des lettres et de l'histoire. A l'époque où des officiers d'état-major dressèrent le plan de la bataille de Coutras, nous savons que M. Viault leur fut d'un très-grand secours. Nous savons aussi qu'il possède un exemplaire de ce plan, et nous croyons pouvoir nous permettre d'avertir nos lecteurs que les touristes *sérieux* auront la faculté d'en prendre connaissance.

ces hommes, dont les âmes étaient impénétrables comme leurs armures.

Dans l'autre camp, au contraire, les mesures n'avaient pas été combinées ou furent mal prises. L'impétuosité des gentilshommes avait empêché qu'on n'usât de précaution. Nous avons vu que la veille, à Chalais, le duc de Joyeuse et ses compagnons avaient juré l'extermination des huguenots. Pour se préparer à une journée qu'ils voulaient rendre aussi sanglante, cette troupe, vaillante mais téméraire et frivole, se revêtit d'habits somptueux : des pierres précieuses brillaient sur les casaques de velours; des aigrettes et des panaches flottaient aux cimiers des casques; et des écharpes de soie, des portraits de femmes richement encadrés, ornaient ces poitrines qui allaient affronter la mort.

A neuf heures, l'action s'engagea. Avant de combattre, les bandes huguenotes s'étaient agenouillées et avaient entonné, d'une voix mâle et sévère, le psaume de Clément Marot :

> La voici, l'heureuse journée
> Où Dieu couronne ses élus.

« Ce sont gens qui tremblent, » dit Joyeuse; mais leurs actions donnèrent bientôt un démenti éclatant à cette parole présomptueuse. Le canon tire, et l'artillerie d'Henri, admirablement servie, décime les rangs ennemis, tandis que celle du duc, placée dans un bas-fond, n'envoie que des volées impuissantes. La mêlée s'engage et, pendant que, du côté des protestants, Poitevins et Saintongeois rivalisent avec les Gascons [1], pendant qu'Henri, payant de sa personne, s'écrie à ceux qui veulent le retenir : « Écartez-vous,

---

[1] Les soldats de Joyeuse montrèrent beaucoup de courage et, au commencement du combat, firent plier un corps de troupes calvinistes qui était composé de Gascons. Montansier et Vaudoré, qui cherchaient à les rallier, s'écrièrent : « Ce ne sont là ni Poitevins ni Saintongeois. » On vit alors les fuyards revenir de plus belle à la charge, et il y en eut, dit d'Aubigné, qui entamèrent le gâteau douze pas avant leurs compagnons.

messieurs, ne m'offusquez pas, je veux paraître, » et que, prenant au corps un officier du nom de Château-Renard qui portait la cornette de son régiment, il lui dit ce mot qui fit fortune et fut répété par tous ses soldats : « Rends-toi, Philistin! » le désordre se met parmi les ligueurs. Un de leurs chefs, le marquis de Lavardin, avait forcé un instant les lignes du Béarnais, et la victoire à cette heure-là avait paru indécise; mais il fut bientôt repoussé et prit la fuite du côté de *la Double*. Quant à Joyeuse, après avoir vu mourir autour de lui ses capitaines les plus dévoués et son frère le vicomte de Saint-Sauveur, après avoir vu ses plus vaillantes troupes tomber sur le champ de bataille au milieu de leurs piques brisées, il fut tué au moment même où, après avoir jeté son épée, il offrait pour sa rançon une somme de 100 000 écus.

Disons à la gloire des vainqueurs qu'après le combat ils montrèrent une grandeur d'âme et une clémence aussi remarquables que le courage dont ils avaient fait preuve durant l'action. Avant d'en venir aux mains, Henri avait dit à ses troupes et aux princes qui avaient embrassé sa cause : « Gascons, Poitevins, Saintongeois, Picards, Bourguignons, vous disputez souvent ensemble le prix du courage; voyons comment chacun soutiendra aujourd'hui les prétentions de sa province. Et vous, mes cousins, mes amis, vous allez vous rendre à vos rangs, embrassons-nous. Il n'est pas besoin ici de longues paroles; souvenez-vous que vous êtes Bourbons, et, vive Dieu ! je vous montrerai que je suis votre aîné. » Au nom de tous, Condé répondit : « Et nous, nous ferons voir que vous avez de bons cadets. » Or on a vu que tous tinrent leur parole. Après la défaite des catholiques, ce même Henri s'écria : « Plus de sang ! recevez-les tous à merci. Ils sont braves, ils sont Français. Il faut que le roi nous remercie de cette victoire. » Et aussitôt la fureur du soldat s'apaisa. On commença alors de faire des prisonniers[1]. On en renvoya même plusieurs sans rançon, et on laissa s'éloigner, avec trop de générosité peut-être, la troupe de fugitifs que commandait Lavardin.

Le soir de ce même jour, le Béarnais écrivait à Henri III, avec autant de raison que d'esprit : « Sire, mon seigneur et frère, remerciez Dieu, j'ai battu vos ennemis et votre armée. »

La ville de Coutras est d'ailleurs une ville historique. A vrai dire, son origine se perd dans la nuit des temps ; car quelques *mottes* ou *pujolets*[2], quelques armes en silex, découvertes dans ses environs, doivent faire présumer qu'elle fut fondée par les Aborigènes, au temps des Druides. Plus tard, sa position fut remarquée par les Romains, qui y établirent une station militaire, appelée *Corterate*. La voie qui de Bordeaux allait à Périgueux, en se dirigeant par Guitres et la forêt de la Double (*Dumbola*), passait au pied de cette station, que traversait aussi une autre route mettant en communication l'Angoumois avec les pays de l'Entre-Dordogne. Il subsiste encore quelques indices de *Corterate*[3], et quant aux

---

[1]. Parmi les seigneurs qui furent faits prisonniers, on doit citer le marquis de Saint-Luc, qui était devenu le favori du duc de Guise, après avoir été celui d'Henri III, et le comte de Montsoreau, fameux par le meurtre de Bussy d'Amboise. Le marquis de Saint-Luc, redoutant le prince de Condé, employa un singulier moyen pour éviter le mauvais parti qu'il craignait qu'on ne lui fît. Au moment où le prince poursuivait les fuyards, Saint-Luc fondit sur lui, le désarçonna, et en même temps mettant pied à terre, lui présenta sa main, pour le relever, et son gantelet, en lui disant : « Monseigneur, je me constitue votre prisonnier. » Condé l'embrassa et le mit en lieu de sûreté.

[2]. On appelle ainsi dans le pays les *tumuli* ou *tombelles*, amas de terre formés de main d'homme, sous lesquels les anciens habitants de l'Aquitaine enterraient leurs guerriers.

[3]. On connaissait depuis longtemps, à Coutras, l'existence d'un cimetière gallo-romain, et l'on savait qu'il était situé au centre même de la ville moderne (côté oriental de la grande rue). L'on y avait même trouvé des tombeaux de pierre. Mais lorsque, il y a quelques années, on fouilla la tranchée du chemin de fer, pratiquée dans la traversée de la voie antique de *Burdigala* à *Vesunna*

voies romaines on en trouve çà et là des vestiges que, dans la contrée, on nomme, partout où ils se rencontrent, *le chemin de Charlemagne*. C'est en effet l'une des voies que suivit le grand empereur lorsqu'il fut avec ses troupes fonder la forteresse de Fronsac, dont nous parlerons un peu plus loin.

Après Charlemagne, Coutras fut, pendant cinq cents ans, la proie des conquérants divers qui tour à tour s'arrachaient les riches provinces de l'Aquitaine. A la fin du XIIe siècle, pourtant, c'était une localité assez importante[1] pour être le siége d'une juridiction particulière et pour avoir un tabellion[2]. En 1453, elle rentra sous l'obéissance des rois de France, et, à peu près à la même date, elle fut donnée en fief à Odet d'Aydie, dont la fille épousa Jean de Foix, vicomte de Lautrec. A celui-ci succéda son fils, Odet de

(de Bordeaux à Périgueux), on découvrit la partie la plus ancienne de ce cimetière, celle dont on s'était servi à l'époque de l'incinération des corps, c'est-à-dire avant l'introduction du christianisme dans ces contrées. On mit alors à jour beaucoup de vases antiques, urnes, coupes, bouteilles, lampes, lacrymatoires, dont quelques-uns ont pu être recueillis et conservés. — On a aussi découvert, en face de Coutras, sur la rive droite de la Dronne, et toujours sur le bord de la voie antique, les ruines d'une vaste villa incendiée par les Vandales ; des étuves, des hypocaustes et des médailles dont les plus récentes sont de Constantin. Malheureusement les substructions de cette villa, qui occupaient une partie de l'emplacement de l'ancienne terre seigneuriale, ont entièrement disparu. On en a dernièrement employé tous les matériaux. — Enfin, à l'extrémité sud de la ville, autour du faubourg *des Loges*, entre Coutras et le confluent de la Dronne et de l'Isle, il existe encore un retranchement semi-circulaire, assez fort, quoiqu'il ne soit formé que de terre, qui relie entre elles les deux rivières, et qui en commande, dans deux endroits, les passages. Ce retranchement est le reste d'un camp romain. C'est très-probable du moins ; car, là aussi, on a trouvé des fragments de tuile à double parement.

1. Il est fait mention de Coutras (et non plus de *Corterate*) dans une bulle d'Alexandre III, en 1171. L'église paroissiale y est indiquée sous le nom de Saint-Jean de Coutras.

2. En 1290, Pierre de Trench reçut sa commission de notaire d'Édouard Ier, roi d'Angleterre et duc d'Aquitaine, mais il n'est pas le premier qui ait été revêtu de ce titre.

Foix, qui est connu par ses revers dans le duché de Milan, et dont la sœur fut cette comtesse de Chateaubriand qui eut tant d'empire sur François I*er*. A l'époque de sa disgrâce, occasionnée par les intrigues de Louise de Savoie (1518), Odet de Foix habita à Coutras dans un château que, plus tard, un évêque de Tarbes du nom de Manaud fit reconstruire en partie à ses frais. Manaud avait été protégé par Lautrec et voulut perpétuer sa reconnaissance en érigeant cette maison à la mémoire de son bienfaiteur. Brantôme[1] dit à ce sujet : « Il la fit ainsi parachever belle comme elle est, qu'on peut dire le plus beau corps de logis et la plus belle vis (escalier) qui oit sen France, ainsi que j'ay veu et ouy dire aux grands seigneurs qui l'ont veue et aux grands architectes, ne voulant pas qu'on s'en arreste à mon dire. Ce bel œuvre ainsy paracheva cet honneste et recognoissant évesque pour servir d'un second monument à la postérité de son maître, ne luy restant marque en France que celle-là, fors la mémoire de ses hauts faits. Il y a plusieurs évesques, ajoute-t-il, et gens d'église qui n'ont garde d'estre ainsy recognoissants, ny qui l'aient esté à l'endroict de leurs bienfaicteurs qui leur ont faict avoir les éveschés, bonnes abbayes, que, lorsqu'ils sont morts, plantent là leur mémoire, et en sont ingratz envers eux, non pas à leur faire bastir un seul petit tombeau, et envers leurs enfans, femmes et parens, qu'ils ne voudroient secourir d'un seul sol en leurs nécessités. »

Ce château n'existe plus. Jacques d'Albon, maréchal de Saint-André, si célèbre par son luxe que de Thou affirme « qu'il en a surpassé mesmes les roys » l'acheta aux héritiers de Lautrec, l'augmenta encore, y fit planter des jardins et établir des pièces d'eau. Il appartint ensuite à la princesse de Condé, qui s'y plaisait fort et y demeura pendant les guerres de la Fronde (1650); un peu plus tard, le

---

1. *OEuvres complètes*, t. II, discours xxvii*e*.

prince l'habita aussi. Mais, en 1730, il tombait de vétusté; on le démolit. Tout ce qu'on en sait, c'est qu'il était d'une très-belle architecture, ainsi que l'affirme Brantôme, et dans le goût de la Renaissance. Les seuls débris qui marquent sa place sont : un portail dont le sommier cintré est surmonté de colonnes torses fort élégantes, servant d'appui à une arcade d'un cintre plus arrondi, et un puits hexagone, construit par les ordres du maréchal de Saint-André, et dont l'orifice est recouvert par une coupole que supportent six colonnes d'ordre dorique; cette coupole est surmontée d'une lanterne à toiture sphérique, dont les retraits sont appareillés en écailles de poissons, et que couronne l'image d'un dauphin. Autour de l'architrave de ce monument, on voit encore quelques sculptures : des armoiries que le temps a mutilées, et un bras dont la main, couverte du gantelet des chevaliers et armée d'un cimeterre, frappe plusieurs nœuds assemblés; au-dessous on lit ces mots gravés sur la pierre : *Nodos virtute resolvo*. C'était, sans doute, un emblème destiné à rappeler la façon dont Alexandre sut délier le nœud gordien. Mentionnons, en outre : des restes de mur d'escarpe (le blocage seulement), des prisons et de vieilles voûtes.

Devant le château se trouvait une grande allée de lauriers où se sont promenés Henri III, Catherine de Médicis et Henri IV pendant la trêve qui fut signée entre les deux rois au mois de septembre 1577; où Louis XIII se montra au peuple (15 juillet 1621) pendant son voyage dans le Bordelais; où la belle duchesse de Longueville (1651) vit à ses pieds le prince de Condé, et où devisèrent gaiement et follement toutes les nobles *frondeuses* qui jouèrent à cette époque frivole un rôle sérieux. Mais cette allée fut détruite par le froid rigoureux de 1791 et son emplacement est occupé aujourd'hui par les rails du chemin de fer, lequel à partir de la courbe qui précède, d'un kilomètre environ, la gare de Coutras traverse, presque toujours en tranchée, le parc de l'ancien château, sa garenne, ses jardins et ses pièces d'eau. L'extrême limite méridionale de ces anciennes dépendances du vieux manoir se trouve sur le railway, vis-à-vis de la maison de garde la plus rapprochée de la station, près de la route qui vient d'Abzac et va à Coutras. Toutefois des haies, des arbres et surtout le talus des déblais au milieu desquels on chemine, en dérobent la vue aux voyageurs.

Le duc d'Épernon a laissé quelques souvenirs à Coutras. C'est au seuil de son église paroissiale que l'orgueilleux duc vint faire amende honorable des mauvais traitements dont il avait usé à l'égard de Mgr de Sourdis, archevêque de Bordeaux. Au jour indiqué, le 20 septembre 1634, il s'agenouilla aux pieds du prélat en présence du duc de La Valette, son fils, de plusieurs seigneurs et de cinq conseillers du parlement venus, par commandement du roi, pour assister à cette cérémonie; et c'est là qu'il reçut humblement, en apparence du moins, l'absolution qu'on lui avait ordonné d'implorer. Il est vrai qu'à cette absolution était attachée la promesse d'être réintégré dans son gouvernement de Guyenne : promesse qui fut tenue quelques jours après; car les lettres patentes en vertu desquelles il rentra dans toute sa puissance portent la date du 1er octobre suivant.

Coutras est aujourd'hui un bourg assez bien bâti, dans la situation fertile et riante que vous connaissez. C'est un marché de céréales important, et il y a tout auprès des usines métallurgiques et une papeterie. Son industrie d'ailleurs est appelée à prendre un certain développement, ainsi que son commerce, car le Grand-Central (de Bordeaux à Lyon), doit s'y souder à la ligne de Paris à Bordeaux.

Dans son voisinage, on fera bien de visiter les moulins de Laubardemont, établis sur la rivière de l'Isle, auprès d'un vieux château du même nom, dont ils dépendaient.

Parmi les seigneurs de ce château, nommons Jean-Martin, baron de Laubardemont, de honteuse mémoire, qui joua un si triste rôle dans l'affaire des Ursulines de Loudun et d'Urbain Grandier, et dans l'interrogatoire de Cinq-Mars et de de Thou.

Quant à la ville elle-même, il y a fort peu de curiosités à y voir : le portail et le puits du château, l'église paroissiale, les *promenades* et un monument élevé à la gloire du brave Albert, soldat de la république et de l'empire, qui arracha des mains de l'ennemi le corps du général Marceau, blessé mortellement près d'Altenkirchen.

En sortant de Coutras, le chemin de fer rencontre l'Isle et la traverse sur un beau pont. Il s'établit ensuite dans la vallée au fond de laquelle serpente cette rivière, et la suit jusqu'à Libourne.

Dans ce trajet assez court (17 kilomètres), on ne trouve qu'une station, *Saint-Denis de Pile*, petit bourg où l'on ne s'arrête guère et dont l'église est pourtant très-intéressante. C'était le siège d'un prieuré. Sa nef[1] à croix grecque, son clocher crénelé s'élevant au centre de l'édifice, une partie de son abside et les voûtes de ses transepts[2] attestent l'antiquité de son origine.

A partir de Saint-Denis, la vallée de l'Isle devient de plus en plus large ; elle est ornée de belles cultures. Nous sommes sur la limite des pays producteurs de bon vin. Dans les plaines qui nous environnent, on voit de vastes plates-bandes de vignes entrecoupées de guérets et de prairies artificielles. L'hiver, les souches de ces vignes, taillées presque toujours de façon bizarre, se détachent en noir sur le sol et affectent de ressembler à des squelettes d'enfants ou à d'énormes reptiles : nous n'avons vu nulle autre part des effets pareils. A

---

1. Longueur de la nef, 21 mètres ; largeur, 6^m,30.
2. Longueur des transepts, 16^m,80 ; largeur, 6^m,30.

notre droite, et plus loin que l'Isle, se profile à l'horizon le tertre de Fronsac qui domine tout le pays, au delà même de Vayres, une des stations de Libourne à Bordeaux.

Fronsac a de tout temps été habité. Au dire de certains auteurs, les barbares qui tour à tour ont désolé l'Aquitaine « passèrent au pied de ce tertre sans lui donner un regard. » Mais ces écrivains ont commis sans doute une erreur; car, à l'époque gallo-romaine, Fronsac possédait déjà une villa splendide, où l'on a trouvé des médailles romaines, des tuiles à parements, des fragments de marbre, et un chapiteau dont on a fait le bénitier de l'église.

Vainqueur d'Hunald, le dernier duc qui ait gouverné l'Aquitaine avant la conquête des Francs, Charlemagne fit bâtir, au haut du tertre, une forteresse dans laquelle il mit une garnison, et qui fut placée sous les ordres d'un vicomte, lequel releva d'abord des comtes d'Angoulême, et plus tard des comtes de Périgord. De cette forteresse, il ne reste pas plus de vestige que de la villa opulente.

Au XIII° et au XIV° siècle, Fronsac fut possédé par des seigneurs puissants qui y élevèrent un château fort d'une grande étendue, aux murs duquel se rattachent plusieurs souvenirs de différente nature. En 1451, le 15 juin, après treize jours de siége et trois assauts, Dunois le prit aux Anglais et y signa, au nom de Charles VII, le traité qui devait ouvrir à ce roi les places de la Guyenne. Onze ans après, Louis XI le visitait et faisait construire et voûter, dans l'église du village, une chapelle qu'il consacrait à la vierge. Sous le règne de ce monarque, Odet d'Aydie, vicomte de Lautrec, seigneur de Coutras, devint le possesseur du vicomté de Fronsac. Il eut pour successeur le maréchal de Gié, que Louis XII comblait de faveurs.

Le maréchal de Gié ne séjourna pas dans sa terre; mais il y avait placé quinze mortes-payes qui exercèrent dans la contrée des brigandages de toute nature : ils pillèrent Libourne, le mitraillèrent et en enlevèrent plusieurs jeunes filles; tout vaisseau étranger chargé de marchandises et qui passait à portée de leurs canons était pris, son équipage pendu ou noyé; les paysans voisins étaient mis à contribution, chassés de leurs villages et contraints de servir ces forbans. Ces exactions inouïes durèrent longtemps, de 1488 à 1492. Enfin, sur les réclamations incessantes de la municipalité de Libourne, Charles VIII se décida à saisir de l'affaire le parlement de Bordeaux, qui instruisit le procès et fit rigoureusement punir les coupables.

On retrouve à Fronsac le fastueux maréchal d'Albon, ce seigneur prodigue dont nous avons parlé à Coutras. C'est en sa faveur qu'Henri II érigea le fief en comté d'abord (1551), et, quatre ans après, en marquisat. De la famille d'Albon, la terre passa, par suite de diverses alliances, à François d'Orléans-Longueville, comte de Saint-Paul, et fut élevée par Henri IV au rang de duché-pairie. Elle avait alors dans sa dépendance près de cinquante paroisses, y compris la ville de Guitres, et était considérée comme la seigneurie la plus belle de tout le royaume. Le nouveau duché fut placé sous le commandement d'officiers à la solde du comte de Saint-Paul.

L'un de ces officiers, du nom d'Arsilemont ou d'Argilemont, abusa étrangement des pouvoirs qui lui étaient confiés. Fort du rang et de la puissance de son seigneur, protégé d'ailleurs par Marc-Antoine de Gourgues, premier président du parlement de Bordeaux, d'Argilemont renouvela, contre les vassaux de Fronsac et les habitants de la contrée voisine, les violences qu'avaient exercées, un siècle auparavant, les soldats du maréchal de Gié. Il fut à la fois l'opprobre et la terreur du pays. Voulait-il prélever quelque contribution sur Libourne ou humilier ses magistrats? il braquait sa couleuvrine contre les murs de la cité, et un boulet avertissait le maire et les jurats d'avoir à se rendre au château. Là, il leur intimait ses ordres ou les livrait à la risée de ses acolytes et de ses valets. Un beau jour, il s'en prit à son protecteur lui-même, au président de Gourgues, qui s'opposait à certains agrandissements du fort, et il ordonna à un capitaine flamand de tirer sur le château de Vayres, appartenant à ce président. Alors, mais alors seulement, il faut bien le dire, la justice trouva qu'elle avait montré une patience au delà de toute limite. Louis XIII était à Bordeaux; on lui dénonça le coupable et tous les forfaits qu'il avait commis. D'Argilemont fut arrêté, et, malgré les pressantes sollicitations du comte de Saint-Paul et du duc de Mayenne, il fut condamné à avoir la tête tranchée et fut exécuté dans le même jour. Sa tête, clouée sur la porte de Libourne, fut remplacée au bout de quelques jours par une tête de pierre. Ses biens furent confisqués et donnés six jours après à son maître le comte de Saint-Paul.

Les habitants de la contrée, cependant, ne se tinrent pas pour satisfaits par le supplice de d'Argilemont : le château de Fronsac, celui de Caumont, également commandé par d'Argilemont, existait encore, et il pouvait retomber dans des mains aussi féroces que celles dont on l'avait arraché; ils demandèrent sa démolition et offrirent 200 000 écus de dédommagement aux propriétaires. Ceux-ci résistèrent d'abord; mais pressés par le duc d'Épernon, qu'excitaient les clameurs des Libournais, engagés par le roi à céder, ils se laissèrent fléchir. L'avocat général Dusault fut chargé par Louis XIII de surveiller les travaux. Libourne fournit cinquante manœuvres par jour durant deux mois. Tout le monde, d'ailleurs, se mit à l'œuvre; et, le 4 décembre 1623, le château de Fronsac était rasé.

Le peuple chanta alors. Dusault composa à cette occasion des vers français et latins qu'il dédia au roi sous le titre de *la Couronne de fleurs, tissue dans le parterre de Thémis et des muses du Parnasse de Guyenne*[1] : titre qui a un certain parfum des affectations de langage déjà fort à la mode en ce temps. D'autres poëtes suivirent cet exemple. Nous citerons « maître Helye Petit, Libournais, » qui fit une ode fort longue « au roy, en actions de grâces pour la démolition du chasteau de Fronsac. »

Dans leur contrat avec la comtesse de Saint-Paul, les Bordelais avaient stipulé qu'à tout jamais le tertre de Fronsac serait désert et que nul n'y pourrait construire aucun édifice.

Le tertre de Fronsac vu de Libourne.

Mais ces conditions furent abrogées, sous le règne de Louis XV, en faveur du maréchal de Richelieu, gouverneur de Guyenne et de Gascogne, qui s'y fit construire une maison à l'italienne, où se donnèrent des fêtes telles qu'on osait les donner alors. Ce temple érigé à la Vénus impudique ne fut pas de longue durée. La Révolution le broya et en dispersa les débris confondus, désormais, avec les ruines du repaire

---

[1]. Ce livre est très-rare aujourd'hui. Il fut imprimé à Bordeaux, par Jacques Millanges, en 1624 ; c'est un petit in-4 de 90 pages. On en trouve un exemplaire à la Bibliothèque de Libourne.

hanté par les soldats du maréchal de Gié et par le sanguinaire d'Argilemont.

Le tertre de Fronsac est, du reste, une des positions les plus belles que l'on puisse voir. « De là, dit un écrivain érudit et distingué, F. Jouannet, que la mort a enlevé, mais dont les œuvres et la mémoire vivront longtemps, de là, vous découvrez à vos pieds Libourne, son port, ses vaisseaux, moins nombreux qu'autrefois; ses promenades que planta l'immortel Tourny, ses murs, ses édifices, dont l'air de jeunesse semble vous rapprocher du siècle des Édouards. A gauche, vous suivez, jusque vers Coutras, la paisible et silencieuse vallée de l'Isle, dont les prés, les cultures variées et les bosquets présentent l'image d'un jardin naturel. A droite, s'offrent la Dordogne, ses longs replis au milieu d'un océan de verdure, et l'entre-deux-mers avec ses collines aux formes indécises, ses agrestes villages, ses blancs hameaux et ses châteaux ruinés. Au couchant, ce sont d'autres tableaux, les célèbres vignobles de Canon, les frais ombrages de Saint-Germain, et cette suite de coteaux dont les angles saillants et rentrants dessinent le cours de la Dordogne, en fuyant avec elle à perte de vue. Un horizon sans borne environne presque de tous côtés ce vaste panorama, l'un des plus riches que l'œil de l'homme puisse contempler. »

Tour de l'Horloge du Grand Port à Libourne.

VIII.

LIBOURNE ET SAINT-ÉMILION.

Parler de Fronsac, de son histoire et de sa situation, c'est un peu parler de *Libourne*, des sites qui l'environnent et de son passé; car Fronsac est proche voisin de Libourne, et ces deux localités, que Louis XI songea un moment à réunir, ont été visitées à peu près par les mêmes hôtes, ont eu à peu près même gloire et mêmes désastres; en un mot, même destinée.

On retrouve à Libourne les traces du peuple-roi. Après la conquête des Gaules, les nouveaux maîtres de ce pays établirent, au confluent de la Dordogne et de l'Isle, le port de Condat, *Condates portus*, qui fut très-fréquenté; dans le voisinage on construisit un assez grand nombre d'habitations qui prirent le nom de bourg, ou même de ville, *oppidum*. Le poëte Ausone avait une villa entre Condat et Saint-Émilion, à Lucaniac. Il en parle dans ses lettres à Théon et à Paulin. Condat n'était pas très-important, cependant; mais, grâce à sa position, il s'agrandit. En 769, Charlemagne y séjourna pendant quelque temps, dans une maison dont l'emplacement, appelé encore aujourd'hui *le magne* se trouve au faubourg des Fontaines, et fit don à son église (Saint-Thomas) d'une épine de la couronne de Jésus-Christ : sainte relique qui, après avoir passé dans différentes mains, est encore conservée religieusement par les Libournais.

Condat[1], toutefois, finit par perdre la dénomination que les Romains lui avaient donnée. Il s'appela d'abord *Fozela*, de *fossa cella*, fossé de l'Isle, et par corruption *Fozera*; et ensuite, lorsque ayant pris un développement plus grand, il se fut confondu avec un autre bourg, situé à l'extrémité de l'Isle et nommé *Leyburna*, de *ella Borda*, bord de l'Isle, on le désigna indifféremment par l'un ou par l'autre de ces deux noms. Le dernier pourtant a prévalu en se changeant, par une légère modification, en celui de Libourne.

A partir du jour (1152) où Aliénor d'Aquitaine passa du lit de Louis VII, roi de France, dans celui du Plantagenet qui devint bientôt roi d'Angleterre sous le nom d'Henri II (1154), et jusqu'au moment où Dunois chassa pour toujours l'étranger du sol de la Guyenne (1453), Fozera ou Libourne fut tour à tour occupé par les Anglais et par les Français. Durant ce

---

1. Il ne faut pas confondre l'ancien Condat avec le Condat actuel, petit village situé sur la Dordogne, au S. E. et à 1 kilomètre ½ de Libourne, où se trouvait un château fort qu'habitèrent les rois d'Angleterre Henri III et Édouard Ier, le prince Noir et son illustre prisonnier du Guesclin. Celui-ci le fit détruire plus tard pour se venger de sa captivité. Il y avait aussi à ce Condat une église de Notre-Dame, très-vénérée dans le pays.

long espace de temps, la province et les villes qui en dépendaient eurent beaucoup à souffrir des luttes ou des démêlés qui éclataient à chaque instant entre les deux puissances. Il est vrai de dire pourtant que, convoitant ou caressant sans cesse la possession de ce riche pays, les souverains de la Grande-Bretagne firent tous leurs efforts pour le dédommager des troubles qui nuisaient à son développement. Aussi l'attachement que ses habitants leur vouèrent fut en raison des bienfaits qu'ils en avaient reçus et l'emporta sur celui que, par patriotisme, ils auraient dû avoir pour la France.

Les Libournais en particulier durent au règne des Édouards une très-grande prospérité, et l'affectueuse reconnaissance qu'ils en ressentirent fut tellement profonde que ce sentiment s'est perpétué de génération en génération et se retrouve encore, chez quelques individus, aussi vif qu'au temps où la question de nationalité n'était pas encore résolue.

Nous ne suivrons pas dans toutes ses phases l'histoire des résistances qu'eut à surmonter la France avant de s'établir définitivement à Libourne. Pour en donner une idée toutefois nous citerons deux faits caractéristiques. En 1293, Édouard Ier, ayant été cité par Philippe le Bel à la cour des pairs pour avoir violé le territoire français, Jean d'Arablay, sénéchal du Périgord et du Quercy pour le roi de France, fut chargé par son maître de publier dans les principales villes de la Guyenne l'acte d'ajournement de son vassal; on sait que le duché relevait de la couronne. Mais les habitants refusèrent de recevoir la copie des lettres royales, et prirent les armes l'année suivante en faveur du roi d'Angleterre, oubliant qu'en vertu du traité signé entre saint Louis et Henri III, après la confiscation sur Jean sans Terre, « les vassaux, villes et communautés du duché de Guyenne avaient juré de ne donner ni conseil, ni force, ni aide au roi d'Angleterre, etc.; et étaient tenus, trois mois après sommation faite au roi d'Angleterre par le roi de France, de prêter main-forte à celui-ci contre celui-là. » En 1379, au moment où, pour Charles V, le duc d'Anjou menaçait de plus en plus les possessions d'Angleterre en Gascogne, Libourne se joignit à d'autres villes de la Guyenne (Bourg, Blaye, Saint-Émilion, Castillon, Saint-Macaire, Cadillac-sur-Garonne et Rions), et forma avec elles une sorte de confédération, en vertu de laquelle Bordeaux était mise à la tête de toute la province, et investie d'une autorité absolue. Or Bordeaux se montrait alors très-hostile à la France, et, de la prérogative qu'on lui donnait il résultait entre elle et les cités confédérées une sorte d'alliance défensive et offensive au besoin. Jusqu'à l'expulsion définitive des Anglais, et même au delà, Bordeaux garda précieusement cette prérogative dont ses alliées, qu'elle appelait pourtant du doux nom de *filleules*, l'accusent d'avoir abusé.

Après la reddition des places de la Guyenne à la France, Libourne vit décroître sa fortune. Charles VII lui conserva bien quelques-uns de ses priviléges, mais il lui imposa la charge d'entretenir une forte garnison; de plus, il augmenta l'impôt sur le sel dont le commerce productif était la principale richesse des habitants : aussi, bientôt les villes voisines cessèrent de venir s'approvisionner de sel à Libourne, le port devint désert, et le chiffre de la population baissa dans une proportion assez grande. Cet état de choses dura dix ans; mais sous le règne de Louis XI, monarque plus politique que son prédécesseur, il s'améliora. La surtaxe mise sur le sel fut levée; on affranchit de tout droit les marchandises importées pendant les trois grandes foires qui se tenaient dans la cité. Libourne enfin ne fut plus dès lors traité en pays conquis et fut admis, avec une parfaite égalité, au sein de la nation française. Ce fut, sans doute, pour lui donner une preuve de ce retour au droit commun que Louis XI, après l'avoir visité, lui octroya (1462) le droit de surmonter d'une fleur de lis d'or chacun des mâts du vaisseau qui est la principale pièce de ses armoiries.

Néanmoins les rivalités continuelles qui s'élevaient entre Libourne et Bordeaux, rivalités dont le souvenir n'est pas encore éteint et ne disparaîtra peut-être jamais, et les discordes civiles qui ont éclaté en France, depuis le xv° siècle jusqu'à nos jours, eurent sur ses destinées une influence fatale, et l'empêchèrent de conquérir le rang et l'opulence auxquels il pouvait prétendre par sa position topographique. Bordeaux était ville de parlement. Libourne obtint la cour des Aides, qui était à Agen. Bordeaux la lui enleva; et deux fois encore, Libourne se la fit donner, et la vit retourner à la capitale de la province. Mais l'histoire de ces rivalités serait trop longue à narrer. Nous n'en dirons rien. Quant à sa part d'infortunes dans les calamités du pays, elle a des épisodes assez saillants pour que nous ne les passions pas sous silence.

Le premier est celui des troubles qui eurent lieu en 1548 au sujet de la gabelle. On a vu combien les Libournais tenaient aux prérogatives dont ils jouissaient pour la vente du sel. En 1540, François Ier ayant rendu un édit qui portait de grands changements dans l'établissement des impôts perçus en France sur cette denrée, la Saintonge, le Poitou, le gouvernement de la Rochelle, des îles adjacentes et des marais salants, se trouvant lésés, refusèrent de se conformer à l'édit et levèrent l'étendard de la révolte. C'était au moment où la guerre allait éclater de nouveau entre Charles-Quint et la France. Le gouvernement du roi, empêché ailleurs, n'instrumenta pas contre les rebelles, et les choses restèrent dans leur ancien état. Mais plus tard (1546), les Rochelois s'étant soumis, François Ier voulut faire exécuter dans toutes les autres villes une ordonnance dont il semblait avoir oublié les prescriptions. Alors la résistance se réveilla et devint de plus en plus grande. On resta quelque temps à négocier; mais enfin l'insurrection éclata dans toute sa force. Elle s'organisa et s'arma. Bientôt elle eut des chefs qui, par allusion au titre de coronel ou colonel, furent appelés *couronneaux*, et aussitôt la terreur que les chefs de ces insurgés répandirent et dont ils abusèrent fut telle qu'à Libourne, par exemple, Tallemagne, l'un d'eux, accompagné de 500 hommes seulement, vint par surprise au milieu de la grande place et pilla ou fit contribuer presque tous les habitants. Nous avons déjà dit, à Angoulême, que le connétable de Montmorency, qui fut chargé plus tard de réduire ces émeutiers, avait usé à leur égard de représailles atroces, indignes de l'agent d'un gouvernement régulier. Nous aurions pu citer alors le supplice que Jean Baron, prévôt du connétable, avait fait subir dans l'Angoumois au *couronnal* qui avait saccagé Libourne. Avant de le rompre vif, on mit sur la tête de Tallemagne une couronne de fer rougie à un feu ardent. Heureux encore les Libournais si, après avoir été dépouillés de leurs priviléges par François I*er*, après avoir été pillés par Tallemagne, ils n'avaient pas été *sauvés* par Montmorency! Tallemagne roué, l'édit fut rapporté, ou, pour mieux dire, racheté (200 000 écus); et les exactions du connétable firent regretter aux Libournais celles du *couronnal*.

Quelques historiens ont cru voir dans la guerre des *antigabeleurs* un prélude aux luttes religieuses qui éclatèrent presque en même temps sur plusieurs points de la Guyenne et de la Saintonge. Quelle que soit la valeur de cette appréciation, il est certain que la soumission des *couronnaux* et de leurs adhérents fut presque aussitôt suivie des persécutions dont les protestants furent les victimes. Dès 1551, le parlement de Bordeaux avait pris des mesures pour empêcher l'hérésie de se propager dans la capitale de la province;

mais il n'étendit pas l'effet de ces mesures à Libourne. Aussi la foi nouvelle s'y introduisit plus facilement; et là, comme ailleurs, on crut la proscrire en multipliant les supplices. Erreur fatale! cette foi nouvelle eut des martyrs dont le sang cria vengeance et dont le courage et la résignation enfantèrent des prosélytes. Parmi ces martyrs, Jean Decazes est celui dont la mort héroïque frappa le plus les esprits de ses impressionnables compatriotes (1556). Il n'avait que vingt-sept ans et appartenait à une des familles notables de la ville. Lié avec Arnaud Monnier, de Saint-Émilion, qui avait été arrêté *pour fait de religion*, il fut dénoncé au parlement, pris et jeté dans une basse-fosse, à Bordeaux, où il soutint, avec autant de fermeté que de calme, les pénibles épreuves d'un interrogatoire dans lequel il confessa ses doctrines. Le parlement le condamna, ainsi que son complice, à être étranglé et brûlé. Après avoir été traînés dans les rues attachés sur des claies, après avoir fait amende honorable, les condamnés subirent la sentence portée contre eux. Mais Monnier seul fut étranglé avant d'être brûlé. Le bourreau remplit mal son office sur Jean Decazes, et ce malheureux n'expira qu'après avoir eu « les jambes calcinées jusqu'aux os. » Durant cette douloureuse agonie, cependant, la victime n'avait fait entendre que ces paroles : « Mon Dieu ! mon Père ! » « Aussi, dit un chroniqueur de ce temps, telle frayeur et espouvantement saisit tous les assistants à cette exécution que ceux de la justice, quelque armez qu'ils fussent et quelque bonne garde qu'ils eussent à leur porte, sans sçavoir pourquoy, se mirent tous à fuyr, se foulant aux pieds les uns les autres [1]. »

Puis vint la Fronde. Le duc d'Épernon La Valette, le fils de celui que nous avons vu à Angoulême et à Coutras, avait

---

[1]. *Histoire des martyrs persécutés et mis à mort, depuis le temps des apôtres jusqu'à présent*, publiée par Crespin, en 1554, revue et augmentée par Goulard, en 1619. In-folio, 1619, p. 394.

succédé à son père dans le gouvernement de la Guyenne, et, après avoir jeté le désordre dans la province par son humeur hautaine, par son avarice, par ses dilapidations, il avait occupé Libourne à main armée, arrachant par surprise à Mazarin l'autorisation d'y construire une citadelle. Le parlement de Bordeaux commença par fulminer inutilement des arrêts contre cet étrange gouverneur, et finit par lever une armée qui vint inutilement aussi assiéger cette citadelle. Alors il fit cause commune avec les princes contre le cardinal, et la guerre devint sérieuse. Nous n'en finirions pas si nous racontions avec quelques détails les malheurs qui résultèrent de toutes ces discordes. Pour y mettre un terme, la cour résolut d'aller demeurer quelque temps à Libourne. La reine mère et Louis XIV, âgé alors de douze ans seulement, y furent magnifiquement accueillis (1650); mais Mazarin y fut traité avec assez de dédain pour que, ne pouvant pas imposer le respect à ses ennemis, il voulût les frapper de terreur. Il donna l'ordre secret d'assiéger le château de Vayres qui tenait pour les révoltés. Richon qui le commandait y fut pris par surprise, malgré les termes de sa capitulation, et pendu sous la halle à cent pas du logis du roi. Pour le venger, le duc de La Rochefoucauld, qui occupait Bordeaux, fit pendre aussi le chevalier de Canole, un de ses prisonniers. « Y a-t-il rien de plus funeste, a écrit Voltaire, que ce qui se passa dans cette guerre devant Bordeaux? Un gentilhomme est pris par les troupes royales, on lui tranche la tête[1]; le duc de La Rochefoucauld fait pendre par représailles un gentilhomme du parti du roi. Le duc de La Rochefoucauld passe pourtant pour un philosophe. Toutes ces horreurs étaient bientôt oubliées pour les grands intérêts des chefs de parti. »

Arriva enfin la révolution de 89. La Guyenne prit parti

---

1. C'est une erreur de Voltaire; il fut pendu.

pour elle dès les premiers jours. Depuis longtemps, le peuple était irrité, par suite des contributions dont on l'avait écrasé sous les règnes de Louis XIV et de Louis XV. Le parlement de Bordeaux, d'ailleurs, venait de lui donner (1787) le signal de la résistance en refusant d'enregistrer l'édit portant création des assemblées provinciales. Exilé pour ce fait à Libourne, où il avait déjà séjourné en 1515 pendant une épidémie, il y avait protesté, pendant plus de neuf mois (du 8 août 1787 au mois de juin de l'année suivante), sous la forme d'humbles remontrances, contre les mesures adoptées par l'assemblée des notables, et n'avait cessé de demander la convocation des états généraux, « sans lesquels, disait-il, il devenait impossible de vérifier aucun impôt qui n'aurait pas été consenti par la nation. » Aussi, lorsque le conseil d'État invita les communes à donner leur opinion sur l'organisation de ces états généraux, la réponse de Libourne fut-elle rédigée dans le sens le plus libéral. Toutefois, quand le but des hommes de 89 fut dépassé, quand la révolution éclata dans toute sa force, Libourne se tint à l'écart. Sous la Terreur, il jouit pendant quelque temps d'une assez grande tranquillité. Mais, à la chute des Girondins, on l'accusa d'avoir embrassé leurs idées, et ses habitants furent traités alors avec une excessive rigueur.

Libourne, cependant, malgré les phases diverses qu'il a traversées sous les rois anglais ou français qui l'ont eu en leur puissance et jusqu'à nos jours, ou peut-être à cause même des alternatives de bonheur et de revers qui composent sa vie, Libourne, disons-nous, est intéressant à étudier et agréable à voir. Un auteur que nous avons déjà cité plusieurs fois dans le cours de cet ouvrage, P. Davity écrivait, en 1660, que la ville était « close de bonnes murailles avec sept portes, trois du côté de la terre et quatre vers la rivière, qui aboutissaient toutes avec les rues à la halle ou place publique. Cette ville, ajoutait-il, est grande, dont les murailles sont fort hautes, bâties par les Anglais, et n'a qu'une seule église parochiale avec trois couvents de cordeliers, de récollets et d'ursulines. » Davity donnait à cette époque une description exacte de l'ancien Libourne. Son enceinte parallélogrammique, avec parapets, portes ogivales et chemin de ronde, ses tours n'existent plus. Tout cet appareil d'architecture militaire a été détruit au commencement du xviii° siècle, sauf de rares exceptions que nous signalerons tout à l'heure. Mais le circuit de la ville est encore ce qu'il était autrefois; ou du moins on peut le reconnaître, en ne tenant pas compte des maisons bâties depuis quelque temps contre les fortifications ou en dehors d'elles.

On a déjà vu que ces fortifications, avaient été élevées par les rois d'Angleterre. « Elles avaient, dit M. Raymond Guinodie, 2500 mètres environ de longueur sur 1 mètre 50 cent. ou 2 mètres d'épaisseur, et de 12 à 15 mètres de hauteur. Revêtues de pierre de taille de moyen appareil, elles ont été construites avec des cailloux de lest apportés par des navires de la Bretagne, de la Normandie et de l'Angleterre. Il devait y en avoir d'immenses dépôts dans les environs de la ville, dépôts formés depuis des siècles (nous avons retrouvé de ces cailloux dans le clocher et les murs primitifs de l'église Saint-Jean), et qui font remonter bien haut la fréquentation du port de Libourne par des étrangers. Si on fait entrer en ligne de compte le lest en sable et galets enfoui sous les murailles pour les asseoir sur les bords de l'Isle et de la Dordogne, les cailloux employés pour clore des jardins et bâtir des échoppes, le nombre des navires venus à Libourne jusqu'au xiv° siècle devient incalculable. »

Le prince Édouard, n'étant encore que le fils du roi régnant, Henri III, avait en 1270 octroyé aux Libournais des lettres patentes portant la sanction de leur charte municipale. Quelque temps après son avénement au trône, il leur retira cette charte; mais, en 1289, il la leur rendit, et, par le même acte, il leur confirma l'abandon de quelques-uns de ses droits qu'il leur avait fait pour sept ans, en 1287, dans la quinzième année de son règne, à la condition d'en employer la valeur à bâtir les remparts de la ville. Des concessions analogues furent faites par les successeurs d'Édouard Ier, et, sous le règne d'Édouard III, au moment où éclata entre l'Angleterre et la France la guerre qui décida du sort de ce pays, les fortifications de Libourne étaient en état de résister à des forces considérables. Durant cette guerre pourtant, le prince Noir y ajouta deux forts et des ouvrages extérieurs (1364). Mentionnons en outre la citadelle qui, longtemps après la domination anglaise, y fut élevée par le duc d'Épernon auprès de l'église et de l'hôpital Saint-Julien, du côté des Allées Flamandes, ainsi nommées parce que les vaisseaux hollandais et flamands s'amarraient aux arbres de ces allées.

De toutes ces fortifications plus ou moins anciennes, on voit encore quelques restes, aux Grandes-Allées, à la rue des Murs, à la rue de Tourny, sur les Quais; mais le plus beau vestige en est, sans contredit, la Tour de l'Horloge, sur le Grand Port. Cette tour, que les Libournais baptisèrent en 1367 du nom de Tour de Richard, en l'honneur du fils du prince de Galles, né à Bordeaux, et qui fut le roi Richard II, est celle où l'on cloua la tête de d'Argilemont. Elle est encore dans un bel état de conservation, et c'est, à nos yeux, le monument le plus curieux de tous ceux qui existent encore à Libourne.

L'hôtel de ville, en effet, est un vieil édifice, mais il manque de caractère. En 1727, il y avait encore, à la place de la tour où se trouve une horloge, une autre tour d'une architecture conforme à celle du porche actuel. Mais celle-ci menaçant ruine, après quelques efforts infructueux pour la conserver, on la démolit, et on bâtit celle qui existe encore, laquelle fut surmontée d'une flèche en bois couverte d'ardoise. Le tout est d'un aspect assez disgracieux.

L'église Saint-Thomas, qui la première avait reçu l'épine de la couronne du Christ, don de Charlemagne, a disparu, ou plutôt elle a été successivement transformée en magasin de farines (de 1771 à 1790), et en salle de spectacle (1806); c'est cette salle que l'on voit aujourd'hui *ornée* du péristyle et des appendices qui y ont été ajoutés en 1815 et 1817.

L'église Saint-Jean, qui hérita en 1609 de l'offrande pieuse du grand empereur, et qui a de tout temps été la paroisse de Libourne, l'église de Saint-Jean-de-Fosera, monument précieux, n'est pas en ruine; mais elle a été déshonorée par des réparations. Le style de son nouveau portail n'est pas en harmonie avec celui de la nef, et on y trouve ailleurs le cachet des constructeurs de l'âge moderne. Il est question, nous a-t-on dit, de rétablir dans son état primitif cet ancien édifice. Nous en félicitons sincèrement les habitants de Libourne et les touristes futurs.

Quant aux chapelles des Cordeliers et des Récollets, il n'y en a plus vestige. Nous en dirons autant de celle de l'Épinette, ainsi nommée parce qu'Éléonore d'Aquitaine, l'ayant fait bâtir, y avait déposé la relique offerte par Charlemagne. Nous ne parlerons pas de quelques vieilles maisons à encorbellement qui ne présentent aucun intérêt. Indiquons pourtant celle qui, au coin de la rue Saint-Jean, a une façade du côté de l'hôtel de ville, et celle qui est placée à l'angle de la rue de Guitres et de la Grande Rue : la première, dont on voit encore le pignon et le toit *à tiers-point*, fut achetée, en 1593, par les jurats pour y installer le collége; dans l'autre logea Mazarin.

Toutefois au vieux Libourne a succédé une ville nouvelle, et l'on doit dire à la louange des habitants qu'ils ont rivalisé de zèle pour embellir leur cité. Libourne est aujourd'hui bien percé, bien bâti. Ses rues, spacieuses pour la plupart, aboutissent à des places entourées d'arcades ou bordées d'arbres et à des allées ou promenades fort belles : signalons surtout celles qui furent plantées par les ordres du marquis de Tourny. Ce sont les *Grandes-Allées*, qu'il ne faut pas confondre avec celles qui portent son nom, et auxquelles il est étranger.

Les quais de Libourne ont été refaits depuis une dizaine d'années, et il faut espérer qu'ils ne permettront plus aux rivières qui les baignent de déborder et d'inonder la ville, ainsi que cela s'est vu en 1728 et, presque de nos jours, en 1842.

Ses ponts jetés sur la Dordogne, dont l'un est exclusivement consacré au service du chemin de fer, sont tous deux élégants et solides à la fois. On les dirait jumeaux, quoiqu'ils ne datent pas de la même époque. Il est bien entendu que le plus ancien est celui qui sert à la route de terre. On en posa la première pierre le 24 août 1820, et quatre ans après, jour pour jour, il était livré au public. Il a 200 mètres de long sur 12 mètres de large, et a été construit par M. Deschamps.

Ses casernes sont magnifiques. Tourmentés longtemps par les vexations que leur faisaient subir les troupes de passage, les Libournais décidèrent en 1718 la construction d'un édifice propre à loger ces troupes. On en commença bientôt un sur l'emplacement nommé la *Terrière*. Mais il fut abandonné presque aussitôt; et, quelque temps après, on bâtit *extra muros* celui qui existe et dont le pavillon destiné aux officiers et l'aile voisine de la route de Castillon furent achevés en 1777. Sur une partie des fondements de l'autre aile, un capitaine du génie (M. J. J. Chayrou) a fait construire en 1828 un manége dont on vante beaucoup la charpente.

Libourne enfin, chef-lieu de sous-préfecture, possède un port qui peut recevoir des navires de 300 tonneaux; une bibliothèque publique de 3000 volumes environ, un collége, une École d'hydrographie, un haras qu'il doit à la munificence du duc Decazes, un Jardin botanique, etc., etc.

Il était entouré de marais malsains qui occasionnèrent plusieurs épidémies, et notamment la peste de 1606 et 1607, et, quoiqu'il soit parlé de sa beauté dans une lettre patente de Charles VII, à la date du mois de juillet 1451, l'enquête que l'on fit en 1486 démontra que le territoire de sa commune produisait tout au plus « vingt tonneaux de vin et du blé à peine de quoi suffire à la provision des habitants pour deux mois. » Aujourd'hui, les marais ont disparu ; l'air y est assez salubre ; les terres y sont fertiles, et l'on peut lire sur le visage épanoui des Libournais et des Libournaises que leur prospérité est parfaite comme leur santé.

L'industrie du reste se développe de plus en plus dans ce pays. On y fabrique des étoffes de laine, des objets d'équipement militaire. On y voit des tanneries, des clouteries, des corderies et des chantiers où peuvent se construire des navires de 200 tonneaux. Quant à son commerce, il consiste surtout en vins et en eaux-de-vie, en fil, en grains et en bois de merrain propres à la confection des barriques.

En résumé, Libourne, tout intéressant qu'il puisse être, a l'aspect d'une ville neuve. Mais à côté de Libourne, on peut aller voir Saint-Émilion[1], et ici on se trouvera en plein moyen âge. M. F. Jouannet a dit[2] que vu d'un certain côté (du côté de la porte Bourgeoise) « au milieu du silence et de la solitude, Saint-Émilion ressemblait à une cité gothique, veuve de ses chevaliers, et que l'ennemi viendrait d'abandonner après l'avoir saccagée. »

L'esquisse est exacte. Saint-Émilion n'est plus qu'une ruine, mais c'est, sans contredit, l'une des plus belles et des plus curieuses de toutes celles qui gisent éparses sur le

---

1. A 6 ou 7 kil. de Libourne en remontant la Dordogne. Il y a des messageries qui font le service de l'une à l'autre ville ; mais on aura plus tôt fait de prendre une voiture particulière. De cette façon on pourra aller et venir dans un jour.

2. *Musée d'Aquitaine*, t. II, p. 27.

sol de notre pays. Ajoutons qu'on y rencontre un monument unique en son genre en Europe : un temple monolithe d'une très-grande étendue.

Une rue de Saint-Émilion.

Nous ne rappellerons qu'en très-peu de mots le passé de Saint-Émilion. On ignore s'il fut habité avant les Romains, et on a très-longtemps débattu la question de savoir si c'était dans son voisinage qu'Ausone avait la villa de *Lucaniac* dont il parle dans ses écrits. Plusieurs archéologues ont penché vers l'affirmative; et comme, au demeurant, nous ne voyons pas qu'il y ait le moindre inconvénient à être de leur avis, nous dirons à nos lecteurs que, sur le revers méridional du tertre qui fait face à celui de Fronsac, et au bas de ce premier tertre commun aux deux vallées de la Dordogne et de l'Isle, existait dans le IVe siècle une magnifique demeure, dont les possessions s'étendaient jusqu'au territoire occupé plus tard par la ville de Saint-Émilion. Sur les coteaux mûrissaient les grappes dont le vin était offert aux Césars.

. . . . Quæ Burdigalensia nomen
Usque ad Cæsareas tulit admiratio mensas,
Non laudata minus, nostri quam gloria vini [1].

Et dans le palais somptueux où se réunissaient l'ardent Delphidius, poëte dès l'enfance et orateur à l'âge viril;

---

1. Ausone, *Lettre* XIII *à Paulin.* Édition de Bordeaux, in-4°, 1580, avec notes de Vinet.

Axius Paolus, auteur tragique et élégiaque; Paulin, disciple favori du maître; Théon, qui payait sa bienvenue en bonnes oranges et en mauvais vers,

Aurea mala, Theon, sed plumbea carmina mittis,

et différents rhéteurs ou grammairiens, Ausone lisait ses poésies, dont quelques-unes rappellent encore la langue d'Auguste : ses *Parentales*, son *Éloge de la Moselle*; mais dont les autres, et c'est le plus grand nombre, ressemblent plutôt à des tours de force qu'à des jeux d'esprit : ainsi son *Gruphus*, où il chante tout ce qui est renfermé dans le nombre trois, les Parques, les Grâces, etc.; son *Thecnopægnion*, dont chaque vers commence par le monosyllabe qui terminait le vers précédent, etc.

Longtemps après Ausone, et toujours au revers du coteau où avait été sa villa, des religieux bâtirent une chapelle qu'ils consacrèrent à sainte Marie de Fusiniac (ou *Lucaniac*). Ruinée par les Sarrasins en 732, cette chapelle fut à peu près abandonnée; il en reste cependant une crypte assez curieuse, au-dessus de laquelle est un monument délaissé aussi, mais qui remplaça sans doute celui qui avait été dévasté primitivement.

A la même époque environ, au VIIIe siècle, un moine, connu plus tard sous le nom de saint Émilian ou Émilion, fut conduit par l'amour de la retraite dans la forêt de *Cumbis*, située non loin de Sainte-Marie (Saint-Laurent des Combes, à l'est de Saint-Émilion, rappelle le nom de cette forêt), et y chercha un asile au fond d'une grotte profonde, pratiquée dans le roc à 20 pieds au-dessous du sol. Il eut bientôt quelques compagnons qui vinrent partager sa solitude et construisirent un oratoire dans la caverne qui leur servait de refuge. Toutefois, quand leur patron fut mort (767) et qu'ils se furent constitués suivant la règle de saint Benoît, ces cénobites virent arriver à eux un très-grand nombre de saints personnages, et l'oratoire fut insuffisant. Tous les frères se mirent à l'œuvre, et c'est à eux que quelques chroniqueurs attribuent le mérite d'avoir creusé, à côté de l'ermitage, le temple monolithe dont nous venons de parler, et dont nous reparlerons tout à l'heure, tandis que d'autres écrivains, n'y retrouvant aucun des caractères d'une église du IX° siècle, pensent que c'est une ancienne carrière transformée en crypte par l'architecte de l'église supérieure.

Cependant, autour du monastère étaient venues se grouper peu à peu des habitations plus mondaines. Au XII° siècle, ces habitations étaient assez nombreuses pour qu'il existât une ville de Saint-Émilion, qui fut, à la même date, érigée en commune et fortifiée. Saint-Émilion avait été bâti dans une anse étroite et profonde; cette anse fut entourée de murailles épaisses, garnies de tours, crénelées et protégées encore extérieurement par un large fossé de 18 à 20 mètres fouillé dans le roc, à plus de 7 mètres de profondeur; le tout d'un développement de 1500 mètres environ.

Dans ce long circuit on n'avait pratiqué que 6 portes, dont 5 appartenant à la haute ville et la sixième, dite Bonqueyre, ouvrant sur le vallon. Voici du reste la position de ces 6 portes : la porte Bourgeoise était au nord; les portes Bonqueyre et Sainte-Marie au midi; la porte Brunet à l'est, et à l'ouest les portes des Chanoines et de Saint-Martin. Chacune de ces portes était à ogives, d'une épaisseur d'environ 4 mètres, et défendue, en outre, par des tours et des ouvrages extérieurs.

Voilà donc Saint-Émilion, ce pauvre ermitage, amené à l'état de place forte; c'en était une, en effet, et des plus importantes. A ce titre, les rois d'Angleterre y tenaient beaucoup et cherchèrent à se concilier son affection tout autant, au moins, qu'ils avaient tenu à acquérir celle de Libourne. Aussi, comme Libourne, Saint-Émilion tint pour ces rois

contre la France, entra dans la confédération bordelaise de
1379, et fut une des *filleules* de la capitale de la province.
Or cet attachement à l'étranger lui porta malheur. A dater
de la défaite et de l'expulsion des Anglais, le nombre de ses
feux, qui avait été de deux ou trois mille, fut bientôt réduit
à deux cents; et depuis lors Saint-Émilion ne put jamais
reconquérir son ancienne prospérité. Louis XI l'exempta de
certaines charges; Charles VIII et Louis XII lui donnèrent d'autres priviléges. En 1501, le parlement de Bordeaux,
chassé par la peste, vint y siéger. François Ier ajouta encore
des concessions et des franchises à celles qui avaient été
accordées par ses prédécesseurs. Son exemple, suivi par
Henri IV, en reconnaissance de ce que les habitants de la
ville avaient défendu sa cause, le fut aussi par Louis XIII,
qui visita Saint-Émilion en 1615, à l'époque de son mariage,
et en 1621, pendant les guerres de religion, au moment où
il allait, en personne, faire sur la ville de Montauban la
tentative qui fut si infructueuse. Mais rien ne put relever
Saint-Émilion de l'abaissement dans lequel il tombait de
plus en plus. Par une sorte de fatalité, il eut sous tous les ré-
gimes à souffrir de tous les partis. La doctrine prêchée par
Calvin avait eu quelques prosélytes à Saint-Émilion (entre
autres, Arnaud Monnier). Toutefois, ces prosélytes n'avaient
pas eu assez de ferveur, ou plutôt ils n'avaient pas été en
assez grand nombre pour qu'on pût les regarder comme
dangereux et les traiter comme tels; en un mot, la cité qui
plus tard devait prendre parti pour Henri IV contre la
Ligue, était alors inoffensive. Pourtant, elle fut tour à
tour dévastée et pillée par les religionnaires et par les catholiques, et plus encore par ceux-ci que par ceux-là. Car les
soldats de Montluc, lequel pendait le premier huguenot venu,
« parce que, disait-il, l'essentiel était bien moins de frapper
juste que de frapper fort, » les soldats de Montluc la mirent à
feu et à sang; ils y étaient entrés cependant comme des

protecteurs, ou, du moins, en feignant de s'y loger. Enfin, il n'est pas jusqu'à la Révolution, qu'elle avait accueillie du reste avec chaleur, et même avec emportement[1], dont elle n'ait eu à se plaindre. Un de ses enfants, Guadet fils, était girondin. Mis hors la loi par ses collègues de la Convention, il s'enfuit à Saint-Émilion avec Salles, Barbaroux, Pétion, Louvet et Valady. L'histoire de leur fuite, de leur habileté à déjouer les manœuvres de ceux qui les recherchaient, du dévouement avec lequel on les recueillit et des trahisons dont ils furent les victimes, est émouvante, mais ne saurait trouver sa place dans ce livre. Contentons-nous de dire que quelques habitants de la ville furent poursuivis sous le prétexte de leur avoir donné un asile, et que la famille de Guadet presque tout entière périt sur l'échafaud le lendemain du jour (20 juin 1794) où il y était lui-même monté.

Raconter les infortunes de Saint-Émilion, c'est justifier le portrait que M. F. Jouannet en a fait, et que nous avons retracé quelques lignes plus haut. Depuis le XVe siècle, en effet, Saint-Émilion n'a pas pu se modifier; il est forcément resté ce qu'il était, « une ville gothique, » et le temps seul a dénaturé l'aspect de ses monuments, ouvrant une brèche à la muraille massive, humiliant l'orgueil des tours altières, amoindrissant incessamment chaque forme et promenant son fatal niveau sur tout ce qui avait paru éternel aux générations d'un autre âge.

Ce qu'il a épargné toutefois est encore digne d'être admiré, et, pour s'en convaincre, il suffirait au besoin de visiter

1. Voir le cahier des doléances du tiers état de Saint-Émilion, aux archives de la ville. Il a été reproduit dans *Saint-Émilion, son histoire et ses monuments*, par M. Guadet, p. 316, et dans l'*Histoire de Libourne et de son arrondissement*, par M. Raymond Guinodie, t. II, pièce justificative n° LXIV. Cette pièce est peu répandue et très-remarquable. Elle pourrait bien être l'œuvre de Guadet, le conventionnel. En 93, les habitants changèrent le nom de leur ville en celui d'Émilion-la-Montagne.

les édifices groupés sur la grande place de la cité; car ils en résument la vie monumentale depuis son origine jusqu'à son déclin.

Ces édifices sont : l'ermitage de Saint-Émilion, la Chapelle bâtie au-dessus de cet ermitage, le temple monolithe et l'église qui le surmonte.

L'ermitage, où l'on descend par un escalier étroit et humide, couvert d'une mousse verdâtre, est aujourd'hui dans l'état où il se trouvait au viiie siècle. On y voit encore (nous ne parlons pas de quelques reliques apocryphes) le lit, le siége et la table que saint Émilion s'était creusés dans le roc ; et la fontaine à laquelle il se désaltérait coule toujours aussi abondante et aussi limpide.

La chapelle en rotonde qui recouvre cet ermitage fut érigée en l'honneur de la sainte Trinité. On ignore qui la fonda, mais on la fait dater de la fin du xiie siècle. « L'élégante simplicité de sa forme, a écrit M. Jouannet, et la pureté de ses profils la feraient prendre pour un petit temple grec, si ses fenêtres gothiques et ses colonnettes un peu grêles ne nous avertissaient pas que ce joli monument appartient au moyen âge. »

Le temple monolithe est à côté de ce monument, à sa droite. Ce temple, ainsi que l'ermitage, a été taillé dans le roc. On ne peut se faire une idée de l'immensité d'un pareil travail qu'en le visitant. Ses dimensions sont imposantes (32 mètres de long sur 14 mètres de largeur), et, quand on le considère, on est frappé des difficultés et des longueurs qu'il a dû nécessiter encore plus que de son mérite. Ce mérite est réel pourtant. Sur la masse calcaire qui se présente à la vue on aperçoit, à gauche, une grande porte, et à droite six fenêtres, dont trois au rez-de-chaussée et trois au premier étage, lequel est en retrait sur le pied — nous ne pouvons dire la base — de l'édifice ; à droite encore se trouve une autre porte, plus humble que la première, qui était celle de la sacristie. Ces huit ouvertures ne sont pas telles que les avaient pratiquées les premiers constructeurs ; elles ont toutes été retouchées à la fin du xii siècle. Le portail de

Église et ermitage de Saint-Émilion.

gauche, entre autres, date évidemment de cette époque. Il est probable qu'alors on décida d'élargir la sombre entrée qui d'abord avait été ménagée entre les rochers, et qu'on la décora de l'arcade gothique à plusieurs cintres en retraite les uns sous les autres, avec des personnages entre les arcs, et un bas-relief représentant le jugement dernier. A l'intérieur, le temple est d'un aspect lugubre. Si on y pénètre par la porte de la sacristie, on arrive sur l'étroite tribune où devait se mettre le prédicateur et qui domine un des quatre autels qui existaient avant 1791 dans l'église; de cette place, la vue des nefs n'est que confuse et ne produit pas une grande impression. Mais si on entre par la grande porte, on s'engage tout d'abord dans une galerie assez longue (26,50 sur 3,50), bordée de tombeaux taillés dans le roc[1] et ayant deux issues, l'une au milieu et l'autre à l'extrémité, au moyen desquelles on parvient dans l'enceinte même du temple; cette enceinte est divisée en trois nefs par huit piliers énormes, placés sur deux rangs, quatre par quatre, grossièrement équarris dans le massif du rocher pour aider aux murs latéraux à supporter trois voûtes dont le cintre est de forme parabolique. On ne saurait décrire la tristesse, attachante pourtant, du spectacle que l'on a dès lors sous les yeux. La lumière blafarde qui éclaire à peine ces lourdes pierres, le silence effrayant qui règne dans ces profondeurs et que rien ne trouble, l'humide fraîcheur qui couvre le sol et les parois de ces longues nefs[2], le souvenir des sépulcres au milieu desquels on vient de marcher, tout rappelle le néant de la vie et fait éprouver un sentiment profond de terreur religieuse où entraîne l'esprit

[1]. De ces catacombes on entrait autrefois dans la grotte de saint Émilion, d'où l'on pouvait arriver aussi dans d'autres cryptes jonchées d'ossements humains, celle entre autres qui se trouve au-dessous de l'ancien jardin du doyen du chapitre, où l'on voit encore quelques restes de construction. Parmi ces débris, on cite deux colonnes, dont l'une paraît avoir été destinée à supporter des lampes sépulcrales.

[2]. Ces nefs ont la longueur du temple, et elles sont de largeur inégale: celle du milieu est de $4^m,90$; celle du nord-est, de $4^m,10$; et celle du nord-ouest, de $4^m,50$.

dans un courant infini de réflexions philosophiques et austères. Il n'est pas jusqu'aux sculptures et aux bas-reliefs de ce temple qui ne soient funèbres. Ajoutons que, par une illusion d'optique qui augmente encore l'étrangeté du milieu dans lequel on se trouve, si, pour chasser les sombres pensées qui assaillent l'esprit, on veut porter ses yeux vers le ciel et qu'on regarde à travers deux des croisées ouvertes l'une au-dessus de l'autre dans l'épaisseur de la roche, c'est par la plus basse qu'on aperçoit l'azur du firmament, tandis qu'au delà de la plus élevée on peut voir passer et repasser devant soi des créatures humaines qui semblent errer dans l'espace. « Ces mouvements, dit M. Jouannet, ces scènes du monde que nous habitons transportées au milieu des solitudes de l'air, ont je ne sais quoi de fantastique que l'on s'explique d'abord difficilement, à moins d'avoir observé le rocher extérieur, ses accidents, la corniche naturelle qu'il forme entre les deux croisées, et le sentier tracé sur la corniche. »

Les sculptures du xii° siècle représentent des anges, des signes du zodiaque (le sagittaire figuré par un centaure lançant une flèche, et les gémeaux par deux chevreaux) indiquant les mois où se célébraient la fête et la commémoration du saint. On y voit aussi gravée sur la pierre une inscription qui, par la forme des caractères, dénoterait le ix° siècle, et qui indique le jour (mais non pas l'année) de la dédicace du temple : le tout se trouve sur les piliers. Mais le plus curieux travail est le bas-relief exécuté au fond du temple, sur la voûte même et représentant : à droite un ange aux ailes déployées, et jouant d'une sorte de viole ; à gauche, un monstre marin ; au milieu, un personnage armé d'un bâton et ayant l'air de ramer. C'est un symbole du jugement dernier analogue à d'autres bas-reliefs qui se rencontrent sur les murs des catacombes de Rome.

Est-ce l'humidité malsaine de ce temple ou le pieux désir

de consacrer au culte de Dieu un édifice plus majestueux, qui fit élever, au xi° siècle, la basilique qui surmonte l'église souterraine? ou bien encore le temple et la basilique sont-ils de même date? Nous l'ignorons. Les avis sont partagés là-dessus; et à cet égard nous ne saurions nous prononcer. Toujours est-il qu'à l'époque indiquée, et que rend on ne peut plus certaine le genre d'architecture qui la distingue,

Ruines de Saint-Émilion.

on édifia la nouvelle église et le clocher qui la domine. Excepté la flèche octogone et les clochetons destinés à supporter la poussée de la flèche et la galerie, le clocher est construit dans le style du xi° siècle. La galerie date du xiv°, ainsi que la flèche, qui a été réparée il n'y a pas longtemps. Elle avait été détruite en partie par la foudre.

Faisons observer toutefois qu'on reconnaîtra dans quelques-unes de ses parties des constructions d'un style un peu moins ancien. En 1110, en effet, au moment de la transition, elle fut considérablement agrandie par les soins d'un archevêque de Bordeaux, Arnaud Guiraud. Ce prélat, suivant l'exemple de Goscelin, son prédécesseur, y avait établi des chanoines régulièrement constitués, afin d'en déposséder les clercs ou les laïques qui l'avaient occupée et profanée. Il fallut dès lors prolonger la nef, construire des cloîtres, etc.; mais tous ces agrandissements furent faits avec une très-grande intelligence de l'art, et, bien loin de nuire à l'œuvre primitive, ne firent que l'embellir. Aussi peut-on dire que, même dans son état actuel, cette église assez vaste est remarquable par l'harmonie de ses proportions autant que par la grâce et la légèreté de certains détails, et que ses colonnes accouplées, dont la masse élégante supporte les voûtes et leurs ogives, ses ornements extérieurs, dont malheureusement il ne reste pas grands vestiges, son sanctuaire et le double autel qui le décorait, tout enfin y révèle le goût parfait qui présidait aux monuments religieux dans les époques diverses où celui-ci fut élevé, agrandi ou restauré.

Nous avons déjà dit que la vue de cette église, du temple qu'elle recouvre, de la chapelle et de l'ermitage qui l'avoisinent, pourrait à elle seule apprendre au voyageur ce que fut Saint-Émilion. Nous pourrions ajouter que ces monuments sont les plus beaux et les plus précieux de tous ceux qui ont existé dans cette cité. Toutefois, nous engagerons nos lecteurs à visiter encore le Palais-Cardinal, enclavé au milieu des remparts et, comme eux, fondé sur le roc; le Château du Roi, donjon isolé dont les ruines se trouvent à l'ouest de la ville et qui paraît avoir fait partie d'une forteresse : les jurats y tinrent pendant longtemps leurs séances, et il fut appelé du nom qu'il porte aujourd'hui à la fin du XVIe siècle, au moment où Henri IV monta sur le trône; à l'est, sur la hauteur, quelques débris de l'église des Jacobins et de celle des Cordeliers ; et enfin le couvent des Ursulines, la porte Bourgeoise, dont la voûte gothique repose sur des colonnes, etc., etc.

Au retour de Saint-Émilion, le touriste amoureux des villes gothiques, et qui aura fidèlement conservé le souvenir de celle-ci sans être distrait par les accidents de la route, sera brusquement éveillé de ses rêves en entendant le sifflet des locomotives et en se trouvant au milieu des modernes quartiers de Libourne et de la gare qui les précède. Nous l'invitons toutefois à ne pas dédaigner cette gare assez belle d'aspect, et de laquelle on découvre un panorama magnifique. Qu'il se console d'ailleurs en regardant Fronsac et la Tour de l'Horloge, en songeant que, dans quelques minutes, il pourra se plonger de nouveau dans la contemplation des œuvres du moyen âge. Nous touchons presque au château de Vayres, et là les beautés de l'art le disputent aux glorieux souvenirs de l'histoire.

Château de Vayres.

IX.

DE LIBOURNE A BORDEAUX.

Avant de parler de Vayres, jetons un coup d'œil sur la route qui y conduit. On sort de Libourne en franchissant, sur un très-beau pont, la Dordogne, qui coule au pied de la ville, et l'on s'engage aussitôt sur un viaduc magnifique, établi dans le but de mettre le chemin de fer à l'abri des écarts d'une rivière sujette à déborder, comme chacun sait. Ce viaduc est celui d'*Arveyres*. Il est assis sur des terrains d'alluvion et, pour ce motif, a coûté beaucoup de temps et de soins.

Nous sommes en pleine vallée de la Dordogne; de tous côtés s'étendent au loin d'assez grandes plaines, bordées par des prairies fertiles qu'arrosent de frais ruisseaux et qui rappelent ce joli vers de Virgile:

Muscosi fontes et somno mollior herba.

A droite, la rivière étale au soleil ses nappes d'eau

étincelantes, et presque toujours elle est sillonnée par des navires dont les blanches voiles se marient heureusement à la verdure des prés, à l'azur du ciel. Spectacle enchanteur, qui rappelle celui dont on jouit aux bords de la Loire! Autour de nous se dessinent des groupes de maisons tapies sous de hautes futaies, de riches bourgs, et l'église d'Arveyres apparaît au milieu des arbres qui l'environnent.

Toutefois, à partir du point où le chemin de fer coupe la grande route de Libourne à Bordeaux, des tranchées fréquemment ouvertes au sein de gracieux monticules avertissent le voyageur qu'il va pénétrer dans un pays plus accidenté.

C'est sur un sol assez montueux, en effet, et dans un site très-pittoresque, que se présente le château de *Vayres*. Le bourg qu'il commandait est assez considérable; mais, quoiqu'on y ait trouvé les traces d'une belle mosaïque, et que la table théodosienne signale Vayres, *Varatedum* ou *Varatedo*, comme une des stations de la voie de Bordeaux à Périgueux; quoiqu'on y trouve une église paroissiale qui date des xie et xiie siècles, nous n'en dirons rien, pour nous occuper exclusivement du château.

Ce château, vu de loin, affecte un certain air de citadelle qui n'est pas trompeur du reste, et qu'il doit aux créneaux et aux mâchicoulis qui coiffent ses tours ou bordent ses murailles; vu de près, il se fait remarquer par deux façades principales, fort belles, dont l'une regarde le bourg et l'autre la rivière.

La première de ces façades est la plus ancienne (xiiie et xive siècles). Elle se compose de deux pavillons assez bas que sépare une porte d'entrée, en face de laquelle se voyait jadis un pont-levis remplacé, depuis 1649, par un pont de pierre. Le pavillon situé à gauche était une terrasse; celui de droite, une tour carrée dans laquelle se trouve la chambre où Henri IV coucha en 1582 ou 1583[1]. On arrivait sur sa plate-forme par un escalier placé dans une tourelle circulaire appliquée à l'angle sud-ouest de la tour. Cette tourelle, couronnée d'un toit conique à girouette servait encore de guérite.

La seconde façade, qui, ainsi que nous l'avons dit, regarde la rivière assez tortueuse dans ces parages, est formée d'un vaste corps de logis; au milieu s'élève en saillie un pavillon dont la base est ornée d'un portique à colonnes; le sommet, à mansardes, est surmonté d'une galerie, du haut de laquelle on aperçoit un immense panorama, borné à l'horizon par les coteaux voisins de Coutras. De chaque côté de ce pavillon se trouvent, à la hauteur du premier étage, deux terrasses aussi étendues que les bâtiments auxquels on les voit accolées.

Nous passerons d'ailleurs sous silence les donjons qui relient entre elles les deux façades et contribuent à former les faces latérales de l'édifice.

A l'intérieur, on doit visiter l'ancien porche, dont quelques murailles encore debout sont percées de meurtrières; la cour des valets, séparée de la cour d'honneur par un mur où étaient pratiquées des niches destinées, dit-on, à loger les statues des apôtres; de grandes fenêtres à croisillons formés par des meneaux de bois ou de pierre, et à frontons sculptés avec goût.

Le tout est très-intéressant, très-curieux et très-beau à voir; et pourtant ces précieux vestiges des architectures sévères ou élégantes du moyen âge et de la Renaissance, quelque superbes qu'ils soient, ne surprennent pas celui qui connaît les annales du vieux manoir.

Vayres, en effet, baronnie d'abord, marquisat ensuite, était un des fiefs les plus importants et une des places fortes

---

[1]. Et non pas la veille de la bataille de Coutras (Voir R. Guinodie, *Histoire de Libourne*, t. II, p. 307. C'est un ouvrage érudit, consciencieux, et auquel nous devons de précieux documents). Le lit d'Henri IV a été conservé jusqu'en 1789.

de la contrée. Il jouissait d'une juridiction puissante et très-étendue. À l'instar de Fronsac, il avait le privilége d'être salué d'un coup de canon par tous les vaisseaux qui passaient en face de ses tours, et il fut presque toujours aux mains de grands personnages dont la naissance égalait la richesse. Sans les nommer tous, signalons ceux qui appartinrent à la maison d'Albret. L'un d'eux, Alain, qui mourut en 1522, était le bisaïeul d'Henri IV.

Quant aux événements dont le château de Vayres a été le théâtre, disons qu'après avoir été protégé dans la personne de ses seigneurs par les rois d'Angleterre, jaloux d'avoir dans leur dépendance une position qui commandait le passage de la Dordogne, il vit sa possession recherchée aussi par les Épernonistes et par le parlement, par la Fronde et par Mazarin. À cette dernière époque, il eut une destinée assez triste. On ne l'a pas oubliée sans doute, et d'ailleurs il suffirait, pour la rappeler, de prononcer le nom du malheureux Richon, pendu sous la halle de Libourne, contre la foi des traités.

De Vayres à Bordeaux, il n'y a plus que quatre stations :

Saint-Sulpice, que quelques géographes appellent Saint-Sulpice-d'Izon, du nom d'un bourg voisin, et dont il n'y a rien à dire, si ce n'est qu'on y voit une croix monumentale digne d'être signalée;

Saint-Loubès, ayant une croix pareille à celle de Saint-Sulpice, et d'où l'on aperçoit, sur la droite, flottant pour ainsi dire dans l'air, le tablier du pont de Saint-André de Cubzac [1],

---

[1]. Le pont de Saint-André de Cubzac est, dans son genre, l'un des plus hardis qui existent en Europe. Il est supporté, sur une longueur de 545 mètres, par douze flèches jumelles, et n'a pas moins de 7^m,80 de largeur entre les garde-corps. Sa plus grande hauteur au-dessus de l'étiage est de 28^m,80, au milieu; 25^m,50, aux naissances. Si à sa longueur on ajoute celle des viaducs qui le précèdent et facilitent son accès, on trouve un total de 1545 mètres. Les piles qui se trouvent dans la Dordogne, les culées et les quatre premières arches de chaque viaduc reposent sur pilotis, le reste sur des assemblages

sous lequel peuvent voguer à pleines voiles des navires de 300 tonneaux;

La Grave d'Ambarès, où nous quittons la vallée de la Dordogne pour entrer dans celle de la Garonne, la Grave, dont le territoire touche à Carbon-Blanc, vignoble estimé;

Pont de Saint-André de Cubzac.

Et *Lormont* enfin, où nous arrêterons le lecteur avant d'entrer avec lui dans la capitale de la Guyenne.

Depuis la station de Coutras, nous sommes dans le département de la Gironde. Ce département[1] est, sans contredit, un des plus beaux de la France, surtout dans la partie que nous visitons : car, au delà du fleuve, la terre perd beaucoup de sa fertilité, et si la nature, jalouse d'enrichir ce petit

---

de madriers. Ce pont a été construit de 1835 à 1840 par une compagnie particulière, moyennant vingt-sept ans de concession de péage et une subvention assez forte. M. Vergès, ingénieur des ponts et chaussées, en a dirigé les travaux.

1. Le département de la Gironde est formé du Bordelais, du Bazaxais, d'une portion de l'Agenais et du Périgord, pays enclavés jadis dans le duché de Guyenne; il est d'une superficie de 900 000 hectares environ, et sa population s'élève à peu près au chiffre de 600 000 habitants.

coin du globe d'une variété infinie de produits, n'y avait fait prospérer, à côté des forêts de pins ou au bord de landes incultes, des vignes qui empruntent au sol qui les nourrit une séve particulière; si l'on n'y trouvait les vins du Médoc, ceux de Haut-Brion, de Carbonnieux, de Sauterne, d'Eyquem, de Bommes, etc., etc., on pourrait croire cette portion du département déshéritée de toute richesse. Il n'en est rien cependant; au contraire: car il est bien reconnu que la récolte du vin est, de l'autre côté de la Garonne encore plus que de ce côté, la principale fortune[1] des habitants; et, quand on connaît la façon dont cette récolte se fait, on pourrait dire aussi leur industrie principale.

Toutefois la contrée entière produit en outre assez de céréales et, dans l'arrondissement de Bazas surtout, une grande quantité de maïs dont les paysans font une bouillie qu'ils appellent *cruchade*, de la cire, du miel, des résines, des bois très-estimés, ceux, entre autres, qui poussent autour de Lesparre. On y trouve des marais salants à Certes, dans le bassin d'Arcachon, et à Saint-Vivien, dans le Médoc : ces derniers produisent 1 400 000 hectolitres de sel par an ; des eaux minérales à Grignols, près de Bazas, et à Monrepos, aux portes de la Bastide, faubourg de Bordeaux; des bains de mer renommés à la Teste; des carrières de pierre à bâtir magnifiques, parmi lesquelles on cite celles de Roque et de Bourg,

---

[1]. Dans le département de la Gironde, les vignobles occupent un huitième de la superficie totale, et fournissent annuellement 2 000 000 environ d'hectolitres. En les calculant à un prix moyen de 18 à 19 fr. l'hectolitre, on obtient un produit de 36 à 38 millions de francs. Les arrondissements de Lesparre, Bazas et Bordeaux sont ceux où l'on récolte les vins les plus chers. Mais cela n'a lieu que depuis quelque temps; car, autrefois, les crus les plus fameux étaient ceux de Bourg (arrondissement de Blaye) et de Queyries, vis-à-vis de Bordeaux. Le vin des *côtes de Bourg* est encore assez recherché. Enfin, les *Saint-Émilion* ont toujours eu et ont encore une certaine renommée. Viennent ensuite, et toujours dans l'arrondissement de Libourne, les *Fronsac*, les *Pomerol*, etc.

dont on s'est servi et dont on se sert presque exclusivement à Bordeaux. On y élève des races de bœufs superbes ou robustes : les *garonnais*, qui pâturent dans les campagnes fécondes de l'arrondissement de la Réole, et les *bazadais*, qui broutent les landes de Bazas et labourent ce sol âpre et rebelle. Les côtes et la rivière fournissent des poissons et des coquillages exquis ; quelques portions du territoire, d'excellents légumes et des fruits savoureux.

Quant à l'industrie et au commerce, ils sont encore plus florissants que l'agriculture, et procurent à ce pays des avantages plus considérables peut-être que ceux qui lui viennent de son propre fonds.

Du commerce nous n'en dirons rien, ou presque rien, parce que, s'il fallait indiquer le nombre des transactions effectuées sous le pavillon des négociants girondins, nous serions obligés d'entrer dans des détails infinis et d'entasser chiffres sur chiffres. Qu'il suffise aux lecteurs de savoir que, quoique la perte de nos colonies, ou l'abandon dans lequel on les a laissées depuis cinquante ans et plus, ait porté au commerce des ports de ce département un grand préjudice, il correspond toujours avec les deux Amériques, et aussi avec l'Angleterre, avec l'Espagne, en un mot avec tout le littoral européen de la Méditerranée et de l'Océan ; qu'il exporte, en très-grande quantité, ses vins et ses liqueurs, ainsi que ses produits manufacturés et toutes les denrées du Midi, soit en liquides, soit en blés ou en farines ; enfin qu'il importe une masse considérable de marchandises de toute nature et de toutes provenances.

Pour ce qui est de l'industrie, la nomenclature suivante pourra en faire apprécier la richesse. Outre ses *vinateries*, ses *vinaigreries*, ses tonnelleries, etc., etc., le département de la Gironde possède des établissements métallurgiques à Beliet, à Lugos, à Illon, à Uzeste, à Pompézac et à Saint-Michel de Castelnau ; un laminoir pour le cuivre et le plomb à Carbon-Blanc ; des verreries à Biganos, à Carbon-Blanc et à Saint-Symphorien ; des fabriques de résines à la Teste et à Saint-Laurent de Médoc ; des manufactures de toiles peintes, de toiles de chanvre ou de bonnets de coton et de laine à Beautiran, à Sainte-Foy et à la Réole ; des moulins à blé à Laubardemont et à Arsac ; des tanneries, des clouteries, des corderies, des coutelleries à la Réole, à Langon et à Castillon, etc., etc. : le tout sans compter les chantiers de navires, les fonderies de fer, les filatures de laines, les fabriques de porcelaine et de poterie anglaise, les raffineries de sucre et les verreries de Bordeaux. Faisons observer toutefois que, dans cette dernière ville, le prix des subsistances étant assez élevé, la main-d'œuvre y est chère, et que par conséquent l'industrie manufacturière ne peut guère y prendre un grand développement.

Inutile d'ajouter qu'un peuple ainsi doté sous tous les rapports est un peuple heureux. L'abondance des biens matériels réjouit le cœur, et celui qui n'a nul souci du lendemain est porté d'ordinaire à jouir d'une vie qui n'a pour lui que des charmes. Aussi le plaisir, sous toutes ses formes, est-il le Dieu qu'adorent presque tous les habitants de la Gironde, et en particulier ceux qui vivent dans l'ancien Bordelais. De mœurs douces et faciles, trop faciles peut-être, ils aiment le luxe et les fêtes ; ils sont aventureux au jeu, ambitieux et prodigues. En un mot, il ont tous les avantages et tous les défauts de l'homme riche qui n'a qu'à puiser dans ses coffres pour satisfaire ses fantaisies. Mais ce qui les distingue de l'homme riche, c'est que, tandis que celui-ci s'imagine d'ordinaire

> Qu'il a, sans rien savoir, la science en partage,

et est égoïste de sa nature, ils ont l'âme généreuse et le cœur chaud, l'esprit enclin à cultiver amoureusement les lettres et les arts.

Mais nous voici bientôt à Lormont. Avant d'arriver à cette station, admirez avec nous ces plaines et ces coteaux mariés l'un à l'autre par de douces pentes, et ces prés, ces bois, ces guérets et ces vignes qui varient les aspects; puis, au loin, cette vaste rivière de la Garonne qui va bientôt recevoir dans son sein la Dordogne[1], et devenir le fleuve de la

Vue du port de Bordeaux.

Gironde. On dirait d'une mer. Vaisseaux à voile et bateaux à vapeur la sillonnent dans tous les sens. C'est la plus grande

[1]. La Garonne et la Dordogne se réunissent au lieu appelé *Bec-d'Ambès*, situé à notre droite. Une fois réunies, elles prennent le nom de Gironde, des mots *girus undæ*, exprimant le tournoiement d'eau qui s'opère à leur confluent. Du Bec-d'Ambès à l'Océan (phare de Cordou), la distance est de 8 myriamètres. Ajoutons qu'à partir de Bordeaux et de Libourne, et même au-dessus, la Garonne et la Dordogne sont assez larges pour que le pays qu'elles embrassent, jusqu'au moment où elles se confondent, ait pu être appelé sans trop d'exagération *l'Entre deux mers*. C'est le pays que nous traversons.

artère du colosse commercial qu'on appelle Bordeaux. Aussi, comme la vie y afflue de toutes parts! Ce spectacle ravissant n'est pourtant rien encore à côté de celui qui nous attend au sortir des tunnels qui touchent à Lormont, car de là l'œil embrasse une courbe immense (de 6000 mètres de développement), dont la vue a été comparée à celle de Constantinople et de la baie de Naples.

On se rappelle ce que Casimir Delavigne a fait dire du Havre, sa patrie, à l'un de ses personnages :

> . . . . Doux climat, sol fertile;
> D'aimables habitants, un site, ah! quel tableau!
> Après Constantinople, il n'est rien d'aussi beau.

Ces vers sont applicables en tout point, non pas au Havre, mais à Bordeaux. Quel site et quel tableau en effet! à nos pieds se balancent, bercées par le flot, des forêts de mâts dont le pavillon n'atteint pas à la hauteur du sol où nous marchons, et chaque coque de navire se détache en noir sur l'onde fauve de la Garonne; au delà se montrent de vertes campagnes ou des édifices imposants : la tour de Pey-Berland, les flèches de la cathédrale de Saint-André, la ligne des Quais, les colonnes rostrales des Quinconces, etc.; tout autour, des villas, des châteaux et des parcs somptueux.

N'oublions pas toutefois au milieu de ces splendeurs que nous arrivons à Lormont. Car ces murs, au milieu desquels roule notre locomotive avec le sans façon d'un carrosse, ne manquent pas d'avoir un certain intérêt. Lormont est connu depuis fort longtemps, ainsi que son nom romain de *laureus mons* l'indique, et dans son voisinage on a découvert les vestiges d'une muraille qui s'étendait fort loin et qu'on croit être un reste des remparts élevés durant les guerres civiles du moyen âge. Nous avons lu aussi qu'on y voyait les ruines d'un château fort. Nous ne les avons pas aperçues, mais il est probable qu'elles existent; Lormont en effet dû avoir une demeure à peu près princière, et dans tous les cas à l'abri d'un coup de main, pour qu'à l'époque de ses démêlés avec la capitale de la Guyenne, en 1394, le duc de Lancastre y ait résidé pendant quelque temps. A Lormont, d'ailleurs, on retrouve d'autres souvenirs de discorde et même de guerre, des souvenirs du duc d'Épernon le fils. Pendant ses querelles avec le parlement, sa flotte y fut battue par celle des Bordelais, que commandait le marquis de Sauebœuf.

Aujourd'hui murailles épaisses et château fort ne seraient plus que des contre-sens à Lormont, car le bruit qui s'y fait entendre et les conquêtes qu'on entreprend sur son territoire sont de nature très-pacifique. On peut voir qu'à mi-côte il est occupé par le chemin de fer ; il l'est à sa base par un chantier de navires où douze cents ouvriers coupent, fendent, équarissent, scient, rabotent et clouent en chantant les planches qui bientôt iront se confier au rude Océan : *Truci pelago.*

Après Lormont, on traverse encore des tunnels ; on franchit ensuite, sur un joli viaduc, la plaine des Queyries, conquise en partie sur la Garonne, et presque aussitôt on arrive à Bordeaux, ou du moins à la Bastide, qui en est un faubourg de ce côté de la rivière. Avant d'entrer dans la ville, ou pour être plus exact, avant de passer sur le pont magnifique et immense qui y donne accès en joignant les deux rives, n'oubliez pas de visiter dans tous ses détails la gare où nous descendons. Contemplez-en la façade, dont le style est monumental quoique simple, ainsi qu'il convenait, et parcourez les vastes constructions qui s'y rattachent : les ateliers de réparations, de machines, les remises pour les voitures et pour les locomotives, les halles de marchandises, les quais d'arrivée et de départ, les logements d'employés, les bureaux, les salons d'attente. Vous en louerez, nous n'en doutons pas, l'heureuse et élégante disposition, et vous remarquerez en même temps la charpente de fer qui recouvre le monument, et dont la légèreté n'exclut pas la solidité; au contraire. Charpente et gare passent à bon droit pour un des chefs-d'œuvres du genre, et font le plus grand honneur à l'ingénieur qui les a fait construire. Cet ingénieur est M. Ernest Pépin-Lehalleur, qui a si bien approprié l'école de navigation d'Angoulême à sa nouvelle destination, et à qui l'on doit, d'ailleurs, toutes les gares de ce parcours à partir de la station de Villeperdue. Dans ces travaux divers, M. Pépin-Lehalleur, au jugement des hommes de l'art, a fait preuve d'un talent hors ligne, et l'on peut dire qu'il a dignement couronné son œuvre à Bordeaux.

Gare de Bordeaux.

Rue des Fossés du Chapeau Rouge, à Bordeaux.

X.

BORDEAUX.

L'origine de Bordeaux se perd dans la nuit des siècles. Longtemps avant que Rome envahît ce pays, des tribus de race celtique étaient venues se fixer sur les bords de la Garonne et y avaient formé divers établissements. L'un des plus considérables était placé à l'endroit où s'élève aujourd'hui la ville opulente que nous avons sous les yeux. Il consistait en une citadelle, qui, dans le langage de ses fondateurs, s'était appelée *Burs-wall*, c'est-à-dire, selon Malte-Brun, *citadelle gallique*, et en un groupe de demeures plus ou moins nombreuses, bâties autour ou dans l'enceinte même des fortifications. A cette époque déjà, la contrée était commerçante et entretenait des relations suivies avec l'Espagne, avec Marseille et Nîmes, avec la Sicile et toute l'Italie.

Cette citadelle fut respectée d'abord par les légions de César. Une grande partie des Gaules était sous le joug, que Burs-Wall et son territoire jouissaient encore de toute leur indépendance. Pourtant l'heure de la conquête arriva. Cette conquête fut longue et difficile, grâces à la valeur et à l'habileté des Aborigènes, grâces au secours qu'ils trouvèrent chez les Ibères avec lesquels ils s'étaient alliés : elle coûta la vie à l'un des lieutenants de César, Préconius, et la honte d'une défaite à l'un des proconsuls de Rome, Manilius, lequel fut délogé de ses positions et obligé de fuir; mais Crassus ou Messala furent plus heureux et en vinrent à bout Burs-Wall dès lors perdit sa dénomination barbare, ou du moins les vainqueurs, en la latinisant, la modifièrent et la changèrent en celle de *Burdigala*, écrit quelquefois *Burdicala*, *Burdegala* ou *Burdecala*, d'où, par une suite de transformations successives, est venu le nom actuel de Bordeaux.

Toutefois, en changeant de nom et de maîtres, Burs-Wall ne perdit point sa prospérité matérielle. Strabon, qui parle de *Burdigala* dans ses livres de géographie, l'appelait déjà un *emporium* (marché) *celebre*, et Auguste, à son avénement (28 ans avant J. C.), la traitait comme une ville de premier ordre en lui laissant le droit d'élire ses magistrats (consuls, décurions) et la faculté de se gouverner elle-même... sous le bon plaisir du préteur. Au 1er siècle de l'ère chrétienne (16), Germanicus y faisait le démembrement des provinces gallo-romaines. Au IIe, sous Adrien qui la visita, elle devenait la métropole de la seconde Aquitaine. Au IIIe, Gallien y faisait bâtir les arènes qui portent son nom ; elle voyait Tétricus, gouverneur des Gaules, revêtir la pourpre des empereurs; elle entendait saint Martial, saint Front et saint Martin, que Grégoire de Tours appelait « la lumière nouvelle, » prêcher la foi chrétienne. Au IVe, elle possédait des académies tellement célèbres, que Rome et Byzance y recrutaient leurs professeurs; elle nourrissait des orateurs, des écrivains et des poëtes renommés, au nombre desquels on doit citer les deux Ausone, le père et le fils, les deux Minervius, père et fils aussi, Sedatus, Delphidius, Exupère, Macrin et saint Paulin; elle était ornée de temples magnifiques, de théâtres somptueux, de vastes amphithéâtres; elle avait en outre des hippodromes, des aqueducs, des thermes et des palais. Ausone d'ailleurs, un de ses enfants, était appelé à l'honneur de faire l'éducation de Gratien, le fils de l'empereur Valentinien, et plus tard était promu par son élève à la dignité de consul de Rome.

Par un fatal contraste, pourtant, toutes ces grandeurs ne devaient servir qu'à rendre la décadence plus éclatante et plus prompte, et Ausone avait eu comme un pressentiment de l'avenir, le jour où il conseillait à sa ville natale d'asseoir ses destinées sur des bases durables :

Burdigala ancipiti confirmet vertice sedem.

En effet, au milieu de leur luxe et de leurs richesses, les Aquitains avaient perdu leurs vertus guerrières. Leurs âmes s'étaient amollies comme leurs mœurs, et ce fut presque sans coup férir que les Vandales pénétrèrent à Burdigala (412); ils égorgèrent ses habitants, incendièrent ses édifices, et, sous le souffle brutal des tempêtes qu'ils déchaînaient autour d'eux, dispersèrent toutes les splendeurs dont elle s'enorgueillissait.

Sous le règne d'Honorius, les Visigoths, auxquels cet empereur avait par faiblesse abandonné l'Aquitaine, en chassèrent les Vandales et finirent par s'en emparer (466). Mais le royaume qu'Ataulfe, un de leurs chefs, fonda dans la Gaule méridionale, avait *Tolosa* pour capitale, et Burdigala resta au second rang. Bientôt, il est vrai, la défaite d'Alaric, successeur d'Ataulfe, écrasé par Clovis dans les champs de Voclades, remplaça les Visigoths par les Francs, et l'Aquitaine put respirer sous cette domination plus clémente. Mais, à la mort du fondateur de la monarchie française (511), Bordeaux et sa province devinrent pour longtemps la proie des révolutions suscitées par les rivalités mutuelles de ses indignes descendants. Ce ne fut qu'au VII° siècle que, profitant du désordre inséparable de ces querelles, l'Aquitaine put se soustraire à une destinée aussi chanceuse et s'érigea en un État particulier, dont les chefs, reconnaissant à demi la suzeraineté de la France, prirent le titre de ducs (668). Le premier de ces ducs fut un nommé Loup, qui eut pour successeur Eudes, lequel guerroya dix ans contre les Maures d'Espagne, et contribua, plus tard, à la victoire que Charles Martel remporta sur Abd-er-Rhaman, entre Tours et Poitiers. Les derniers d'entre eux furent Waiffre et Hunald, qui résistèrent d'abord, et avec autant de courage que de persévérance, aux envahissements de Pépin et de Charlemagne, mais qui finirent par être abandonnés de leurs sujets et par recevoir, de la main des traîtres ou de celle de leurs ennemis, une mort misérable.

Charlemagne fit de l'Aquitaine ce que Clovis en avait fait : un royaume dépendant de son empire. Bordeaux commença dès lors à reconquérir son ancienne puissance. Ses murailles furent relevées, ses monuments reconstruits; les lettres et les arts y refleurirent; le commerce y reprit son essor. Malheureusement, le sort qu'il avait éprouvé déjà sous les successeurs de Clovis l'attendait encore sous les héritiers du grand empereur. Les mêmes divisions intestines furent suivies des mêmes désastres, auxquels il faut ajouter les maux dont l'accablèrent les hordes normandes; maux terribles, car au IX° siècle la ville fut pillée et saccagée, mise à feu et à sang, ainsi qu'elle l'avait été quatre cents ans auparavant par les Vandales.

Charles le Chauve fit de vains efforts pour repousser les barbares. Ils avaient été appelés dès l'origine par son neveu, Pépin II, dont il avait usurpé la souveraineté en Aquitaine et qui avait cherché des vengeurs en tout lieu. Pour les chasser, Charles II refit un duché de cette province et en investit (845) Ranulphe Ier, de la famille des comtes de Poitiers. Tactique impuissante ! Ranulphe fut tué (867) en Anjou par ces mêmes Normands qu'il devait écraser, et plus tard, lorsqu'on eut acheté au prix de grosses sommes d'argent leur retraite, comme si la Providence avait voulu punir la spoliation exercée sur Pépin II, le duché de Ranulphe échut en partage à des seigneurs qui se révoltèrent contre le roi de France et finirent par convertir leur fief en un domaine héréditaire. De ces seigneurs nous ne dirons rien. Les plus illustres d'entre eux ont été comtes du Poitou, et nous en avons parlé au moment où nous nous occupions de l'histoire de cette contrée. Nous nous bornerons à rappeler que le dernier de ces ducs fut le Guillaume qui mourut en pèlerinage à Saint-Jacques de Compostelle (1137) et qui légua à sa fille Éléonore un pays dont la possession devait être, pendant trois siècles, un sujet de querelle ou de guerre entre l'Angleterre et la France.

Suivant la volonté exprimée par Guillaume dans son testament, Éléonore épousa le fils de Louis VI, roi de France, Louis le Jeune, qui, la même année, occupa seul le trône qu'il avait partagé pendant quelque temps avec son père. Son mariage fut célébré en grande pompe à Bordeaux dans la cathédrale de Saint-André, le 2 août 1137. Ce jour-là, l'antique cité put rêver l'oubli de ses maux. L'héritière de son dernier duc était née à Belin, dans le voisinage, et porterait sans doute au pays où elle avait vu le jour un vif intérêt. Elle devenait la reine d'une nation puissante dont elle augmentait considérablement la fortune. Hélas ! quinze ans après, Louis VII répudiait sa royale épouse (1152) et lui rendait les provinces qu'elle avait apportées en dot. Quelques mois plus tard, Éléonore s'unissait au Plantagenet qui allait régner sur l'Angleterre sous le nom d'Henri II. Presque aussitôt la discorde éclatait entre les deux puissances.

Nous n'aborderons pas dans tous ses détails le récit des luttes qui ensanglantèrent si longtemps l'Aquitaine à partir de cette désastreuse époque. Bordeaux en souffrit sans doute. Sans parler des dissensions intestines qui éclatèrent autour de ses murs et que facilitaient les discussions incessantes du feudataire avec son suzerain, de l'Angleterre avec la France, son territoire fut ravagé ou envahi par Philippe Auguste et par Louis VIII, par saint Louis, par Philippe le Bel, par Charles V, et enfin par les troupes de Charles VII le *Victorieux*. Toutefois il est vrai de dire que Bordeaux lui-même n'éprouva pas en somme de grands dommages. Séduits par les magnificences d'un lieu où ils projetaient sans cesse de fixer leur résidence, les rois d'Angleterre se plurent à embellir la future capitale de leurs États de terre ferme. Ils en agrandirent l'enceinte, y construisirent plusieurs édifices et la fortifièrent. Éléonore y avait parfois habité, et, digne héritière de Guillaume VII, elle y avait présidé quelques-unes de ces assemblées fameuses où l'on discourait d'amour et de poésie. Richard Cœur de Lion y séjourna pendant un certain temps avant d'aller combattre une coalition de seigneurs qui voulaient proclamer leur indépendance; Henri III, sous lequel la province perdit son ancien nom pour prendre celui de Guyenne, s'y fixa, et son règne y fut marqué par des fêtes splendides et par des prodigalités incroyables; les Édouards la comblèrent aussi de bienfaits et, sous le dernier d'entre eux, Édouard III, le prince de Galles, dit le *prince Noir*, en faveur duquel on avait érigé le duché en principauté, y tint sa cour brillante et chevaleresque; cette ville, en un mot, fut constamment un objet de prédilection pour les princes étrangers qui la possédèrent. En retour, plus que toute autre elle s'attacha à leur fortune, et à tel point qu'épuisée d'hommes et d'argent, sous les règnes odieux d'Henri V et d'Henri VI, elle n'en repoussait pas moins de toutes les forces qui lui restaient la domination des rois de France. En voici la preuve.

On connaît le traité que Dunois signa à Fronsac le 15 juin 1451, et qui devait ouvrir à Charles VII les places de la Guyenne. Il laissait à Bordeaux tous ses priviléges, et pourtant cette ville courut aux armes contre la France le jour où elle apprit qu'un général anglais, Jean Talbot, avait réuni dans le Médoc une armée. Ce général fut battu et perdit la vie sur les bords de la Dordogne, près de Castillon. Ses troupes levèrent sur le pays qu'elles allaient abandonner de fortes contributions, emportèrent toute l'argenterie des églises, dépouillèrent les archives publiques et firent passer le tout en Angleterre. Malgré ces désastres et ces injustices, Bordeaux n'en résista pas moins avec opiniâtreté aux soldats de Charles VII, et ce ne fut qu'au bout de trois mois, après un siége meurtrier rendu plus terrible encore par la famine qu'il occasionna, que cette ville finit par se rendre à Charles VII, suivant « son plaisir et volonté » et pour « des corps de ses habitants prendre punition suivant leur offense. »

Cette punition ne fut pas très-cruelle. Touché du repentir et du malheur des vaincus, le roi *Victorieux* se contenta de faire bâtir au nord et au sud de la ville deux forts : le premier, sur le bord de la Garonne, est celui qu'on appela d'abord *Tropeyte*, et qui fut nommé plus tard le *Château-Trompette ;* l'autre est celui qui fut désigné sous le nom du *Far*, et depuis, du *Hâ*. Il réduisit d'ailleurs de 100 000 écus à 30 000 la contribution dont il les avait frappés tout d'abord, et leur rendit une partie des prérogatives dont ils avaient joui auparavant. Louis XI fit mieux encore. Sous lui, la cité reprit tous ses anciens droits ; elle releva son université, fondée en 1441 par une bulle d'Eugène IV ; elle devint le siége d'un parlement (1462), et se vit concéder des lettres patentes (1474) en vertu desquelles tout étranger venant se fixer à Bordeaux était sûr d'y avoir de grands priviléges.

A vrai dire, pourtant, cette ville se ressentit longtemps des malheurs qu'elle avait attirés sur sa tête, et ne se releva que lentement de l'état d'infériorité où elle était descendue, soit qu'elle fût désertée par ses plus riches habitants, soit que des pestes affreuses la ravageassent. Il fallut le règne de François Ier pour la faire sortir de sa torpeur et de son marasme. Mais aussi, sous ce monarque, dont les qualités comme les défauts s'accordaient si bien avec le caractère des Aquitains, quel brillant essor fut donné à la capitale de la Guyenne! On y sentit renaître le goût des arts, des lettres et des sciences. Son académie revit les beaux jours du IVe siècle, et put s'enorgueillir de professeurs fameux : Govéa, Muret, Buchanan, Scaliger, Vinet, Tévius, qui, s'ils n'eurent pas, comme Ausone, l'honneur de faire l'éducation d'un prince, purent se glorifier d'avoir eu pour disciple Montaigne. Ses temples furent embellis par des artistes formés aux écoles de l'Italie, alors si célèbres; elle reçut dans ses murs François Ier, qui lui accorda les bienfaits de plusieurs réformes, et eut pour gouverneur Henri d'Albret[1], roi de Navarre, qui fut l'époux de Marguerite de Valois et le grand-père d'Henri IV, celui dont Charles-Quint disait que c'était le seul homme qu'il eût vu en France. Pourquoi faut-il que les Bordelais aient à dater du même règne l'établissement de la gabelle et les premières rigueurs qui furent exercées contre les religionnaires!

---

1. Quarante-sept communes, situées dans l'arrondissement de la Réole, durent à Henri d'Albret leur prospérité. De 1524 à 1527, leur territoire avait été dépeuplé par la peste. Henri d'Albret y appela des cultivateurs de la Sain-

Nous avons eu déjà l'occasion d'énumérer les maux qu'amena dans la Guyenne l'édit de François Ier, qui frappait le sel d'un impôt vexatoire, et nous avons déjà parlé de la résistance des habitants à se conformer à cet édit, de leur rébellion et de leur châtiment. Ce fut au commencement du règne d'Henri II que l'insurrection prit un caractère alarmant. Tristam de Monneins, qui était alors lieutenant du roi dans la province, accourut au Château-Trompette; bientôt il s'y trouva en présence de vingt-cinq mille révoltés qui, sous prétexte de l'amener à l'hôtel de ville, le firent d'abord sortir du fort où il était en sûreté, et le harcelèrent ensuite de menaces à ce point que les jurats dont il était accompagné l'abandonnèrent. Aussitôt après, le malheureux était massacré et sa mort devenait le signal du carnage des employés de la gabelle, ainsi que de citoyens étrangers à la querelle, du pillage de leurs maisons, etc. Toutefois, dès le lendemain, l'ordre put se rétablir, grâce au parlement et au concours que lui apportèrent un très-grand nombre d'habitants et ces jurats eux-mêmes, qui tout d'abord s'étaient enfuis. Parlement, habitants et jurats, eurent néanmoins à payer les méfaits dont ils avaient arrêté le cours et à subir les effets de la vengeance royale. Elle fut horrible. Le connétable de Montmorency en était chargé. « A son arrivée, dit M. Jouannet[1], la ville repentante lui ouvre ses portes; mais il veut y entrer par la brèche comme dans une place emportée d'assaut. Il trouve les rues jonchées de fleurs et de lauriers, car la terreur descend toujours à l'adulation; mais ce ne sont pas des festons qu'il demande, c'est du sang. Il fait dresser des échafauds; cent cinquante personnes y perdent la vie. Les jurats et cent vingt notables furent condamnés à déterrer

---

tonge, de l'Angoumois et de l'Anjou. Ce sont les descendants de ces anciens colons qui sont encore aujourd'hui appelés dans le pays des *gavachs*, du mot celtique *gau-ac* répondant en latin à *pagani*, en vieux français à *vilains*.

1. *Musée d'Aquitaine*, t. III, p. 106.

avec leurs ongles le corps de l'infortuné Monneins, pour lui rendre ensuite les devoirs funèbres ; les priviléges de la ville, lacérés par la main du bourreau, devinrent la proie des flammes ; le parlement fut mis en interdit ; on imposa sur Bordeaux une contribution de guerre de 200 000 fr.; les habitants furent de plus condamnés à entretenir et à ravitailler les châteaux destinés à les contenir ; ils furent aussi chargés de l'entretien de deux galères, dont on se servirait contre eux en cas de besoin. Il fut statué que l'hôtel de ville serait rasé et remplacé par une chapelle expiatoire ; les cloches qui avaient donné le signal de la révolte durent être descendues, brisées et fondues. Tout porta sa peine jusqu'aux êtres insensibles…. Ajoutons encore un mot : on cessera de s'étonner de l'atrocité d'une vengeance confiée à de pareilles mains. Le juré Lestonnat était condamné à avoir la tête tranchée ; sa femme, d'une rare beauté, vient se jeter aux pieds du connétable et demande la grâce de son époux. Montmorency la promet à une condition que je ne puis dire et que l'infortunée ne put refuser.... Le monstre déshonora la femme au moment même où il faisait tomber la tête du mari. »

A Bordeaux, ainsi qu'à Libourne, les troubles suscités par la gabelle furent suivis des rigueurs exercées contre les calvinistes. Malgré toutes les précautions qu'avaient prises le pouvoir royal et le parlement, la Réforme avait insensiblement recruté d'assez nombreux prosélytes dans la capitale de la Guyenne, et, vers le milieu du XVIe siècle, elle avait fini par se montrer au grand jour. Aussitôt, elle fut rigoureusement combattue et ses partisans furent affreusement persécutés. On se rappelle la mort effroyable de Jean Decazes et d'Arnaud Monnier. Ces malheureux jeunes gens n'étaient pas les premiers martyrs de la foi nouvelle. L'inquisition avait été établie dans la province, sous François Ier. Sous Henri II, elle amena des auto-da-fé qui commencèrent par le supplice de Bernard de Borda, pasteur protestant. Sous François II, les persécutions continuèrent. Sous Charles IX.... Il suffira de dire que ce Montluc, dont nous avons vu les soldats ravager Libourne, parcourait la province, assisté de deux bourreaux qu'il appelait ses *laquais*, faisant « à l'envi, comme dit Brantôme, à qui serait le plus cruel de lui ou du baron des Adrets, » et que trois mois environ après la Saint-Barthélemy (3 octobre 1572), le gouverneur de la ville, Monferrand, et le lieutenant du roi, Monpezat, donnèrent eux-mêmes le signal du massacre des religionnaires. Il y en eut deux cent soixante-quatre d'égorgés à Bordeaux « et toutes les maisons suspectes de calvinisme furent, trois jours entiers, abandonnées au pillage. »

La Ligue suivit de près cette époque sanglante. Étrangers pour la plupart aux intrigues du parti des Guises, les Bordelais restèrent fidèles à Henri III. Parfois, quelques fanatiques essayèrent bien de révolutionner le pays, mais la contenance ferme et résolue des membres du parlement ou du maréchal de Matignon, lieutenant général de la province, suffit toujours à rétablir l'ordre. Grâce à cette attitude aussi, Henri IV fut reconnu sans grandes difficultés dans la capitale du duché de Guyenne, et son avénement au trône y fut même une occasion de réjouissances publiques justifiées plus tard par la paix dont elle jouit sous le règne de ce monarque, et par sa prospérité, qui eût été plus grande encore sans les terribles ravages de la famine et de la peste[1].

Cette prospérité toutefois et la paix dont elle était le fruit cessèrent complétement à partir du jour où le poignard de Ravaillac démontra que le ressentiment de certaines discordes n'était pas éteint. Sous Louis XIII, et pendant la minorité de Louis XIV, Bordeaux fut le théâtre de dissensions et

---

[1]. La ville était alors bordée à l'ouest par des marais. Le cardinal de Sourdis, archevêque de Bordeaux à cette époque, les fit dessécher à ses frais.

de querelles interminables. Elles avaient éclaté déjà, lorsque le premier de ces rois vint recevoir la main de l'infante d'Espagne (1615) dans la cathédrale de Saint-André; elles s'envenimèrent durant le gouvernement du duc d'Épernon le père : car ce duc turbulent et superbe, insolent et avide de richesses, était peu propre à calmer les esprits, et sut se brouiller à la fois avec le parlement, avec les magistrats et les habitants de toutes les villes placées sous son commandement. Enfin ces querelles prirent le caractère d'une guerre civile, lorsque d'Épernon La Valette succéda à son père. On écrirait un volume à raconter les malheurs qui fondirent alors sur Bordeaux.

Louis XIV était encore un enfant. Mazarin, qui avait hérité de la toute-puissance de Richelieu, gouvernait despotiquement la France. Espérant avoir dans le duc d'Épernon La Valette un instrument docile, il le soutint de toute son autorité et lui donna ses pleins pouvoirs. On se rappelle ce qu'il en advint à Libourne. Ce fut pis encore à Bordeaux. Le parlement y siégeait et entretenait l'ardeur des citoyens qui luttaient contre les actes arbitraires de leur gouverneur. D'autre part, les troupes de ce gouverneur occupaient le Château-Trompette, et d'après ses ordres tiraient sur la ville. Ce fort fut assiégé et pris par les habitants, mais le conflit continuait. Un moment la paix fut négociée et conclue (1649), mais elle l'était à peine que, les mêmes causes subsistant, le parti des parlementaires se réveilla (1650) en changeant de nom toutefois et prenant celui de la Fronde. (Il y eut à Bordeaux la *grande Fronde* et la *petite Fronde*, et celle-ci s'appela l'*Ormée*, du nom de la place plantée d'ormes, où ses chefs s'assemblaient). Ce fut alors que la princesse de Condé, dont le mari venait d'être arrêté, traversa la France et alla s'enfermer à Bordeaux, qui, par l'organe de son parlement, la prit sous sa protection. Cette protection ou, pour mieux dire, ses suites, devaient coûter assez cher aux habitants de cette cité. Une première fois, la cause qu'ils avaient embrassée ne leur fut pas très-funeste. Ils y gagnèrent au contraire, puisque, si d'un côté ils furent obligés d'ouvrir leurs portes au roi, de l'autre ils obtinrent l'éloignement de d'Épernon. Mais à la seconde, lorsque la guerre se ralluma (1651) et qu'elle eut pour chef en Guyenne le prince de Condé, qui venait d'en obtenir le gouvernement, cette guerre amena des risques plus grands et ne finit qu'à la suite d'un siége (1653) qui faillit rappeler les souffrances et les privations subies sous Charles VII. Il est vrai de dire pourtant qu'à l'exemple de Charles VII, Louis XIV n'abusa pas de la victoire, et que, dès que les troubles furent apaisés, il ne songea qu'à en effacer les traces. On aurait bien à lui reprocher la façon barbare[1] dont il réprima, en 1675, une émeute amenée par les impôts sur le timbre, le tabac et l'étain, et les calamités qui résultèrent pour la cité bordelaise encore plus que pour quelques autres de la révocation de l'édit de Nantes (1685). Mais on peut opposer à ces tristes souvenirs les bienfaits dont il la combla, et qui furent pour elle la source de sa fortune commerciale et de sa grandeur. Car en même temps qu'il prenait des mesures générales dont elle profitait : droit pour la province d'élire un des trois députés du commerce de France, qu'il appelait tous les ans au sein du conseil qu'il avait créé; bénéfice d'une certaine prime à tous les vaisseaux de 100 à 200 tonneaux construits dans les ports français et destinés au commerce; percement du canal de Languedoc; diminution du nombre des raffineries d'outre-mer, etc., il lui

1. « Douze personnes furent envoyées à l'échafaud; on ordonna la démolition d'une partie des remparts, un désarmement général et le rétablissement du Château-Trompette.... Dix-huit régiments, logés à discrétion chez les habitants, y restèrent plusieurs mois, s'y conduisant comme aurait pu le faire une horde de barbares dans une ville conquise ; et l'autorité les laissa impunis. Les citoyens épouvantés prirent la fuite : plus de quinze cents maisons devenues désertes restèrent en proie à une soldatesque sans frein, sans discipline. » (F. Jouannet, *Musée d'Aquitaine*, t. III, p. 256.)

accordait spécialement (1673 et 1675) la franchise de tout droit pour les marchandises exportées de son port dans les colonies; il y établissait un entrepôt de tabac, y instituait (1705 ou 1707) une chambre de commerce[1] et faisait arriver dans son voisinage des Flamands et des Hollandais, dont l'expérience devait être mise à profit pour le desséchement de marais improductifs ou nuisibles à la santé publique.

Ces bienfaits, toutefois, ne se manifestèrent pas dans Bordeaux sous la forme de monuments publics ou de constructions particulières en harmonie avec sa nouvelle situation. Cette ville était riche, très-riche déjà, que ses rues étaient toujours tortueuses, ses maisons basses, irrégulières, et, pour voir changer son aspect, il faut arriver aux règnes de Louis XV et de Louis XVI.

Ses plus beaux édifices, en effet, et surtout le plan général d'après laquelle elle fut reconstruite, sont l'œuvre d'un intendant de la Guyenne sous Louis XV, de Louis-Urbain Aubert, marquis de Tourny, qui arriva le 31 août 1743 à Bordeaux. Il avait déjà occupé, dans le Limousin, les mêmes fonctions, et y avait donné pendant treize ans la preuve d'une très-haute capacité en matière administrative. Il était d'ailleurs l'ami des arts et des lettres; il cultivait les sciences; enfin, il joignait à ces qualités la plus précieuse de toutes, celle d'être un homme de bien.

A son arrivée dans le chef-lieu de sa résidence, M. de Tourny fut frappé du contraste qui existait entre l'aspect d'une ville décrépite et les magnificences du site où elle était assise. Il serait difficile aujourd'hui de concevoir jusqu'à quel point ce contraste était choquant. Les beautés de la nature sont toujours les mêmes, mais l'autre terme de comparaison a disparu. Toutefois, on pourra s'en faire une idée en songeant que la vieille enceinte était encore dans le même

---

1. Le tribunal de commerce existait depuis 1571, et les négociants avaient la faculté d'élire leurs juges.

état qu'aux temps de la domination anglaise, que des douves profondes en défendaient les murs, et que ses abords étaient rendus impraticables par des marais et des cloaques. Le nouvel intendant voulut remédier immédiatement à ces maux. Dès les premiers jours de son administration, il fit abattre une grande portion des remparts, combler les fossés, dessécher les terrains. Presque aussitôt, et avec une rapidité incroyable, s'élevèrent d'une part, sur les bords du fleuve, l'hôtel de la Douane, le palais de la Bourse (ces deux hôtels d'après les dessins de Gabriel) et cette magnifique façade du Port[1] qui se compose de plus de trois cents maisons, toutes bâties sur le même plan; tandis que de l'autre, dans l'intérieur et autour des vieux quartiers ou des quartiers projetés, on édifiait neuf portes de ville, dont cinq, qui étaient anciennes, furent refaites, et dont les quatre autres, parmi lesquelles on remarque celle dite de Bourgogne, furent bâties à neuf; on ouvrait deux promenades et plusieurs places publiques qu'ornèrent sept fontaines; on perçait dix grandes rues; on reconstruisait l'hôtel de l'Intendance ainsi que l'Église qui y était attenante et qu'un incendie avait consumée; on plantait enfin six *cours* ou boulevards magnifiques qui dessinaient le circuit de la cité à venir : sans compter les façades des Allées appelées depuis Allées de Tourny, de la place du Marché Royal et plusieurs autres, faciles à reconnaître par leurs toits à mansardes et leurs arcades ornées d'un mascaron à la clef.

Bordeaux, sans doute, s'est embelli depuis ce temps. Ainsi, peu d'années après la retraite de M. de Tourny (1758), à la fin du XVIII° siècle, le duc de Richelieu, qui gouvernait la province, dota sa capitale d'un théâtre, l'un des plus beaux que l'on puisse voir, dont l'architecte Louis avait

---

1. Cette façade fut construite en trois ans. M. de Tourny compromit sa fortune en la faisant commencer à ses frais pour encourager les spéculateurs.

fourni le dessin ; d'après les plans du même artiste, de riches particuliers construisirent les admirables hôtels de la rue des fossés du Chapeau-Rouge et de la rue de Richelieu; le prince de Rohan-Guéméné, alors archevêque de Bordeaux, fit élever un palais qui sert aujourd'hui d'hôtel de ville; on bâtit le Théâtre-Français ; on transforma l'ancien séminaire en hôtel des Monnaies; on commença à construire le quai des Chartrons, dont les maisons opulentes et les vastes magasins sont le principal siége du commerce. Plus tard, et presque de nos jours, on ouvrit, entre les Allées et le cours de Tourny, la place des Grands-Hommes ; on jeta sur la rivière ce pont qui est un des ouvrages les plus merveilleux de France ; on planta sur les ruines du Château-Trompette la superbe promenade appelée les Quinconces ; on refit à neuf l'hôpital de Saint-André, en face duquel s'éleva le palais de Justice, etc., etc. Toutefois, on doit reconnaître que, quel que soit le mérite incontestable de ces nouveaux embellissements, ce mérite est rehaussé par les travaux de M. de Tourny, travaux dont l'ordonnance était si habile qu'ils se sont toujours rencontrés en harmonie parfaite avec les œuvres de ceux qui à leur tour ont voulu agrandir ou orner la ville.

Qu'on ne croie pas cependant que les détails d'un ensemble aussi grandiose aient été négligés, ainsi qu'il en arrive parfois dans les œuvres de cette importance. Ils sont très-remarquables au contraire, et sur les carrefours de Bordeaux, dans ses rues, le long de ses quais, vous ne trouverez pas un seul monument qui n'ait sa valeur propre, vous n'interrogerez pas une seule pierre qui ne vous parle et ne vous dise l'histoire de l'art ou ne vous raconte une page de nos annales.

Le plus ancien des édifices de cette cité, le seul qui rappelle *Burdigala*, est l'amphithéâtre qu'y fit élever au IIIe siècle l'empereur Gallien. C'était l'un des plus vastes de la

Gaule [1], et pendant longtemps il a été signalé comme un des plus beaux vestiges de l'antiquité, quoique son architecture ne date que du Bas-Empire. On retrouve le cachet de cette époque dans le mode de la construction, qui consiste en des assises de pierres carrées, de 34 centimètres sur une épaisseur de 10 centimètres, lesquelles assises sont entrecoupées de dix en dix par des briques couchées, de 4 centimètres d'épaisseur, 29 de largeur et 48 de longueur. Quelques-unes de ces briques sont plates, tandis que les autres sont à rebords sur les parements. Aujourd'hui cet amphithéâtre, nommé par les Bordelais le *Palais Gallien*, n'est plus qu'une ruine; et encore la majeure partie de cette ruine est-elle enfouie sous des maisons particulières qui en dérobent la vue. Il y a un siècle environ, les deux tiers du monument étaient encore debout; mais en 1795 on vendit à des spéculateurs le terrain sur lequel il avait été élevé, et les maçons aidèrent au temps dans son œuvre de destruction. C'est par un hasard inespéré qu'on laissa subsister ce qui reste et qu'on doit visiter, ne fût-ce que pour rendre un pieux hommage au passé : l'une des principales portes d'entrée, quelques fragments des diverses enceintes, etc. Non loin du

---

1. Il était moins considérable que celui de Poitiers (voy. page 261). On estime pourtant qu'il devait avoir, hors d'œuvre, de 132 à 137 mètres dans le sens de son grand axe, et de 105 à 114 dans le sens du petit, sur une élévation totale de 21 mètres. Son périmètre était entouré de six murs qui allaient en diminuant de hauteur, à partir de celui qui formait le pourtour extérieur, et dont le plus fort avait 1m50 d'épaisseur; ces six murs comprenaient, entre leurs parvis, cinq enceintes, lesquelles, supportant les gradins où s'asseyaient les spectateurs, variaient de largeur depuis la première de celles qu'on trouvait à l'entrée et qui avait 4 mètres, jusqu'à la plus éloignée qui en comptait à peine un peu plus de 3. Les galeries destinées au public étaient au nombre de quatre, dont deux au rez-de-chaussée et deux à l'étage supérieur; elles régnaient tout autour de l'arène, et on y arrivait par deux grandes portes (de 9 mètres de haut sur 6 de large) placées à chaque extrémité du grand axe, et par quinze portiques disséminés sur toute l'étendue de la courbe.

palais Gallien était jadis un autre édifice[1] bien plus précieux que lui. Cet édifice, appelé les *Piliers de Tutelle*, avait été bâti au siècle d'Auguste et consacré au génie protecteur de la cité gallo-romaine. Au dire des hommes les plus compétents en pareille matière, Venuti, Perrault, cette œuvre était magnifique. On n'en a pas laissé trace. Elle était placée sous le feu du Château-Trompette, et le canon de cette citadelle ne la respecta pas au temps de la guerre entre d'Épernon et le parlement. Plus tard d'ailleurs, à l'époque où le maréchal d'Albret *apaisa* la révolte de 1675, il fut décidé que, dans le but de maintenir les habitants dans le devoir, on construirait un nouveau fort (c'est le fort Louis, sur le plan duquel

---

1. C'était un péristyle dans le genre antique, ayant la forme d'un parallélogramme, dont la longueur était de 29 à 30 mètres et la largeur de 20 à 21. Il était supporté par un double stylobate, et reposait d'ailleurs sur une voûte dont l'aire dominait le sol à une élévation telle, que, pour y arriver, on était obligé de monter vingt et une marches. Il était entouré de vingt-quatre colonnes d'ordre corinthien hautes de 12 mètres; ces colonnes soutenaient une architrave au-dessus de laquelle se voyait un second ordre en arcades, dont le couronnement s'appuyait sur quarante-quatre cariatides de grandeur naturelle adossées intérieurement et extérieurement contre les pilastres. Sa hauteur totale (il n'avait pas de toit) était de 20 mètres. Quant au mode de sa construction, il était du bon temps. Bâti de grandes pierres dures, ce monument était remarquable par le goût de ses ornements.

En fouillant le terrain sur lequel il avait été construit, on trouva au xvie siècle un autel votif, d'un seul bloc de marbre gris des Pyrénées, sur lequel on lisait l'inscription suivante :

Augusto sacrum
Et genio civitatis
Bit. viv.

La découverte de cet autel corrobora l'opinion où l'on était déjà que l'édifice gallo-romain devait être un temple consacré au génie de la cité sous le règne d'Auguste, et que les dépouilles mortelles des *Bituriges Vivisci* qui habitaient alors *Burdigala* reposaient sous sa protection.

L'emplacement de ce temple est occupé aujourd'hui par la terrasse qui longe le café du Grand-Théâtre, vis-à-vis la rue de Mautrec. Une partie de ses fondations se retrouvent aussi sur la place de ce théâtre.

se trouve aujourd'hui l'abattoir général), et qu'on agrandirait l'enceinte de celui qui existait déjà. Pour ce faire, il fallait de la place et des matériaux. On comprend dès lors que le temple dut disparaître!... Il fut démoli... Puisque nous en sommes aux regrets, déplorons aussi la perte d'un autre monument du même temps, le temple de Diane; mais de celui-ci du moins on peut dire qu'il ne fut détruit que par des barbares qui ne pouvaient guère en apprécier le mérite, par les Vandales du ve siècle. Le temple de Diane fut remplacé par l'église de Sainte-Colombe, qui elle-même a disparu en laissant son nom à une place.

Immédiatement après l'amphithéâtre, et primant par rang d'ancienneté tout autre édifice, viennent les églises, ou du moins quelques-unes d'entre elles. De celles-ci, les plus vieilles et les plus curieuses sont Saint-Seurin, Sainte-Croix, Saint-Michel et Saint-André.

L'église Saint-Seurin remonte aux premiers âges du christianisme. C'était à cette époque une humble chapelle dédiée à saint Étienne, où saint Amand, quatrième évêque de Bordeaux, fit inhumer saint Seurin, qui en était le troisième. Au xie siècle, elle fut reconstruite à peu près en entier; mais comme elle était placée hors des murs, elle eut souvent à souffrir des ravages occasionnés par les guerres dont le pays a été longtemps le théâtre, et subit plusieurs modifications. Aussi y a-t-il dans l'ensemble une irrégularité qui ne laisse pas que d'être choquante. On doit y rechercher néanmoins : son portique occidental, dont les sculptures sont du xiie siècle; le porche de son entrée principale, qui est du xiiie; les ornements d'albâtre qui décorent le maître autel ou la chapelle de Notre-Dame des Roses, et surtout le bas-relief placé sur un des murs latéraux près de la sacristie, ainsi que la crypte où se trouve le tombeau de saint Fort. Le bas-relief a été exécuté dans le but de perpétuer l'honneur que Clément V fit à cette église, en y célébrant la messe.

(Clément V était né à Bordeaux, suivant les uns, à Villandraut dans le Bazadais, suivant les autres, en tous cas dans la Guyenne; et il était archevêque de Bordeaux au moment de son exaltation). Ce bas-relief est une œuvre assez remarquable, qui date du xiv° siècle. Du moins, quelques-uns de ses ornements (feuillages dentelés) et la forme de son cadre (à ogive très-prononcée) ne permettent guère de lui supposer une origine antérieure. La crypte ou chapelle souterraine dédiée à saint Fort est de temps immémorial un objet de grande vénération pour les pauvres femmes dont les enfants sont menacés de devenir cacochymes. Saint *Fort*, disent-elles, doit rendre la *vigueur* à leurs nourrissons. Nous ne discuterons pas la valeur de cette croyance. Outre qu'elle paraît provenir d'un rapprochement bizarre entre le nom du saint et l'état dans lequel toute mère voudrait voir son fils, nous serions obligé de laisser voir qu'on a pris ici

>Le nom d'un por pour un nom d'homme,

et que le bienheureux dont la mention ne se retrouve dans aucun martyrologe ni dans les Bollandistes a usurpé la fête du Fort (*fortis seu virga*), c'est-à-dire du bâton pastoral de saint Seurin, lequel bâton était en tel honneur dans la vieille cité, qu'il servait à la prestation d'un des serments décisoires ordonnés au moyen âge par les tribunaux [1]. Disons plutôt que la chapelle où l'on adore le saint, qu'il soit apocryphe ou non, se compose d'une nef voûtée à plein-cintre et de deux bas côtés. La nef est partagée en deux parties égales, dont une, celle du fond, renferme le tombeau vénéré et est séparée par un mur des latéraux où se trouvent

---

[1] « Il y avait quatre sortes de serments décisoires : *Sobre lo plan* (à l'audience), à *Seut-Progeist* (dans l'église Saint-Projet, qui n'existe plus), *Sobre lo libré dè la cort* (sur l'Évangile), *Sobre lo fort Seint-Seurin* (sur le *fort* de Saint-Seurin). Le texte latin est à cet égard explicite. Il prescrivait de jurer : *Super forte seu virgam sancti Severini.* » (Extrait du *Viographe* de M. Bernardau, auteur érudit, dont nous avons plusieurs fois consulté les ouvrages.)

aussi des tombeaux (à droite, ceux de sainte Véronique et de sainte Bénédicte, nées dans le Médoc ; à gauche, ceux de saint Amand et de son prédécesseur dans l'épiscopat, saint Seurin), tandis que l'autre, qui est destinée aux fidèles, communique librement avec les bas côtés au moyen de quatre petites arcades, formées par des colonnes qui ont pris la place de piliers carrés. L'objet le plus précieux de cette

Eglise de Sainte-Croix.

crypte, celui que l'on doit recommander le plus à l'examen des touristes, est le cénotaphe élevé en l'honneur de saint Fort, œuvre délicate de la Renaissance, dont les sculptures sont traitées avec une grande finesse et beaucoup de goût. Il est placé au fond de la nef, sur une caisse de pierre brute qu'on dit avoir été le sépulcre primitif.

L'église de Sainte-Croix est presque aussi ancienne que Saint-Seurin. Quelques auteurs en font remonter la fondation au v° siècle, d'autres au vii°, à l'an 650. Ce qu'il y a de certain toutefois, c'est qu'elle existait à cette dernière époque, puisqu'on y inhuma le corps de saint Momol ou Momolin, abbé de Fleury. Depuis lors, cette église a tour à tour été dévastée par les Sarrazins (729) et par les Normands, réparée une première fois par Charlemagne (778), et restaurée enfin, dans la forme que nous lui voyons encore aujourd'hui, par le premier de tous les Guillaumes qui furent ducs d'Aquitaine (902). Ajoutons pourtant qu'on y trouve quelques embellissements et quelques travaux de reconstruction d'une date moins reculée. Si elle n'eut pas à souffrir autant que Saint-Seurin des guerres civiles du moyen âge, par la raison que, dès 1303, Édouard Ier la comprit dans l'enceinte de la ville, le temps, la nécessité de l'agrandir et les goûts divers des maîtres de la Guyenne durent lui faire éprouver de grandes modifications. Pour s'en convaincre, il suffit d'en examiner la principale façade.

Au milieu de cette façade se présente un avant-corps rattaché à l'édifice par un toit de larges dalles au-dessous duquel s'ouvre une grande porte flanquée à droite et à gauche de deux arcades feintes ; la porte est composée de cinq arcs en retraite ornés de sculptures ; les arcades feintes sont à double cintre, et chacune d'elles est surmontée de deux autres beaucoup plus petites. Le tout est pur roman. Il faut admirer le profil des courbes et la grâce des colonilles qui les supportent, ainsi que les sculptures dont quelques-unes figurent, à la porte d'entrée, les signes du zodiaque, entourés d'une inscription (*E.* † *Januarii sol in Capricorno. E.* † *Februarii sol...*) qui constate leur destination, et dont quelques autres, aux arcades latérales, sont les emblèmes naïfs de la vie périssable (une femme dont deux serpents épuisent le lait et qu'un génie semble châtier déjà en la saisissant au cou) et de la vie éternelle (un homme qui est descendu dans la tombe avec les affections de ce monde symbolisées par la coupe et la bourse, et qu'un génie aide à se dépouiller des langes du cercueil). Quelques critiques ont voulu mal à propos voir là des obscénités. Deux groupes de colonnes cannelées en hélice, au nombre de trois pour chaque groupe, encadrent de chaque côté cet avant-corps et supportent une très-belle corniche, ornée d'entrelacs, de feuilles d'acanthe, de modillons, etc. Évidemment cette partie de la façade n'a pas été altérée; elle est encore telle qu'elle fut bâtie, sauf les ornements qu'on y a ajoutés et dont quelques-uns n'ont pas été terminés. Mais dans la partie supérieure il n'en est pas de même. Là, en effet, au-dessus de la corniche du portique, régnaient deux rangs de niches à plein-cintre, sept à chaque rang; or on peut voir que de celles qui se rapprochent le plus du sol il ne reste que quatre, et deux seulement de celles qui se trouvent plus haut. On suppose que trois des premières furent supprimées par ordre de Charlemagne, qui, à l'époque où il fit réparer l'église, voulut ériger sur le portail la statue de son père[1]; et que des secondes, les cinq qui manquent furent détruites alors que l'on construisit la rosace qui en a pris la place. Alors aussi on coupa le milieu du cordon qui couronnait

---

[1]. Cette statue se trouvait bien à l'endroit que nous indiquons, mais elle n'était pas encadrée primitivement dans l'arcade ogivale que l'on y aperçoit et qui est de construction postérieure. A l'origine, l'image de Pépin était entourée à droite et à gauche de deux colonnes montant du toit de l'avant-corps à la corniche. Deux de ces colonnes (celles de gauche) subsistent encore en entier, et des deux autres, on peut voir en partie les fûts que l'on a tronqués et qui ont été recouverts d'un chapiteau différant totalement de celui qu'elles avaient autrefois. Quelques antiquaires ont cru voir dans la statue de Pépin, qui, disent-ils, était accompagné d'un autre personnage, un monument élevé en souvenir de la conquête de l'Aquitaine; ce second personnage eût alors été Waiffre. D'autres estiment que c'est Charlemagne lui-même et Hunald qui étaient représentés sur la façade de Sainte-Croix; mais ils pensent, comme les autres, que c'était toujours dans le même but de perpétuer la mémoire de la défaite des derniers ducs de l'Aquitaine, sous la seconde race.

toutes ces niches, et beaucoup plus tard, presque de nos jours, on posa sur cet ensemble de constructions, assez disparates déjà, un très-large bandeau de pierre unie que termine un fronton disgracieux[1]. Ce n'est pas tout néanmoins. De chaque côté de l'avant-corps se trouvent, à gauche, une autre façade, celle d'un latéral, et à droite, un clocher à quatre pans égaux qui masque l'autre latéral. Cette seconde façade est probablement postérieure à la première, ou plutôt elle a été largement modifiée ; car le plein-cintre qui s'y dessine encore au même niveau que celui qu'on voit au soubassement du clocher, sa porte à ogive aiguë, sa fenêtre elliptique, qui a pris la place d'une rosace à quatre feuilles dont on découvre encore les traces sur le mur, indiquent assez son origine romane et ses transformations successives. Quant au clocher, il n'a fait que souffrir de l'outrage du temps, et n'a presque pas eu à subir l'injure des hommes (on en démolit, dit-on, une partie lorsque l'on construisit le fort Louis). Il fut fondé par le Guillaume qui fit restaurer l'église, et appartient complètement à l'architecture de cette époque (xe siècle). Nous venons de parler du soubassement sur lequel il repose, et de la fenêtre à plein-cintre ouverte au milieu de ce soubassement. Il supporte trois ordres superposés qui sont d'élévations différentes, mais dont l'ordonnance est la même : de chaque côté, et en saillie,

---

[1]. La date de ce fronton est constatée par des inscriptions qu'a relevées M. Jouannet. La première de ces inscriptions est sur le bandeau de pierre ; on y lit : *Dieu est ma garde*, puis une série d'initiales qui, selon l'auteur cité, veulent dire *Julius Salviati Dominus Et Abbas Monasterii. Anno Domini Septembris Kalendas.* La seconde, qui se trouve immédiatement au-dessous, est composée de ces mots : *Mingeonin de Vilas estant scyndic et ouvrier* (fabricien) *de céans.* La troisième enfin, placée dans l'intérieur et au sommet même du fronton, consiste dans une date : 1740, et dans un monogramme (M. B. S.), lequel, selon M. Jouannet, pourrait être celui de l'architecte. Ajoutons qu'au milieu des initiales de la première inscription se trouve un écusson gravé, que M. Jouannet suppose être celui de l'abbé Jules Salvati.

trois colonnes de la hauteur de l'ordre; au milieu, trois arcades à plein-cintre, séparées entre elles par une colonne aussi élevée que les premières; au-dessus, une corniche établie sur leurs chapiteaux et sur six consoles placées, deux par deux, entre chaque arcade, les chapiteaux et les arcades sont sculptés avec une grande délicatesse et avec beaucoup de soin.

A l'intérieur de l'église Sainte-Croix, il serait facile de reconnaître la trace de certaines modifications. Mais nous nous sommes déjà étendu, au sujet de la façade, au delà des limites imposées à ce livre à cause des curiosités qu'elle présente et des discussions auxquelles ces curiosités ont souvent donné lieu; il ne nous est pas permis d'être aussi prolixe à présent. Contentons-nous donc de dire que cet intérieur, composé d'une nef et de deux bas côtés [1], a la forme d'une croix latine, que les voûtes en ogive sont supportées par douze piliers espacés par autant d'arcades à plein-cintre, et que le style de la nef, malgré ses altérations, rappelle l'époque romane, tandis que celui des bas côtés dénote celle de la transition. Ajoutons que les imperfections résultant du désaccord de certaines formes entre elles ne doivent pas faire méconnaître la valeur réelle de l'édifice, et que, lorsqu'on ne considère que son ensemble, on y reconnaît, ainsi que dans les églises de Poitiers et d'Angoulême, un certain rapport mystérieux entre le temple et la religion dont l'artiste s'est inspiré : mêmes distributions de jours, mêmes artifices de construction, qui rendent les aspects plus doux et plus imposants à la fois. Avant de quitter la nef, demandez à voir un tombeau qui renferme les dépouilles mortelles d'un abbé de Sainte-Croix. Ce monument se trouve sous le bras

---

[1]. Longueur de la nef, de la dernière marche au fond du sanctuaire, 56m50; des bas côtés jusqu'à la croix, 35 mètres; largeur de la nef, y compris les latéraux, 35 mètres; hauteur de la voûte du milieu, 18m45; de chaque bas côté, 13 mètres.

septentrional de la croix latine que dessine le plan de l'édifice ; il appartient par sa forme au gothique fleuri. Vis-à-vis on aperçoit un autre tombeau, d'un style moins ancien, surmonté d'une statue de la Madeleine. Visitez aussi les fonts baptismaux, remarquables par une boiserie sur les panneaux de laquelle on a sculpté l'histoire de la Vierge et des saints de l'ancien Testament, et surtout par la cuve baptismale dont les bas-reliefs représentent la Cène. La chapelle de la Vierge mérite encore qu'on y fasse une station pour admirer ses fresques, dues à Jean Vasetti. Enfin, jetez un coup d'œil sur les chapiteaux des arcades et du sanctuaire (les peintures murales qui s'y voient sont d'Anoni père), dont les ornements rappellent, par leur richesse, par leur variété et par la nature des compositions, le travail du portique de la façade.

L'église de Saint-André est la métropole de Bordeaux : elle est moins curieuse que Sainte-Croix dans quelques-unes de ses parties, et, autant qu'à Sainte-Croix, on peut lui reprocher l'irrégularité de certaines constructions ; en outre, sa véritable entrée n'existe plus, et plusieurs portions de ses façades sont obstruées par des maisons ; toutefois, on doit avouer qu'en somme cette métropole est une des basiliques les plus remarquables de France.

L'époque de sa fondation primitive est restée incertaine. Avant le xie siècle, existait-il sur l'emplacement que cette église occupe un temple chrétien ? On le suppose, mais rien ne le démontre ; car la première mention qui en est faite ne date que du jour (3 mai 1096) où le pape Urbain II vint consacrer l'édifice que nous avons sous les yeux. Trois siècles après, en 1417, un tremblement de terre ruinait en partie cette église ; toutes les nefs situées du côté des orgues s'écroulaient et on était obligé de les reconstruire. Malheureusement les goûts n'étaient plus les mêmes, et, au lieu de rétablir les anciens bâtiments dans le style qui les distinguait, dans le style roman, on y adapta les formes plus capricieuses de l'architecture gothique. De là viennent les différences qui se font sentir dans les contours de certains piliers ou de leurs ornements et aussi dans une multitude de détails.

Cathédrale de Bordeaux.

On entre dans cette église par trois portes : deux latérales et une qui devrait être la principale, en face du chœur. Des deux portes latérales, celle du midi n'a pas été achevée; les deux tours carrées qui l'accompagnent devaient supporter deux flèches qui n'ont jamais été construites parce que, ces tours reposant sur un terrain mobile (au bord de la Peugue, ruisseau qui coulait jadis à travers Bordeaux), on craignit de les surcharger. La porte du nord, au contraire, est dans toute sa splendeur; les clochers qui l'encadrent et qui ont plus de 50 mètres d'élévation, la rosace et le fronton qui la surmontent sont admirables. Clochers et rosace ont été restaurés ou refaits il y a quelque temps : les clochers, par M. Combes en 1810; la rosace, par M. Mialhe en 1846; mais ces deux architectes ont été de savants artistes, qui ont religieusement suivi les profils de l'œuvre primitive et l'ont fait revivre sans altération. Quant à la troisième porte, celle dont nous aurions dû parler la première, puisque, ainsi que nous l'avons dit, elle devrait être l'entrée principale, nous ne la ferons figurer ici que pour mémoire. Cette porte fut renversée sans doute par le tremblement de terre dont nous avons parlé; elle n'a jamais été rétablie, et, de ce côté, la nef n'a d'autre issue qu'un passage pratiqué au rez-de-chaussée de la maison qui se trouve sur la place dite de Rohan. Espérons qu'un jour on abattra cette maison ainsi que plusieurs autres, et que sur leur emplacement on élèvera un portique digne du temple que nous décrivons.

La vue intérieure de ce temple serait alors plus imposante encore qu'elle ne l'est. Toutefois, il est impossible de ne pas être frappé de la hardiesse des voûtes, de leur élévation et de leur portée[1]. Sa forme est celle d'une croix latine dont chaque bras, terminé par une des portes latérales, sépare la

---

[1]. Voici les proportions de cet édifice : longueur de la nef, 60 mètres; largeur, 17; hauteur, 27. Longueur des bras de la croix, 42 mètres; largeur, 14 mètres; hauteur, 35. Longueur ou profondeur du chœur, 33 mètres; largeur, 13 mètres; hauteur, 33 mètres. Les ailes de ce chœur ont 13 mètres de largeur sur 10 de hauteur. Le vaisseau entier ne mesure pas moins de 126 mètres.

nef principale du chœur. Dans la nef, admirez les deux bas-reliefs placés sous les orgues. Ils décoraient autrefois un jubé qui a été détruit, et ils représentent une Descente de croix et une Ascension. Dans le chœur, admirez aussi les galeries sveltes et bien découpées de la chapelle du Mont-Carmel, la plupart des fenêtres et leurs vitraux, quelques tombeaux. On devra rechercher encore, parmi les rares tableaux qui ornent les murs de l'église, deux ou trois toiles ayant une certaine valeur; une *Descente de croix*, un *Couronnement d'épines*, une *Ascension*. Enfin, en s'isolant des styles divers de l'édifice, on fera bien de jeter un coup d'œil sur le maître autel. Il est à la romaine, et ses dimensions ne sont pas en harmonie avec celles du vaisseau qu'il termine. Mais c'est d'ailleurs une œuvre assez remarquable. Il appartenait autrefois au couvent des bénédictins de la Réole et a été substitué à l'autel primitif en 1807, époque à laquelle on changea toutes les décorations de l'ancien chœur.

En sortant de la cathédrale, vous apercevrez sans doute une tour immense élevée à quelque distance d'elle, derrière son chevet. Cette tour qui devait servir de clocher, mais qui n'a jamais eu de cloches, a été construite, en 1440, aux frais de Pierre (par abréviation et en patois, *Pey*) Berland, qui était parvenu au siége archiépiscopal de Bordeaux par ses seules vertus, car il n'était que le fils d'un pauvre paysan du Médoc. La chronique affirme que l'architecte qui dirigea les travaux était jaloux des flèches de Saint-André, bâties par des Anglais, et qu'il voulut surpasser leur mérite. Si la chronique n'est pas menteuse, on doit avouer que la patriotique ambition de cet artiste fut largement satisfaite. En effet, son œuvre, la première de ce genre qui ait été exécutée à Bordeaux, est d'un style très-remarquable et n'avait pas moins de 80 mètres de hauteur, en y comprenant la flèche de 30 mètres qui la couronnait. En 1617, la foudre endommagea cette flèche, et en 1793 des *entrepreneurs* la démolirent. Ceux-ci voulurent aussi mordre sur la tour ; mais ils ne réussirent pas même à l'entamer, et dès lors on la fit servir à fabriquer du plomb de chasse !... La dernière fois que nous l'avons vue, on allait la restaurer et y établir un beffroi. Ce serait justice.

Tour de Pey Berland.

L'inscription qui se lit à côté de la porte d'entrée de cet édifice apprend qu'une belle fontaine jaillissait tout auprès, et certains archéologues prétendent que cette fontaine était celle qu'a chantée Ausone sous le nom de *Divona*.

De tous les monuments religieux de Bordeaux, y compris Saint-André, l'église Saint-Michel est peut-être le plus remarquable; l'ordonnance générale de ses constructions impressionne au premier aspect, et, pour peu qu'on les considère, on y découvre une très-grande pureté de formes et

Église de Saint-Michel.

surtout une élégance qui est à peu près irréprochable. Cette église, dont le plan figure une croix latine[1], a été fondée au XIIe siècle, en 1160; mais elle a été reconstruite et décorée au XVe et au XVIe; d'où il résulte qu'elle appartient exclusivement, ou peu s'en faut, à l'architecture ogivale. Nous ne détaillerons pas toutes ses beautés; mais nous signalerons sa chaire, ses vitraux, son orgue et surtout, dans la chapelle de

1. Longueur du vaisseau, 73 mètres; largeur, un peu plus de 23 mètres.

Saint-Joseph, de délicieuses sculptures qui fixent à bon droit l'attention des artistes, et qui rappellent les dentelures fines et délicates de la Renaissance.

Comme Saint-André, Saint-Michel possède un clocher colossal, plus colossal encore que celui de Pey Berland, et qui date presque de la même époque. Ce clocher, qui fut bâti dans l'espace de vingt années, du 29 février 1472 au 29 septembre 1492, est de forme hexagone. Il a 12 mètres de diamètre et une élévation qui n'est plus que de 60 mètres, mais qui a dû être plus considérable, car ses contre-forts mesurent déjà cette hauteur. On sait d'ailleurs qu'il était surmonté d'une flèche dodécagone de 50 mètres[1]. Dégradée par la foudre en 1574 et en 1608, cette flèche fut tellement ébranlée par un ouragan qui s'abattit sur Bordeaux le 8 septembre 1668, que par prudence on dut la réduire aux proportions qu'on lui voit et qui sont de nul effet. Sous la base du clocher on peut visiter une ancienne chapelle funéraire où sont déposés des cadavres momifiés. Nous laissons au cicerone du lieu le soin de vous révéler le nom que portaient sur cette terre les divers personnages dont on voit les dépouilles ou de vous raconter leur histoire, toujours apocryphe. Pour notre part, nous nous bornerons à vous dire que c'est à une certaine propriété du sol que ces cadavres ont dû le triste avantage d'être conservés.

Avant de parler de Saint-Michel et même de Saint-André,

---

[1] « Lorsque la flèche de ce clocher fut parvenue presque à son terme, le travail éprouva une interruption momentanée, parce que les ouvriers refusèrent d'en poser les dernières assises des pierres, attendu le danger auquel ils se trouvaient exposés par la grande élévation de cette flèche. Deux hardis maçons se chargèrent de ce travail, que le syndic de la paroisse récompensa généreusement. » (Bernadau, *le Viographe*).

Si on est curieux de savoir quelle récompense fut octroyée à Huguet *Beauducheü* et à Guillaume *le Regnart*, ces deux maçons, on pourra voir dans les archives de la fabrique qu'il leur fut donné 3 aunes de drap gris pour leur faire des vestes, etc., le tout montant à la somme de 15 francs environ.

il semble que nous aurions dû décrire l'église de Sainte-Eulalie, qui se rapproche par son âge de Saint-Seurin et de Sainte-Croix. Mais c'est à dessein que nous ne l'avons pas même nommée. Bordeaux possède un très-grand nombre d'églises, six paroisses, sept succursales et plusieurs cha-

Clocher de Saint-Michel.

pelles publiques. Nous avons été dès lors dans l'obligation de faire un choix, et naturellement ont passé en première ligne les temples les plus vastes et les plus célèbres; disons toutefois de Sainte-Eulalie (rue de Berry) que l'on suppose qu'elle appartenait à un monastère ruiné au VIIe siècle par les Sarrazins; qu'en 811, elle reçut de Charlemagne les corps de sept saints, martyrs du IIIe siècle, qui reposent encore dans la chapelle de Saint-Clair; qu'elle fut reconstruite en 1173, consacrée en 1174 et restaurée beaucoup plus tard; enfin qu'on doit y admirer : au dehors, son clocher quadrilatère, ses pyramidelles, sa flèche fleuronnée, plusieurs fois frappée de la foudre, et à laquelle on projette de rendre son élévation primitive; et dans l'intérieur, au milieu des nombreux tableaux qui l'encombrent, quelques copies assez bien exécutées.

Avec la même concision, disons aussi que Saint-Pierre (rue du même nom) et Saint-Éloi (près les *fossés* de ce nom) sont d'origine très-ancienne; que, dans la première de ces églises, on remarque une chaire et deux autels dont les sculptures sont appréciées; que, dans la seconde, il n'y a rien de curieux, si ce n'est quelques boiseries du chœur et, dans le trésor, un ostensoir assez riche et finement travaillé.

Signalons enfin :

L'église paroissiale de Notre-Dame, placée depuis le commencement du xviiie siècle sous l'invocation de saint Dominique (place du Chapelet). Sa construction remonte au xiiie siècle, mais elle a été rebâtie, en 1701, par un frère dominicain du nom de *Jean*, qui en fut, dit-on, l'architecte, le peintre et le sculpteur. On en loue beaucoup les proportions savantes et les ornements divers : le maître autel, la chaire, les orgues, les grilles latérales du chœur. A notre avis, elle est d'un goût trop recherché. Son architecture, d'ailleurs, est d'ordre corinthien et composite. Il y a quelques tableaux de prix.

Saint-Bruno, fondé en 1605, en vertu d'une donation faite par Blaise de Gascq, novice dans une chartreuse de Calabre, et bâti, à partir du 8 juillet 1611, sur des terrains appartenant à l'archevêché, dont le siége était occupé alors par Mgr de Sourdis. Cette église faisait partie d'un couvent de chartreux dans l'enclos duquel ont été établis, en 1791, le Cimetière général, qui est fort curieux à voir; en 1802, le jardin des Plantes; et en 1806, la Pépinière départementale. Ce fut le prince de Condé qui en posa la première pierre, et elle fut consacrée le 29 mars 1620 par le prélat qui en avait concédé l'emplacement. Son architecture rappelle les constructions de l'Italie, et c'est un peintre d'Italie aussi, Berinzago, qui a décoré ses murs de peintures à fresque. Malheureusement ces peintures, qui ont eu une certaine célébrité, datent de 1771, et le temps ternit de plus en plus leurs couleurs, efface leurs contours. A côté de cette église se trouve une porte au moyen de laquelle on pénétrait dans le cloître. On y voit encore quelques détails d'architecture qui valent la peine d'être examinés.

Saint-Louis (rue Notre-Dame aux Chartrons), ancienne église du couvent des petits carmes ; elle a été construite en 1671. Rien de remarquable, si ce n'est deux tableaux : l'un représente *saint Roch*, par M. Lacour, et l'autre, *Jésus-Christ au jardin des Olives*, par M. Olivier. MM. Lacour et Olivier étaient Bordelais.

Saint-Paul (rue des Ayres). Sa fondation remonte à 1676 ; elle fut bâtie par les jésuites pour desservir une maison où venaient prendre leur retraite les vieux frères profès de l'ordre de Saint-Ignace. On y admire une statue de saint François-Xavier attribuée à Guillaume Courton.

Saint-Nicolas-de-Grave (rue Saint-Nicolas), église neuve, sans intérêt.

Saint-Martial (rue Denise), encore plus récente que Saint-Nicolas et qui est tout aussi insignifiante.

Nous citerons en outre :

Parmi les chapelles publiques, celle de l'Archevêché (rue Margaux), qui fait partie de l'hôtel habité jadis par Montesquieu et celle du Lycée (rue Montaigne), où se trouve la tombe de Michel Montaigne.

Michel Montaigne mourut le 13 septembre 1592 à Saint-Michel de Montaigne, lieu de sa naissance, dans le Périgord ; mais sa veuve fit transporter ses cendres à Bordeaux et les plaça dans une chapelle de l'église des Feuillants (du lycée aujourd'hui), à gauche du chœur. Son mausolée consiste en un sarcophage de marbre blanc sur lequel sont gravées deux épitaphes, l'une en vers grecs et l'autre en prose latine. En 1809, on eut la singulière idée de transférer au musée de la rue Saint-Dominique les restes de l'illustre auteur des *Essais* et son monument. Mais deux ans après, on s'aperçut qu'on s'était trompé et qu'on avait pris, à la place de son cercueil, celui d'une de ses parentes. Aussitôt, on rapporta le tout dans le caveau que l'on avait dépouillé, et, en 1803, un arrière-petit-neveu du grand homme obtint la permission de faire rétablir le cénotaphe dans son état primitif. C'est ce que constate l'inscription latine placée sur le mur qui est à droite de ce cénotaphe.

Indiquons encore :

Au nombre des édifices appartenant à des dissidents, l'église Anglicane (pavé des Chartrons), joli monument; un temple protestant (rue Notre-Dame des Chartrons) d'architecture grecque, à l'intérieur duquel on remarque la chaire et quelques vitraux ; enfin, la Synagogue (rue Causserouge), qui a servi de modèle à celle que les Juifs ont fait construire à Paris et qui se recommande par des décorations d'un style biblique. Ces deux dernières œuvres sont dues à M. de Corcelles, qui en a fourni les dessins et les a fait exécuter.

Et c'est tout.

Quant à aborder la description des édifices civils, c'est chose impossible. Ici encore nous serons obligés de choisir et d'élaguer. Pour plus de clarté, qu'on nous permette de ranger ces édifices par catégories et de les distinguer en établissements purement civils, militaires, commerciaux, de bienfaisance, judiciaires et de répression, d'enseignement, sauf à passer ensuite en revue ceux qui se trouvent pour ainsi dire déclassés, tels que les places publiques, les quais, ponts, etc.

Parmi les établissements purement civils, on doit citer,

au premier rang, l'hôtel de ville, et à sa suite, la Préfecture et l'hôtel des Monnaies. Viendraient enfin la Manufacture de tabac (rue de Belleville) et les Archives du département; mais de ces deux-ci il nous suffira de dire que la manufacture est une des meilleures de France et que les archives renferment l'immense collection des papiers de l'intendance de Guyenne. Nous ne parlerons pas d'ailleurs de leurs bâtiments, car ils ne méritent pas la moindre attention. A l'hôtel de ville au contraire, il convient de s'arrêter et de voir. C'est un fort bel édifice, composé d'un vaste corps de logis flanqué de deux ailes réunies l'une à l'autre par deux péristyles, au milieu desquels se trouve la porte d'entrée. La cour d'honneur de ce palais, son perron et son escalier sont établis dans des proportions grandioses. Nous avons déjà dit quel personnage l'avait fait construire, afin de servir de demeure aux archevêques. Depuis il est devenu tour à tour hôtel du département, en 1790; palais impérial, en 1808; palais royal, en 1815 et hôtel de ville, aussitôt après la révolution de 1830. On ne doit pas négliger d'y visiter les salles du rez-de-chaussée, qui ont été converties en galeries de tableaux et de statues. C'est là le véritable musée de la ville. Nous y signalerons plusieurs toiles de prix. Dans l'école ancienne : un Téniers, *Lecture diabolique;* un Ribera, *Réunion de philosophes;* un Rubens, *Bacchus et Ariane;* un André del Sarto, *la Vierge et l'enfant Jésus;* et des Van Dyck, des Paul Véronèse, des Ruysdael (Salomon et Jacques), un Cortone, un Annibal Carrache, etc., etc.; dans l'école moderne : un Court, *le Portrait d'Henri Fonfrède;* un Brascassat, *le Sanglier de Calydon;* deux Boulangé, le *Portrait de Mgr Donné, archevêque de Bordeaux* et *les Vendanges du Médoc;* un Alfred de Dreux, le *Portrait du duc d'Orléans,* et un Gudin; deux esquisses d'Eugène Delacroix; enfin plusieurs œuvres d'artistes nés à Bordeaux. Ce musée contient en outre deux ou trois ouvrages de sculpture assez précieux : un Pujet, *Milon de Crotone* (bronze) ; un Deseine, *Michel Montaigne* (marbre) ; un Lemoine, *Louis XV à cheval* (bronze, petit modèle de la statue qui se voyait autrefois en grand sur la place Royale de Bordeaux) et *le Génie de la sculpture* ainsi que le *Gioto* par M. Maggesi, sculpteur de la ville.

Quant à la préfecture et à l'hôtel des Monnaies, nous aurons tout dit en apprenant au lecteur que la préfecture est logée dans l'une de ces maisons des Fossés-du-Chapeau-Rouge, qui ont presque toutes été bâties sur les plans de l'architecte Louis ou d'après les inspirations fournies par ces plans, et que l'hôtel des Monnaies occupe, depuis 1730, l'ancien hôtel du Grand-Séminaire. Cet hôtel des Monnaies a pour marque la lettre K et pour signe particulier une feuille de vigne. On y frappe des pièces d'or et des pièces d'argent.

Parmi les établissements militaires, nous indiquerons : la caserne de Notre-Dame (rue de Ségur) ; celle de Saint-Raphaël (rue de Berry), qui a pris la place d'un collège fondé en 1442 par l'archevêque Pey Berland ; et celle des fossés de l'hôtel de ville, qui occupe les bâtiments d'un ancien collège de la Madelaine, où furent installés des jésuites et plus tard des professeurs séculiers, au nombre desquels on cite L. S. Mercier, l'auteur du *Tableau de Paris* et de *l'An* 2240 ; — l'hôtel de la Marine (place Tourny), bâti sur le modèle des façades construites par le fameux intendant de la Guyenne au XVIIe siècle, et en face duquel se trouve la statue érigée en l'honneur de cet intendant ; on y loge le commissaire de la marine, ses bureaux et l'école d'hydrographie ; — le magasin des vivres de la marine (quai de Bacalan), vaste bâtiment renfermant cinq cours entourées de magasins immenses ; il faut y visiter l'atelier des saumures, les abattoirs, les chaix, les tonnelleries et le pavillon du fond, où certains aliments (viandes de boucherie, volailles, bouillons, légumes) se préparent pour être conservés d'après la méthode Appert, dans le but de servir à la consommation des marins lorsqu'ils sont malades à bord; — l'école des mousses (rue Saint-Simon).

Parmi les établissements commerciaux, signalons : l'hôtel de la Bourse, bâti par M. de Tourny, où siégent, au premier étage, le tribunal et la chambre de commerce, où se tient la bourse, dans une cour découverte d'abord et qui, depuis 1803, est surmontée d'une charpente vitrée; — l'hôtel des Douanes, parallèle à celui de la Bourse et édifié sur le même modèle, ces deux édifices devant décorer la place Royale; — celui de la Banque (rue Esprit-des-Lois); — le comptoir national d'escompte (place Richelieu); — la caisse d'épargne et de prévoyance (rue des Trois-Conils), monument simple mais très-convenable; — et l'Entrepôt réel (place Lainé), destiné à contenir les marchandises étrangères sujettes à des droits de réexportation ou de consommation, marchandises qu'on y dépose sans acquitter aucun de ces droits, jusqu'à ce qu'on ait trouvé acheteur. Ces vastes bâtiments sont l'œuvre d'un ingénieur, M. Deschamps, qui les a élevés sur une partie de l'emplacement du Château-Trompette; nommer l'auteur, c'est faire l'éloge de l'œuvre.

Viennent à présent les maisons de bienfaisance. Parlons, en première ligne, de l'hôpital Saint-André (place d'Armes). En 1390 un chanoine de Saint-André, Vital Carles, fonda un hospice qu'on bâtit alors sur des terrains situés rue des Trois-Conils, là où se trouve aujourd'hui la caserne de la garde municipale. Cet hospice reçut plus tard des donations considérables de plusieurs personnages, entre autres d'un président au parlement de Bordeaux, Nicolas Boyer (1538). Mais, malgré tous ces secours, les bâtiments construits au XIVe siècle étaient devenus insuffisants lorsque, sous la Restauration (1818), Bordeaux reçut du duc de Richelieu le don d'un majorat de 50 000 fr. de rente qui venait de lui être constitué par les chambres et put songer alors à loger ses malades dans un local plus vaste. Le duc mourut en 1822, et avec lui le produit de son majorat; mais on était au moment de se mettre à l'œuvre, et la ville n'hésita pas à prendre à sa charge l'exécution du plan qu'on avait arrêté. Les travaux, dont la dépense s'est élevée au chiffre de 2 millions environ, furent commencés en 1825 et terminés dans l'espace de quatre années. Exécuté sur l'emplacement occupé par la promenade de l'*Ormée*, si célèbre au temps de la Fronde, l'édifice actuel, de forme quadrilatère, est complétement isolé; il est très-vaste, car il ne renferme pas moins de sept cent dix lits, sans compter dix-huit chambres particulières pour les malades payants, et sa façade principale, celle du nord, est monumentale. Au milieu s'élève un portique recouvert par un dôme surmonté de la croix, que soutiennent quatre colonnes d'ordre dorique et sous lequel est placée la porte de la chapelle. A droite et à gauche s'ouvrent deux autres portes qui donnent accès dans l'intérieur. Pour arriver à ces trois entrées, on gravit un escalier de quatre à cinq mètres. Cette ordonnance générale est d'un aspect sévère et simple qui ne manque pas cependant de magnificence et fait le plus grand honneur à M. Burguet, qui en est l'auteur. A la suite de cet hôpital, citons l'hospice des Enfants Trouvés (quai de Paludate), fondé en 1619 par Mme de Tauzia, veuve de M. de Brezets, conseiller au parlement de Bordeaux, et qui était alors un des plus beaux établissements de ce genre; — l'hospice des Vieillards, dont les bâtiments, accolés à l'église de Sainte-Croix, étaient autrefois ceux d'un monastère qu'occupaient encore au siècle dernier des bénédictins; — les Incurables et la Maternité (rue des Incurables); — l'asile des Aliénés (grande rue Saint-Jean); — l'hôpital militaire (près Saint-Nicolas), bel édifice dont les bâtiments étaient, il y a six ou sept ans, occupés par des bains publics et par une blanchisserie; — et l'institution des Sourds-Muets (rue des Religieuses), fondée par l'abbé Sicard et placée sous l'autorité immédiate du ministère de l'intérieur, etc.

Restent à parcourir les établissements judiciaires ou de répression et ceux qui sont relatifs à l'enseignement. Il faut visiter le palais de Justice et la prison du Hâ; les trois facultés de théologie, des sciences et des lettres (rue Montbazon); l'école préparatoire de médecine et de pharmacie (rue Lalande); le lycée; l'édifice qui, sous le nom de Musée, renferme la bibliothèque publique, le dépôt des antiques, etc.; le jardin des Plantes.

Le palais de Justice, construit sur l'emplacement du fort du Hâ, fait face à l'hôpital Saint-André et contribue à embellir la place d'Armes. C'est un monument qui ne date guère que de dix ou douze ans. La façade principale (au sud) est décorée par six pilastres d'ordre dorique qui supportent un entablement au-dessus duquel sont posées quatre statues d'hommes illustres dans la magistrature : l'Hospital, d'Aguesseau, Malesherbes et Montesquieu. L'intérieur de cet édifice répond d'ailleurs, par ses proportions, au noble et sévère aspect du portique : escalier grandiose, vaste salle des pas perdus, etc.

A côté de ce palais et y attenant, se trouve la prison de Hâ. Deux tours de l'ancien fort du même nom en font partie. Dans l'une d'elles, dite, on ne sait pourquoi, *la Tour anglaise*, sont placés jusqu'à l'heure de leur supplice les condamnés à mort. Cette prison est bâtie dans de bonnes conditions hygiéniques : planchers de bois, calorifères-ventilateurs, etc. Elle est cellulaire ! On peut y loger cent soixante-dix prisonniers.

Les trois facultés sont logées à l'hôtel de ville, que nous connaissons déjà.

L'école préparatoire de médecine et de pharmacie est située dans l'ancien local des maîtres en chirurgie. Elle ne date que de 1829.

C'est depuis la réorganisation de l'Université (1803) que le lycée (fossés des Tanneurs) occupe les anciens couvents des Feuillants et des Visitandines; il n'a rien de remarquable, si ce n'est sa chapelle, où, comme nous l'avons déjà dit, se voit le tombeau de Michel Montaigne. C'est auprès de ces bâtiments, sur une place du nom de Chauf-Neuf, plantée d'arbres il y a environ dix ans, que se trouvait l'échafaud sur lequel on décapitait les gentilshommes. Cet échafaud a été détruit au XVII° siècle.

Le Musée (rue Saint-Dominique) ne contient pas les tableaux que possède Bordeaux; on sait qu'ils sont à l'hôtel de ville; mais, sans compter les salles où l'académie des sciences et belles-lettres et la société nationale de médecine tiennent leurs séances [1], ce musée renferme la bibliothèque publique, un dépôt d'antiques, un cabinet d'histoire naturelle et un observatoire de marine. La bibliothèque, fondée, en 1768, par J. J. Bel, conseiller au parlement, et augmentée du fonds des bibliothèques des couvents à l'époque de leur suppression, est l'une des plus riches de France, excepté celles de Paris bien entendu; elle se compose de quarante-cinq mille ouvrages, formant plus de cent vingt mille tomes, dont le catalogue imprimé comprend cinq vol. in-8; et encore n'est-il pas complet. Le livre le plus précieux de cette bibliothèque est un exemplaire des *Essais*, de Michel Montaigne, qui a été publié chez L'Angélier à Paris, en 1588, et que l'auteur a couvert de notes et de corrections. Cet exemplaire avait été donné par Mme de Montaigne aux Feuillants. C'est celui dont s'est servi Mlle de Gournay, *fille d'alliance* de Montaigne, pour publier l'édition de 1595, et

---

1. Outre cette académie et cette société, Bordeaux compte des sociétés d'agriculture, d'horticulture, etc., une société linnéenne et une société philomathique, un institut agricole, plusieurs cours publics d'agriculture, de chimie, de mécanique, une école de notariat, une école normale primaire, beaucoup d'institutions particulières, etc., etc.

de nos jours il a été mis à la disposition de M. Naigeon, qui l'a consulté avec fruit dans une publication qu'il a faite des *Essais* chez Firmin Didot; Paris, 1802. Le précieux livre était, à l'époque où M. Bernadau le signala, en 1789, modestement vêtu de basane; depuis, on l'a fait relier en maroquin; mais il doit à ce luxe d'avoir été rogné, et par conséquent d'avoir perdu en grande partie ses annotations précieuses! Quant aux manuscrits, il n'y en a pas, dit-on, de très-remarquables, et d'ailleurs il n'en existe pas de catalogue. — Au dépôt des antiques, il faut voir quelques fragments malheureusement trop rares des antiquités de la ville: entre autres, l'autel votif du temple (Piliers) de Tutèle, et plusieurs pierres sépulcrales, plusieurs médailles, etc., mises à jour dans les fouilles. — Au cabinet d'histoire naturelle, dû en grande partie à la générosité de M. Journu-Aubert, on trouve un coquillier assez riche, une assez belle collection d'oiseaux empaillés, des pétrifications végétales ou animales et un herbier. — L'observatoire est muni de tous les instruments nécessaires aux études astronomiques que font les marins; il est placé sous la direction du professeur d'hydrographie.

Le jardin des Plantes n'est pas très-ancien, du moins le jardin actuel; car, en 1629, il y en avait déjà un sur les terrains occupés aujourd'hui par le grand séminaire et auparavant par les capucins; mais il fut supprimé et successivement remplacé par ceux de l'enclos Guiraud (1726), de la rue de Mautrec (1730), de Figuereau (1750), de la rue des Incurables (1780) et de l'archevêché, maintenant hôtel de la mairie (1794). Celui qui existe date de 1801 et a été agrandi en 1822. On y trouve, classée d'après la méthode naturelle, une très-riche collection de plantes indigènes et exotiques, parmi lesquelles il faut voir: un *Cycas Circinades* (famille des palmiers) de Batavia, le plus beau qu'il y ait en Europe, dont un spéculateur de Paris (le propriétaire du

Jardin d'Hiver) a offert 15 000 fr. ; le *Tarauria excelsa* d'Amérique ; l'*Agave geminiflora*, qui a fleuri en octobre 1849 ; un *Magnolia* de 13 à 14 mètres de hauteur, le plus remarquable de France après celui du jardin des Plantes de Montpellier, etc., etc. ; et, dans une section à part, des plantes officinales. Il y a d'ailleurs une bibliothèque et on y fait un cours public dont le professeur est M. J. F. Laterrade[1], directeur du jardin. — A côté de ce jardin est une pépinière départementale qui vend annuellement, au mois de novembre, des arbres de choix dont elle publie d'avance le catalogue.

Après avoir épuisé la liste des monuments classés par catégories, il nous faudrait à peu près errer au hasard pour rencontrer ceux qui n'ont pas pu entrer dans ces catégories. Prenons plutôt une route qui nous permettra de les voir et en même temps de jeter un dernier coup d'œil sur la cité bordelaise. Allons du pont aux portes qui l'avoisinent ; de là, entrons en ville par les Fossés de Bourgogne, Saint-Éloi, etc. ; gagnons la place Dauphine ; visitons la rue des Fossés-de-l'Intendance et du Chapeau-Rouge, où nous verrons les théâtres ; parcourons les allées de Tourny, le jardin public, et revenons à notre point de départ par la rue du 30 Juillet, les Quinconces et les quais.

Le pont de Bordeaux est une des merveilles de France. C'est le plus beau pont d'Europe ; celui de Tours, sur la Loire, de Waterloo, à Londres, et de Dresde, sur l'Elbe, sont de dimensions inférieures ; quant à celui de la Guillotière, à Lyon, s'il est plus long, il n'est pas aussi large. L'idée en est due à M. de Trudaine qui, en 1772, étant intendant général des finances, forma le projet, réalisé depuis, d'unir

---

[1]. M. J. F. Laterrade est l'auteur d'un livre que tous les voyageurs amis de la botanique devront se procurer, s'ils séjournent dans la Guyenne. Ce livre, intitulé : *Flore Bordelaise et de la Gironde*, a été imprimé chez Lafargue, à Bordeaux, 1846.

Libourne à Bordeaux par deux ponts. Mais alors les ingénieurs les plus fameux, Perronet entre autres, ne crurent pas à la possibilité d'asseoir sur un fond aussi peu consistant que celui de la Garonne les bases d'un pareil édifice, et la pensée du célèbre économiste n'eut pas de suites. Toutefois, après force plans avortés et beaucoup de discussions oiseuses dont le récit serait trop long, en 1808, Napoléon fit jeter

Pont de Bordeaux.

sur la rivière un pont de bois, et, dès 1810, on commença les travaux du pont de pierre.

Ces travaux traînèrent en longueur sous l'Empire; à la paix, ils furent conduits avec activité et menés à bonne fin, grâce à l'intelligente administration de M. de Tournon, préfet de la Gironde, grâce au savoir des ingénieurs chargés de la construction, MM. Deschamps et Billaudel, et grâce aussi à l'esprit d'association dont les Bordelais donnèrent l'exemple en cette occasion. Le 29 septembre 1821, le pont était ouvert au public.

« Ce pont est composé de dix-sept arches en maçonnerie de pierre de taille et de briques, reposant sur seize piles et deux culées en pierre. Les sept arches du milieu, d'égale dimension, ont 26^m 49 de diamètre ; l'ouverture de la première et de la dernière est de 20^m 84 ; les autres sont de dimensions intermédiaires et décroissantes. Les voûtes ont la forme d'arcs de cercle dont la flèche est égale au tiers de la corde. Les piles, épaisses de 4^m 21, sont élevées à une hauteur égale au-dessus des naissances, et couronnées d'un cordon et d'un chaperon. Elles se raccordent avec la douelle des voûtes, au moyen d'une voussure qui donne plus de grâce et de légèreté à l'ensemble du monument, en même temps qu'elle facilite l'écoulement des eaux et des corps flottants. La pierre et la brique sont disposées sous les voûtes de manière à simuler l'appareil des caissons d'architecture au moyen de chaînes transversales et longitudinales. Dans l'élévation géométrale, les voussoirs en pierre sont extradossés sur le dessin d'une archivolte. Le tympan, ou l'intervalle entre deux arches, est orné du chiffre royal sculpté sur un fond de briques. Au-dessus des arches règne une corniche à modillons d'un style sévère. Deux pavillons décorés de portiques avec colonnes d'ordre dorique sont élevés à chaque extrémité du pont. La longueur du monument entre les cercles est de 486^m 68 ; sa largeur entre les parapets est de 14^m 86. Une pente légère, partant de la cinquième arche de chaque côté, descend vers les rives ; elle facilite le raccordement de la chaussée du pont avec les places et les quais aux abords, en même temps qu'elle favorise l'écoulement des eaux. Mais les dégradations causées par les pluies seront bien plus sûrement écartées ou prévenues par une disposition ingénieuse, dont aucun édifice connu n'offre le modèle. Cette masse imposante de voûtes contiguës, en apparence d'un poids qui effraye l'imagination, est allégée intérieurement par une multitude de galeries semblables à des salles de cloître, et communiquant entre elles d'une extrémité du pont à l'autre. Comme en tout temps on pourra explorer l'état des arches sous la chaussée, il sera facile de

Porte du Palais, dite de Caillau.

les entretenir et de les réparer sans interrompre la circulation des voitures[1]. »

En débouchant du pont, on trouve, en face de soi, une porte de ville remarquable par son élévation; c'est la porte de Bourgogne, qui en 1755 remplaça celle dite des *Salinières* : monument assez beau qui devint, en 1808, un arc de triomphe, sous lequel passèrent presque tous les soldats de la campagne d'Espagne. Dans son voisinage, sur le quai de droite, il faut aller voir la porte qui fermait

---

1. Extrait d'une notice faite sur ce pont par M. Billaudel, d'après le résumé qu'en a publié M. Jouannet.

l'avenue du château de l'Ombrière et qui, par cette raison, s'appelle la porte du Palais, quoique dans le pays on s'obstine à la désigner sous le nom de porte du *Caillaü*, à cause des bords de la rivière qui en cet endroit étaient jadis cailloutés, *Caillautas*. Ce château de l'Ombrière était intéressant sous plus d'un rapport. Il a tour à tour servi de demeure aux ducs d'Aquitaine, aux commandants français ou aux sénéchaux d'Angleterre, et il devint enfin *le Palais* où Louis XI voulut que siégeât le parlement, lorsqu'il établit à Bordeaux cette cour souveraine. Son nom primitif était *Castrum Umbrariæ*; il l'avait pris des allées qui ombrageaient ses avenues du côté de la rivière. On en attribue la construction au Guillaume, duc d'Aquitaine, qui fonda l'abbaye de Cluny et mourut en 927. Ce *Castrum* ou château daterait donc de la fin du ixe siècle ou des premières années du xe. Il a été démoli en 1800. Son emplacement est marqué par la rue qui porte son nom et qui s'appelait autrefois rue Neuve-du-Palais. — Un peu plus loin, en suivant la route indiquée plus haut, et le long des fossés Saint-Éloi, on trouve aussi, sur la droite, une tour dite la porte de l'Hôtel-de-Ville; c'est une des quatre tours qui étaient placées aux angles de l'ancien hôtel de ville; elle est coiffée de trois tourelles dont une, celle du milieu, est ornée d'une lanterne que surmonte l'image d'un lion. Cette tour est précieuse par les souvenirs qu'elle évoque. Sa couverture et ses cloches furent enlevées en 1548 par le connétable de Montmorency, et, en 1561, Charles IX permit qu'on réparât tous ces désordres. D'ailleurs, l'airain de son beffroi a dû se faire entendre en maintes occasions, ainsi que l'indique le distique à mots correspondants qu'on y a moulé[1]. De ces occasions, la plus solennelle

---

1. | CONVOCO | SIGNO | NOTO | COMPELLO | CONCINNO | PLORO |
    |---------|-------|-------|----------|----------|-------|
    | ARMA | DIES | HORAS | NUBILA | LÆTA | ROGOS |

Ce qui veut dire que cette cloche appelle aux armes, annonce les jours,

pour les jurats était celle où elle retentissait pour quelques cérémonies extraordinaires qui leur valait l'honneur d'être anoblis. Il est vrai que, par compensation, le peuple les surnommait des *nobles de la cloche*, ce qui ne laissait pas que de trahir un peu leur origine bourgeoise.

Porte de l'Hôtel-de-Ville.

Cette cloche est à voir du reste, non pas celle qui conférait la noblesse, elle n'existe plus, mais celle qui l'a remplacée depuis 1775; elle pèse soixante-dix-huit quintaux métriques, a deux mètres de hauteur et deux mètres quatre centimètres de diamètre aux bords, un mètre deux centimètres dans le haut; elle a eu pour parrain et pour marraine le maréchal de Richelieu et la duchesse d'Aiguillon, dont les armes se voient sur les anses et sur le cerveau.

marque les heures, dissipe l'orage, signale les fêtes et porte secours aux incendies.

Outre ces trois portes de Bourgogne ou des Salinières, du Palais et de l'Hôtel-de-Ville, on peut voir à Bordeaux : la porte d'Aquitaine, à peu près semblable à celle de Bourgogne, la porte Dijeaux (près de la place Dauphine), qui n'a rien de remarquable ; la porte des Capucins qui est appuyée sur les anciens murs de la ville, et la porte de la Monnaie, près de l'église de Sainte-Croix.

De la porte de l'Hôtel-de-Ville à la place Dauphine nous avons déjà dit qu'on devait suivre des fossés ou boulevards : ceux de Saint-Éloi et ceux des Tanneurs, qui bordent les bâtiments du lycée ; on longe ensuite la rue de Roland, qui aboutit à la rue des *Minimettes*, où a demeuré Montaigne (sa maison a été démolie) et on arrive à la place Dauphine.

Il y a plusieurs places à Bordeaux ; les plus remarquables sont : la place Royale ou Richelieu, la place Lainé, les places de la Bourse, de la Comédie, de Tourny, la place d'Armes et la place *Pui-Paulin*, dont le principal mérite est de marquer l'endroit où était, dit-on, la demeure de saint Paulin. Mais la plus considérable de toutes ces places est la place Dauphine, dont il faut admirer l'élégance et la régularité. En la quittant, nous trouvons les plus beaux quartiers de Bordeaux, lesquels nous conduisent au théâtre des Variétés et à celui qui est justement appelé le Grand-Théâtre.

Inutile de s'arrêter au premier [1], car il est à peu près insignifiant ; mais le second mérite qu'on le considère dans son ensemble et qu'on en étudie les détails. Nous en avons dit l'origine et nommé l'architecte. Il a été bâti en trois ans et a coûté deux millions et demi environ. Son péristyle, que décorent douze colonnes d'ordre corinthien, et ses façades, ornées de pilastres de même ordre, lui donnent un aspect

---

[1]. On compte en outre à Bordeaux une salle de concerts, la salle Franklin (rue Vauban), un cirque olympique (rue Castelnau-d'Arras), une salle d'amateurs, l'Athénée (rue Jean-Jacques-Rousseau), sans parler des cercles Philharmonique, de la Comédie, etc.

grandiose que ne démentent pas, à l'intérieur, un vestibule enrichi de colonnes doriques, un escalier magnifique, léger, hardi, élégant; une salle où peuvent s'asseoir trois mille spectateurs; une scène immense, dont la charpente et les mécanismes sont admirables. Il faut y voir en outre une

Grand-Théâtre de Bordeaux.

charmante salle de concert, le foyer, la grande galerie d'été, etc., etc.

Vis-à-vis de ce théâtre se trouvent les Allées de Tourny, dont on a malheureusement détruit les ombrages, et, non loin de ces allées, le jardin public, ouvert en 1757, dont les vastes avenues, presque toujours désertes et dont les péristyles, destinés à abriter les promeneurs, sont ou fermés ou en ruine. Abandonnons ces solitudes pour aller où va maintenant tout le monde, aux Quinconces. La rue qui réunit le présent au passé a eu le sort étrange d'être nommée, depuis qu'elle existe : rue Vergennes en 1785, alors que M. de Vergennes était ministre de Louis XVI; rue Bonaparte, à partir du Consulat; cours du 12 Mars, à l'occasion de l'entrée du duc d'Angoulême à Bordeaux, en 1814; et rue du Trente Juillet enfin, parce qu'à pareil jour les Bordelais apprirent et fêtèrent la révolution de 1830!... Il n'y a d'immuable que le changement. D'ailleurs cette rue n'existerait pas, que l'histoire des Quinconces nous démontrerait tout autant la fragilité des choses d'ici-bas.

Cette vaste promenade, en effet, était jadis un faubourg où s'élevaient des couvents et un hôpital, où s'ouvraient douze rues. Au XVe siècle, on y bâtit le château Trompeyte, ainsi appelé du nom du faubourg qu'il *fortifiait*. Puis vint Vauban, qui agrandit cette citadelle par ordre de Louis XIV, après la Fronde, et qui fut obligé de raser le faubourg. Deux cents ans après, ou environ, l'œuvre du célèbre ingénieur était vendue à une compagnie de spéculateurs, et en 1818 enfin on commençait à planter les promenades actuelles, dont les abords sont en partie couverts de maisons magnifiques et qui sont devenues les Champs-Élysées de Bordeaux. Les régiments y manœuvrent, les grisettes y dansent, on y tire les feux d'artifice, et la bonne compagnie elle-même s'y donne rendez-vous.

A l'extrémité de ces promenades, du côté de la rivière, s'élèvent deux colonnes rostrales qui sont d'un assez bel effet; elles ont 2 mètres de diamètre, un peu plus de 20 mètres d'élévation, et sont ornées de proues de forme antique et d'ancres qui leur ont valu le nom qu'elles portent. Deux statues, celles du *Commerce* et de la *Navigation*, les surmontent. Nous ne parlons pas des lanternes qu'on y allume. On espérait que ces lanternes éclaireraient le pont et la promenade; mais jusqu'à présent tous les efforts qu'on a faits dans ce but ont été infructueux.

Nous avons dit que, cette dernière incursion finie, nous verrions les quais : ils sont sous nos yeux. Il y a quelque temps encore, nous vous aurions parlé ici des débarcadères ingénieux au moyen desquels on chargeait ou on déchargeait avec plus de facilité les navires. S'il en reste encore lorsque vous visiterez Bordeaux, admirez-en le mécanisme; mais ils n'auront plus grande durée : on travaille à environner les quais de murs verticaux, c'est-à-dire à les construire de telle

Colonnes rostrales des Quinconces.

façon que les embarquements et les débarquements se feront sans encombre et directement. Examinez du reste la largeur de ces quais et les maisons magnifiques qui les bordent : celui des Chartrons, où se trouvent les plus beaux *chais* ou celliers de la ville, ceux de la Douane et de Bourgogne, bâtis par M. de Tourny. Arrivés à la place Royale, jetez un regard d'admiration, et de regret aussi, sur les splendeurs que vous allez quitter, et du haut du pont contemplez une dernière fois cet immense bassin où flottent les pavillons de toutes les nations du monde. De la place Royale à l'autre rive, le fleuve ne mesure pas moins de six cent cinquante mètres!

Avant de partir de Bordeaux, nous aurions voulu, pour ne rien omettre, vous faire visiter quelques-uns de ses *chais*, vous montrer quelques-unes de ses fabriques, parcourir avec vous ses *galeries*, ce qu'à Paris on nomme des *passages*, vous promener au milieu de ses chantiers de construction, vous conduire à ces bains dont vous avez pu voir la façade auprès des Quinconces du côté du port, au débarcadère du chemin de fer de la Teste, etc., vous parler tout au moins des lieux les plus fameux qui environnent Bordeaux, du château de Labrède, demeure de Montesquieu, des châteaux de Talence, de Rabat, séjours de plaisance, de Lafitte et du Haut-Brion ou de Carbonnieux, noms chers aux gourmets. Mais si cela était au nombre de nos vœux, *hoc erat in votis*, ce n'est pas en notre pouvoir. Tout au plus nous est-il donné de profiter du moment qui précède notre départ pour passer en revue quelques-uns des hommes célèbres de cette cité; quelques-uns, disons-nous, car à parler de tous nous consacrerions trop de pages.

Au IVe et au Ve siècle, on sait déjà que vivaient à *Burdigala* : Ausone (*Julius*) le père, qui avait été médecin de l'empereur Valentinien, et son fils (*Decius Magnus*), le poëte dont nous avons parlé à Saint-Émilion; Minervius (*Tiberius*), qui professa la rhétorique à Constantinople, à Rome et dans sa patrie; son fils (*Atethius*), qui le surpassa en éloquence; Delphidius, dont parlent saint Jérôme et Sidoine Apollinaire; Exupère et Sedatus, qui occupèrent à Toulouse la chaire d'éloquence; Macrin, qui enseigna la grammaire; et saint Paulin (*Pontius Meropius*), dont le père, un préfet des Gaules, fonda, dit-on, la ville de Bourg, et dont Ausone fut le maître et l'ami; saint Paulin, qui a écrit des poëmes d'une valeur médiocre, mais qui a laissé des ouvrages en prose dont quelques-uns sont très-estimés[1], et qui a donné en tout lieu, surtout à Nole[2], dont il devint évêque, l'exemple des vertus chrétiennes. A leur suite, on peut nommer encore saint Prosper d'Aquitaine, qui, précurseur des jansénistes, discourut beaucoup sur la grâce; Dynamius, Luciolus, tous deux rhéteurs; Phœbicius, un descendant des Druides; Marcellus, dit l'*Empirique*, médecin de Théodose, qui écrivit pour les enfants de cet empereur un livre bizarre, *de Empiricis*, mis à contribution par plusieurs de nos inventeurs modernes; Severcanius et Lampredius, orateurs; enfin, Victorius, un savant, qui continua le cycle pascal inventé par saint Hippolyte. — Du ve au xvie siècle, en mille ans, car, aux temps de la barbarie, il faut embrasser un vaste horizon pour y trouver d'autres traces que celles de la force brutale, nous citerons : Éléonore de Guyenne, dont nous nous sommes entretenus souvent; plusieurs troubadours, entre autres : Geoffroy Rudel, de Blaye; Aimery de Bellenoy, de Lesparre; ensuite, Bertrand de Goth (Clément V), dont les cendres reposent à Uzest; Jean de Grailly, captal (*caput* ou *capitalis*, seigneur) de Buch (Buch était une subdivision du Bordelais, ayant la Teste pour capitale), et Pey Berland, qui, né à Avensan, dans le Médoc, au sein d'une famille de paysans, mourut (1457) sur le siége archiépiscopal de Bordeaux. — Au xvie siècle, à la Renaissance, apparaissent Girard du Haillan et Arnoul Le Ferron, deux historiens; Foix de Candale, qui a traduit en latin *les Éléments* d'Euclide et qui a été le collaborateur de Joseph Scaliger; Gabriel de Lurbe, auteur des *Chroniques borde-*

---

[1]. Le *Discours sur l'aumône*, l'*Histoire du martyre de saint Genest d'Arles* et le *Panégyrique de Théodose*, dont saint Jérôme a fait l'éloge, mais qui est perdu.

[2]. C'est à Nole qu'on s'est servi de cloches pour la première fois, ce qui les fit appeler d'abord *Nolæ* ou *Campanæ* (Nole était dans la Campanie). On prétend que saint Paulin en fut l'inventeur.

laises ; Simon Millanges, un ancien professeur du collége de Guyenne, qui établit à Bordeaux une imprimerie et une librairie supérieures à toutes celles qui avaient existé jusqu'alors [1] ; Arnaud de Pontac, un des évêques les plus illustres de l'Église gallicane ; et Fronton du Duc, un jésuite érudit. — Au XVIIe : Jean Darnal ou Darnalt, auquel on doit les *Statuts de Bordeaux* et les *Antiquités d'Agen*, ouvrage rare et recherché ; Jean d'Espagnet, un des principaux alchimistes de l'époque ; Jean et Simon Mingelousaulx, chirurgiens fameux ; Jacques Primerose, qui a écrit des traités de médecine ; Trinchet Dufresne, qui dut à son érudition d'être nommé correcteur de l'Imprimerie royale, à l'époque de sa fondation (1640) ; Jacques de Fonteneil, l'historien des *Mouvements de Bordeaux*, au moment de la Fronde ; Isaac de La Pereyre, le chef de la secte des *Préadamistes* ; Louis Lecomte, qui publia sur la Chine, où il avait été en qualité de missionnaire, un livre intitulé *Mémoires*, lequel livre, ayant été dénoncé par le frère de Boileau comme contraire à l'orthodoxie, fut censuré et plus tard condamné au feu ; Jean-Jacques Bel, l'auteur d'un *Dictionnaire néologique à l'usage des beaux esprits du siècle*, qui a été souvent réimprimé. — Au XVIIIe, enfin, Montaigne et Montesquieu, qu'il suffit de nommer [2] ; Risteau, qui a pris la défense de *l'Esprit des lois* dans un ouvrage imprimé à Londres, en 1751, et dont la fille, Mme Cottin (née à Tonneins), a publié des romans qui ont

---

1. Le premier imprimeur de Bordeaux s'appelait Jean Guyart, et le plus ancien des livres sortis de ses presses est un traité de médecine intitulé : *Compendium eorum quæ super techni arte Galeni et aphorismis Hippocratis scribuntur, medicis instruendis utilissimum* ; 1524, in-folio. L'auteur de ce livre était un médecin de Bordeaux du nom de Gabriel de Tarragua.

2. Montaigne était du Périgord, on le sait ; mais il a été maire de Bordeaux. Quant à Montesquieu, s'il est né à Labrède, où est encore son château, pourtant on ne peut refuser à Bordeaux l'honneur de le compter au nombre de ses enfants.

eu beaucoup de vogue; Arnaud Berquin, l'*Ami des enfants;* Mathieu Tillet, membre de l'Académie des sciences; M. H. Vilaris, chimiste; Romain Desèze, un des défenseurs de Louis XVI; J. A. Grangeneuve, Armand Gensonné, Jean-François Ducos et J. B. Boyer-Fonfrède, députés girondins; Laffon de Ladebat, membre de la Législative et du Conseil des Anciens; Journu Auber, agriculteur et naturaliste distingué; F. de Latapie, ami des belles-lettres, etc., etc. — Nommons, en outre, parmi nos contemporains pour ainsi dire : dans la politique ou les sciences administratives, MM. de Martignac et Lainé, ministres de la Restauration; Pierre Balguerie Stuttemberg, économiste; Henry Fonfrède, publiciste, auteur d'un livre intitulé *du Gouvernement du roi et des limites constitutionnelles du pouvoir parlementaire;* parmi les littérateurs ou les artistes : Pierre Lacour, peintre; Charles-Mercier Dupaty, sculpteur, le fils de l'auteur des *Lettres à l'Italie;* Pierre Galin, qui a inventé une méthode nouvelle (le *méloplaste*) pour l'enseignement de la musique; Pierre Gaviniez et J. P. J. Rode, violonistes et compositeurs célèbres; Andrieu, le fameux graveur de médailles; et dans les premiers rangs de l'armée de terre ou de mer, le contre-amiral Baste, le général Nansouty, etc., etc.

Cette riche nomenclature couronne à souhait le récit des phases diverses que présente à travers les âges la vie politique et monumentale de la capitale de la Guyenne. La ville de Bordeaux a été la métropole d'une des provinces de Rome les plus policées, la capitale d'un État puissant et celle d'un duché qui valait un royaume; elle est aujourd'hui la plus belle des villes de France, et sa prospérité commerciale va prendre encore un nouvel essor, sous l'influence de tous ces chemins qui d'une part vont la réunir à la Méditerranée, et de l'autre réaliser pour elle le mot de Louis XIV : « Il n'y a plus de Pyrénées. » Qu'elle n'oublie pas cependant que toutes ces splendeurs matérielles sont périssables. Que lui est-il resté du luxe de la civilisation romaine? Une ruine. De la puissance féodale du moyen âge? Une tour qui sert de prison. De ses richesses au temps de la domination anglaise? Néant. Ce qui est seul immortel, ce que le temps a consacré au lieu de détruire, c'est le souvenir des hommes qui l'ont illustrée.

FIN.

INDEX ALPHABÉTIQUE

contenant :

INDÉPENDAMMENT DES MATIÈRES DU GUIDE, L'INDICATION DES HÔTELS
ET DIVERS RENSEIGNEMENTS STATISTIQUES.

Ablon, 7.

Amboise, 156. — *Foires* : le 3ᵉ mercredi de janvier et de février, le 1ᵉʳ mercredi d'avril, le 3ᵉ mercredi de juin, le 3ᵉ mercredi de septembre, le 3ᵉ mercredi de novembre. — *Histoire* : 156. — *Hôtels* : du Cygne, du Faisan, du Lion d'or. — *Industrie et commerce* : draps, vins et cuirs. — *Monuments* : 157, 166.

Anché, 217.

Angerville, 65. — *Foires* : le 25 avril, le 20 juillet et le 4 novembre. — *Industrie et commerce* : brasseries, fabriques de bas drapés, bestiaux, grains.

Angoulême, 307. — *Bibliothèques et collections* : bibliothèque publique de 14 000 volumes, 322. — *Cours d'eau* : la Charente, la Touvre et le Né sont les principaux cours d'eau du département; on peut y joindre encore la Vienne, qui n'en traverse qu'une faible partie, et la Dronne, qui passe à Aubeterre. — *Cultes* : catholique : un évêché, suffragant de l'archevêché de Bordeaux, un grand séminaire; protestant : un oratoire. — *Biographie*, 331. — *Culture* : le département de la Charente comprend une superficie de 594 543 hectares, dont 112 640 hectares de vignes, et à peu près 90 000 hectares cultivés en céréales. Dans le département de la Charente, les vignes donnent environ 800 000 hectolitres; les vins les plus estimés sont les vins rouges de Saint-Saturnin, de Saint-Denis, d'Asnières, et les vins blancs de cette partie du département qu'on appelle la Champagne. La récolte des céréales suffit pour la consommation du département. Les truffes sont une des productions naturelles les plus importantes de la Charente. — *Environs* : les bords de la Touvre, 327; Ruelle, 329; Magnac-sur-Touvre, 327; papeterie de Maumont et Veuze, 329; Saint-Michel d'Entraigues, 334; la poudrerie de Thouérat, 334. — *Établissements de bienfaisance et d'assistance publiques* : un hôpital, un bureau de bienfaisance, une caisse d'épargne. — *Foires* : du 24 mai au 1ᵉʳ juin, et du 1ᵉʳ au 8 novembre, pour les cuirs, les toiles, les draps, la bijouterie, la mercerie, et le 15 de chaque mois; marché aux grains deux fois par semaine. — *Histoire*, 308. — *Hôtels* : de la Croix-d'Or, de France, du Cheval-Blanc, du Grand-Cerf, des Postes, etc. — *Industrie et commerce* : eaux-de-vie, papeteries, tanneries, raffineries, filatures de lin et de chanvre; fabriques de toiles et d'étoffes, forges et fabriques d'acier, manufactures de draps, 324. — *Instruction publique* : un lycée, une école secondaire ecclésiastique, onze institutions ou pensionnats, une école normale primaire, un cours préparatoire d'instituteurs primaires. — *Justice* : un tribunal civil, un tribunal de commerce, une chambre consultative des arts et manufactures. — *Maisons remarquables* : la maison où naquit Balzac, 320; celle où naquit Ravaillac, 320; la maison de Saint-Simon, 320. — *Monuments* : le Châtelet, 311; le palais de Taillefer, 312; le château de la Reine, 312; la cathédrale, 314; la chapelle de Saint-Gelais, 318; les ruines de l'église de Saint-Jean, 319; l'évêché, 319; la collégiale de St-André, 319; la grotte de St-Cybard, 319; le Doyenné, 320; la chapelle de l'Hôtel-Dieu, 320; la préfecture, 321; le lycée, 321; la porte Saint-Pierre, 321; l'hôtel de ville, 321; le palais de justice, 322; l'église Saint-Martial, 323. — *Physionomie de la ville*, 307. — *Promenades*, 320. — *Rang* : chef-lieu du département de la Charente et de la 3ᵉ subdivion de la 14ᵉ division militaire. — *Situation*, 307. — *Sociétés* : archéologique et historique; de l'agriculture, des arts et du commerce; société hippique pour les courses de chevaux. — *Sol* : le sol de la Charente est inégal, entrecoupé de collines élevées; on y trouve une grande quantité de landes qui servent de pâturages; il est, en général, peu fertile.

Arpajon, 33. — *Foires* : le jeudi saint,

le 1er mai et le 24 août. — *Industrie et commerce* : tanneries, mégisseries, lavoirs de laine, brasseries; grains, farines, veaux, porcs, volailles, beurre, légumes. — *Population* : 2165 habitants.

Artenay, 70. — *Foires* : le 1er jeudi de Carême, le 24 juin et le 14 septembre ; deux louées de domestiques et de manouvriers de ferme, à la Sainte-Croix de septembre et à la Toussaint.

Arveyres, 387. — *Foires* : le 1er mercredi de janvier, de mars, de mai, de juillet, de septembre et de novembre. — *Monuments* : le château, 387; le viaduc, 387.

Athis, 7. — *Industrie et commerce* : usine à fer, où l'on fabrique annuellement 64 000 kilogrammes d'acier, représentant une valeur de 128 000 fr. ; la valeur créée par l'industrie du fer, dans ce pays, atteint un chiffre total de 414 385 fr.

Avaray (château d'), 130.

Balzac (château de), 305.

Barmainville, 69.

Barres (les), 246.

Beauce (la), 67.

Beaugency, 128. — *Biographie*, 129. — *Foires* : le 1er février, le 25 mars, le 1er mai, le 22 juillet, le 1er septembre, le 31 octobre, le 2e samedi de juillet pour les laines. — *Histoire*, 129. — *Hôtels* : de l'Écu, de la Forêt, de Saint-Étienne, du Collier-d'Or, du Chêne-Vert, du Cheval-Rouge. — *Industrie et commerce* : vins, eaux-de-vie, vinaigre. — *Monuments*, 128. — *Viaduc*, 129.

Beaulieu, 227.

Bléré, 210.

Blois, 133. — *Bibliothèques et collections* : une bibliothèque publique de 20 000 volumes, où l'on admire de nombreuses éditions des Elzévir et les chefs-d'œuvre des Ibarra, des Baskerville, des Étienne, des Didot. — *Cultes* : catholique : un évêché, un grand séminaire, deux petits séminaires, quatre paroisses, trois maisons religieuses ; protestant : un temple. — *Établissements agricoles* : une chambre départementale d'agriculture, l'école d'agriculture de la Charmoise, un dépôt d'étalons. — *Établissements de bienfaisance et d'assistance publiques* : un service des épidémies, un conseil d'hygiène publique et de salubrité, deux sociétés de secours mutuels, un asile départemental des aliénés, deux hôpitaux, un bureau de bienfaisance, une caisse d'épargne. — *Foires* : 7 janvier, 1er avril, 24 juin, 8 juillet, 25 août (11 jours), 7 octobre, 6 décembre. — *Histoire*, 133. — *Hôtels* : d'Angleterre, de la Gerbe-d'Or, de Blois, de la Tête-Noire, du Château, du Lion-d'Or. — *Industrie et commerce* : vinaigre de qualité supérieure ; centre du commerce d'eaux-de-vie dites d'Orléans, vins, bois merrain, bois à brûler. — *Instruction publique* : un collége, une école normale primaire, des écoles chrétiennes, une école mutuelle. — *Justice* : un tribunal de commerce. *Monuments*, 141. — *Rang* : chef-lieu du département de Loir-et-Cher et de la 3e subdivision de la 18e division militaire. — *Situation*, 133. — *Sociétés savantes* : une société académique, fondée en 1832.

Bordeaux. — *Bibliothèques et collections* : bibliothèque publique de 120 000 volumes, 440. — *Biographie*, 452. — *Cours d'eau* : les principaux cours d'eau du département sont la Garonne qui prend le nom de Gironde au Bec-d'Ambès, où elle se réunit à la Dordogne, l'Isle, la Drôme. — *Cultes* : catholique : un archevêché, qui a pour évêchés suffragants : Agen, Angoulême, Poitiers, Périgueux, La Rochelle et Luçon ; un grand séminaire, un petit séminaire, six paroisses, sept succursales, un grand nombre de chapelles ; protestant : une église consistoriale, deux temples ; évangélique anglican : une chapelle ; israélite : un consistoire, une synagogue. — *Culture* : le département de la Gironde présente une superficie de 900 000 hectares environ, et compte à peu près 600 000 habitants ; les vignobles occupent un huitième de la superficie totale et fournissent annuellement, en moyenne, 2 000 000 d'hectolitres. Dans la Gironde, l'agriculture est extrêmement florissante. Les crus principaux sont ceux de Médoc, de Graves, des Côtes, de Saint-Émilion, du Bourgeais, de la Palus. Le Médoc fournit les vins rouges les plus estimés (Château-Margaux, Château-Laffitte, Château-Latour), et Graves, les meilleurs vins blancs (Barsac, Preignac, Sauterne, Blanquefort, etc.). — *Environs* : 396 ; le château de Labrède, 452 ; les châteaux de Talence, de Rabat, 452 ; de Lafitte, de Haut-Brion, 452. — *Établissements agricoles et horticoles* : pépinière départementale, jardin des plantes, 441 ; institut agricole de Saint-Louis. — *Établissements de bienfaisance et* *d'assistance publique*: un hôpital civil, un hôpital militaire, cinq hospices, un dépôt de mendicité, un asile départemental pour les aliénés, un bureau de bienfaisance, une caisse d'épargne, une société de charité maternelle. — *Foires*: le 1er mars et le 15 octobre (quinze jours), pour marchandises sèches de toute espèce, vieux meubles, hardes et ferrailles, cire blanche et jaune, vaches laitières, chevaux, jeunes porcs. — *Histoire*, 399. — *Hôtels*: du Commerce, des Américains, d'Europe, de Toulouse, de Paris, de Nantes, des Quatre-Sœurs; hôtel Richelieu; hôtel Marin et des Colonies; hôtels de France et de Rouen, d'Orléans, des Navigateurs, de la Marine, d'Angoulême, des Princes, de la Paix, des Voyageurs; etc. — *Industrie et commerce*: le commerce consiste surtout en vins, en eaux-de-vie, en liqueurs, en blés, en farines; quant à l'industrie, les principales branches sont la métallurgie, la laminerie, la verrerie, les fabriques de résine, les manufactures de toiles peintes, de toiles de chanvre, de bonnets de coton; les tanneries, les clouteries, coutelleries, les corderies, la construction de navires, les fonderies de fer, les filatures de laine, les fabriques de porcelaine et de poterie en glaise, etc. — *Instruction publique*: une académie; une faculté des sciences; une faculté des lettres; une faculté de théologie catholique; une école préparatoire de médecine et de pharmacie; un lycée; vingt institutions ou pensionnats; une école secondaire ecclésiastique; une école normale primaire; un cours normal préparatoire d'institutrices; une institution de sourds-muets; une école impériale d'accouchement; une école gratuite de commerce; un cours de comptabilité commerciale; deux cours municipaux de chimie et de mécanique; une école de notariat; une école gratuite de dessin et de peinture, une école de sculpture, des cours de mathématiques et de géométrie, de chimie, d'agriculture; une école des mousses et novices; une école d'hydrographie et de navigation. — *Justice*: une cour impériale, qui comprend dans son ressort les départements de la Gironde, de la Dordogne, de la Charente; un tribunal civil, un tribunal de commerce, une chambre de commerce, un conseil général de commerce. — *Monuments*: le palais Gallien, 414; l'église Saint-Seurin, 417; Sainte-Croix, 419; la cathédrale de Saint-André, 424; Saint-Michel, 429; la tour de Pey Berland, 427; Sainte-Eulalie, 431; Saint-Pierre, 432; Notre-Dame, 432; Saint-Bruno, 432; Saint-Louis, Saint-Paul, Saint-Nicolas de Grave, Saint-Martial, 433; les chapelles de l'archevêché et du lycée, 433; l'église anglicane, 434; le temple protestant de la rue Notre-Dame des Chartrons, 434; la synagogue, 434; la manufacture de tabac, 435; l'hôtel de ville, 435; la préfecture, 436; l'hôtel des monnaies, 436; les casernes Notre-Dame et Saint Raphaël, 436; l'hôtel de la Marine, 436; le magasin des vivres de la marine, 437; la bourse, la banque, la caisse d'épargne, l'entrepôt, 437; les hôpitaux et les hospices, 437, 438; le palais de justice, la prison du Hâ, 439; le pont, 443; la porte de Bourgogne, 445; la porte du Palais ou porte du Caillaü, 446; la tour de la porte de l'Hôtel-de-Ville, 446; les portes d'Aquitaine, Dijeaux, des Capucins, de la Monnaie, 448; le théâtre, 448. — *Musées et collections*: galerie de tableaux et de statues à l'hôtel de ville, 435; dépôt d'antiques, 441; cabinet d'histoire naturelle, 441; observatoire de la marine, 441. — *Physionomie de la ville*: places, 448; quais, 450. — *Promenades*: 449; les allées de Tourny, les Quinconces, 449. — *Rang*: chef-lieu du département de la Gironde et de la 14e division militaire. — *Situation*: sur la rive gauche de la Garonne, et en communication avec la Méditerranée par le canal du Languedoc. — *Sociétés savantes*: académie des sciences, belles-lettres et arts; commission des monuments historiques; société linnéenne; société impériale de médecine; société philomathique; société biblique; société d'émulation; société d'horticulture; société d'agriculture; société des amis des arts. — *Sol*: le territoire du département de la Gironde est généralement uni, sauf les dunes (ou *graves*) formées par l'Océan le long des côtes.

Brizay, 217.
Brou, (château de), 212.
Bury, 153.
Canay, 155.
Candé (château de), 205.
Cangé (château de), 174.
Cau-sur-Loire, 131.
Cercottes, 71.

Cerny, 35.

Chalais, 343. — *Foires*: le 22 juillet, le 24 août, le 29 septembre, le 28 octobre, le mercredi des Cendres, le mercredi de Pâques, le mercredi de la Pentecôte. — *Histoire*, 343. — *Hôtels*: des Trois-Colonnes, des Trois-Pigeons. — *Monuments*: l'hôpital, 344; l'église, 344; le château, 344.

Chamarande, 38.

Chambord (château de), 144.

Champagné-Saint-Hilaire, 296.

Champigny, 42.

Champigny-sur-Vende, 232. — *Monument*: la Sainte-Chapelle, 232.

Chanteloup (château de), près d'Arpajon, 33.

Chanteloup (château de), en Touraine, 172.

Chapelle-Saint-Mesmin, 124.

Chargé, 135.

Chasseneuil, 248.

Châtellerault. — *Bibliothèque publique* de 6000 volumes, 242. — *Biographie*, 242. — *Foires*: le 1er jeudi de chaque mois, pour les bestiaux, les grains, les légumes, les toiles, les chanvres. — *Histoire*, 235. — *Industrie et commerce*: coutellerie, 239; manufacture d'armes, 239; fabriques de dentelles, blanchisseries de cire, pierres meulières, pierres lithographiques, vins, céréales. — *Instruction publique*: un collége communal. — *Justice*: un tribunal civil, un tribunal de commerce. — *Monuments*: l'église du faubourg de Châteauneuf, 242; l'hôtel de ville, le théâtre, 242. — *Physionomie de la ville*, 234. — *Promenades*, 242. — *Rang*: chef-lieu d'un arrondissement du département de la Vienne.

Chaumont (château de), 153.

Chaussy, 70.

Chavigny, 124.

Chenonceaux (château de), 170.

Chevilly 71. — *Foires*: le 19 juillet et le 28 octobre.

Chinon, 217. — *Biographie*, 222. — *Foires*: le 1er jeudi d'avril, de juin, d'août, d'octobre, de décembre. — *Histoire*, 218. — *Hôtels*: du Chêne-Vert, de France, de la Boule-d'Or, du Croissant. — *Industrie et commerce*: vins, fruits, pépinières. — *Instruction publique*: un collége communal. — *Monuments*: église Saint-Etienne, 220; Saint-Maurice, 221; le Château, 221.

Choisy, 4. — *Industrie et commerce*: fabriques de faïence, de cristaux, de verrerie, de maroquinerie, de produits chimiques, de toiles cirées.

Chouzy, 152.

Cinais, 217.

Civray, 298. — *Foires*: le 17 janvier, le 30 juin, le 2 octobre, le 13 novembre, le lundi avant la Pentecôte, le 1er mardi de chaque mois. — *Histoire*, 298. — *Hôtels*: du Chêne-Vert, de France. — *Industrie et commerce*: grains, truffes, bestiaux, chevaux. — *Instruction publique*: un collége communal. — *Monuments*: le château et l'église byzantine, 299.

Clan, 248.

Corbeil, 17. — *Bibliothèques et collections*: bibliothèque publique renfermant 4000 volumes. — *Etablissements de bienfaisance et d'assistance publiques*: un hôpital, une caisse d'épargne, une salle d'asile. — *Foires*: le cinquième dimanche après Pâques et le 8 septembre. — *Histoire*, 17. — *Hôtels*: de la Belle-image, de Belle-Vue, du Mouton-Blanc, de Saint-Nicolas. — *Industrie et commerce*: moulins, raffineries de sucre, papeteries, poudrière, brasseries, tuileries, tanneries, imprimerie, filature de coton, filature de lin; grains, charbon de terre, bestiaux, chevaux. — *Instruction publique*: une école gratuite d'enseignement mutuel. — *Monuments*: 20. Corbeil possède en outre un théâtre et un abattoir. — *Physionomie de la ville*, 22. — *Rang*: chef-lieu d'un arrondissement du département de Seine-et-Oise.

Couhé-Vérac, 296. — Les pénitents d'amour, 297. — *Foires*: le 2e mercredi de chaque mois, le mardi saint, le mercredi gras, le mercredi avant la Saint-Barnabé et le mercredi après Noël.

Courcôme, église remarquable, 304.

Couronne (la), 337. — *Environs*, 338. — *Industrie et commerce*: papeteries, usines à martinet et à cuivre rouge. — *Monuments*: l'église, 338; les ruines du monastère Lambert, 337; le château de l'Oisellerie, 338; la Courade, 338.

Coutras, 346. — *Environs*: les moulins de Laubardemont, 354. — *Foires*: le dernier mercredi de chaque mois. — *Histoire*: 346, 354. — *Industrie et commerce*: céréales; usines métallurgiques, papeteries. — *Monuments*: les ruines du château, 352; l'église, 355. — *Physionomie de la ville*, 346.

Cravant, 217.
Dambron, 70.
Dangé, 232. — *Rang* chef-lieu d'un canton du département de la Vienne.
Devinière (la), 217.
Dissaís, 248.
Dizier (château de), 131.
Épinay, 26.
Escure, 153.
Essonne, 23.
Étampes, 44. — *Bibliothèques et collections* : bibliothèque publique de 4000 volumes. — *Biographie*, 62. — *Cultes* : catholique : quatre paroisses dépendant de l'évêché de Versailles. — *Établissements de bienfaisance et d'assistance publiques* : un hospice, une caisse d'épargne. — *Foires* : le 21 juin, le 2 septembre, le 9 septembre (8 jours), le 15 novembre (2 jours). — *Histoire*, 44. — *Hôtels* : de France, des Trois-Empereurs, du Bois-de-Vincennes, du Grand-Courrier, de la Ville de Rouen, du Bel-Air, de la Chasse, de la Tête-Noire. — *Industrie et commerce* : moulins à farine, fabriques de chandelles, fabrique de bonneterie, tuileries, fabrique de savon vert, exploitation de carrières de grès; abeilles, grains, vins en gros, couleurs, plâtre, légumes potagers, laine en toisons et en pelisse. — *Instruction publique* : un collége communal. — *Maisons remarquables* : maison de Diane de Poitiers; 58; maison d'Anne Pisseleu, 58. — *Monuments* : Saint-Martin, 52; Notre-Dame, 52; Saint-Basile, 56; Saint-Gilles, 56; l'hôtel de ville, 56; l'Hôtel-Dieu, 57; le tribunal, 57; le collége, 57; le théâtre, 57; le grenier de réserve, 57; la tour Guinette, 59. — *Physionomie de la ville*, 59; places, 60; rues, 60. — *Promenades*, 61. — *Rang* : chef-lieu d'un arrondissement du département de Seine-et-Oise.
Étréchy, 39. — *Industrie et commerce* : grès, chevaux.
Évry, 12.
Fontaine-Livault (colline de), 40.
Forges (château de), 131.
Prémigny (château de), 34.
Fromond (château de), 11.
Fronsac, 356. — *Histoire*, 356.
Gillevoisin (château de), 23.
Grammont (viaduc de), 203, 205.
Grandvaux (hameau de), 25.
Gravelle (château de), 37.
Ile-Bouchard (l'), 213. — *Foires* : le 2e samedi de janvier, de mars, de juin et de septembre. — *Monuments* : églises Saint-Gilles, Saint-Maurice, Saint-Léonard, 215; dolmens de Saint-Lazare et de Briançon, 216. — *Population* : 1653 habitants.
Ingrandes-sur-Vienne, 233. — *Commerce* : céréales.
Ingré, 71.
Ivry, 1.
Janville, 70.
Jorigny, 295.
Juvisy, 7.
La-Ferté-Alais, 36. — *Foires* : le 3 mars et le 25 septembre. — *Industrie et commerce* : filatures hydrauliques de coton, carrières de grès; abeilles.
La Grave d'Ambarès, 391.
La Haye, 227.
Lahouville, 36.
Lardy, 36. — *Industrie et commerce* : fabrique de ganses et de lacets.
La Rochefoucauld (château de), 305.
Levées de la Loire, 151.
Libourne, 361. — *Bibliothèque publique* : 3000 volumes. — *Établissements agricoles et horticoles* : un haras; un jardin botanique. — *Foires* : le 1er juin (deux jours), pour le bétail et les comestibles; le 11 novembre, le dixième jour avant Pâques, et le deuxième mardi de chaque mois. — *Histoire*, 361. — *Hôtels* : de l'Europe, du Grand-Orient de France. — *Industrie et commerce* : fabriques de petites étoffes, de corderies, de clouteries, d'objets d'équipement militaire, de meubles; chantiers pour la construction des navires; commerce de vins, d'eaux-de-vie, de farine, de bestiaux, de bois de merrain. — *Instruction publique* : un collége communal, une école d'hydrographie. — *Justice* : un tribunal civil, un tribunal de commerce. — *Maisons remarquables*, 372. — *Monuments* : les anciennes fortifications, 370; la tour de l'Horloge, 371; l'hôtel de ville, 371; l'église Saint-Thomas, 372; l'église Saint-Jean, 372; les casernes, 373. — *Physionomie de la ville*, 369, 372; rues, 372; places, 373; promenades, 373; quais, ponts, 373.
Ligugé, 289. — *Environs* : plaine où s'est livrée la bataille de Poitiers, 290. — *Histoire*, 289. — *Industrie et commerce* : amidonnerie, gluten granulé. — *Physionomie*, 290.
Limeray, 155.

Lion-en-Beauce, 70.

Loches, 223. — *Foires*: le premier mercredi de chaque mois, excepté en novembre. — *Histoire*, 223. — *Industrie et commerce*: fabriques de toiles et de grosse draperie, papeteries, tanneries; vins, bois, laines, bestiaux. — *Monuments*: l'aqueduc romain, 224; le château, 224; le tombeau d'Agnès Sorel, 225; la collégiale, 226; la chancellerie, 227; l'hôtel de ville, 227. — *Population*: 4774 habitants.

Longpont, 27. — *Foires*: le 25 avril et le 24 août. — *Industrie et commerce*: salpêtre, tuiles, chaux, chevaux, bestiaux.

Lormois (château de), 32.

Lormont, 391, 395. — *Histoire*, 396. — *Industrie*: chantiers pour la construction des navires.

Luxé, 304.

Manse (viaduc de la), 211.

Marmande (château de), 231.

Marmoutiers (abbaye de), 190.

Marolles, 33.

Mauves, 269.

Ménars (château de), 125, 131.

Mer, 130. — *Foires*: le 1er mars, le 25 juin, le 26 août, le 2 novembre. — *Hôtels*: de la Croix-Verte, du Grand-Cerf. — *Industrie et commerce*: huile fine pour l'horlogerie, pierres de taille. — *Monuments*, 131.

Méréville, 65. — *Foires*: le 14 mars, le 9 mai, le 15 septembre, le 21 décembre.

Mesnil-Voisin (château de), 34.

Messas, 128.

Meung, 124. — *Biographie*, 124. — *Foires*: le vendredi saint, le 20 mai, foire à toute espèce de bestiaux (franche pour les moutons), le 30 juin, le 20 septembre, le 11 novembre. — *Histoire*, 124. — *Industrie et commerce*: bestiaux, grains, pierres de taille, vins, vinaigre; tanneries. — *Monuments*: 124. — *Population*: 4646 habitants.

Miré, 210.

Monnerville, 65.

Montbazon (château de), 207. — *Histoire*, 207.

Montlhéry, 28. — *Histoire*, 29. — *Monuments*: la tour, 28.

Montlouis, 173.

Montmoreau, 341. — *Histoire*, 342. — *Monuments*: le château, 341; l'église, 342. — *Physionomie de la ville*, 341.

Montrésor, 227.

Monts, 207.

Montsoreau (château de), 222.

Morigny, 41. — *Foire*: le 12 mai.

Morsan, 25.

Mosnes, 135.

Moussac, 303. — *Environs*: le château de Verteuil, 304.

Moussais-la-Bataille, 247. — *Histoire*, 247.

Mouthiers, 338. — *Environs*: le château de la Roche-Chandry, 339; le viaduc des Couteaubières, 340. — *Industrie et commerce*: papeterie.

Muides, 131.

Naintré, 246. — *Monuments*: ruines d'un temple romain, 246.

Nazelles, 178.

Noizay, 173.

Notre-Dame de Cléry, 126.

Onzain, 152.

Orléans, 73. — *Bibliothèques et collections*: bibliothèque publique d'environ 30 000 volumes, 92. — *Cours d'eau*: ils sont nombreux dans le département du Loiret; le plus considérable est la Loire. Le Loiret, dont les eaux gèlent difficilement, et qui alimente un grand nombre d'usines et de moulins, n'a guère qu'un cours de trois lieues. Le Loing est navigable. Les autres cours d'eau sont moins importants, et, pour la plupart, méritent tout au plus le nom de ruisseaux. — *Cultes*: 1° Culte catholique: un évêché suffragant de Paris, un archidiaconé, douze paroisses ou cures, onze succursales, un séminaire, deux écoles secondaires ecclésiastiques, l'une à Orléans même, l'autre près d'Orléans, à la Chapelle-Saint-Mesmin. 2° Culte réformé: une église consistoriale pour les cinq départements du Loiret, d'Eure-et-Loir, de Loir-et-Cher, du Cher et d'Indre-et-Loire. — *Culture*: le Loiret est un département à la fois agricole et commerçant; mais le commerce, quoique favorisé par une position admirable, y est dans un état beaucoup moins prospère qu'autrefois, tandis que l'agriculture y fait chaque jour de nouveaux progrès. La récolte, en céréales, dépasse les besoins des habitants; elle est, année commune, d'environ 2 758 800 hectolitres, dont près de 245 000 peuvent être livrés hors du département. Sur 1 236 000 hectolitres d'avoine et de menus grains,

768000 seulement sont consommés dans le pays. Les vignes produisent 1229000 hectolitres de vin: 364000 suffisent à la consommation de la localité; aussi le vin est-il une des principales sources de la richesse du pays; on y compte près de 30000 propriétaires de vignes. Les crus les plus estimés sont ceux de Saint-Ay, de Beaugency et de Saint-Denis. On fait avec les autres de l'eau-de-vie et du vinaigre excellent. Le nombre des chevaux, dans le département, n'atteint pas 30000; celui des bêtes à cornes est d'environ 100000, et celui des porcs de 15000: 400000 moutons dont 21000 mérinos, 153000 métis, 405000 indigènes, produisent 579000 kilogrammes de laine. On y élève des volailles, principalement des dindons, qui servent à la consommation de Paris, et des abeilles qui fournissent une cire et un miel très-recherchés. — *Environs*, 102 : château de la source du Loiret, 102 ; château de Sully, 105; abbaye de Saint-Mesmin ; 104, monastère de Saint-Benoît, 104 ; camp romain, 106. — *Etablissements agricoles et horticoles* : la colonie horticole de Sainte-Marie, où l'on enseigne l'horticulture, l'arboriculture, la taille des arbres et la culture des plantes potagères; le jardin botanique, 93. — *Etablissements de bienfaisance et d'assistance publiques* : un conseil d'hygiène et de salubrité publiques; un hôtel des consultations gratuites ; une pharmacie gratuite pour les indigents; une chambre de pansements où l'on fournit le linge et les bandes; un service médical gratuit chargé du traitement des malades indigents, de la vaccination gratuite, de la surveillance des enfants trouvés, abandonnés, et des orphelins pauvres, ainsi que des vieillards infirmes placés au compte du département chez les particuliers; des dispensaires médicaux établis sur les paroisses pour les soins gratuits à donner aux indigents; un bureau d'assistance judiciaire; un bureau de bienfaisance; une société de charité maternelle; une crèche; une œuvre des petits Savoyards; un établissement des orphelins de Nazareth, fondé en 1844, où l'on enseigne à une centaine d'enfants la lecture, l'écriture et l'arithmétique; une institution de sourds-muets; une institution de sourdes-muettes; une maison de la Providence, fondée en 1816, où l'on enseigne à de jeunes filles pauvres la lecture, l'écriture, le calcul et les travaux de l'aiguille; une maison de la Sainte-Enfance, dont la destination est la même ; une maison d'orphelines protestantes; une maison du Bon-Pasteur ou des filles repenties, composée d'une supérieure, de six religieuses et de soixante pensionnaires ; une société générale de secours mutuels et de retraites; une association des employés du commerce, des offices et administrations d'Orléans, reconnue depuis 1852 comme établissement d'utilité publique; une caisse de retraites pour la vieillesse; une caisse d'épargne. — *Foires* : le 1er juin (15 jours), le 2e jeudi de juillet (foire aux laines), le 18 novembre (8 jours), le 18 mars et le 18 septembre (foires aux chevaux). — *Histoire*, 73. — *Hôtels* : du Loiret, de France, d'Orléans, de Paris, de la Boule-d'Or, de l'Europe, de Genève, du Faisan, Saint-Nicolas, Saint-Aignan. — *Industrie et commerce* : féculeries, papeteries, tanneries, huileries, fabriques de bonnets, de gros draps, de couvertures de lit, de gasquets pour le Levant, de poterie et de faïence ; grains, vins, vinaigres, eaux-de-vie, laines en poil et fabriquées, cire, miel, bestiaux, volailles, sucre raffiné, safran, salpêtre, pelleterie commune. — *Instruction publique* : un lycée impérial ; une école normale primaire d'instituteurs; une école normale primaire d'institutrices ; une école primaire supérieure; trois écoles primaires ; huit écoles des Frères des écoles chrétiennes ; neuf écoles communales de filles; une école communale protestante; une classe d'adultes pour les hommes; une classe d'adultes pour les femmes; quatre salles d'asile, dont une protestante ; un institut musical ; une école de dessin et d'architecture ; une école de natation, d'équitation et de gymnastique, subventionnée par la ville, et recevant un certain nombre d'élèves gratuits. — *Justice* : une cour impériale comprenant dans son ressort les départements du Loiret, de Loir-et-Cher et d'Indre-et-Loire. — *Maisons remarquables*, 96 : de François Ier, 96; de Jeanne d'Arc, 98 ; d'Agnès Sorel, 97; de Diane de Poitiers, 98 ; de Marie Touchet, etc., 99. — *Mœurs et coutumes orléanaises*, 106 : Solognots, 106 ; pardons, corps-saints, valteries, 110; fête de la délivrance d'Orléans, 111. — *Monuments*, 77 : la Cathédrale, 77 ; Saint-Euverte, 82 ; Saint-

Aignan, 85; Saint-Paul, 86; Notre-Dame-de-Recouvrance, 87; Saint-Pierre-le-Puellier, 87; Saint-Jacques (portail de), 87; Séminaire (chapelle du), 87; hôtel Groslot, 87; lycée, 93; théâtre, 93; palais de justice, 94; gendarmerie, 94; prison, 94; bourse, 94; marchés, 94; abattoir, 95; hôpitaux, 95. — *Musées*: musée de peinture et d'antiquités, 89; musée départemental archéologique. — *Physionomie de la ville*, 100; places, 100; rues, 100; ponts, portes, 101; faubourgs, 101; promenades, 102. — *Rang*: chef-lieu du département du Loiret et de la 7. subdivision de la 1^r. division militaire. — *Situation*: sur la rive droite de la Loire. — *Sociétés savantes*: une société des sciences, belles-lettres et arts; une société d'horticulture; une société archéologique de l'Orléanais. — *Sol*: le département du Loiret présente une surface de 684875 hectares, dont 409170 en terres labourables, 96096 en bois et forêts, près de 41000 en vignes, et le reste en prés, rivières, routes, habitations, etc. Il est partagé par la Loire en deux portions d'une nature tout à fait différente: des plaines fertiles, de riches pâturages, des coteaux verdoyants, des vergers, des vignobles couvrent de toutes parts la rive droite, tandis que sur la rive gauche s'étendent de larges plaines incultes et des marais improductifs; c'est cette seconde partie qu'on appelle la Sologne. Le pays, généralement plat, est traversé du sud-est au nord-ouest par une chaîne de collines peu élevées.

Orly, 5.

Ormes (les), 229. — *Monuments*: le château, 230.

Outarville, 69.

Painville, 70.

Parcou, 345.

Petit-Bourg, 12.

Plessis-lez-Tours (château de), 188.

Pointe (la), 250.

Poitiers. — *Bibliothèques et collections*: bibliothèque publique renfermant 25000 volumes et plus de 300 manuscrits, 283; archives départementales, 282; archives municipales, 283. — *Biographie*, 257, 258, 259, 260. — *Cours d'eau*: le département de la Vienne compte un grand nombre de cours d'eau; les principaux sont la Vienne, le Clain, la Creuze, la Gartempe, l'Anglain et la Dive. — *Cultes*: catholique: un évêché, suffragant de l'archevêché de Bordeaux; un grand séminaire; protestant: une église. — *Culture*. la superficie du département de la Vienne est de 695678 hectares, dont 654100 hectares de sol productif. La production en céréales est de beaucoup supérieure aux besoins du département. Les vignes rendent à peu près 500000 hectolitres de vin, dont la moitié environ se consomme dans le pays, et l'autre moitié est livrée au commerce ou convertie en eau-de-vie. — *Etablissements de bienfaisance et d'assistance publiques*: deux hôpitaux, un bureau de bienfaisance, une caisse d'épargne, une société de secours mutuels. — *Etablissements horticoles*: un jardin botanique, une magnanerie départementale. — *Foires*: le 5 janvier, le 16 mai (8 jours), le 24 juin, le 30 août, le 18 octobre et le jour de la mi-carême. — *Histoire*, 252. — *Hôtels*: des Trois-Piliers, de France, d'Évreux, de la Lamproie, de la Tête-Noire, du Coq-Hardi, du Plat-d'Etain. — *Industrie et commerce*: dans le département de la Vienne, l'industrie est dans un état d'infériorité manifeste; mais tout fait espérer que cette situation s'améliorera dans un avenir prochain. Poitiers néanmoins fait un commerce important en graines de trèfle, de luzerne et de sainfoin, en laines, en vins, en blés, en chanvre, en lin, en cire, en miel; ses cuirs et ses peaux de mouton, ses plumes d'oie, sa pelleterie et sa carrosserie sont renommés. — *Instruction publique*: une académie, une faculté des sciences, une faculté des lettres, une faculté de droit, une école préparatoire de médecine et de pharmacie, une école préparatoire aux écoles impériales vétérinaires, un lycée, une école secondaire ecclésiastique, cinq institutions ou pensionnats, une école normale primaire, une école gratuite de dessin et d'architecture. — *Justice*: une cour impériale qui comprend dans son ressort les départements de la Vienne, des Deux-Sèvres, de la Charente-Inférieure, de la Vendée, un tribunal civil, un tribunal de commerce. — *Maisons remarquables*: maison de Diane de Poitiers, 277; hôtel de la Prévôté, 278. — *Monuments*: le dolmen du faubourg Saint-Saturnin, 260; l'amphithéâtre romain, 261; le temple Saint-Jean, 262; l'église Sainte-Radegonde, 263; la cathédrale de Saint-Pierre, 267; Notre-Dame la Grande, 270; l'église de Montierneuf, 274; Saint-Porchaire, 275; Saint-Hilaire le Grand, 276; les ruines de la collégiale Saint-Nicolas et de Saint-Pierre le Puellier, 278; le château fort, 278; le palais de justice, ancien palais des comtes de Poitou, 278; les ruines du couvent des Jacobins et de celui des Cordeliers, 281; le lycée, 281; la préfecture, 281; l'évêché, 282; le grand séminaire, 282; l'hôtel de ville, 283; l'école de droit, 283. — *Musées* : musée de peinture, 284; cabinet de médailles et d'antiquités, 284; cabinet d'histoire naturelle, 283; musée archéologique du temple Saint-Jean, 263. — *Physionomie et aspect de la ville*, 249, 251, 287. — *Promenades*, 285. — *Rang* : chef-lieu du département de la Vienne et de la 4e subdivision de la 18e division militaire. — *Situation* : sur le sommet et sur le penchant d'un coteau, au confluent du Clain et de la Boivre. — *Sociétés savantes* : société académique d'agriculture, belles-lettres, sciences et arts; société des antiquaires de l'Ouest, 263; société de médecine; société des amis des arts et de l'industrie; société philharmonique. — *Sol* : le sol du département de la Vienne est généralement plat, entrecoupé de landes, de bruyères et de vastes forêts; toutefois, la partie méridionale est traversée par la chaîne des collines de Gâtine.

Port de Piles, 228.

Richelieu, 231. — *Industrie et commerce* : blés, eaux-de-vie, vinaigres, tuiles, carreaux et chaux. — *Population* : 2782 habitants.

Rilly, 135.

Ris, 11.

Roche-Chalais (la), 345.

Rochecorbon, 174.

Roussay (château de), 40.

Ruan, 70.

Ruelle, 329; fonderie de canons en fer et en bronze pour la marine, 330; château de Maigne-Gagnaud, 330.

Ruffec. — *Environs*, 303. — *Foires* : le 28 octobre (3 jours), le 11 juin, et le 28 de chaque mois pour les bestiaux. — *Histoire*, 302. — *Industrie et commerce* : forges; grains et bétail, marrons, fromages, truffes, pâtés de perdreaux et de foies d'oie truffés, bestiaux. — *Physionomie de la ville*, 302, 303.

Rungis, 2.

Saint-Amand de Boixe (abbaye de), 305.

Saint-André de Cubzac (pont de), 390.

Saint-Ay, 124.

Saint-Benoît, 287. — *Industrie* : papeterie, 287; filature de coton. — *Monuments* : l'Ermitage, 287.

Saint-Denis de Piles, 355. — *Monuments* : l'église, 355.

Saint-Dié, 131.

Sainte-Catherine de Fierbois, 211. — *Monuments* : l'église, 211.

Sainte-Geneviève des Bois, 26.

Sainte-Maure, 212. — *Histoire*, 214. — *Industrie et commerce* : étoffes, toiles peintes; carrières de pierre, 214. — *Monuments* : le château, 213; l'église, 214.

Saint-Émilion, 374. — *Histoire*, 375. — *Monuments* : la chapelle de Sainte-Marie, 376; l'ermitage de saint Émilion, 380; la chapelle en rotonde, 380; le temple monolithe, 380; l'église, 384; le palais Cardinal, 385; le château du roi, 385; le couvent des Ursulines, la porte Bourgeoise, etc., 386. — *Physionomie de la ville*, 374. — *Population* : 3068 habitants.

Saint-Gatien, 174.

Saint-Georges (escalier de), 175.

Saint-Loubès, 390.

Saint-Michel, 28.

Saint-Péravy-Épreux, 69.

Saint-Sulpice, 390.

Santilly, 70.

Saran, 71.

Savigny, 24. — *Foires* : le 3 juillet et le 10 novembre 2 jours).

Savonnières, 199.

Seuilly, 217.

Suèvres, 131.

Tavers, 130. — Dolmens, 130. — Viaduc, 130.

Thiais, 2.

Tillay-le-Gaudin, 70.

Tivernon, 70.

Torfou, 39.

Toury, 69. — *Industrie et commerce* : fabrique de bonneterie, raffinerie de sucre de betteraves; chevaux, mulets, ânes, bestiaux.

Tours, 176. — *Bibliothèques et collections*, 187. — *Biographie*, 190. — *Cours d'eau* : le département d'Indre-et-Loire est baigné par la Loire, le Cher, la Vienne, l'Indre, la Creuse, la Claise et plusieurs petites rivières telles que la Cisse, l'Amasse, la Ramberge, etc. — *Cultes* : catholique : un archevêché qui a pour évêchés suffragants le Mans, Angers, Nantes, Rennes, Quimper, Vannes, Saint-Brieuc; un grand séminaire, un petit séminaire, sept paroisses; protestant : une église oratoriale protestante française-anglicane. — *Culture* : prairies excellentes; vignobles de première qualité, parmi lesquels on distingue les vins blancs de Vouvray et les vins rouges de Saint-Nicolas de Bourgueil; fruits dont l'exportation forme une des branches de commerce du département; chanvre, maïs, réglisse, anis, coriandre. — *Etablissements de bienfaisance et d'assistance publiques* : un hospice renfermant 1100 lits, un service des épidémies, un bureau de bienfaisance; un pénitencier, un bureau d'assistance judiciaire, une commission de salubrité, une caisse d'épargne, une société maternelle, une association de jeunes économes, fondée en 1831, et qui a pour but de venir au secours des jeunes filles malheureuses. — *Etablissements horticoles* : un jardin botanique. — *Foires* : le 10 mai (dix jours), le 10 août (dix jours). — *Histoire*, 176. — *Hôtels* : de Bordeaux, Richelieu, de Londres, du Commerce, de France, de l'Univers, de la Galère, du Dauphin, du Lion-d'Or, de la Halle, du Cygne, de la Boule-d'Or, du Croissant, du Faisan. — *Industrie et commerce* : riches étoffes de soie pour meubles, étoffes de soie unies et façonnées, draps, serges, tapis de pied, passementeries, amidon, bougies, minium, céruse, bonneterie, ébénisterie, marbrerie, brasseries, distilleries, vins, grains, eau-de-vie, anis, coriandre, réglisse, cire, chanvre, laines, pruneaux, fruits secs et confits. — *Instruction publique* : une école préparatoire de médecine et de pharmacie, un lycée, une école gratuite de dessin, une école primaire supérieure et de commerce, des écoles primaires gratuites. — *Justice* : un tribunal de première instance, un tribunal de commerce, un conseil de prud'hommes. — *Maisons remarquables* : la maison de Tristan l'Ermite, 181; l'hôtel Gouin, 182. — *Monuments* : la tour de Charlemagne, 179; la tour de l'Horloge, 179; Saint-Julien, 181; la cathédrale, 185; le palais de justice, 185; la gare du chemin de fer, 200. — *Musées* : de peinture et de sculpture, 187; d'histoire naturelle, 187. — *Rang* : chef-lieu du département d'Indre-et-Loire, et de la 18e division militaire. — *Sociétés savantes* : société d'agriculture, des sciences, arts et belles-lettres; société archéologique de Touraine; société médicale; société pharmaceutique. — *Sol* : le sol du département d'Indre-et-Loire, dont la superficie est de 611 679 hectares, présente de vastes plaines et quelques vallées creusées par les principales rivières; il n'a pas de hautes collines, mais seulement des mamelons d'une faible élévation.

Vars, 304.

Vaucluse (château de), 26.

Vayres, 388. — *Monuments* : le château, 388; l'église, 388.

Veretz, 210.

Vernon, 173.

Vignay (château du), 34.

Villandry, 190.

Villebousin (château de), 28.

Villemoisson, 26.

Villeneuve, 128.

Villeneuve-le-Roi, 6.

Villeperdue, 210.

Villiers-sur-Orge, 27.

Viry-Châtillon, 10.

Vitry, 2.

Vivonne, 292. — *Biographie*, 292. — *Environs* : le château de Lusignan, 294. — *Histoire*, 292. — *Industrie et commerce* : fabriques d'étoffes et de cordes; commerce de grains.

Voulon, 294.

Vouvray, 173.

FIN DE L'INDEX.

TYPOGRAPHIE DE CH. LAHURE,
Imprimeur du Sénat et de la Cour de Cassation,
rue de Vaugirard, 9.

www.ingramcontent.com/pod-product-compliance
Lightning Source LLC
Chambersburg PA
CBHW071621230426
43669CB00012B/2018